Metropolit Hilarion (Alfeyev)
Geheimnis des Glaubens

STUDIA OECUMENICA FRIBURGENSIA

(= Neue Serie der ÖKUMENISCHEN BEIHEFTE)
Herausgegeben vom
Institut für Ökumenische Studien Freiburg Schweiz

43

Metropolit Hilarion (Alfeyev)

Geheimnis des Glaubens

Einführung in die orthodoxe dogmatische Theologie

Aus dem Russischen übersetzt von
Hermann-Josef Röhrig

Redaktionell bearbeitet und herausgegeben von
Barbara Hallensleben und Guido Vergauwen

3., verbesserte Auflage

Aschendorff
Verlag

Münster
2019

Veröffentlicht mit Unterstützung des Hochschulrates
der Universität Freiburg Schweiz

Ikone auf dem Buchumschlag:
Das nicht von Menschenhand geschaffene Antlitz Christi
Novgorod, 12. Jahrhundert
Tretjakov-Galerie, Moskau

Satz: Institut für Ökumenische Studien der Universität Freiburg Schweiz

3., verbesserte Auflage
© 2019 Aschendorff Verlag GmbH & Co. KG, Münster
www.aschendorff-buchverlag.de

Printed in Germany 2019
Gedruckt auf säurefreiem, alterungsbeständigem Papier ⊗
ISBN 978-3-402-12221-1
ISBN 978-3-402-12222-8 (E-Book-PDF)

INHALT

Vorwort der Herausgeber zur dritten Auflage

Selten erfahren Werke einer wissenschaftlichen Reihe eine so dauerhafte Nachfrage, dass eine zweite oder gar – wie im vorliegenden Falle – eine dritte Auflage angezeigt ist. Das frühe Werk von Hilarion (Alfeyev), inzwischen Metropolit und Leiter der Departements für kirchliche Beziehungen des Moskauer Patriarchats, war der Auftakt einer Geschichte der Zusammenarbeit, die bis heute andauert und ihre Früchte trägt. Am Anfang stand die Initiative des Instituts für Ökumenische Studien der Universität Fribourg Schweiz, Kollegen, Studierende und Freunde des Instituts zu Pilger- und Studienreisen einzuladen, bei denen Begegnungen mit anderen Erfahrungen kirchlichen Lebens im Zentrum stehen. Dabei war es zu einer guten Tradition geworden, am 8. Oktober (= 25. September nach dem julianischen Kalender) im Dreieinigkeitskloster in Sergiev Posad bei Moskau die Liturgie zum Gedenktag des hl. Sergij von Radonezh († 25. September 1392) mitzufeiern. 1998 wurde unsere Reisegruppe aus diesem Anlass im Moskauer Patriarchat von Hilarion Alfeyev, dem damaligen Leiter des Sekretariats für interchristliche Beziehungen, empfangen. Er schenkte uns sein Buch „Geheimnis des Glaubens" in der russischen Ausgabe. Spontan entstand die Idee einer deutschen Übersetzung, weil wir den Eindruck gewannen, dass dieses Werk hilfreich sein könnte bei der Aufgabe des Instituts, Studierende und eine breitere Öffentlichkeit mit dem Leben und theologischen Denken der orthodoxen Kirche vertraut zu machen. Die vertrauensvolle Zustimmung des Autors ermutigte uns. Hermann-Josef Röhrig, heute Professor an der Kirchlichen Pädagogischen Hochschule Wien/Krems, erklärte sich bereit, die Übersetzung zu erstellen, Frau Dr. Elke Kirsten stand ihm als Theologin und erfahrene Slavistin hilfreich zur Seite. Frau lic.theol. Kathrin Meuwly erstellte das druckfertige Manuskript und half durch ihr theologisches Mitdenken und Nachfragen, die Gestalt des Textes zu vervollkommnen. Ihnen allen gebührt ein herzlicher Dank.

Die bleibende Verbundenheit mit dem Autor dieses Buches, der sich im Jahr 2005 an der Theologischen Fakultät der Universität Fribourg habilitierte und 2011 zum Titularprofessor ernannt wurde, freut und ehrt uns. Mittlerweile leitet Metropolit Hilarion die Aspirantura und Doktorantura am Moskauer Patriarchat, eine Theologische Ausbildungsstätte mit Modellcharakter. Die kürzlich erfolgte staatliche Anerkennung der Theologie als akademischer Disziplin darf nicht unwesentlich auf den Einsatz von Metropolit Hilarion zurückgeführt werden. Und die Gründung eines „Studienzentrums für die

Ostkirchen" am 6. Dezember 2017 an der Theologischen Fakultät der Universität Fribourg bestätigt auch hier die Festigung der Zusammenarbeit mit den Schwesterkirchen des Ostens.

Seit seiner Entstehung hat das hier erneut vorgelegte Buch zum Gespräch angeregt und zum gemeinsamen Nachdenken über den Glauben und über theologische Grundfragen geführt. Das gilt von der ersten russischen Fassung, wie Hilarion Alfeyev in seinem Vorwort schildert. Das gilt von all denen, die an der Übersetzung mitwirkten und erfahren haben, dass die Kenntnis der Worte nicht ausreicht, wenn sie nicht getragen ist von einer Vertrautheit mit dem Geist des fleischgewordenen Wortes Gottes. Denn nur der eine Geist kann in der Vielfalt der Sprach- und Zeugnisgestalten die babylonische Sprachverwirrung in die pfingstliche Erfahrung des gegenseitigen Verstehens wandeln. Die Übersetzung wurde zu einem ‚ökumenischen Dialog', zu einem Ringen um Gemeinschaft im Geist. Für die Leser und Leserinnen aus der christlichen Tradition des Westens wird die Lektüre vielleicht nicht ohne Mühe vor sich gehen und sie mit Ausdrücken, Denkweisen, Lebens- und Gebetsformen in Beziehung bringen, die ihnen wenig vertraut sind. Doch es lohnt sich, Geduld aufzubringen und am zunächst Fremden das für uns vermeintlich Selbstverständliche neu zu überprüfen. Auf diesem Wege lässt sich nicht nur eine bessere Kenntnis unserer orthodoxen Schwesterkirchen gewinnen, sondern es eröffnet sich auch ein neuer Blick auf die Erfahrungen und Ausdrucksformen unseres eigenen Glaubens mit ihrem Reichtum und mit ihren Grenzen.

Stets werden wir von Hilarion Alfeyev auf das Wesentliche hingewiesen: Das Leitbild des christlichen Lebens wie der Theologie ist nicht das richtige Denken, sondern der heilige Mensch, die ‚Gemeinschaft der Heiligen', die ‚Orthodoxie' im ursprünglichen Wortsinn: die Menschheit, die sich im ‚rechten Lob Gottes' durch den Geist Jesu Christi wandeln lässt in das erneuerte Abbild Gottes, um im göttlichen Licht ihr Leben zu führen. Die ‚Vergöttlichung' des Menschen, ja des gesamten Kosmos ist das Ziel der Schöpfung. Das unbedingte Vertrauen auf das lebenspendende Wirken des Geistes Gottes setzt ein entschiedenes Handeln des Menschen frei, der Gott in allem den Vorrang gibt. Stets verweist das Buch auf einen Erfahrungsraum, der sich der objektivierenden Erkenntnis entzieht. Es ist der Erfahrungsraum der Kirche, die aus dem ‚Geheimnis des Glaubens' lebt und es als das innerste Geheimnis der Geschichte mitten in der Welt bezeugt.

Nicht zuletzt stoßen wir in diesem Buch auf eine unerwartete Gemeinsamkeit zwischen katholischer und orthodoxer Theologie: Gemeinsam ist beiden Traditionen die Bemühung um Überwindung einer begrifflich erstarrten Schultheologie. Hilarion Alfeyev schreibt dazu im russischen Vorwort zur zweiten Auflage seines Buches: „Wohl aufgrund der geschichtlichen Umstände geriet die orthodoxe Theologie in den letzten Jahrhunderten unter den starken Einfluss der westlichen ‚Schultheologie‘, der sich insbesondere in den russischen Dogmatiklehrbüchern des 19. Jahrhunderts widerspiegelte. Trennung vom wirklichen geistlichen Leben und spekulatives Denken waren charakteristisch für die ‚Schultheologie‘ der Katholischen Kirche bis zum II. Vatikanischen Konzil und in einem bedeutenden Maß auch für die russische dogmatische Theologie des letzten Jahrhunderts. Erst im 20. Jahrhundert wurde durch Theologen wie Vladimir Losskij, Georgij Florovskij und andere der scholastischen Überfremdung in der russischen Theologie ein Ende bereitet und eine allgemeine Orientierung für die weitere theologische Suche unter dem Motto ausgearbeitet: ‚Vorwärts – zu den Vätern!‘ Das Leben in Christus ist ein geistliches Feuer, und die Theologie, die in erster Linie auf Vernunftargumente aufbaut, wird wie Stroh durch das Feuer der wahren religiösen Erfahrung versengt und vernichtet. Damit erinnern wir an den ‚Vater der Scholastik‘ selbst, Thomas von Aquin, dem – wie seine Lebensbeschreibung bezeugt – kurz vor seinem Tod Christus erschien und der danach für alle unerwartet seine literarische Tätigkeit einstellte und seine ‚Summe‘ unvollendet ließ. ‚Nach dem, was ich gesehen habe, erscheint mir alles, was ich geschrieben habe, wie Stroh‘, sagte er zu seinen Schülern.“

Auch die katholische Theologie versucht – verstärkt seit dem II. Vatikanischen Konzil – sich aus einer Stagnation zu befreien. Doch ist unser Ruf zum ‚Vorwärts!‘ nicht in Gefahr, traditionslos zu werden und eigenmächtige Neuerungen an die Stelle der lebendigen Neuheit des Geistes zu setzen? Vertieft sich nicht paradoxerweise die Entfremdung der christlichen Traditionen gerade im Zeitalter der Ökumenischen Bewegung? Hat nicht die westliche Theologie durch die Historisierung der Geschichte die Theologie der Geschichte verloren, in der die Tradition gleichsam zum ‚Sakrament‘ des in ihr wirkenden Geistes und damit zur Quelle lebendiger Erneuerung werden kann? Aus historisierender Perspektive kann die Hinwendung zu den Kirchenvätern, mit der die russische orthodoxe Theologie die ‚scholastische Überfremdung‘ zu überwinden begann, wie eine Wendung nach rückwärts erscheinen. Hilarion Alfeyev überzeugt uns vom Gegenteil: Die Quellen des Glaubens sind zugleich Quelle lebendiger Erneuerung. Wir beziehen uns auf sie in dem Vertrauen, dass wir in dem heute unter uns wirksamen Geist Gottes fähig sind, den Geist zu erkennen, der das Volk Gottes in seiner gesamten Geschichte geleitet hat. So erschließt der Weg, den die russische orthodoxe Theologie eingeschlagen hat, eine ökumenisch verheißungsvolle Perspektive. Wir brauchen die Zukunft der Kirche nicht neu zu erfinden, sondern dürfen sie aus dem Reichtum der gemeinsamen geschichtlichen Überlieferung des Glaubens je neu gestalten. Die Heilige Schrift, die Liturgie und die Kirchenväter bilden die bleibende Grundlage dieser Überlieferung. Ohne sie kann die Christenheit ihre eigene Gegenwart nicht verstehen und verfehlt ihre Zukunft, ohne sie vermögen wir die Zeichen der Zeit nicht zu deuten und können „Freude und Hoffnung, Trauer und Angst" der Menschen von heute (Gaudium et Spes 1) nicht angemessen teilen. Indem wir den Reichtum der vielen ‚Geheimnisse des Glaubens' in unserer Geschichte miteinander entdecken, werden wir fähig, die Eucharistie als das zentrale ‚Geheimnis des Glaubens' gemeinsam zu feiern. Allem Wandel der Zeit liegt eine tiefe Kontinuität in der Liebe unseres Schöpfers und Erlösers zugrunde, die das Geheimnis unserer Welt und ihrer Geschichte ausmacht.

Metropolit Hilarion überreicht uns ein zutiefst ökumenisches Werk. Geben wir ihm nochmals das Wort mit dem letzten Abschnitt aus seinem Vorwort zur zweiten russischen Auflage: „Die orthodoxe Dogmatik ist kein Denkmal des christlichen Altertums. Sie verlangt eine lebendige Wahrnehmung und zeitgenössische Kommentierung, die die Erfahrung des Menschen im 20. und 21. Jahrhundert berücksichtigt [...] Die orthodoxe Dogmatik darf nicht auf eine einfache Wiederholung dessen reduziert werden, was die Väter der Frühzeit gesagt haben. Es geht nicht um eine Umdeutung der Dogmen, sondern um ein neues Verständnis, bei dem die Erfahrung der heutigen Christen zum Bestandteil der dogmatischen Synthese wird. Auf der geistlichen Erfahrung gründend, dem Rationalismus und der Schultheologie fremd, bleibt die orthodoxe Theologie in unseren Tagen nicht weniger lebendig und wirkungsvoll als vor Hunderten von Jahren. Ein und dieselben Fragen standen und stehen immer für den Menschen an: Was ist Wahrheit? Worin besteht der Sinn des Lebens? Wie erlangt man die wahre Gotteserkenntnis und die Glückseligkeit in Gott? Das Christentum strebt nicht danach, den Punkt auf das i zu setzen, indem es alle Fragen des menschlichen Geistes erschöpfend beantwortet. Es eröffnet vielmehr eine andere Wirklichkeit, die alles übersteigt, was uns im irdischen Leben umgibt – so sehr, dass der Mensch in der Begegnung mit dieser Wirklichkeit seine Fragen und seine Zweifel vergisst, weil seine Seele mit der Gottheit in Berührung kommt und verstummt in der Gegenwart des Geheimnisses, das kein menschliches Wort auszudrücken vermag."

Epiphanie 2019
Barbara Hallensleben und Guido Vergauwen o.p.

Gern habe ich den Vorschlag des Instituts für Ökumenische Studien der Universität Fribourg Schweiz angenommen, die „Einführung in die orthodoxe Dogmatik" von Metropolit Hilarion (Alfeyev) ins Deutsche zu übersetzen. Diese Arbeit war bei aller Mühe doch zugleich eine Bereicherung des eigenen theologischen Denkens und eine eindrucksvolle Begegnung mit der lebendigen Glaubenserfahrung der russischen orthodoxen Tradition kirchlichen Lebens. Nach mehreren Übersetzungen in andere Sprachen ist nun auch in deutscher Sprache eine Einführung in die orthodoxe Dogmatik zugänglich, deren Entstehung in die ‚postkommunistische Zeit' des sich erneuernden Russland fällt. Die gegenwärtige Theologie in Russland knüpft dort an, wo sie durch die Revolution von 1917 abgebrochen wurde. Sie kann dabei zurückgreifen auf das reiche Erbe gelebten und durchdachten Glaubens in den Ländern der Emigration, die das theologische Denken der russischen Orthodoxie mit weltweiter Ausstrahlung und in einem ökumenischen Geist in lebendiger Kontinuität weiterführte. Nun ist die Zeit gekommen, die zwangsweise getrennten Überlieferungsströme wieder zusammenfließen zu lassen. Metopolit Hilarion wird hier zum Brückenbauer, indem er selbst in Oxford und im Orthodoxen Theologischen Institut St. Serge in Paris studiert und promoviert sowie an der Universität Fribourg seine Habilitation abgeschlossen hat; so ist er mit der orthodoxen Theologie im westlichen Kontext, aber auch mit dem westlichen Denken selbst vertraut.

Metropolit Hilarions Theologie nährt sich aus dem Zeugnis der Heiligen Schrift und aus dem Strom der Theologie der Kirchenväter, unter denen bei ihm Gregor von Nazianz und Symeon der Neue Theologe hervorragen. Doch seine Theologie ist keineswegs rückwärts gewandt: Ein und derselbe Geist Gottes wird in den Zeugnissen der mönchisch-asketischen Tradition des Ostens ebenso wiederentdeckt wie in der Glaubenserfahrung zeitgenössischer Christen. Der Maßstab ist nicht eine konfessionelle Gestalt des Christentums, sondern der gemeinsame Glaube an den einen Gott in drei Personen.

Der Übersetzer ist den Lesern einige Hinweise zu den Eigenarten der Übersetzung schuldig: Die französische und die englische Ausgabe von Metropolit Hilarions Werk weichen in einigen Abschnitten leicht voneinander ab. Die zweite Auflage der russischen Ausgabe wurde ebenfalls gegenüber der ersten Auflage an einigen Stellen überarbeitet. Der deutschen Übersetzung lag ursprünglich die erste russische Ausgabe zugrunde. Die späteren Änderungen des Autors wurden jedoch respektiert, so dass für die Endredaktion die zweite russische Ausgabe maßgebend ist. Nach Rücksprache mit dem Autor blieben jedoch einige Passagen der ersten Auflage, die zum Teil auch in die französische und englische Übersetzung übernommen wurden, erhalten.

Die Übersetzung versucht, eine möglichst große Nähe zum ursprünglichen Wortlaut mit flüssiger Lesbarkeit zu verbinden. Die im Russischen verwendeten Namen kirchlicher Schriftsteller werden in der Form wiedergegeben, die im deutschen Sprachraum üblich ist. Zitate aus der Heiligen Schrift und aus den Kirchenvätern wurden – wo möglich unter Konsultation vorliegender deutscher Übersetzungen – direkt aus dem Russischen übersetzt, um die Nuancen und Textvarianten in den russischen Versionen besser zur Geltung zu bringen. In den Anmerkungen werden die vom Autor benutzten Werke angeführt – zunächst in deutscher Übersetzung, gefolgt von einer Transkription der verwendeten Ausgaben. Nicht alle Angaben konnten verifiziert werden, weil die verwendete Literatur in westlichen Bibliotheken nicht zugänglich war. Wo zur besseren Verständlichkeit des Textes zusätzliche Erläuterungen eingefügt wurden, sind sie als „Anm. d. Übers." gekennzeichnet. Für die Werke, aus denen jeweils am Ende eines Kapitels zitiert wird, wurden so weit wie möglich zugängliche Ausgaben in einer westeuropäischen Sprache angeführt. Im Unterschied zu der wissenschaftlichen Transkription in den Anmerkungen werden im fortlaufenden Text russische Namen meist in der üblichen Schreibweise bzw. gemäß der deutschen Aussprache geboten, z.B. Puschkin statt Puškin, Solovjov statt Solov'ev. Auslassungen in Zitaten werden durch ... angegeben. Wichtige russische Fachausdrücke sind in transliterierter Form den deutschen Begriffen beigefügt, sofern das zum besseren Verständnis des Textes beiträgt. Die in der russischen Theologie übliche Großschreibung heiliger Namen wurde berücksichtigt, indem Adjektive und Pronomina, die sich auf die göttlichen Personen beziehen, auch im Deutschen mit großem Anfangsbuchstaben geschrieben sind.

An dieser Stelle sei allen gedankt, die diese Einleitung in die orthodoxe dogmatische Theologie in deutscher Sprache mit auf den Weg der Veröffentlichung gebracht haben, insbesondere Frau Dr. Elke Kirsten, die als erfahrene Übersetzerin die Endredaktion des deutschen Textes aufmerksam begleitete, sowie Frau lic. theol. Kathrin Meuwly, die kompetent und umsichtig die Druckvorlage erstellte. Ein besonderer Dank gilt Metropolit Hilarion Alfeyev für das großartige Geschenk seines Glaubenszeugnisses.

Hermann-Josef Röhrig

Vorwort des Autors (zur ersten Auflage)

Es hat mich tief berührt zu erfahren, dass das Institut für Ökumenische Studien der Universität Fribourg Schweiz beabsichtigt, mein Buch „Geheimnis des Glaubens" in deutscher Sprache herauszugeben.

Eigentlich wurde dieses Buch rein zufällig, auf Grund misslicher Umstände geschrieben. Es geschah zu Beginn des Jahres 1992. Damals war ich im Moskauer Geistlichen Seminar als Lehrer für Homiletik tätig. Eines Tages, spät am Abend, rief mich der Prorektor des Seminars zu Hause an und teilte mir mit, dass mir in Anbetracht plötzlicher Umstellungen im Lehrkörper die Vorlesung in Dogmatik übertragen sei. Ich fragte: „Wann ist meine erste Vorlesung?" Der Prorektor antwortete: „Morgen früh". Auf diese Weise blieb mir überhaupt keine Zeit zur Vorbereitung, und am nächsten Morgen ging ich zur Vorlesung mit äußerst nebelhaften Vorstellungen darüber, was ich den Schülern erzählen wollte.

Als ich die Klasse betrat, sank mein Mut weiter, denn vor mir sah ich vierzig junge Leute mit düsteren und vergrämten Gesichtern sitzen. Bevor ich mit der Vorlesung begann, fragte ich sie, was sie zuletzt durchgenommen hätten und ob der Gegenstand für sie interessant gewesen sei. Sie berichteten, dass es zuletzt um „Die fünf Eigenschaften des Willens Gottes" gegangen sei, ein Thema, das sie als äußerst uninteressant, trocken und abstrakt empfunden hätten, und dass sie überhaupt nicht wüssten, wozu man so etwas lernen müsse. Ich erzählte den Studenten – und zwar in reiner Improvisation – von meiner Sicht der Dogmatik. Dabei sagte ich, dass meiner Meinung nach die Dogmatik die wesentlichen Fragen des christlichen Glaubens berührt und Antwort gerade auf seine Schlüsselfragen gibt; das gesamte kirchliche Leben und der Gottesdienst sind auf Dogmen gegründet und von ihnen durchdrungen, sie bilden die Grundlage der christlichen Sittlichkeit, der Mystik und des geistlichen Lebens.

Dann geschah folgendes: Man gab mir das Lehrbuch an die Hand, nach dem die Studenten Dogmatik studiert hatten und nach dem ich meinen Kurs durchführen sollte. Die gesamte Gotteslehre folgte darin dem Aufbau der mittelalterlichen scholastischen Schemata. Sie war in folgende Themen unterteilt: die sieben Eigenschaften Gottes (Unendlichkeit, Selbstsein, Unabhängigkeit, Unermesslichkeit, Allgegenwart, Ewigkeit, Unveränderlichkeit, Allmacht); die zwei Eigenschaften des Geistes Gottes (Allwissenheit, Weisheit); die fünf Eigenschaften des Willens Gottes (Freiheit, Heiligkeit, Güte, Wahrheit, Gerechtigkeit). Genauso wurde auch mit den anderen Themen verfahren. Das Amt

Christi wurde in das prophetische, hohepriesterliche und königliche Amt eingeteilt. Es wurde betont, dass es „nicht mehr und nicht weniger als sieben" Sakramente gebe; jedes Sakrament sei durch Christus selbst eingesetzt worden; zum Vollzug des Sakraments seien drei Dinge nötig: die Materie, ein geweihter Priester und das Aussprechen der sakramentalen Formel. Der ganze Kurs der dogmatischen Theologie endete mit einer Beschreibung des Jüngsten Gerichts und der ewigen Qualen der Sünder in der Hölle.

Nachdem ich dieses Lehrbuch durchgelesen hatte, war mir klar, dass ich Dogmatik nicht nach dieser Methode lehren konnte. Und ich beschloss, meinen Kurs ausschließlich auf den Themen aufzubauen, die in den Werken der Kirchenväter anzutreffen sind, und nicht nach den scholastischen Schemata. Ich begann mit der Frage nach dem Glauben: Warum glauben wir an Gott? Wie kommt der Mensch zum Glauben? Was ist der Glaube? In der Gotteslehre hob ich einige Themen besonders hervor: 1) die Etymologie des Wortes ‚Gott'; 2) die Etymologie und Bedeutung der anderen Namen Gottes; 3) die Unbegreiflichkeit Gottes; 4) die apophatische und die kataphatische Theologie; 5) die Eigenschaften Gottes. Danach erörterte ich, ausgehend von den Kirchenvätern, die übrigen dogmatischen Themen. Für unabdingbar hielt ich es, in den Dogmatikkurs auch Themen wie mystische Theologie, Liturgie, Gebet, Gottesschau und Vergöttlichung aufzunehmen. Es schien mir wichtig, die Verbindung von Dogmen und Spiritualität, von dogmatischer Theologie und dem mystischen Leben des Christen zu betonen. Neben den Werken der Kirchenväter benutzte ich recht breit die in der russischen Emigration erschienene Literatur, die Werke von Vladimir Losskij, Georgij Florovskij, Alexander Schmemann, John Meyendorff sowie von Metropolit Anthony von Surozh (Bloom) und Archimandrit Sophronij (Sacharov).

Zu jedem Thema bereitete ich mich mit ein paar Notizen vor, machte mir Auszüge aus der patristischen Literatur und versah sie mit meinen Kommentaren. All das musste in großer Eile geschehen – im Verlauf einer Fastenzeit. Diese fragmentarischen und nicht zur Publikation bestimmten Aufzeichnungen wurden später veröffentlicht – nicht von mir, sondern auf Initiative der Studenten, die den Kurs gehört hatten. Als diese Aufzeichnungen zum Druck vorbereitet wurden, bemühte ich mich, ihnen ein etwas ‚buchartiges' Aussehen zu geben. Den ursprünglichen Mangel an Systematik zu beseitigen, ist mir allerdings wohl nicht gelungen. Die Umstände, unter denen das Buch erschien, hatten natürlich Auswirkungen auf seine Qualität. Herausgekommen ist dabei alles andere als ein Lehrbuch der Dogmatik, vielmehr eine Art Kommentar zu einem solchen Lehrbuch, der Struktur und dem Inhalt nach eher unausgewogen. Einige Themen werden ziemlich eingehend behandelt (besonders der Abschnitt zur Eschatologie), andere eher schematisch und etwas flüchtig.

Was ist die besondere ‚Botschaft' meines Buches? Was wollte ich meinen Studenten ganz besonders ans Herz legen? An erster Stelle geht es mir darum, die enge Verbindung von Dogma und geistlicher Erfahrung aufzuzeigen. Das Dogma ist nicht etwas Erstarrtes, Totes, Formales oder Veraltetes. Die Dogmen bilden den wesentlichen Inhalt, die Herzmitte christlichen Lebens. Ohne ein richtiges Verständnis der Dogmen ist es unmöglich, wahrhaft Christ zu sein.

Zweitens wollte ich die Bedeutung der Kirchenväter, vor allem des Ostens, hervorheben. Die Theologie der Heiligen Väter scheint mir außerordentlich aktuell zu sein – vielleicht ist sie heute, an der Wende vom 20. zum 21. Jahrhundert, noch aktueller als im 19. Jahrhundert. Der orthodoxe Glaube wird als ‚apostolischer Glaube', ‚Glaube der Väter', ‚orthodoxer Glaube' gekennzeichnet. Warum er apostolisch und orthodox sein soll, ist klar. Aber warum ‚Glaube der Väter'? Ist damit etwa die offenbar unvermeidliche Stilisierung der Orthodoxie zu einer ‚alten Zeit der Väter' gemeint? Sollen wir uns etwa als Christen ganz der Vergangenheit zuwenden und nicht in der Gegenwart leben oder für die Zukunft arbeiten? Besteht etwa unsere Aufgabe nur darin, den kommenden Generationen das aufzubewahren und zu überliefern, was unsere Väter und Großväter angesammelt haben? Meiner Meinung nach verhält es sich nicht so. Wenn wir allein an der Bewahrung und Konservierung der Überlieferungen der Heiligen Väter orientiert sind, wäre das zu einfach. In Wirklichkeit stehen wir vor einer sehr viel ernsteren Herausforderung, einer weitaus globaleren Aufgabe: Wir sollen die Werke der Väter nicht einfach studieren, sondern uns ihre Erfahrung zu eigen machen, wir sollen die Erfahrung der Väter wirklich verstehen im Licht unserer heutigen Erfahrung und umgekehrt unsere heutige Erfahrung im Licht der Lehren der Väter. Wir müssen lernen, nach der Weise der Väter zu denken, nach ihrer Weise zu leben. Den ‚Glauben der Väter' zu bekennen, bedeutet meiner Meinung nach nicht nur, ihre Werke zu studieren. Wir müssen auch daran glauben, dass unsere Epoche genauso eine Epoche der heiligen Väter ist wie jede andere und dass wir aufgerufen sind, uns im Maße des Möglichen die Erfahrungen der Väter anzueignen und sie im Leben umzusetzen.

Drittens möchte ich die Bedeutung des orthodoxen Gottesdienstes als Quelle der dogmatischen Überlieferung vermitteln. Für mich war die liturgische Tradition der Orthodoxen Kirche immer eine unbedingte und unbestrittene Autorität in den Fragen des Glaubens. Meine erste und wichtigste theologische Schule war nicht das Geistliche Seminar und nicht die Akademie, sondern das Kloster, wo ich täglich an allen Gottesdiensten des Tageskreises teilnahm. Gerade durch die liturgischen Texte habe ich die dogmatischen Grundwahrheiten kennen und lieben gelernt. In theologischer Hinsicht gab und gibt mir die Feier der Göttlichen Liturgie, in der die ganze orthodoxe Theologe konzentriert und verdichtet ist, außerordentlich viel. Ich möchte gern deutlich machen, dass die liturgischen Texte nicht einfach die Werke hervorragender Theologen und Dichter sind, sondern Teil der Gebetserfahrung von Menschen, die Heiligkeit erlangt haben und vergöttlicht wurden. Außerdem beruht die Autorität der liturgischen Texte in der Orthodoxen Kirche auf der Rezeption, die diese Texte im Verlauf vieler Jahrhunderte erfahren haben. Wenn einzelne Werke der Kirchenväter zuweilen umstrittene oder gar irrige Meinungen enthalten können, dann kann das in den liturgischen Texten nicht vorkommen: alle derartigen Meinungen sind durch die kirchliche Tradition entfernt worden. Wenn sich daher in der Auffassung irgendeines Dogmas ein Widerspruch zwischen der einen oder anderen theologischen Autorität einerseits und den liturgischen Texten andererseits ergibt, bin ich immer geneigt, letzteren den Vorzug zu geben. Der orthodoxe Gottesdienst ist gerade deshalb so kostbar, weil er ein klares Kriterium der theologischen Wahrheit an die Hand gibt: Die Theologie muss sich vorrangig immer am Gottesdienst ausrichten und nicht etwa den Gottesdienst von irgendwelchen theologischen Prämissen her korrigieren wollen. Die *lex credendi* erwächst aus der *lex orandi*, und die Dogmen sind von Gott offenbart, gerade weil sie aus der Gebetserfahrung stammen, weil sie der Kirche durch die Liturgie erschlossen wurden.

Abschließend möchte ich die deutschen Leser und Leserinnen noch einmal um Nachsicht für die Mängel und Unvollkommenheiten meines Buches bitten, denn es ist meine erste theologische Arbeit, die noch dazu unter Bedingungen ‚höherer Gewalt' entstanden ist. Ein russisches Sprichwort lautet: „Der erste Pfannkuchen ist ein Klumpen". Wenn mein erster Pfannkuchen nicht völlig missraten ist, dann nur deshalb, weil die Unzulänglichkeit des Autors ausgeglichen wird durch die hohe Qualität der Autoren und ihrer in meinem Buch zitierten Texte – durch die Texte der Kirchenväter, deren Erbe immer noch lebendig und wirksam, aktuell und lebensnah ist. Auf ihrer Erfahrung allein kann auch eine wahrhaft orthodoxe dogmatische Theologie gegründet und errichtet werden.

Ostern 2003

+ *Bischof Hilarion Alfeyev*

Kapitel 1
Die Suche des Glaubens

Der Ruf

Der Glaube ist der Weg, auf dem Gott und Mensch einander entgegengehen. Den ersten Schritt tut Gott, der immer und bedingungslos an den Menschen glaubt. Er gibt ihm eine Art Zeichen, einen gewissen Vorgeschmack Seiner Gegenwart. Der Mensch hört sozusagen einen geheimnisvollen Ruf Gottes, und sein Schritt auf Gott zu ist die Antwort auf diesen Ruf. Gott ruft den Menschen offenkundig oder im Verborgenen, wahrnehmbar oder fast unbemerkt. Doch es ist schwer für den Menschen, an Gott zu glauben, wenn er nicht zuvor den Anruf vernommen hat.

Der Glaube ist Geheimnis und Wunder. Warum erwidert der eine Mensch diesen Ruf, ein anderer aber nicht? Warum ist der eine, der das Wort Gottes hört, bereit, es aufzunehmen, der andere bleibt taub? Warum lässt einer, der Gott begegnet ist, sofort alles stehen und liegen und folgt Ihm, der aber wendet sich ab und geht weg? „Als Er am See von Galiläa entlang ging, sah Er zwei Brüder, Simon, genannt Petrus, und Andreas, seinen Bruder, [sie warfen gerade ihre Netze in den See,] denn sie waren Fischer. Und Er sagte zu ihnen: Folgt Mir ... Sofort ließen sie ihre Netze liegen und folgten Ihm. Von dort ging Er weiter, und Er sah zwei andere Brüder, Jakobus, den Sohn des Zebedäus, und Johannes ... und rief sie. Sofort verließen sie das Boot und ihren Vater und folgten Ihm" (Mt 4,18-22). Worin besteht das Geheimnis dieser Bereitschaft der galiläischen Fischer, alles zu verlassen und Christus nachzufolgen, Den sie zum ersten Mal im Leben sehen? Und warum reagierte der reiche Jüngling, zu dem Christus ebenfalls sagte: „Komm und folge Mir", nicht umgehend, sondern „ging traurig weg" (Mt 19,21f.)? Liegt der Grund nicht vielleicht darin, dass jene bettelarm waren, dieser aber „große Güter" besaß, jene nichts besaßen außer Gott, dieser aber „Schätze auf Erden" hatte?

Jeder Mensch hat seine Schätze auf Erden, sei es Geld oder sei es Besitz, eine gute Arbeit oder vitales Wohlergehen. Doch der Herr sagt: „Selig, die arm sind im Geist, denn ihnen gehört das Himmelreich" (Mt 5,3). In alten Abschriften des Lukasevangeliums heißt es noch einfacher und direkter: „Selig ihr Armen, denn euch gehört das Himmelreich" (Lk 6,20). Selig die fühlen, dass sie in diesem Leben nichts haben, auch wenn sie viel besitzen sollten, die spüren, dass kein irdischer Besitz dem Menschen Gott ersetzen kann. Selig die hingehen und ihren ganzen Reichtum verkaufen, um die eine kostbare Perle zu erwerben – den Glauben (vgl. Mt 13,45f.). Selig die erkannt haben, dass sie ohne Gott nichts sind, die nach Ihm dürsten und hungern mit ganzer Seele, mit ganzem Verstand und Willen.

Es war niemals leicht, das Wort des Glaubens aufzunehmen. Doch in unserer Zeit sind die Menschen so sehr von Problemen der irdischen Existenz in Anspruch genommen, dass viele einfach niemals dieses Wort hören und über Gott nachdenken. Mitunter läuft die Religiosität darauf hinaus, dass man Weihnachten und Ostern feiert und noch irgendwelche Bräuche aufrecht erhält, um sich nicht ‚von den Wurzeln‘, von den nationalen Traditionen loszureißen. Irgendwo wird die Religion plötzlich ‚modern‘, und man geht in die Kirche, um nicht hinter dem Nachbarn zurückzustehen. Doch das Wichtigste scheint für viele das tätige Leben zu sein, die Arbeit. Geschäftsleute – das ist eine besondere Spezies von Menschen des 20. Jahrhunderts, für die nichts existiert als ihre eigene Funktion in irgendeinem ‚Geschäft‘, Business, das sie vollständig verschlingt und ihnen weder den kleinsten Lichtblick noch eine Pause lässt, die unabdingbar notwendig wären, um Gottes Stimme zu hören.

Und dennoch, wie paradox es auch ist, mitten im Lärm und im Wirbel der Arbeit, der Ereignisse und Eindrücke hören Menschen in ihrem Herzen den geheimnisvollen Ruf Gottes. Dieser Ruf wird vielleicht nicht immer zur Gottheit in Beziehung gesetzt, und subjektiv kann man ihn mitunter einfach als eine gewisse innere Unzufriedenheit, Unruhe oder Suche erfahren. Erst nachdem Jahre vergangen sind, erkennt ein Mensch, dass sein gesamtes früheres Leben deshalb so minderwertig und verlustreich war, weil es Gott darin nicht gab, ohne Den die Fülle des Seins überhaupt nicht ist und nicht sein kann. „Du hast uns auf Dich hin geschaffen", sagt der heilige Augustinus, „und unruhig sehnt sich unser Herz, solange es nicht ruht in Dir".[1]

Gottes Ruf ist einem Pfeil vergleichbar, mit dem Gott, wie ein erfahrener Liebhaber, die Seele eines Menschen verwundet. Die blutende und nicht verheilende Wunde veranlasst die Seele, alles zu vergessen und nach einem Arzt zu suchen. Die Seele dessen, der den Ruf wahrnimmt, wird ergriffen von einem brennenden Verlangen nach Gott. „Die Gedanken dieser Seele", schreibt der heilige Makarios der Ägypter, „brennen vor geistlicher Liebe und unbändigem Drang zur glorreichsten und lichtesten Schönheit des Geistes, sehnen sich in unbändiger Liebe nach dem himmlischen Bräutigam und ... drängen ungestüm zum Höchsten und Erhabensten, das größer mit Worten nicht mehr ausgesagt

---

1   Augustinus, Bekenntnisse *[Avgustin, Ispoved']* 1,1, Moskau 1978, Nr. 19, 71.

werden kann noch vom menschlichen Geist zu erreichen ist. Durch große
Mühen, Anstrengungen, lange Askese und durch vollkommenen Kampf ... sind
solche Seelen immer entzückt von den himmlischen Geheimnissen und hingezogen zur vielfältigen Schönheit Gottes, und sie suchen mit großem Durst das
Beste und Erhabenste. Denn im göttlichen Geist ist die vielgestaltige und
unerschöpfliche, die unsagbare und unvorstellbare Schönheit beschlossen und
offenbart sich den würdigen Seelen zu Freude und Genuss, zu Leben und Trost,
damit die reine Seele sich stündlich mit stärkerer und flammenderer Liebe nach
dem himmlischen Bräutigam sehnt und nicht länger auf das Irdische blickt,
sondern vollständig von Leidenschaft für Ihn erfasst wird".[2]

Die Vielgestaltigkeit der Wege

Menschen kommen auf unterschiedlichen Wegen zu Gott. Manchmal ist eine
Begegnung mit Gott überraschend und unerwartet, manchmal ist sie vorbereitet durch einen langen Weg des Suchens, des Zweifelns, der Enttäuschung.
In einzelnen Situationen ‚überfällt' Gott einen Menschen, indem Er ihn überraschend stellt, in anderen Fällen findet der Mensch Gott, weil er selbst sich zu
Ihm hingewandt hat. Diese Umkehr kann früher oder später vor sich gehen, in
der Kindheit oder Jugendzeit, in der Reife oder im Alter. Es gibt keine zwei
Menschen, die auf dem gleichen Weg zu Gott gelangen. Und es gibt keinen
noch so ausgetretenen Weg, auf dem einer anstelle eines anderen gehen könnte.
Jeder ist hier ein Bahnbrecher, jeder hat den ganzen Weg selbst zu gehen und
seinen persönlichen Gott zu finden, zu Dem wir sagen: „Gott, Du *mein* Gott"
(Ps 62[63],2). Gott ist ein und derselbe für alle Menschen, aber Er muss von *mir*
entdeckt und *mein* werden.

Ein Beispiel plötzlicher Bekehrung ist der Apostel Paulus. Bis zu seinem
Apostolat war er rechtgläubiger Jude und hasste das Christentum als eine
schädliche und gefährliche Sekte: „Mit Drohungen und Mord wütete er" und
ging nach Damaskus in der Absicht, der Kirche viel Böses zuzufügen. Als er
sich der Stadt näherte, „umstrahlte ihn plötzlich ein Licht vom Himmel; er fiel
zur Erde und hörte eine Stimme, die zu ihm sprach: Saul, Saul, warum verfolgst
du Mich? Er sagte: Wer bist Du, Herr? Der Herr aber sagte: Ich bin Jesus, Den
du verfolgst" (Apg 9,1-5). Geblendet vom Göttlichen Licht, verlor Saul das
Augenlicht, sah drei Tage nichts, aß und trank nicht. Danach aber empfing er
die Taufe, erlangte das Augenlicht wieder und wurde Apostel Christi, wurde zu

---

2   Makarios von Ägypten, Neue geistliche Homilien *[Makarij Egipetskij, Novye duchovnye besedy]*, Moskau 1990, 49f.

demjenigen, dem es bestimmt war, sich „mehr als alle" in der Verkündigung des Evangeliums zu mühen (vgl. 1 Kor 15,10). Sofort nach seiner Taufe ging er hin, eben diesen Christus zu verkünden, Der sich ihm persönlich geoffenbart hatte, Der *sein* Gott geworden war.

Wir haben hier auch das Beispiel eines unserer Zeitgenossen, des Metropoliten von Surozh, Anthony (Bloom). In seiner Kindheit war er ungläubig, und das, was er von Christus gehört hatte, rief in ihm keinerlei Sympathien für das Christentum hervor. Eines Tages, entrüstet über die Predigt eines Geistlichen, entschloss er sich nachzuprüfen, ob das Christentum wirklich so abstoßend sei, wie es in süßlichen Erzählungen geschildert wurde. Er nahm das Neue Testament, wählte, um nicht viel Zeit zu verlieren, das kürzeste der vier Evangelien und begann zu lesen. „Als ich das Markusevangelium las", erzählt er selbst, „merkte ich zwischen dem ersten Kapitel und dem Anfang des dritten, dass auf der anderen Seite des Tisches, an dem ich saß, Irgendjemand unsichtbar, aber absolut wahrnehmbar, dastand. Als ich die Augen hob, sah ich nichts, hörte nichts und hatte keinerlei sinnliche Wahrnehmungen, doch ich war *absolut* überzeugt, dass auf der anderen Seite des Tisches Jesus Christus stand ... Von da an begann für mich ein völliger Umschwung ... Ich verstand, dass es keine andere Aufgabe im Leben geben kann, als mit anderen jene das Leben umwandelnde Freude zu teilen, die mir in der Erkenntnis Gottes und Christi offenbart worden war. Dann, noch als Heranwachsender, begann ich, gelegen oder ungelegen, auf der Schulbank, in der Metro oder in Kinderferienlagern von Christus zu reden, darüber, wie Er sich *mir* geoffenbart hatte: als Leben, als Freude, als Sinn, als etwas so Neuartiges, dass Er *alles* erneuert hat ... Ich hätte mit dem Apostel Paulus sagen können: ‚Wehe mir, wenn ich das Evangelium nicht verkündige' (1 Kor 9,16). Wehe deshalb, weil es ein Verbrechen vor Gott wäre, dieses Wunder nicht mitzuteilen, dieses *Wunder*, das sich ereignet hatte, und weil es ein Verbrechen vor den Menschen wäre, die gegenwärtig auf der ganzen Erde nach einem lebendigen Wort dürsten – über Gott, über den Menschen, über das Leben ...".[3]

Weniger plötzlich, wenn auch nicht weniger unerwartet, war die Bekehrung des französischen Seglers Bernhard Moitesier zur Religion. Er nahm an einer Weltumseglungsregatta für Einhandsegler teil, auf deren Sieger eine gewaltige Geldprämie und internationaler Ruhm warteten. Sicher bewegte er sich auf die Ziellinie zu, und er hatte alle Chancen, den Sieg zu erringen – man bereitete ihm schon einen triumphalen Empfang in England vor. Für alle

---

3   Anthony Bloom, Gespräche über den Glauben und die Kirche *[Antonij (Blum), Surozhskij, Besedy o vere i Cerkvi]*, Moskau 1991, dritte Umschlagseite und 308f.

unerwartet änderte er die Fahrtrichtung und lenkte die Yacht an die Küste Polynesiens. Erst nach einigen Monaten wurde bekannt, warum er aus der Regatta ausgestiegen war. Als er so lange mit dem Ozean und dem Himmel allein war und je tiefer er über den Sinn des Lebens nachdachte, schien ihm das Ziel, um das es ging – Geld, Erfolg, Ruhm –, immer weniger verlockend. Auf dem Ozean spürte er *den Hauch der Ewigkeit*, fühlte er die Gegenwart Gottes, und er wollte nicht mehr zur gewöhnlichen Geschäftigkeit der Welt zurückkehren.

Gewiss kommt die Bekehrung zu Gott nicht immer überraschend und unerwartet: Häufiger sucht ein Mensch lange, bevor er findet. Der heilige Augustinus musste viele Irrtümer und Anfechtungen durchmachen, eine große Anzahl philosophischer und theologischer Bücher lesen, bis er als Dreiunddreißigjähriger begriff, dass er ohne Gott nicht leben konnte. In unserer Zeit beginnen einige, eine abstrakte und theoretische ,Wahrheit' mit Hilfe von Büchern zu suchen, doch sie gelangen zur Offenbarung Gottes als Person. Manchmal findet man auf einem Umweg zum Christentum, über die östlichen Religionen und Kulturen, über den Buddhismus oder Yoga. Andere kommen zu Gott, nachdem sie eine Katastrophe erlebt haben: den Verlust eines nahestehenden Menschen, Leid, Krankheit oder den Zusammenbruch der Hoffnungen. Im Unglück erfährt der Mensch seine äußerste Armut und begreift, dass er alles verloren hat und nichts hat außer Gott. Dann kann er zu Gott *de profundis,* aus der Tiefe rufen (Ps 129[130],1), aus den Abgründen des Kummers und der Hoffnungslosigkeit.

Die Bekehrung zu Gott kann sich ereignen dank der Begegnung mit einem wahrhaftig Glaubenden – mit einem Priester oder einem frommen Laien. Christus hat gesagt: „So soll euer Licht leuchten vor den Menschen, damit sie eure guten Werke sehen und den Vater im Himmel preisen" (Mt 5,16). Wenn die Christen in Göttlichem Licht leuchteten, wenn sich in ihren Augen die Göttliche Liebe spiegelte, dann wäre dies das beste Zeugnis von Gott und ein Beweis Seines Daseins. Ein Jugendlicher beschloss, sein ganzes Leben Gott zu weihen, nachdem er einen Priester gesehen hatte, der vor seinen Augen verklärt wurde, ähnlich wie Christus auf dem Tabor, und in himmlischem Licht leuchtete ...

Es gibt auch den, wie es scheint, ganz natürlichen Weg zu Gott: Ein Kind wird in einer religiösen Familie geboren und wächst gläubig auf. Dennoch muss der Glaube, auch wenn er von den Vorfahren empfangen wurde, von diesem Menschen selbst erfasst und durch Leiden errungen werden, er muss zum Bestandteil seiner eigenen Erfahrung werden. Es sind Fälle bekannt, wo aus religiösen Familien oder gar aus Priesterfamilien Atheisten hervorgegangen

sind: Es genügt, an Tschernitschevskij und Dobroljubov zu erinnern, die beide
aus dem geistlichen Stand kamen, doch mit der Religiosität ihrer Vorfahren
gebrochen haben. Als Glaubender wird man nicht geboren. Der Glaube wird
gegeben, aber er wird demjenigen gegeben, der unter Anstrengungen und mit
Selbstüberwindung nach ihm verlangt hat.

Die Philosophie auf der Suche nach dem Schöpfer des Universums

Solange der Mensch auf Erden lebt, war ihm immer das Streben eigen, die
Wahrheit zu finden und das eigene Dasein zu begreifen. Im alten Griechenland
beschäftigten sich die Philosophen mit der Erforschung des Weltalls und seiner
Gesetze, aber auch des Menschen und der Gesetzmäßigkeiten seines Denkens,
und sie hofften, auf dieser Grundlage Kenntnis über die Ersturstachen aller
Dinge zu erhalten. Die Philosophen gaben sich nicht bloß Überlegungen und
logischen Schlussfolgerungen hin, sie studierten vielmehr auch Astronomie und
Physik, Mathematik und Geometrie, Musik und Poesie. Die vielseitigen Kennt-
nisse waren mit einem asketischen Leben und mit Gebet verbunden, ohne das
es unmöglich ist, zu einer Läuterung von Verstand, Seele und Leib zu gelangen
– zu einer Katharsis.

Bei der Erforschung der sichtbaren Welt gelangten die Philosophen zu der
Schlussfolgerung, dass im Universum nichts Zufälliges existiert, sondern jedes
Detail seinen Platz hat und seine Funktion erfüllt, indem es strengen Gesetzen
unterworfen ist: Die Planeten weichen niemals von ihrer Umlaufbahn ab, und
die Satelliten verlassen nie ihren Planeten. In der Welt ist alles so harmonisch
und sinnvoll, dass die Alten sie ‚Kosmos‘ nannten, das heißt Schönheit, Ordnung und Harmonie, im Gegensatz zum ‚Chaos‘, das Unordnung und Disharmonie ist. Den Kosmos stellten sie sich als einen gewaltigen Mechanismus
vor, in dem ein nie zerstörbarer Rhythmus herrscht, ein nie verstummender
Puls. Doch jeder Mechanismus muss von *jemandem* geschaffen worden sein,
jedes Uhrwerk muss von jemandem konstruiert und aufgezogen werden. So
kamen die Philosophen auf dem Weg der Dialektik zur Idee eines einzigen
Erbauers des Weltalls. Platon nannte Ihn Schöpfer, Vater, Gott und Demiurg,
wobei der letzte Ausdruck soviel wie Macher und Meister bedeutet. „Alles, was
ins Dasein tritt, braucht zu seiner Entstehung eine Ursache", schreibt Platon.
„Gewiss, der Schöpfer und Vater dieses Universums ist nicht leicht ausfindig
zu machen, und wenn wir Ihn auch finden, so kann man doch nicht allen von
Ihm erzählen ... Der Kosmos ist wunderschön, und sein Demiurg ist gut ... Der
Kosmos ist das Schönste, was ins Dasein getreten ist, und der Demiurg ist die
beste aller Ursachen ... Er ist gut und trug Sorge für alle sichtbaren Dinge, die

sich nicht in Ruhe, sondern in disharmonischer und ungeordneter Bewegung befanden; Er hat sie aus der Unordnung zur Ordnung geführt".[4]

Platon lebte in einem Land, in dem ein uneingeschränkter Polytheismus (Vielgötterei) herrschte: Die Menschen vergötterten die Elemente und die Kräfte der Natur und beteten sie an. Formal lehnte die Philosophie Götter nicht ab, aber sie nahm eine höhere Vernunft über ihnen an. In der Kosmologie Platons erfüllten die Götter Funktionen, die den Funktionen der Engel in den monotheistischen Religionen ähnlich sind: Der Demiurg hat sie geschaffen und befehligt sie, und sie dienen Seinem Willen. Als der Schöpfer den Menschen schaffen wollte, wandte Er sich an sie: „Götter der Götter! Ich bin euer Demiurg und der Vater aller Dinge, und was aus Mir hervorgegangen ist, bleibt unzerstörbar, denn das ist Mein Wille".[5] Dann gibt er ihnen die Ur-Materie und beauftragt sie, daraus Menschen zu schaffen. Faktisch hat die antike Philosophie in ihren hervorragendsten Vertretern den Polytheismus überwunden und ist an die Wahrheit über den einzigen Gott herangelangt.

Die Philosophen sprachen auch vom Logos (griech. *logos* – Wort, Vernunft, Sinn, Gesetz), der ursprünglich als eine Art ewiges, allgemeines Gesetz aufgefasst wurde, auf dessen Grundlage die ganze Welt errichtet worden ist. Der Logos ist jedoch nicht nur eine abstrakte und theoretische Idee. Er ist auch eine göttliche schöpferische Kraft, die zwischen Gott und der geschaffenen Welt vermittelt. So lehrten es Philon von Alexandrien und die Neuplatoniker. Bei Plotin, einem Vertreter der neuplatonischen Schule, verwandelt sich die Philosophie fast in Religion. Er betont die Transzendenz, die Unendlichkeit, Unbeschränktheit und Unerkennbarkeit der Gottheit: Keine Definition kann Sie ausschöpfen, kein Attribut kann Ihr zugeschrieben werden. Sie ist die Fülle des Seins, Sie ist das Eine (so nennt Plotin Gott) und bringt alle anderen Arten des Seins hervor, von denen sich als erstes der Geist zeigt, als zweites die Weltseele; jenseits der Sphäre der Weltseele liegt die materielle Welt, das heißt das Universum, dem die Seele das Leben einhaucht. So ist die Welt sozusagen die Widerspiegelung der Göttlichen Realität und trägt die Züge von Schönheit und Vollkommenheit in sich. Das Eine, Geist und Seele stellen in ihrer Ganzheit die Göttliche Triade (Trinität) dar. Durch Reinigung, durch Katharsis, kann der Mensch sich zur Gottesschau erheben, doch bleibt Gott immer noch unbegreiflich und unzugänglich, immer noch geheimnisvoll.

Die antike Philosophie kommt auf dem Weg der Dialektik ganz nahe an die Wahrheiten heran, die endgültig im Christentum geoffenbart werden, die

---

4   Platon, *Timaios* 28c-30b.
5   Ebd. 41a.

Wahrheit vom einzigen Gott, vom Schöpfer der Welt, vom göttlichen Logos-Sohn und von der Heiligen Dreieinigkeit. Nicht zufällig bezeichnen die frühchristlichen Schriftsteller die Philosophie als „Christentum vor Christus". „Auch wenn die griechische Philosophie die Wahrheit nicht in ihrer ganzen Erhabenheit enthält ... so räumt sie nichtsdestoweniger den Weg frei für Christus", sagte Klemens von Alexandrien.[6] Viele Kirchenväter und -lehrer kamen zum Christentum aufgrund des Studiums der Philosophie oder verhielten sich ihr gegenüber zumindest immer äußerst ehrerbietig: der heilige Justin der Philosoph, Klemens von Alexandrien, der heilige Augustinus, die heiligen Gregor von Nyssa und Gregor der Theologe.[7] In den Vorhallen der altchristlichen Kirchen waren in einer Reihe mit den Märtyrern und Heiligen auch Sokrates, Platon und Aristoteles als Vorläufer und Vorankündiger der Wahrheit dargestellt ...

Die von Gott geoffenbarte Religion

Die Mehrheit der Völker, die in der vorchristlichen Welt lebten, verblieben im Dunkel der Vielgötterei. Auch wenn sich einzelne lichtvolle Geister fanden, ähnlich den griechischen Philosophen, die fähig waren, aus dem Gefängnis des Polytheismus auszubrechen, so blieben ihre Einsichten über den einen Gott doch meistens nur Mutmaßungen eines spekulativen Verstandes, und den Schöpfergott stellten sie sich fern und abstrakt vor. Andere dachten sogar, dass Gott nur das Universum errichtet habe, nur sozusagen einen Mechanismus angeworfen hat, sich aber nicht weiter in das Leben der Menschen einmischt, sondern alles dem Willen des Schicksals, dem Fatum, überließ.

Es gab jedoch ein auserwähltes Volk, dem Gott die verborgene Kenntnis Seiner selbst, über die Erschaffung der Welt und den Sinn des Daseins anvertraute. Die alten Israeliten kannten Gott nicht aus Büchern und nicht aufgrund von Überlegungen der Weisen, sondern aus eigener jahrhundertelanger Erfahrung. Sie hinterließen das Große Buch, die Bibel, die nicht von Menschen erdacht, sondern von oben in unmittelbarer Offenbarung von Gott gegeben ist. Noach, Abraham, Isaak, Jakob, Mose, Elija und viele Gerechte und Propheten dachten nicht nur über Gott nach, beteten nicht bloß zu Ihm – sie sahen Ihn

---

6 Klemens von Alexandrien, *Stromateis [Kliment Aleksandrijskij, Stromaty]*, Jaroslavl 1892, 1,1 - 1,5.

7 Gregor von Nazianz erhält in der orthodoxen Theologie den Ehrentitel „der Theologe". Außer ihm werden nur Johannes der Evangelist und Symeon der Neue Theologe auf diese Weise bezeichnet; Anm. d. Übers.

mit eigenen Augen und führten unmittelbar Gespräche mit Ihm: „Gott erschien dem Abraham und sagte zu ihm: Ich bin Gott der Allmächtige, geh deinen Weg vor Mir und sei untadelig; und Ich werde Meinen Bund aufrichten zwischen Mir und dir ... Abraham fiel auf sein Angesicht nieder. Gott sprach weiter zu ihm und sagte: Siehe, das ist Mein Bund mit dir: Du wirst Vater einer Menge von Völkern sein ... Ich werde Gott sein für dich und für deine Nachkommen nach dir" (Gen 17,1-4.7). Die Israeliten nannten Gott „Gott der Väter", das heißt Gott der Vorfahren, und sie hielten den Bund heilig, der ihren Vätern anvertraut worden war.

Alle Offenbarungen im Alten Testament tragen einen persönlichen Charakter. Gott offenbart sich dem Menschen nicht als eine abstrakte Kraft, sondern als lebendiges Wesen, das spricht, hört, sieht, denkt und hilft. „Und Gott sprach zu Mose: Siehe, Ich werde zu dir in einer dichten Wolke kommen, damit das Volk hört, wie Ich mit dir spreche, und dir für immer glaubt ... Am dritten Tag, bei Anbruch des Morgens, waren Donner und Blitz und eine dichte Wolke auf dem Berg und überaus lauter Posaunenklang; und das ganze Volk erbebte ... Der Berg Sinai aber war ganz in Rauch gehüllt, weil Gott im Feuer auf ihn herabgekommen war, und Rauch stieg von ihm auf, wie Rauch aus dem Ofen. Der ganze Berg wurde heftig erschüttert, und der Klang der Posaune wurde immer kräftiger ... Mose sprach, und Gott antwortete ihm mit einer Stimme ... Gott sprach (zu Mose) all diese Worte, indem Er sagte: Ich bin der Herr, dein Gott ... du sollst keine anderen Götter vor Meinem Angesicht haben ... Das (ganze) Volk stand in der Ferne, Mose aber trat in das Dunkel, wo Gott war" (Ex 19,9.16.18-19; 20,1-3.21). Die Finsternis und die Wolke bezeichnen in diesem Fall das Geheimnis: Gott, auch wenn Er dem Menschen erscheint, bleibt dennoch geheimnisvoll und unbegreiflich. Kein Mensch durfte sich dem Berg Sinai nähern, „um nicht zu sterben" (Ex 20,19), denn „der Mensch kann Gott nicht schauen und am Leben bleiben" (Ex 33,20). Das heißt, auch wenn Mose Gott sah, so bleibt Sein Wesen doch für das menschliche Sehvermögen unzugänglich.

Am Leben des Volkes Israel nimmt Gott auf lebendige und aktive Weise Anteil. Wenn Mose das Volk aus Ägypten in das gelobte Land führt, geht Gott selbst in einer Feuersäule vor dem Volk her. Gott weilt unter den Menschen, hat mit ihnen Umgang, wohnt in dem Haus, das sie für Ihn gebaut haben. Als König Salomo den Tempelbau beendet hat, ruft er Gott an und bittet darum, dass Er dort wohne. „Eine Wolke erfüllte das Haus des Herrn, und die Priester konnten nicht den Dienst verrichten wegen der Wolke, denn die Herrlichkeit des Herrn erfüllte das Haus des Herrn. Da sagte Salomo: Der Herr hat gesagt, dass Er im Dunkeln wohnen wolle; ich habe einen Tempel gebaut als Wohnung für Dich ... Wohnt denn Gott wirklich auf der Erde? Der Himmel und der Himmel der Himmel fassen Dich nicht, um so weniger dieser Tempel, den ich gebaut habe ... Hab acht auf das Gebet Deines Knechtes und auf sein Bitten ... Halte Deine Augen offen über dem Tempel den ganzen Tag und die ganze Nacht, über diesem Ort, von dem Du gesagt hast: ‚Mein Name wird dort sein‘ ... Bei jedem Gebet, bei jeder Bitte, die von irgendeinem Menschen in Deinem ganzen Volk Israel ergeht, wenn sie Not in ihrem Herzen spüren und ihre Hände zu diesem Tempel ausstrecken, höre dann vom Himmel, vom Ort, an dem Du wohnst, und erbarme Dich" (1 Kön 8,10-13.27-29.38-39). Gott, Der im Dunkeln wohnt, das heißt im Geheimnis, Den Himmel und Erde nicht fassen können, das heißt die sichtbare und die unsichtbare Welt, steigt herab zu den Menschen und *wohnt* dort, wo sie wollen, dass Er wohne, wo sie Ihm *einen Ort bereitet haben.*

Das ist das Verblüffende an der von Gott geoffenbarten Religion: Gott bleibt unter der Hülle des Geheimnisses, bleibt unerklärlich, und zugleich ist Er den Menschen so nahe, dass sie Ihn ‚*unser* Gott‘ und ‚*mein* Gott‘ nennen können. Darin besteht die Kluft zwischen der Offenbarung Gottes und allen Leistungen des menschlichen Denkens: Der Gott der Philosophen bleibt abstrakt und unlebendig, der Gott der Offenbarung dagegen ist lebendig, nahe und personal. Der eine wie der andere Weg führen zu der Einsicht, dass Gott unbegreiflich und dass Er ein Geheimnis ist, doch die Philosophie verlässt den Menschen am Fuß des Berges und erlaubt ihm nicht, weiter hinaufzusteigen, während die Religion ihn zum Gipfel führt, wo Gott im Dunkeln *wohnt*. Sie führt ihn in die Wolke hinein, das heißt, über alle Worte und über alles gedankliche Schlussfolgern hinaus tut sie vor ihm das Geheimnis Gottes auf ...

* * *

Das ist das Geheimnis: Es gibt Seelen, die den Herrn erkannt haben; es gibt andere Seelen, die Ihn nicht kennen, sondern glauben; und es gibt auch solche, die nicht nur nicht wissen, sondern auch nicht glauben ... Der Unglaube kommt vom Stolz. Der stolze Mensch will mit seiner Vernunft und der Wissenschaft alles erkennen, aber es wird ihm nicht gewährt, Gott zu erkennen, weil sich Gott nur den demütigen Seelen offenbart ... Sowohl im Himmel als auch auf Erden wird Gott nur vom Heiligen Geist erkannt ... Und auch die Seele der Heiden hat gespürt, dass es Gott gibt, auch wenn sie nicht wussten, wie man den wahren Gott verehrt. Doch der Heilige Geist hat die heiligen Propheten belehrt, sodann die Apostel, danach unsere heiligen Väter und Bischöfe, und so ist der wahre Glaube zu uns gelangt ... O ihr Menschen, Schöpfung Gottes, erkennt den Schöpfer. Er

liebt uns. Erkennt die Liebe Christi und lebt in Frieden ... Wendet euch Ihm zu,
alle Völker der Erde, und bringt eure Gebete vor Gott; und das Gebet der ganzen
Erde wird zum Himmel aufsteigen, als herrliche, stille Wolke, die von der Sonne
geheiligt wird ... Erkennt, ihr Völker, dass wir zur Ehre Gottes im Himmel
geschaffen worden sind, und bleibt nicht der Erde verhaftet, denn Gott, unser
Vater, liebt uns, wie geliebte Kinder.

Siluan vom Berge Athos[8]

Die Philosophie ... ist die klare und Gestalt gewordene Widerspiegelung der
wahren Lehre, ein Geschenk, das den Griechen von Gott herabgesandt worden
ist. Sie führt uns nicht vom Glauben weg ... im Gegenteil, wir sind von der
Philosophie wie von einem starken Bollwerk schützend umzäunt, in ihr ist uns
ein Verbündeter geschenkt, mit dem gemeinsam wir dann auch unseren Glauben
begründen ... Vor der Ankunft des Herrn war die Philosophie für die Griechen
notwendig, um eine Art sittlicher Wahrhaftigkeit zu erlangen ... Sie war für die
Griechen ebenso ein Führer wie das Gesetz für die Israeliten, und sie führte sie
wie Kinder zu Christus (vgl. Gal 3,23-24) ... Ohne Zweifel, der Weg zur Wahrheit
ist nur einer, aber darin münden Bäche ein – die einen von der einen Seite, die
anderen von der anderen, in ihrem Flussbett vereinigen sie sich zu einem Fluss,
der bereits in die Ewigkeit fließt.

Klemens von Alexandrien[9]

Die Lektüre der Bücher der Platoniker brachte mich auf den Gedanken, die
unkörperliche Wahrheit zu suchen: Ich sah „das Unsichtbare, das durch das
Geschaffene verstanden wird" [Röm 1,20], und, zurückgeworfen, spürte ich, dass
aufgrund der Dunkelheit meiner Seele die Betrachtung für mich unmöglich war.
Ich war überzeugt, dass Du bist und dass Du unendlich bist, doch nicht verströmt
im Raum. ... So kam es, dass ich begierig nach den verehrungswürdigen Büchern

---

8   Die Anmerkungen zu den Texten in den Anhängen der Kapitel geben zunächst die vom
    Autor verwendete Ausgabe an; danach wird – soweit möglich – eine deutsche oder andere
    westeuropäische Übersetzung angeführt; Anm. d. Übers.– Sophronij (Sacharov), Starez
    Siluan *[Sofronij (Sacharov), Starec Siluan]*, Paris 1952, 148-150. Übersetzungen: Quellen des
    Geistes. Erfahrungen großer russischer Beter: IV. Starez Siluan. Hg. von Eva-Maria Bach-
    mann / Gisela Schröder, Leipzig 1975, 254-257; Starez Siluan – Mönch vom Berg Athos.
    Sein Leben und seine Lehre, Mystische Schriften. Eingeleitet und hg. von Manfred Bau-
    motte (= Klassiker der Meditation 19), Zürich – Düsseldorf 1999, 77-80.
9   Klemens von Alexandrien, *Stromateis [Kliment Aleksandrijskij, Stromaty]* 1,2 - 1,5, Jaroslavl
    1892, 23-31. Übersetzung: Titus Flavius Klemens von Alexandria, Die Teppiche *(Stroma-*
    teis). Übersetzt von Franz Overbeck, hg. und eingeleitet von Carl A. Bernouilli / Ludwig
    Früchtel, Basel 1936, 173-180.

griff, die von Deinem Geist eingegeben waren, vor allem nach den Briefen des Apostels Paulus ... Ich begann zu lesen und fand, dass die ganze Wahrheit, die ich in den Büchern der Philosophen gelesen hatte, auch in Deiner Schrift ausgesprochen ist ... (Doch in den Büchern der Philosophen) gab es nicht die Haltung dieser Frömmigkeit, nicht die Tränen des Bekenntnisses ... nicht „das betrübte und demütige Herz" (Ps 50[51],19), gab es weder ein Wort von der Errettung des Volkes noch von „der Stadt, die wie eine Braut geschmückt ist" (Offb 21,2), noch von dem „Unterpfand des Heiligen Geistes" (2 Kor 1,22) oder vom Kelch, der uns erlöst hat. Niemand singt dort: „Ist meine Seele nicht Gott unterworfen? Von Ihm kommt meine Rettung ..." (Ps 61[62],2). Niemand hört dort den Ruf: „Kommt zu Mir, die ihr leidet". Sie (die Philosophen) wenden sich verächtlich von Dem ab, Der „ein sanftes und demütiges Herz hat" (Mt 11,25-28).

Augustinus[10]

Bei denjenigen, die Gott lieben, die nach Seinem Plan berufen sind, führt alles zum Heil. Denn alle, die Er im voraus erkannt hat, hat Er auch im voraus dazu bestimmt, der Gestalt Seines Sohnes ähnlich zu werden ... die Er aber vorherbestimmt hat, die hat Er auch berufen, und die Er berufen hat, die hat Er auch gerechtfertigt, und die Er gerechtfertigt hat, die hat Er auch verherrlicht. Was ist dazu zu sagen? Ist Gott für uns, wer ist dann gegen uns?

Apostel Paulus[11]

Der Glaube an Christus ist das neue Paradies. Darum hat Gott vor der Erschaffung der Welt alle ausersehen, die geglaubt haben und zum Glauben an Ihn kommen werden, die Er berufen hat und weiterhin bis zum Ende der Welt berufen wird, die Er verherrlicht hat und verherrlichen wird und gerechtfertigt hat und rechtfertigen wird. Er macht sie deutlich kund als gleichgestaltet der Herrlichkeitsgestalt Seines Sohnes durch die heilige Taufe und die Gabe des Heiligen Geistes, Er macht sie geheimnisvoll zu Söhnen Gottes und stellt sie wieder her aus Alten zu Neuen, aus Sterblichen zu Unsterblichen ...

Symeon der Neue Theologe[12]

---

10 Augustinus, Bekenntnisse *[Avgustin, Ispoved']*, Moskau 1978, 136f. Übersetzung: Augustinus, Bekenntnisse, Lateinisch und Deutsch. Übersetzt und erläutert von Joseph Bernhart, Frankfurt a.M. 1987, 7,20f = S. 352-359.

11 Röm 8,28-31.

12 Symeon der Neue Theologe *[Simeon Novyj Bogoslov]*, *Ethik* II, 7,287-295. [Vom Verfasser verwendete] Übersetzung: Syméon le Nouveau Théologien, Traités Théologiques et Éthiques. Introduction, texte critique, traduction et notes par Jean Darrouzès (= SC 122), Paris 1966, 386f.

Kapitel 2
Gott

Die Etymologie des Wortes ‚Gott‘

In verschiedenen Sprachen ist das Wort ‚Gott‘ mit unterschiedlichen Wörtern und Begriffen verwandt, die alle etwas über die Eigenschaften Gottes aussagen können. Im Altertum suchten die Menschen nach Worten, mit deren Hilfe sie ihre Vorstellungen von Gott, ihre Erfahrung einer Berührung mit der Gottheit ausdrücken konnten.

Im Russischen und in anderen Sprachen slavischer Herkunft, die einen Bezug zur indo-europäischen Gruppe haben, ist das Wort ‚Gott‘, wie die Linguisten meinen, mit dem Wort *bhaga* aus dem Sanskrit verwandt, das ‚beschenkend, ausstattend‘ bedeutet und seinerseits von *bhagas* kommt – ‚Eigentum, Glück‘.[1] ‚Reichtum‘ [russ. *bogatstvo*] ist ebenfalls mit dem Wort ‚Gott‘ [*Bog*] verwandt. Darin ist die Vorstellung von Gott als der Fülle des Seins ausgedrückt, als Vollkommenheit und Seligkeit, die aber nicht *innerhalb* Gottes verbleiben, sondern sich in die Welt, auf die Menschen und alles Lebendige ergießen. Gott *beschenkt* uns, *stattet uns aus* mit Seiner Fülle, mit Seinem Reichtum, wenn wir uns Ihm zuwenden.

Das griechische Wort *theos* kommt nach Ansicht Platons vom Verb *theein*, das ‚laufen‘ bedeutet. „Die ersten Menschen, die Griechenland bewohnten, verehrten nur jene Götter, die auch jetzt noch viele Heiden verehren: Sonne, Mond, Erde, Sterne und Himmel. Insofern sie aber sahen, dass dies alles immer läuft und Umlaufbahnen vollzieht, gaben sie ihnen wegen der Eigenschaft des Laufes auch den Namen Götter", schreibt Platon.[2] Mit anderen Worten, die Alten sahen in der Natur und ihren Kreisbewegungen, in ihrem zielgerichteten ‚Lauf‘ einen Hinweis auf die Existenz einer höheren vernünftigen Kraft, die sie nicht mit dem einen Gott identifizieren konnten, sondern sich als eine Vielzahl von göttlichen Kräften vorstellten.

Der heilige Gregor der Theologe führt jedoch neben dieser Etymologie eine andere an: Der Name *theos* kommt vom Verb *aithein* – ‚in Brand setzen,

---

1   M. Vasmer, Etymologisches Wörterbuch *[Etimologičeskij slovar' russkogo jasyka]*, Moskau 1986, Bd. 1, 181f.
2   Platon, *Kratylos* 397d.

brennen, in Flammen stehen'. „Denn der Herr, dein Gott, ist verzehrendes Feuer, Gott ist ein Eiferer", heißt es in der Bibel (Dtn 4,24). Diese Worte wiederholt auch der Apostel Paulus, wenn er auf die Fähigkeit Gottes hinweist, alles Böse auszurotten und zu verbrennen (Hebr 12,29). „Gott ist Feuer, der Teufel aber ist kalt", schreiben die heiligen Barsanufius und Johannes.[3] „Gott ist Feuer, und Er entzündet und entflammt das Herz und die Eingeweide", sagt der heilige Seraphim von Sarov. „Wenn wir daher die Kälte in unserem Herzen wahrnehmen, die vom Teufel kommt ..., dann sollen wir den Herrn anrufen: Er kommt und erwärmt das Herz mit der vollkommenen Liebe nicht nur zu Ihm, sondern auch zum Nächsten. Und angesichts der Wärme flüchtet die Kälte dessen, der das Gute hasst".[4]

Der heilige Johannes von Damaskus gibt noch eine dritte Etymologie des Wortes *theos* von *theaomai* – ‚schauen'. „Denn vor Ihm kann sich nichts verbergen, Er sieht alles. Er schaute alles, bevor es Sein erhielt ...".[5] Vom griechischen *theos* kommt das lateinische *Deus* und das französische *Dieu*.

In den germanischen Sprachen geht der Ursprung des Wortes ‚Gott', englisch *God*, auf das Verb zurück, das ‚niederfallen', sich zur Anbetung niederwerfen, bedeutet. „Die Menschen, die in früheren Zeiten etwas über Gott zu sagen trachteten", meint diesbezüglich Metropolit Anthony (Bloom), „machten nicht den Versuch, Ihn zu schildern, zu beschreiben, was Er in sich selbst ist, sondern verwiesen nur darauf, was sich mit dem Menschen ereignet, wenn er sich plötzlich von Angesicht zu Angesicht mit Gott vorfindet, wenn ihn plötzlich die Göttliche Gnade, das Göttliche Licht umleuchtet. Alles, was der Mensch dann tun kann, ist, in heiligem Schrecken niederzufallen, Den anzubeten, Der unbegreiflich ist und sich ihm gleichzeitig in solcher Nähe offenbart hat und in solch wunderbarem Glanz".[6] Der Apostel Paulus, den Gott auf dem Weg nach Damaskus umstrahlte, „fiel" von diesem Licht getroffen auf der Stelle zu „Boden ... in Zittern und Schrecken" (Apg 9,4-6).

Der Name, mit dem sich Gott dem alten Israel geoffenbart hat – *Jahwe* – bedeutet: ‚Der da ist', Der eine Existenz hat, Der Sein hat. Dieser Name kommt

---

3 Barsanufius und Johannes, Anleitung zum geistlichen Leben *[Barsanufij i Ioann, Rukovodstvo k duchovnoj žizni]*, St. Petersburg 1905, 14.

4 Chronik des Serafim-Diveevskij-Klosters *[Letopis' Serafimo-Diveevskogo monastyrja]*, St. Petersburg 1903, 113.

5 Johannes von Damaskus, Genaue Auslegung des Orthodoxen Glaubens *[Točnoe izloženie pravoslavnoj very]* 1,9, Thessalonike 1976, 70.

6 Anthony Bloom, Gespräche über den Glauben und die Kirche *[Antonij (Blum), Surožskij, Besedy o vere i Cerkvi]*, Moskau 1991, 96.

von dem Verb *hajah* – sein, existieren, oder vielmehr von der ersten Person des Verbs *ehjeh* – ,Ich bin'. Dieses Verb hat indessen einen dynamischen Sinn: Es bezeichnet nicht einfach aus sich heraus das Faktum der Existenz, sondern ein gewisses immer aktuelles Sein, eine lebendige und wirksame Gegenwart. Wenn Gott zu Mose sagt: „Ich bin Der, Der da ist" (Ex 3,14), so meint das: Ich lebe, Ich bin hier, Ich bin bei dir. Zugleich betont es die Überlegenheit des Göttlichen Seins über alles existierende Sein: es ist eigenständiges, ursprüngliches und ewiges Sein, es ist die Fülle des Seins, die höchstes Sein ist. „In seiner Bedeutung überragt Der, Der da ist, in übernatürlicher Weise die Gesamtheit des Seins, weil Er die personale Ursache und der Schöpfer all dessen ist, was existiert: der Materie, des Wesens, der Existenz, des Seins. Der, Der da ist, ist Anfang und Maß der Ewigkeit, Ursache und Maß der Zeit für alles Existierende und überhaupt das Werden alles Werdenden. Aus Dem, Der da ist, geht die Ewigkeit hervor, das Wesen, das Dasein, die Zeit, das Werden und das Werdende, weil in Dem, Der da ist, alles Existierende verharrt, das Veränderliche wie auch das Unveränderliche ... Gott ist nicht einfach der Da-seiende, sondern der Da-seiende, Der ewig und unendlich in sich die Gesamtheit aller Formen des Seins einschließt – sowohl die gegenwärtigen als auch die zukünftigen", schreibt der Autor des Traktates „Von den Göttlichen Namen".[7]

Eine alte Tradition spricht davon, dass die Israeliten in der Epoche nach der babylonischen Gefangenschaft den Namen *Jahwe – Der da ist –* nicht ausgesprochen hätten aus ehrfürchtiger Scheu vor diesem Namen. Nur der Hohepriester, wenn er einmal im Jahr zum Rauchopfer in das Allerheiligste eintrat, durfte dort drinnen diesen Namen aussprechen. Wenn jedoch ein einfacher Mensch oder sogar der Priester im Tempel etwas über Gott sagen wollte, dann ersetzte er den Namen ,Der Da-seiende' durch andere Namen oder sagte ,Himmel'. Es gab auch eine andere Tradition: Wenn es erforderlich war, ,Gott' zu sagen, dann schwieg der Mensch und legte die Hand aufs Herz oder zeigte mit der Hand zum Himmel, und alle wussten, dass die Rede von Gott ist, ohne dass der heilige *Name* ausgesprochen wurde. In der Schrift bezeichneten die Israeliten Gott mit dem Tetragramm JHWH. Die alten Israeliten wussten sehr wohl, dass es in der menschlichen Sprache keinen Namen, kein Wort und keinen Ausdruck gibt, mit dem man das Wesen Gottes mitteilen könnte. „Die Gottheit ist unbenennbar", sagt der heilige Gregor der Theologe. „Das zeigt nicht allein die Vernunft, sondern das zeigen auch ... die Weisesten und Ältesten der Israeliten. Konnten denn diejenigen, welche die Gottheit durch be-

---

7   Dionysius Areopagita, Von den göttlichen Namen *[O Božestvennych imenach]* 5,4: PG 3, 817C.

sondere Schreibweisen verehrten und nicht duldeten, dass der Name Gottes mit
denselben Buchstaben geschrieben wurde wie die Namen der Geschöpfe, ... sich
irgendwann entscheiden, mit unaufmerksamer Stimme den Namen der unzer-
störbaren und einzigartigen Natur auszusprechen? Wie keiner jemals die ganze
Luft einatmen kann, so hat keine Vernunft das Wesen der Gottheit je erfasst
und keine Stimme es umfangen".[8] Indem sie es ablehnten, den Namen Gottes
auszusprechen, zeigten die Israeliten, dass man sich Gott weniger durch Worte
und Beschreibungen zuwenden kann als durch ehrfürchtiges und scheues
Schweigen.

Die Göttlichen Namen

In der Heiligen Schrift begegnet man einer Vielzahl von Namen Gottes, von
denen jeder auf die eine oder andere Seiner Eigenschaften hinweist, Ihn aber
nicht dem Wesen nach zu beschreiben vermag. Der berühmte Traktat aus dem
5. Jahrhundert „Von den göttlichen Namen", der Dionysios Areopagita zugeschrieben wird, ist die erste christliche systematische Darlegung dieses
Themas, das zuvor auch von anderen Autoren entfaltet worden ist, besonders
vom heiligen Gregor dem Theologen.

   Einige Namen, die Gott beigelegt werden, unterstreichen Seine Überlegenheit über die sichtbare Welt, Seine Macht, Herrschaft und königliche Würde.
Der Name Herr (griech. *Kyrios)* beschreibt nicht nur die Oberherrschaft Gottes
über das auserwählte Volk, sondern auch über das ganze Universum. Hierauf
bezieht sich der Name Herr Sabaoth, das heißt Herr der (himmlischen) Heere,
Herr der Mächte, Herr der Zeiten, Herrscher, König der Ehre, König der
Könige und Herr der Herrscher: „Dein, Herr, ist die Größe und die Macht und
die Herrlichkeit und der Sieg und die Pracht, und alles, was im Himmel und auf
Erden ist, ist Dein. Dein, Herr, ist das Reich, und Du bist als Herrscher erhaben
über alles. Reichtum und Glanz gehen von Deinem Antlitz aus, und Du bist es,
Der über alles gebietet. In Deiner Hand sind Kraft und Macht, und durch Deine
Macht wird alles gefestigt" (1 Chr 29,11.12). Der Name Allmächtiger (griech.
Pantokrator) bezeichnet, dass Gott *alles* in Seiner Hand *hält*, das Universum
stützt und die Ordnung darin aufrecht erhält: „Meine Hände haben die Erde
gegründet, und Meine Rechte hat die Himmel ausgespannt" (Jes 48,13); Gott
„trägt das All durch Sein machtvolles Wort" (Hebr 1,3).

   Die Bezeichnungen Der Heilige, Heiligtum, Heiligkeit, Heiligung, Der
Gütige und Güte zeigen, dass Gott die ganze Fülle des Guten und der Heiligkeit

---

8   Gregor von Nazianz, Predigt 30 (Über die Theologie 4) *[Grigorij Bogoslov, Slovo 30 (O*
     Bogoslovii 4)], in: Werke in 2 Bänden, St. Petersburg o.J. (Verlag Sojkina), Bd. 1, 440.

in sich birgt, wobei Er dieses Gute auf alle Seine Werke ausgießt und sie dadurch *heiligt*. „Geheiligt werde Dein Name", so wenden wir uns im Gebet des „Vater unser" an Gott. Das heißt, Dein Name sei nicht nur im Himmel, in der geistigen Welt, heilig, sondern auch hier auf der Erde. Er möge in uns geheiligt werden, damit wir heilig werden wie Du. Gott wird auch Weisheit, Wahrheit, Licht und Leben genannt: „Weisheit als Wissen von göttlichen und menschlichen Dingen ... Wahrheit als das Eine und nicht Vielfältige dem Wesen nach (denn das Wahre ist einzig, während die Lüge vielgesichtig ist) ... Licht als Glanz der Seelen, die im Geist und im Leben gereinigt sind, denn wo Unkenntnis und Sünde sind, da ist Finsternis, wo hingegen Erkenntnis und göttliches Leben sind, da ist Licht ... Leben, weil Er Licht ist, Halt und Verwirklichung jeder vernünftigen Natur" (Gregor der Theologe).[9]

Rettung, Erlösung, Befreiung und Auferstehung nennt die Heilige Schrift Gott deswegen, weil sich nur in Ihm (in Christus) die Errettung des Menschen aus der Sünde und dem ewigen Tod, die Auferstehung zum neuen Leben verwirklicht.

Gott wird als Gerechtigkeit[10] und Liebe bezeichnet. Die Bezeichnung ‚Gerechtigkeit' unterstreicht das Göttliche gerechte Urteil: Er ist Richter, der das Böse bestraft und das Gute belohnt. So jedenfalls versteht das Alte Testament Gott. Die neutestamentliche Frohe Botschaft offenbart uns jedoch, dass Gott, der gerecht und gerechter Richter ist, all unsere Vorstellungen von Gerechtigkeit übertrifft. „Nenne Gott nicht einen gerechten Richter", schreibt Isaak der Syrer.[11] „Auch wenn David Ihn gerecht und gerechten Richter nennt, so hat der Sohn uns offenbart, dass Er eher gut und wohltätig ist ... Warum nennt der Mensch Gott gerecht, wenn er im Kapitel vom verlorenen Sohn ... liest, dass allein schon bei der Niedergeschlagenheit, die der Sohn zeigte, der Vater herbeigelaufen kam, ihm um den Hals fiel und ihm Verfügungsgewalt über seinen ganzen Reichtum gab? ... Worin besteht da das Göttliche rechte Richten? Darin, dass wir Sünder sind und Christus für uns gestorben ist? ... Wo ist die Vergeltung für unsere Taten?"[12] Die alttestamentliche Vorstellung von der Gerechtigkeit Gottes ergänzt das Neue Testament durch die Lehre von Seiner Liebe, die jede Gerechtigkeit übersteigt. „Gott ist Liebe", sagt der heilige

---

9 Ebd. 442f.

10 Russ. *pravda* = Wahrheit, Wahrhaftigkeit, Gerechtigkeit; Anm. d. Übers.

11 Isaak der Syrer, syrischer Mönch, Mystiker und aszetischer Schriftsteller des 7. Jahrhunderts; da er einige Monate Bischof von Ninive war, wird er auch Isaak von Ninive genannt; vgl. Hilarion Alfeyev, L'univers spirituel d'Isaac le Syrien (= Spiritualité orientale 76), Bégrolles-en-Mauges 2001; Anm. d. Übers.

12 Isaak der Syrer, Predigt 60 *[Isaak tou Syrou eurethenta asketika]*, Athen 1977, 245.

Apostel Johannes der Theologe (1 Joh 4,8.16), und das ist die erhabenste Bestimmung Gottes, die wahrste Aussage, die man über Ihn machen kann, oder wie der heilige Gregor der Theologe sagt, dieser Name „ist der passendste von allen anderen Namen für Gott".[13]

In der Bibel begegnet man auch Namen Gottes, die aus der Natur entlehnt und nicht charakteristisch für Ihn sind, auch keine Versuche, Seine Eigenschaften zu bestimmen, sondern sozusagen als Symbole und Analogien eine Hilfsbedeutung haben. Gott wird verglichen mit der Sonne, einem Stern, mit Feuer, Wind, Wasser, Tau, Wolke, Stein, Felsen und mit Wohlgeruch. Von Christus wird gesprochen als Hirt, Schaf, Lamm, Weg, Tür und Bild Gottes. Alle diese Namen sind einfach und konkret, sind der alltäglichen Wirklichkeit, dem gewöhnlichen Leben entnommen. Ihre Bedeutung aber ist die gleiche wie in den Gleichnissen Christi, wenn wir unter dem Bild einer Perle, eines Baumes, des Sauerteiges im Teig und des Samens auf dem Feld etwas erahnen, das unendlich größer und bedeutsamer ist.

In vielen Texten der Heiligen Schrift wird von Gott gesprochen wie von einem menschenähnlichen Wesen, das heißt wie von jemandem, der ein Gesicht hat, Augen, Ohren, Hände, Schultern, Flügel, Beine und Atem. Es wird gesagt: Gott dreht sich um oder wendet sich ab, denkt an etwas oder vergisst, zürnt oder beruhigt sich, gerät in Staunen, ist betrübt, hasst, geht oder hört. Diesem Anthropomorphismus liegt die Erfahrung einer _persönlichen Begegnung mit Gott als einem lebendigen Wesen_ zugrunde. Der Mensch versucht diese Erfahrung auszudrücken, indem er zu irdischen Worten und Bildern greift. In den biblischen Sprachen finden sich fast keine abstrakten Begriffe, die eine so große Rolle in der Sprache der spekulativen Philosophie spielen: Wenn eine gewisse Zeitspanne umschrieben werden soll, dann wird nicht ‚Epoche' oder ‚Periode' gesagt, sondern ‚Stunde', ‚Tag', ‚Jahr' oder ‚Ewigkeit'; wenn etwas über die materielle oder geistige Welt zu sagen ist, heißt es nicht ‚Materie' und ‚geistige Realität', sondern ‚Erde' und ‚Himmel'. Die biblische Sprache besitzt im Unterschied zur philosophischen höchste Konkretheit, weil die Erfahrung des biblischen Gottes eine Erfahrung der personalen Begegnung ist, nicht der abstrakten, spekulativen Deduktionen. Die Alten haben Gott an ihrer Seite gespürt, Er war ihr König und Anführer, Er war in ihren Gottesdiensten anwesend, bei ihren Festen und Versammlungen. Und wenn David sagt: „Der Herr hat mein Beten gehört" (Ps 6,10), dann bedeutet das nicht, dass Gott vorher nicht gehört hat, jetzt aber hört: Gott hat immer gehört, nur der Mensch

---

13 Gregor von Nazianz, Predigt 23, in: Werke in 2 Bänden, St. Petersburg o.J. (Verlag Sojkina), Bd. 1, 338.

hat das früher einfach nicht bemerkt, doch jetzt bemerkt er es. Und das Wort „Lass Dein Angesicht über Deinem Knecht leuchten" (Ps 30[31],17) ist keine Bitte darum, dass Gott, Der früher nicht da war, sich hier plötzlich zeigen möge, denn Er ist immer und überall anwesend. Es ist vielmehr eine Bitte darum, dass der Mensch, der früher Gott nicht bemerkt hat, nun fähig werde, Ihn zu spüren, zu erkennen, Ihm zu begegnen.

In der Bibel wird Gott vielfach Vater genannt, und die Menschen heißen Seine Kinder: „Nur Du bist unser Vater, denn Abraham weiß nicht um uns, und Israel anerkennt uns nicht als die Seinen; Du aber, Herr, bist unser Vater, von Ewigkeit her ist Dein Name ‚unser Erlöser'" (Jes 63,16). In den letzten Jahren ist in der protestantischen Welt immer häufiger davon die Rede, man solle Gott, da er kein Geschlecht hat, nicht ‚Vater' nennen. Einige Vertreter der sogenannten feministischen Theologie bestehen darauf, Gott sei gleichermaßen Mutter. Im Gebet des Herrn sagen sie statt „Vater unser" „unser Vater und unsere Mutter" (our Father and Mother), und bei der Übersetzung der Heiligen Schrift setzen sie an den Stellen, wo die Rede von Gott ist, statt ‚Er' ein ‚Er-Sie' (He-She). Diese absurden und kuriosen Entstellungen der biblischen Auffassung entstehen, weil die Tatsache nicht beachtet wird, dass die Unterscheidung in zwei Geschlechter in der menschlichen und tierischen Welt existiert, aber nicht im Göttlichen Sein. Dieser eigenartige Pseudoanthropomorphismus hat mit dem biblischen Anthropomorphismus wenig gemeinsam. Für uns ist lediglich unbestreitbar, dass Gott, als Er dem Volk Israel erschien, sich mit dem Namen Vater offenbart hat. Offenkundig ist auch, dass Gott bei Seiner Fleischwerdung keine Frau wurde, sondern ein Mann – Jesus Christus.

Die Eigenschaften Gottes

Es ist schwer, über die Eigenschaften Dessen zu sprechen, Dessen Natur sich jenseits der Worte befindet. Nichtsdestoweniger kann der Mensch, ausgehend vom Wirken Gottes in der geschaffenen Welt, Annahmen machen und Schlüsse ziehen, die sich auf die Eigenschaften Gottes beziehen. Nach Johannes von Damaskus ist Gott ursprungslos, unendlich, ewig, beständig, unerschaffen, unteilbar, unveränderlich, einfach, unzusammengesetzt, unkörperlich, unsichtbar, nicht zu ertasten, unbeschreibbar, unbegrenzt, unerreichbar für den Verstand, unermesslich, unbegreiflich, gut, gerecht, Schöpfer aller Dinge, der Allmächtige, Der alles erhält, der Allwissende, Der alles im voraus bedacht hat, und Herr von allem.[14]

---

14 Johannes von Damaskus, Genaue Auslegung des Orthodoxen Glaubens *[Točnoe izloženie pravoslavnoj very]* 1,14.

Die Ursprungslosigkeit Gottes bedeutet, dass Er keinerlei höheren Ursprung und keine höhere Ursache Seiner Existenz über sich hat, sondern selbst die Ursache von allem ist. Er braucht nichts außerhalb Seiner selbst, ist frei von jedem äußeren Zwang und Einfluss: „Wer hat den Geist des Herrn begriffen, wer ist Sein Berater gewesen und hat Ihn unterrichtet? Mit wem geht Er zu Rat, wer belehrt Ihn und führt Ihn auf den Weg der Gerechtigkeit? Wer lehrt Ihn Erkenntnis und zeigt Ihm den Weg der Weisheit?" (Jes 40,13f.).

Unendlichkeit und Unbegrenztheit bedeuten, dass Gott außerhalb der Kategorien des Raumes existiert, dass Er frei ist von jeder Begrenzung und jedem Mangel. Er kann nicht gemessen werden, man kann Ihn mit niemandem und nichts gleichstellen oder vergleichen. Gott ist ewig, das heißt, Er existiert außerhalb der Kategorien der Zeit, für Ihn gibt es keine Vergangenheit, keine Gegenwart und keine Zukunft: „Ich bin derselbe, Ich bin der Erste, und Ich bin der Letzte", sagt Gott im Alten Testament (Jes 41,4); „Ich bin das Alpha und das Omega, der Anfang und das Ende, spricht der Herr, Der ist und war und kommen wird", lesen wir in der Apokalypse Johannes' des Theologen (Offb 1,8). Ohne Anfang und ohne Ende in der Zeit, ist Gott ungeschaffen, niemand hat Ihn erschaffen: „Vor Mir gab es keinen Gott, und nach Mir wird keiner sein" (Jes 43,10).

Gott besitzt Dauer, Unteilbarkeit und Unveränderlichkeit in dem Sinn, dass „es bei Ihm keinen Wandel und keinen Schatten von Veränderung gibt" (Jak 1,17), Er ist immer sich selbst treu: „Gott ist kein Mensch, so dass Er lügen würde, und kein Menschenkind, so dass Er Reue empfände" (Num 23,19). In Seinem Wesen, Seinem Handeln und Seinen Eigenschaften bleibt Er immer ein und derselbe.

Gott ist einfach und unzusammengesetzt, das heißt nicht in Teile zu zerlegen und nicht aus Teilen zusammengesetzt. Die Dreiheit der Personen in Gott, von der im nächsten Kapitel die Rede sein wird, bedeutet keine Teilung der einen göttlichen Natur in drei Teile: Die Natur Gottes bleibt unteilbar. Der Begriff der Vollkommenheit Gottes schließt die Möglichkeit einer Aufspaltung Gottes in Teile aus, weil jede Teilexistenz unvollkommen ist. Was bedeutet das Wesen einer einfachen Natur?, so fragt der heilige Gregor der Theologe. In der Antwort, die er auf diese Frage zu geben versucht, spricht er davon, dass die Vernunft weder einen Anfang noch ein Ende findet, wenn sie die Unendlichkeit Gottes untersuchen will, weil das Unbegrenzte sich über den Anfang und über das Ende hinaus erstreckt und nicht dazwischen eingeschlossen ist. Und wenn die Vernunft nach oben oder nach unten drängt, weil sie versucht, die Schranken oder Grenzen ihrer Vorstellungen von Gott zu finden, dann findet sie diese nicht. Das Fehlen aller Grenzen, Teilungen und Schranken ist die Einfachheit in Gott.[15]

Unkörperlich wird Gott genannt, weil Er keine materielle Substanz und keinen Körper hat, sondern der Natur nach geistig ist. „Gott ist Geist", sagt Christus zu der Samariterin (Joh 4,24). „Der Herr ist Geist", wiederholt der Apostel Paulus, „und wo der Geist des Herrn ist, da ist Freiheit" (2 Kor 3,17). Gott ist frei von jeder Materialität: Er ist nicht irgendwo, nicht nirgends, nicht überall. Wenn die Bibel von der Allgegenwart Gottes spricht, dann ist das ein Versuch, die subjektive Erfahrung des Menschen auszudrücken, der, *wo* immer er auch sein mag, *überall* Gott begegnet: „Wohin soll ich fliehen vor Deinem Geist und wohin vor Deinem Angesicht flüchten? Steige ich zum Himmel hinauf, bist Du da; steige ich in die Unterwelt hinab, bist Du auch dort. Nehme ich die Flügel des Morgenrots und lasse mich nieder am Ufer des Meeres, führt mich auch dort Deine Hand, und Deine Rechte hält mich" (Ps 138[139],7-10). Doch subjektiv kann der Mensch Gott überall erfahren, und er kann Ihn auch nirgends erfahren. Gott selbst bleibt bei alledem vollkommen außerhalb der Kategorie des ‚Irgendwo', außerhalb der Kategorie des Ortes.

Gott ist unsichtbar, nicht zu ertasten, unbeschreibbar, unbegreiflich, unerklärbar, unzugänglich. Soviel wir auch versuchen mögen, Gott zu erforschen, soviel wir auch über Seine Namen und Eigenschaften erwägen, Er bleibt dennoch unerreichbar für den Verstand, weil Er unser gesamtes Denken übersteigt. „Gott zu verstehen ist schwer, doch Ihn auszusagen ist unmöglich", schreibt Platon.[16] Der heilige Gregor der Theologe sagt in seiner Polemik gegenüber dem griechischen Weisen: „Aussagen ist unmöglich, aber verstehen ist noch viel unmöglicher".[17] Der heilige Basilius der Große sagt: „Ich weiß, dass Gott ist. Doch was Sein Wesen ist, das rechne ich zu dem, was über mein Verstehen geht. Wie bin ich also zu retten? Durch den Glauben. Der Glaube gibt sich mit dem Wissen zufrieden, dass Gott ist (aber nicht, was Er ist) ... Die Erkenntnis der Unbegreiflichkeit Gottes ist auch das Wissen über Sein Wesen".[18] Gott ist unsichtbar – Ihn „hat niemand jemals gesehen" (Joh 1,18)

---

15 Gregor von Nazianz, Predigt 45: Auf das heilige Pascha *[Grigorij Bogoslov, Slovo 45 (Na Svjatuju Paschu)]*, in: Werke in 2 Bänden, St. Petersburg o.J. (Verlag Sojkina), Bd. 1, 663.

16 Zit. nach: Gregor von Nazianz, Predigt 28, in: Werke in 2 Bänden, St. Petersburg o.J. (Verlag Sojkina), Bd. 1, 393; der Text selbst: Platon, *Timaios* 28c.

17 Gregor von Nazianz, Predigt 28, in: Werke in 2 Bänden, St. Petersburg o.J. (Verlag Sojkina), Bd. 1, 393.

18 Basilius der Große, Brief 226 (An Amphilochius von Ikonium) *[Vasilij Velikij, Pis'mo 226 (K Amfilochiju)]*, in: Werke in 3 Bänden *[Tvorenija v 3 t.]*, St. Petersburg 1911 (Verlag Sojkina), Bd. 3, 283.

– in dem Sinne, dass kein Mensch Sein Wesen begreifen oder Ihn mit seinen Augen, mit der Wahrnehmung, mit dem Verstand erfassen kann. Der Mensch kann Gemeinschaft mit Gott haben, Seiner teilhaftig werden, aber er kann niemals Gott verstehen, weil ‚verstehen' in einem gewissen Sinn ausschöpfen bedeutet.

Bejahung und Verneinung

Bei der Betrachtung der Namen Gottes sind wir zu dem Schluss gekommen, dass nicht einer von ihnen eine vollständige Vorstellung von Ihm geben kann. Nachdem wir über die Eigenschaften Gottes gesprochen haben, entdecken wir ebenso, dass deren Gesamtheit nicht Gott ist. Gott übersteigt jeden beliebigen Namen: Nennen wir Ihn etwa ‚Sein', so übersteigt Er das Sein, Er ist das Über-Sein. Nennen wir ihn etwa ‚Wahrheit' oder ‚Gerechtigkeit', so übersteigt Er in Seiner Liebe jede Gerechtigkeit. Nennen wir Ihn ‚Liebe', dann ist Er größer als die Liebe, Er ist die Über-Liebe. Gott transzendiert jede beliebige Eigenschaft, die wir Ihm zuschreiben können, sei es Allwissenheit, Allgegenwart oder Unveränderlichkeit. Schließlich gelangen wir zur Einsicht, dass man über Gott überhaupt nichts auf bejahende Weise sagen kann: Alles, was wir über Ihn sagen könnten, zeigt sich als unvollständig, partikulär und begrenzt. Daraus ergibt sich die natürliche Schlussfolgerung: Wir können über Gott nicht sagen, was Er *ist*, sondern wir können nur sagen, was Er *nicht ist*. Diese Weise der Rede über Gott erhielt die Bezeichnung apophatische (verneinende) Theologie im Unterschied zur kataphatischen (positiven) Theologie.

Die apophatische Theologie besteht in der Verneinung all dessen, was Gott *nicht ist*. Nach den Worten von Georgij Florovskij ist Gott „über ... jeder Begrenzung, über jeder Bestimmung und Bejahung und deswegen auch über jeder Verneinung ... Das apophatische ‚Nein' ist gleichbedeutend mit ‚über' (oder ‚außerhalb', ‚außer') und bezeichnet nicht die Begrenzung oder den Ausschluss, sondern die Überhöhung und das Überschreiten ... Die Gottheit ist jenseits aller spekulativen Namen und Definitionen ... Gott ist nicht Seele, nicht Vernunft, nicht Phantasie, nicht Meinung, nicht Denken, nicht Leben, Er ist weder Wort noch Gedanke ... Gott ist kein ‚Gegenstand' des Wissens, Er ist über dem Wissen ... Deswegen ist der Weg der Erkenntnis ein Weg der Abstraktion und der Verneinung, ein Weg der Vereinfachung und des Schweigens ... Gott erkennen wir nur in der Ruhe des Geistes, in der Ruhe des Nichtwissens. Und dieses apophatische Nichtwissen ist eher ein Über-Wissen, nicht das Fehlen von Wissen, sondern vollkommenes Wissen und deswegen nicht vergleichbar mit allem partikulären Wissen. Dieses Nichtwissen ist Kontemplation ... Gott wird nicht von fern erkannt, nicht durch Nachdenken über *Ihn*, sondern durch die unbegreifliche Vereinigung mit *Ihm*".[19]

Den apophatischen Aufstieg des Geistes zu Gott vergleichen die heiligen Väter und Lehrer der Kirche (insbesondere Dionysios Areopagita, Gregor von Nyssa) mit dem Aufstieg des Mose auf den Berg Sinai zu Gott, Der sich in Finsternis gehüllt hatte. Die Göttliche Finsternis bezeichnet die Abwesenheit von allem Materiellen oder Sinnlichen. In die Göttliche Finsternis einzutreten, bedeutet, herauszutreten aus den Grenzen des Seins, das der Verstand erfassen kann. Das Volk Israel musste in der Zeit der Begegnung des Mose mit Gott am Fuße des Berges bleiben, das heißt im Bereich des kataphatischen Wissens von Gott, und allein Mose konnte in das Dunkel eintreten, das heißt allem enthoben Gott begegnen, Der außerhalb von allem ist, Der *dort ist, wo nichts ist*. Kataphatisch sagen wir von Gott, dass Er das Licht ist, doch wenn wir so sprechen, dann stellen wir Ihn unwillkürlich mit dem sinnlich wahrnehmbaren Licht gleich. Wenn von der Verklärung Christi auf dem Berge Tabor gesagt wird, dass „Sein Gesicht wie die Sonne leuchtete und Seine Kleider weiß wie Licht wurden" (Mt 17,2), dann wird der kataphatische Begriff ‚Licht' hier symbolisch gebraucht, weil die Rede ist vom ungeschaffenen Glanz der Gottheit, der alle menschlichen Vorstellungen vom Licht übersteigt. Apophatisch können wir das Göttliche Licht, das alle Vorstellungen von Licht übersteigt, als Über-Licht oder Finsternis bezeichnen. Auf diese Weise sind die Dunkelheit vom Sinai und das Taborlicht ein und dasselbe.

Terminologisch kann die apophatische Theologie sich in verschiedenen Weisen äußern: 1.) durch Ausdrücke, die mit der Vorsilbe ‚nicht-/un-' beginnen (Nicht-Sein, nicht-existierend, unsichtbar, unbegreiflich); 2.) durch Ausdrücke mit der Vorsilbe ‚über-' (über-seiend, über-gütig, sogar ‚Über-Gott', *hypertheos*, wie bei Dionysios Areopagita); 3.) durch Aussagen, die bewusst im Gegensatz zum Erwarteten stehen (‚Göttliche Finsternis' statt ‚Göttliches Licht', ‚Nicht-Wissen' statt ‚Wissen'); 4.) durch den Gebrauch von Oxymora, d.h. von Wortpaaren, in denen ein Wort seiner Bedeutung nach im Gegensatz zum anderen steht (‚das Unsichtbare sehen', das ‚Unbegreifliche begreifen'; ‚die lichte Dunkelheit').

In unserem Verständnis Gottes arbeiten wir oft mit kataphatischen Vorstellungen, weil das leichter und für den Verstand zugänglicher ist. Doch das kataphatische Wissen hat seine Grenzen, die es nicht zu überschreiten vermag. Der Weg der Verneinung entspricht dem geistigen Aufstieg zu jenem Gött-

---

19 Georgij Florovskij, Die byzantinischen Väter des 5.-8. Jahrhunderts *[Visantijskie Otcy V-VIII vv.]*, Paris 1937, 102f.

lichen Abgrund, in dem die Worte verstummen, wo die Vernunft erstirbt, wo alles menschliche Wissen und Begreifen aufhört, ,*wo Gott ist*'. Nicht auf den Wegen des spekulativen Denkens, sondern in der Tiefe des betenden Schweigens kann die Seele Gott begegnen, Der sich ihr als *un*-begreiflich, *un*-zugänglich, *un*-sichtbar und zugleich als lebendig, nahe und vertraut offenbart: Gott als Person.

* * *

Schwer ist das Geheimnis zu begreifen ... Beständig ist es im Schwinden und verbirgt sich dem, der sich ihm scheinbar schon zum Greifen genaht hat. Und dennoch naht sich ihm Gott, Der sich entfernt vom Menschen befindet. O unaussprechliches Wunder. „Ich bin Gott, Der sich naht", sagt Gott, „obwohl Ich mit Meinem Wesen vor Euren Sinnen fliehe. Und in der Tat. Denn unter welchen Namen kann der Ungeschaffene sich dem von Ihm Geschaffenen nähern? Und doch umgibt Er uns mit Seiner Allmacht ... sorgt beständig für uns, beschenkt uns beständig mit Wohltaten, führt uns, ist bei uns ... Deswegen rief Mose aus, überzeugt davon, dass der Mensch mit seiner Weisheit nicht imstande ist, Gott zu erkennen: „Zeige Dich mir" (Ex 23,13). Und er wagte, in das Dunkel der Wolken einzudringen, wo die Stimme Gottes donnerte, das heißt, er bemühte sich, die tiefsten und undurchdringlichsten Ideen des Seins zu begreifen. Aber Gott ist weder in der Wolke noch an einem anderen Ort. Er ist außerhalb des Raumes, unterliegt nicht den Begrenzungen der Zeit, wird nicht umfangen von den Eigenschaften der Dinge ... Der Himmel, auch wenn er Sein Thron genannt wird, erfasst Ihn nicht; Er ruht nur dort, zufrieden mit dem Werk Seiner Hände.

Klemens von Alexandrien[20]

„Den Vater und Schöpfer dieses Universums zu erkennen, ist keine leichte Angelegenheit, und wenn ihr es herausgefunden habt, werdet ihr dennoch nicht in der Lage sein, jedermann von Ihm zu künden, weil das Geheimnis seines Wesens nicht wie andere Lehren ist und man es mit Worten nicht ausdrücken kann", sagt Platon, der aufrichtige Freund der Wahrheit. Er hat ohne Zweifel gehört, was von Mose gesagt ist, in dem gleicherweise die Weisheit wohnte: als dieser auf den Berg steigen wollte, um von Angesicht zu Angesicht dieses erhabenste aller Geheimnisse zu schauen, welche die Vernunft wahrnehmen kann, musste

---

20   Klemens von Alexandrien, *Stromateis [Kliment Aleksandrijskij, Stromaty]* 2,2, Jaroslavl 1892, 181. Übersetzung: Titus Flavius Klemens von Alexandria, Die Teppiche (Stromateis). Übersetzt von Franz Overbeck, hg. und eingeleitet von Carl A. Bernoulli / Ludwig Früchtel, Basel 1936, 248-252.

er dem Volk verbieten, diese unerforschlichen Offenbarungen zu ergründen. Und wenn die Schrift sagt: „Mose ging in das Dunkel hinein, wo Gott war" (Ex 20,21), dann bedeuten diese Worte für den Menschen, der fähig ist zu verstehen, dass Gott nicht mit den Augen gesehen oder mit menschlichen Worten dargestellt werden kann.

Klemens von Alexandrien[21]

Es geziemt sich, der Ursache des Alls alle Qualitäten des Seienden zuzuschreiben, und es geziemt sich noch mehr, dies zu verneinen, insofern Sie alles übersteigt ... Dabei muss man nicht meinen, dass die Verneinung der Bejahung widerspricht, da Sie [die Ursache] ja um vieles ursprünglicher und höher ... als jede Verneinung wie auch höher als jede Bejahung ist ... Der göttliche Mose ... hörte erst nach allen möglichen Reinigungen die vielstimmigen Posaunen und sah viele Lichter, rein glänzend, und verschiedenartige Strahlen. Danach verließ er die Volksmenge und gelangte mit den auserwählten Priestern zum Gipfel der göttlichen Aufstiege. Aber auch dort redete er nicht mit Gott selbst und sah nicht Ihn selbst, denn Jener war unsichtbar, sondern den Ort, wo Jener stand. Das verweist darauf, wie mir scheint, dass sich das Göttlichste und Erhabenste unter den Gegenständen der Betrachtung überhaupt nur in einigen mutmaßlichen Ausdrücken am Fuße des alles Übersteigenden zeigt; mit ihrer Hilfe kann die Gegenwart Dessen aufgespürt werden, Der auf den geistigen Gipfeln Seiner heiligen Orte ruht. Und dann löst sich Mose von allem Sehbaren und Sehenden und dringt in das Dunkel des Nichtwissens vor, in das wirklich Geheimnisvolle, hinter dem die verstandesmäßige Wahrnehmung endet, und in vollkommener Dunkelheit und Unsichtbarkeit zeigt sich, dass alles Seiende jenseits der Grenzen von allem weder ihm noch sonst irgendjemandem gehört.

Dionysios Areopagita[22]

---

21 Klemens von Alexandrien, *Stromateis [Kliment Aleksandrijskij, Stromaty]* 5,12, Jaroslavl 1892, 585f. Übersetzung: Titus Flavius Klemens von Alexandria, Die Teppiche (Stromateis). Übersetzt von Franz Overbeck, hg. und eingeleitet von Carl A. Bernoulli / Ludwig Früchtel, Basel 1936, 464-467.

22 Dionysios Areopagita, Über die mystische Theologie *[Dionisij Areopagit, O mističeskom bogoslovii]* Kap. 1, zit. nach der russischen Übersetzung in: G. Prochorov, Denkwürdige Texte übersetzter und russischer Literatur des XIV.-XV. Jahrhunderts *[Pamjatniki perevodnoj i russkoj literatury XIV–XV vv.]*, Leningrad 1987, 160-164. Übersetzung: Pseudo-Dionysius Areopagita, Über die mystische Theologie und Briefe. Eingeleitet, übersetzt und mit Anmerkungen versehen von Adolf M. Ritter (= Bibliothek der griechischen Literatur 40), Stuttgart 1994, 75f.

Daher bekräftigen wir, dass die Ursache von allem, die über alles erhaben ist, weder wesenlos noch unbelebt und auch nicht stumm ist; Sie ist nicht ohne Verstand und ist kein Körper, hat weder Gestalt noch Aussehen, weder Qualität noch Quantität noch eine Größe; Sie befindet sich nicht an irgendeinem Ort, ist unsichtbar, für den Tastsinn nicht erfassbar, nimmt nicht wahr und wird nicht wahrgenommen; Sie ist keiner Unordnung, keinen Wirren und keiner Unrast unterworfen, die durch die Leidenschaften der Materie hervorgerufen werden; Sie ist nicht ohne Kraft, weil sie den Beeinträchtigungen der Sinne nicht unterliegt; Ihr fehlt es nicht an Licht; Sie erleidet keine Veränderung, keinen Verfall, keine Spaltung, keine Trennung, keine Entbehrung, kein Entströmen; und nichts anderes Sinnliches stellt Sie dar oder besitzt Sie. Wir steigen weiter hinauf und sagen, dass Sie nicht Seele noch Verstand ist; Sie hat keine Phantasie, keine Meinung, kein Wort und keine Einsicht; Sie ist weder Wort noch Gedanke; Sie kann nicht durch ein Wort ausgedrückt noch verstanden werden; Sie ist weder Zahl noch Ordnung, weder Größe noch Kleinheit, weder Gleichheit noch Ungleichheit, weder Ähnlichkeit noch Unterschied; Sie steht nicht, bewegt sich nicht, verharrt nicht in Ruhe, Sie hat keine Kraft und zeigt sich nicht als Kraft oder als Licht; Sie lebt nicht und ist nicht das Leben; Sie ist nicht Wesen, weder Ewigkeit noch Zeit; geistige Wahrnehmung ist Ihr nicht eigen; Sie ist nicht Wissen, nicht Wahrheit, nicht Reich, nicht Weisheit; Sie ist nicht das Eine und nicht die Einheit, weder Göttlichkeit noch Güte; Sie ist nicht Geist in dem uns bekannten Sinne, weder Sohnschaft noch Vaterschaft, auch nicht irgendetwas anderes, was für uns oder irgend ein anderes Seiendes wahrnehmbar wäre; Sie ist nicht aus dem Seienden und nicht aus dem Nicht-Seienden ... Über aller Bejahung ist Sie die vollkommene und eine Ursache von allem, und über jeder Verneinung ist ihre Überlegenheit wie vollkommen von allem abstrahiert und jenseitig von allem.

Dionysios Areopagita[23]

Also, dass es Gott gibt, ist klar. Was Er aber dem Wesen und der Natur nach ist, das ist völlig unbegreiflich und unbekannt ... Das Ungeborene, das Ursprungslose, das Unveränderliche und das Unvergängliche ... bezeichnet nicht, was Gott ist, sondern was Er nicht ist. Wer aber etwas zu sagen wünscht über das Wesen von

---

23 Dionysios Areopagita, Über die mystische Theologie *[Dionisij Areopagit, O mističeskom bogoslovii]*, Kap. 4 und 5, zit. nach der russ. Übersetzung in: G. Prochorov, Denkwürdige Texte übersetzter und russischer Literatur des XIV.-XV. Jahrhunderts *[Pamjatniki perevodnoj i russkoj literatury XIV–XV vv.]*, Leningrad 1987, 172-176. Übersetzung: Pseudo-Dionysius Areopagita, *Über die mystische Theologie und Briefe.* Eingeleitet, übersetzt und mit Anmerkungen versehen von Adolf M. Ritter (= Bibliothek der griechischen Literatur 40), Stuttgart 1994, 79f.

irgendetwas, der muss erklären, was es ist, und nicht, was es nicht ist. Es ist jedoch unmöglich, von Gott zu sagen, was Er dem Wesen nach ist. Viel angemessener ist es, (von Ihm) mit Hilfe der Verneinung von allem zu reden. Er ist nicht irgendetwas aus dem Seienden ist, aber nicht als ein Nicht-Seiender, sondern als Seiender über allem, was existiert, und über dem Sein selbst ... Die Gottheit ist also unendlich und unbegreiflich. Nur dieses eine – die Unendlichkeit und die Unbegreiflichkeit an Ihm – sind zu begreifen. Was wir von Gott bejahend sagen, weist nicht auf Seine Natur hin, sondern auf das, was der Natur beiläufig zukommt. Bezeichnest du Ihn etwa als gütig oder gerecht oder weise oder als irgendetwas anderes, dann sprichst du nicht von der Natur Gottes, sondern von dem, was beiläufig zur Natur gehört. Und so hat einiges (von dem), was bejahend über Gott gesagt wird, die Bedeutung einer überschwenglichen Verneinung; wie wir zum Beispiel dann, wenn wir von der Dunkelheit in Bezug zu Gott sprechen, nicht die Finsternis meinen, sondern das, was nicht Licht, vielmehr Über-Licht ist; und wenn wir vom Licht sprechen, dann meinen wir das, was nicht Dunkelheit ist.

Johannes von Damaskus[24]

Nach der Schrift schläft Gott (Ps 43[44],24), wacht auf (Dan 9,14), ist erzürnt (Dtn 11,17), geht und hat die Cherubim als Thron (Jes 37,16) ... Wir passen Gott unserem Verständnis an und haben Gott auch mit Namen benannt, die wir aus uns selbst genommen haben. Wenn Gott aus Gründen, die Ihm selbst bekannt sind, seine Fürsorge einstellt und uns sozusagen vernachlässigt, dann heißt das: Er schläft, weil unser Schlaf eine ähnliche Untätigkeit und Sorglosigkeit ist. Und wenn Er umgekehrt, plötzlich beginnt, uns Wohltaten zu spenden, heißt das: Er erwacht ... Er straft, aber wir machen daraus: Er ist erzürnt, weil bei uns die Strafe eine Folge des Zornes ist. Er wirkt einmal hier und einmal dort, aber für uns heißt das: Er geht ... So wird jede andere Kraft Gottes und jedes andere Wirken Gottes bei uns als irgend etwas dargestellt, das dem körperlichen Bereich entnommen ist.

Gregor der Theologe[25]

---

24 Johannes von Damaskus, Genaue Auslegung des Orthodoxen Glaubens *[Ioann Damaskin, Točnoe izloženie pravoslavoj very]* 1,4, Thessalonike 1976, 36-38. Übersetzung: Des heiligen Johannes von Damaskus genaue Darlegung des orthodoxen Glaubens. Übersetzt, mit Einleitung und Erläuterungen versehen von Dionys Stiefenhofer (= BKV² 44), Kempten – München 1923, 6-8.

25 Gregor von Nazianz, Predigt 31 *[Grigorij Bogoslov, Slovo 31]*, in: Werke in 2 Bänden *[Tvorenija v 2 t.]*, St. Petersburg o.J. (Verlag Sojkina), Bd. 1, 455f. Übersetzung: Gregor von Nazianz, *Orationes Theologicae*. Theologische Reden. Übersetzt und eingeleitet von Hermann Josef Sieben (= FC 22), Freiburg u.a. 1996, *oratio* 5,22 (31,22), 313f.

Kapitel 3
Die Dreieinigkeit

Das Geheimnis der Dreieinigkeit

Die Christen glauben an Gott als Dreieinigkeit – an den Vater, den Sohn und den Heiligen Geist. Die Dreieinigkeit – das sind nicht drei Götter, sondern es ist ein Gott in drei Hypostasen, das heißt in drei selbständigen (personalen) Seinsweisen. Das ist genau jener einmalige Fall, in dem gilt: 1=3 und 3=1. Was in der Mathematik und in der Logik absurd wäre, bildet den Eckstein des Glaubens. Der Christ hat am Geheimnis der Dreieinigkeit nicht durch logisches Denken Anteil, sondern durch Umkehr, das heißt durch völlige Umwandlung und Erneuerung des Geistes, des Herzens, der Gefühle und unseres ganzen Wesens (das griechische Wort ‚Umkehr‘ – *metanoia* heißt wörtlich ‚Wandlung des Geistes‘). Unmöglich kann man an der Dreieinigkeit teilhaben, solange der Geist nicht erleuchtet und verwandelt ist.

Die Lehre von der Dreieinigkeit ist keine Erfindung der Theologen; sie ist eine von Gott offenbarte Wahrheit. Im Augenblick der Taufe Jesu Christi zeigt sich Gott der Welt zum ersten Mal in ganzer Klarheit als Einheit in drei Personen: „Als das ganze Volk getauft wurde, ließ auch Jesus sich taufen und betete. Da öffnete sich der Himmel, und der Heilige Geist kam in leibhaftiger Gestalt als eine Taube auf Ihn herab, und eine Stimme vom Himmel sprach: Du bist Mein geliebter Sohn, in Dir ist Mein Wohlgefallen" (Lk 3,21f.). Die Stimme des Vaters ist vom Himmel her zu hören, der Sohn steht in den Wassern des Jordan, und der Geist kommt auf den Sohn herab. Jesus Christus hat wiederholt von Seiner Einheit mit dem Vater gesprochen, von Seiner Sendung in die Welt durch den Vater, und Er nannte sich Sein Sohn (vgl. Joh 6-8). Er versprach auch den Jüngern, den Geist, den Tröster, zu senden, Der vom Vater ausgeht (vgl. Joh 14,16f; 15,26). Als Er die Jünger aussandte zu predigen, sprach Er zu ihnen: „Geht und lehrt alle Völker, tauft sie im Namen des Vaters und des Sohnes und des Heiligen Geistes" (Mt 28,19). Ebenso wird in den Briefen der Apostel von Gott als der Dreieinigkeit gesprochen: „Drei sind es, die Zeugnis geben im Himmel: der Vater und das Wort und der Heilige Geist, und diese Drei Sind Eins" (1 Joh 5,7).

Erst nach dem Erscheinen Christi offenbarte sich Gott den Menschen als Dreieinigkeit. Die alten Israeliten bewahrten den Glauben an den einen Gott als heilig, und sie waren nicht in der Lage, die Idee der dreieinen Gottheit zu verstehen, weil diese Idee von ihnen gleichbedeutend mit drei Göttern aufgefasst worden wäre. In einer Epoche, als in der Welt uneingeschränkt der Polytheismus vorherrschte, war das Geheimnis der Dreieinigkeit vor den Blicken der Menschen verborgen, es war gleichsam in der tiefen Herzmitte der Wahrheit von der Einheit der Gottheit aufgehoben.

Allerdings finden wir schon im Alten Testament gewisse Hinweise, die auf eine Vielfalt der Personen in Gott hindeuten. Der erste Vers der Bibel – „Im Anfang schuf Gott Himmel und Erde" (Gen 1,1) – beinhaltet im hebräischen Text das Wort „Gott" in der Mehrzahl (Elohim – wörtlich: „Götter"), während das Verb „schuf" in der Einzahl steht. Vor der Erschaffung des Menschen sagt Gott, sich gleichsam mit jemandem beratend: „Lasst Uns den Menschen schaffen nach Unserem Bild und Unserem Gleichnis" (Gen 1,26). Mit wem kann Er zu Rate gehen, wenn nicht mit sich selbst? Mit den Engeln? Aber der Mensch ist nicht nach dem Bild der Engel geschaffen, sondern „nach dem Bild Gottes" (Gen 1,27). Die altchristlichen Exegeten waren überzeugt, dass hier die Rede sei von einer Beratung zwischen den Personen der Heiligen Dreieinigkeit selbst. Ebenso spricht Gott mit sich selbst, als Adam vom Baum der Erkenntnis von Gut und Böse gekostet hatte: „Siehe, Adam ist wie einer von Uns geworden, der Gut und Böse erkennt" (Gen 3,22). Und im Augenblick der Errichtung des Turmes von Babel sagt der Herr: „Wir wollen hinabsteigen und ihre Sprache verwirren, damit einer die Rede des anderen nicht versteht" (Gen 11,7). Einige Episoden des Alten Testamentes werden in der christlichen Tradition als Symbolisierungen der Dreieinigkeit verstanden. Der Herr zeigt sich dem Abraham bei den Eichen von Mamre: „Er erhob seine Augen, und er schaute umher, da standen drei Männer vor ihm. Als er sie sah, lief er ihnen vom Eingang des Zeltes entgegen, verneigte sich zur Erde und sagte: Mein Herr, wenn ich in Deinen Augen Wohlgefallen gefunden habe, dann geh nicht an Deinem Knecht vorüber ... Ich bringe Brot, damit ihr eure Herzen stärkt, und danach geht weiter, denn deswegen seid ihr bei eurem Knecht vorbei gekommen ... Und sie sagten zu ihm: Wo ist Sara, deine Frau? Er antwortete: Hier im Zelt. Und einer von ihnen sagte: Ich werde zur gleichen Zeit im nächsten Jahr bei dir sein, und Sara wird einen Sohn haben" (Gen 18,2f.5.9f.). Abraham begegnet Dreien, aber er verneigt sich vor Einem. Du = Ihr, geh = geht, sagte = sagten, 1 = 3 ...

Der Prophet Jesaja beschreibt seine Vision des Herrn, um Den die Seraphim standen und riefen: „Heilig, heilig, heilig, Herr Sabaoth". Der Herr sagt: „Wen soll ich senden? Und wer geht für Uns?" Darauf antwortet der Prophet: „Hier bin ich, sende mich" (Jes 6,1-8). Wiederum eine Gleichheit zwischen

„Mir" und „Uns". Im Alten Testament gibt es außerdem viele Weissagungen, die von der Gleichheit des Messias - Sohnes und des Vater - Gottes sprechen, zum Beispiel: „Der Herr sagt zu Mir: Du bist Mein Sohn, heute habe Ich Dich gezeugt" (Ps 2,7) oder „So spricht der Herr zu meinem Herrn: Setze Dich zu Meiner Rechten ... Vom Mutterleib an, vor der Morgenröte habe ich Dich gezeugt" (Ps 109[110],1.3). Die angeführten biblischen Texte verweisen indes nur auf das Geheimnis der Dreieinigkeit voraus, sprechen aber noch nicht direkt von ihr. Dieses Geheimnis bleibt unter einer Hülle, die nach dem Apostel Paulus nur von Christus abgenommen wird (vgl. 2 Kor 3,15f.).

Ausdrücke und Aussagen

Seit den ersten Tagen der Existenz der Kirche haben die Christen an den Vater, den Sohn und den Heiligen Geist geglaubt und stützten sich dabei auf die Zeugnisse der Schrift. Es waren indessen einige Jahrhunderte nötig, um die Lehre von der Dreieinigkeit in präzise theologische Formulierungen zu kleiden. Es war notwendig, eine entsprechende Terminologie auszuarbeiten, zum einen um aufkommende Häresien zu widerlegen, zum zweiten um von der Dreieinigkeit zu Menschen sprechen zu können, die in den Traditionen der antiken Philosophie erzogen waren.

Im 3. Jahrhundert wurde die Kirche mit der Häresie des Sabellius konfrontiert, der lehrte, dass Gott ein Wesen hat, aber drei Personen ist, und zwar so, als wären es drei Erscheinungen ein und derselben Natur, als wären es drei ‚Masken', unter denen Gott sich den Menschen zeigt (der griechische Ausdruck ‚Person' – *prosopon* bedeutet weniger ‚Personalität' als vielmehr ‚Larve', Maske eines Schauspielers). Ein und dieselbe unteilbare Monade, meinte Sabellius, wirke in den verschiedenen Zeiten gleichsam in drei verschiedenen Modi: Im Alten Testament offenbarte sich Gott als Vater, im Neuen Testament als Sohn und in der Kirche, nach Pfingsten, als Heiliger Geist. Gott ist nach Sabellius ‚Sohn - Vater': Außerhalb der Beziehung zur Welt ist Er eine schweigende Monade, in Beziehung zur Welt aber ist Er Wort-Logos. Die Lehre des Sabellius war der äußerste Ausdruck eines Monarchianismus, dem die Vorstellung von Gott als einer ungeteilten Monade zugrundelag.

Der alexandrinische Geistliche Arius lehrte zu Beginn des 4. Jahrhunderts, dass der Vater der einzige wahre Gott sei, der Sohn jedoch Sein Geschöpf darstelle. Der Sohn wurde „aus dem Nichts" geschaffen, doch Er hat den Vorrang vor den anderen Geschöpfen, da Er vor aller Zeit und Ewigkeit geboren wurde. Der Arianismus ist eine Form des Subordinatianismus, das heißt der Lehre von der Unterwerfung des Sohnes unter den Vater und des Geistes unter den Sohn. Der Arianismus breitete sich rasch aus und rief stürmische

Auseinandersetzungen im gesamten christlichen Osten hervor. Anlässlich der Lehre des Arius wurde im Jahre 325 in der Stadt Nizäa das I. Ökumenische Konzil zusammengerufen, das die rechtgläubige Lehre von der Heiligen Dreieinigkeit formulieren sollte.

Das Nizänische Konzil sprach vom Sohn als „eines Wesens" *[edinosuščnyj]* *(homoousios)* mit dem Vater, das heißt, Der eine Wesenheit *[suščnost']* mit dem Vater hat. Die Väter gebrauchten auch einen anderen Ausdruck – ‚Hypostase' *(hypostasis* – ‚Dasein/Existenz' *[suščestvovanie])* –, den man ursprünglich als Synonym von ‚Wesenheit' *[suščnost']* – ‚Ousia' *[usija]* aufgefasst hatte. Schrittweise allerdings, schon in der Zeit nach dem Nizänischen Konzil, erhielt das Wort ‚Hypostase' die Bedeutung von personaler Existenzweise *[suščestvovanie]*, d.h. eines personalen und konkreten Seins, und man begann unter ‚Ousia' eine gewisse ontologische Gemeinsamkeit zu verstehen. Die entscheidende Rolle in der abschließenden Ausarbeitung einer präzisen Redeweise über die Dreieinigkeit spielten ‚die großen Kappadokier' – Basilius der Große, Gregor der Theologe und Gregor von Nyssa. Sie formulierten die Lehre vom Heiligen Geist als eines Wesens *[edinosuščnyj]* und gleich mit dem Vater und dem Sohn.

Auf diese Art und Weise wird die rechtgläubige Lehre von der Göttlichen Dreieinigkeit mit folgenden Worten ausgedrückt: Gott ist einer dem Wesen *[suščestvo]* nach, doch einer in drei Hypostasen. Während die Formulierung ‚eine Natur – drei Personen' die Möglichkeit offenließ, von den Emanationen und Rollen ein und desselben Wesens *[suščestvo]* zu sprechen, verweist die Aussage ‚eine Wesenheit *[suščnost']* – drei Hypostasen' auf die ontologische Einheit der Gottheit und unterstreicht zugleich die Selbständigkeit jeder Hypostase. Vater, Sohn und Heiliger Geist sind drei vollwertige Personen, von Denen jede nicht nur die Fülle des Seins besitzt, sondern auch ganz Gott ist. Eine Hypostase ist nicht ein Drittel der gesamten Wesenheit, sondern vereint in sich die ganze Fülle des Göttlichen Wesens *[suščnost']*. Der Vater ist Gott, nicht ein Drittel Gott, auch der Sohn ist Gott, und der Heilige Geist ist ebenfalls Gott. Alle Drei zusammen sind jedoch nicht drei Götter, sondern ein Gott. Wir bekennen „den Vater und den Sohn und den Heiligen Geist – die wesenseine und ungeteilte Dreieinigkeit" (aus der Liturgie des heiligen Johannes Chrysostomos). Das heißt, weder teilen die drei Hypostasen eine Wesenheit in drei Wesenheiten, noch verschmilzt oder vermischt die eine Wesenheit die drei Hypostasen zu einer.

Die Fülle des Göttlichen Lebens in der Dreieinigkeit

Um die Lehre von der Dreieinigkeit für das Verstehen zugänglicher zu machen, nahmen die heiligen Väter manchmal ihre Zuflucht zu Analogien und Vergleichen. So kann man zum Beispiel die Dreieinigkeit mit der Sonne vergleichen: Wenn wir ‚Sonne' sagen, dann haben wir den Himmelskörper selbst oder auch das Sonnenlicht oder die Wärme der Sonne vor Augen. Licht und Wärme stellen eigenständige ‚Hypostasen' dar, existieren jedoch nicht isoliert von der Sonne. Aber auch die Sonne existiert nicht ohne Wärme und Licht. Eine andere Analogie sind das Wasser, die Quelle und der Strom: Eins kann nicht ohne das andere sein. Im Menschen gibt es Geist *[um]*, Seele *[duša]* und Wort *[slovo]*: Der Geist kann nicht ohne Seele und Wort sein, sonst wäre er seelen-*los* und wort-*los*, aber auch die Seele und das Wort können nicht geist-*los* sein. In Gott ist der Vater, das Wort und der Geist, und wenn – so sagten die Verteidiger des ‚einen Wesens' auf dem Konzil von Nizäa – Gott der Vater jemals ohne Gott das Wort existiert hätte, dann wäre Er wort-*los* oder geist-*los* gewesen.

Doch Analogien solcher Art können nichts erklären, was das Wesentliche betrifft: Das Sonnenlicht zum Beispiel ist weder Personalität noch selbständiges Sein. Am einfachsten könnte man das Geheimnis der Dreieinigkeit erklären, wie dies der heilige Spiridon von Trimithon, ein Teilnehmer der Konzils von Nizäa, getan hat. Der Überlieferung nach nahm er, als die Frage gestellt wurde, wie es sein kann, dass Drei zugleich Einer ist, statt einer Antwort einen Ziegelstein in die Hand und presste ihn. Aus dem Lehm, der in den Händen des Heiligen weich geworden war, schlug eine Flamme nach oben, und nach unten floss Wasser. „Wie in diesem Ziegel Feuer und Wasser sind", sagte der Heilige, „so sind in dem einen Gott drei Personen ...".[1]

Eine andere Version dieser Erzählung (es kann aber auch die Erzählung von einem anderen, ähnlichen Ereignis sein) ist in den Akten des Konzils von Nizäa enthalten. Ein Philosoph stritt lange mit den Vätern dieses Konzils und versuchte logisch zu beweisen, dass der Sohn nicht eines Wesens mit dem Vater sein könne. Als schon alle auseinandergehen wollten, ermüdet durch die langen Debatten, kam plötzlich ein einfacher Starez und Hirte (der mit dem heiligen Spiridon identifiziert wird) in den Saal und erklärte, er sei bereit, mit dem Philosophen zu streiten und all dessen Einwände zu widerlegen. Dann wandte er sich an den Philosophen, sah ihn streng an und sagte: „Hör zu, du Philosoph, Einer ist Gott, der Schöpfer des Himmels und der Erde, Der alles geschaffen hat

---

1   Ewiges. Sammlung geistlicher Lektüre *[Večnoe. Sbor. duchovnogo čtenija]*, Paris 1983, Nr. 342, 61.

in der Kraft des Sohnes und durch das Mitwirken des Heiligen Geistes. Dieser Sohn Gottes ist Fleisch geworden, hat unter den Menschen gelebt, ist für uns gestorben und auferstanden. Mühe dich nicht umsonst, Beweise dafür zu finden, was nur im Glauben begriffen werden kann, sondern antworte: Glaubst du an den Sohn Gottes?" Getroffen von diesen Worten konnte der Philosoph nur hervorbringen: „Ich glaube". Der Starez sagte: „Wenn du glaubst, dann lass uns in die Kirche gehen, und dort gewähre ich dir Anteil an diesem wahren Glauben". Der Philosoph stand sofort auf und folgte dem Starzen. Beim Hinausgehen sagte er zu den Anwesenden: „Solange man Beweise mit Worten erbringen wollte, habe ich den Worten Worte entgegengesetzt, als sich aber aus dem Mund dieses Starez die göttliche Kraft zeigte, konnten die Worte der Kraft nicht widerstehen, weil der Mensch Gott nicht widerstehen kann".[2]

Die Göttliche Dreieinigkeit ist keine gleichsam erstarrte Existenz, ist nicht Unbewegtheit und Unbeweglichkeit, Statik. „Ich bin der Da-seiende", sagt Gott zu Mose (Ex 3,14). „Der Da-seiende" bedeutet: existierend, lebend. In Gott ist die Fülle des Lebens, Leben aber ist Bewegung, Erscheinung, Offenbarung. Einige Göttliche Namen haben, wie wir sahen, einen dynamischen Charakter: Gott wird verglichen mit Feuer (Ex 24,17), Wasser (Jer 2,13), Wind (Gen 1,2). Im biblischen Buch des Hohenliedes sucht die Frau ihren Geliebten, der sich ihr entzieht. Diese Gestalt wurde in der christlichen Tradition gedeutet (Origenes, Gregor von Nyssa) auf die Seele, die Gott nacheilt, Der sich ihr ewig entzieht. Die Seele sucht Gott, doch kaum hat sie Ihn gefunden – verliert sie Ihn wieder, sehnt sich danach, Ihn zu erreichen, kann Ihn aber nicht erreichen, versucht Ihn zu fassen, kann Ihn aber nicht fassen. Er bewegt sich mit großer ‚Schnelligkeit' und übersteigt immer unsere Kräfte und unsere Möglichkeiten. Gott finden und einholen heißt, selbst göttlich werden. Wie sich gemäß den physikalischen Gesetzen irgendein materieller Körper, der sich mit Lichtgeschwindigkeit zu bewegen begänne, selbst in Licht verwandeln würde, so auch die Seele: Je mehr sie sich Gott nähert, um so mehr wird sie erfüllt vom Licht und wird zum Lichtträger.

Die Heilige Schrift sagt: „Gott ist die Liebe" (1 Joh 4,8.16). Es gibt aber keine Liebe ohne Geliebten. Die Liebe setzt die Existenz eines anderen voraus. Eine einzelne isolierte Monade kann nur sich selbst lieben: *Selbst*liebe ist keine Liebe. Die egozentrische Einheit ist keine Person. Wie der Mensch sich selbst als Person nur in Gemeinschaft mit anderen Personen erfahren kann, so kann auch in Gott personales Sein nicht anders als durch die Liebe zu einem anderen

---

2 Akten der Ökumenischen Konzilien *[Dejanija Vselenskich Soborov],* Bd. 1, Kasan 1859, 101-103.

personalen Sein verwirklicht werden. Die Göttliche Dreieinigkeit ist die Fülle der Liebe, jede Person-Hypostase ist den anderen beiden Person-Hypostasen in Liebe zugewandt. Die Personen erfahren sich in der Dreieinigkeit als ‚Ich und Du': „Du, Vater, bist in Mir und Ich in Dir", sagt Christus zum Vater (Joh 17,21). „Alles, was der Vater hat, ist Mein, darum habe Ich gesagt, dass Er von dem Meinigen nimmt und euch verkündigen wird", sagt Christus vom Heiligen Geist (Joh 16,14). „Im Anfang war das Wort, und das Wort war bei Gott", so beginnt das Evangelium nach Johannes (Joh 1,1). Im griechischen und im kirchenslavischen Text steht hier die Präposition „zu": Das Wort war „zu Gott" *(pros ton Theon)*. Unterstrichen wird der personale Charakter der gegenseitigen Beziehungen des Sohnes (als Wort) und des Vaters: Der Sohn ist nicht nur *aus* dem Vater geboren, Er existiert nicht nur *bei* Gott dem Vater, sondern Er ist *dem* Vater zugewandt. So ist jede Hypostase in der Dreieinigkeit den anderen beiden Hypostasen zugewandt. Der heilige Maximos der Bekenner spricht von der „Ewigen (der Dreieinigkeit) in der Liebe".[3]

Auf der Ikone der Heiligsten Dreieinigkeit von Andrej Rublev und auch auf anderen Ikonen desselben ikonographischen Typs sehen wir drei Engel, die an einem Tisch sitzen, auf dem eine Schale steht, das Symbol des erlösenden Opfers Christi. Der Stoff der Ikone ist der erwähnten Begebenheit mit Abraham (‚Die Gastfreundschaft Abrahams' – so heißt dieses ikonographische Thema) entnommen, und alle Personen der Trinität sind so dargestellt, dass Sie einander zugewandt und gleichzeitig zur Schale hingeneigt sind. Der Ikone ist gleichsam jene Göttliche Liebe eingeprägt, die im Inneren der Dreieinigkeit herrscht und deren höchster Ausdruck die Erlösungstat des Sohnes ist. Das ist, nach einem Ausdruck des heiligen Metropoliten Philaret (Drozdov), „die kreuzigende Liebe des Vaters, die gekreuzigte Liebe des Sohnes und die in der Kraft des Kreuzes triumphierende Liebe des Heiligen Geistes".[4] Das Kreuzesopfer des Gottessohnes ist zugleich eine Liebestat des Vaters und des Heiligen Geistes.

* * *

---

3   PG 4, 221.
4   Zit. nach: Georgij Florovskij, Wege der russischen Theologie *[Puti russkogo bogoslovija]*, Paris 1937, 181.

Wir glauben an den Einen Gott, den Vater, den Allmächtigen, Schöpfer alles Sichtbaren und Unsichtbaren. Und an den einen Herrn Jesus Christus, Gottes Sohn, den Eingeborenen, geboren aus dem Vater, das heißt aus dem Wesen des Vaters, Gott von Gott, Licht vom Licht, wahrer Gott vom wahren Gott, geboren, nicht geschaffen, wesenseins mit dem Vater, durch Den alles (ins) Sein (gerufen) ist. Für uns, die Menschen, und um unserer Erlösung willen ist Er vom Himmel gekommen, hat Fleisch angenommen und ist Mensch geworden, hat gelitten und ist auferstanden am dritten Tag, ist in den Himmel hinaufgestiegen und sitzt zur Rechten des Vaters, und Er wird kommen, um die Lebenden und die Toten zu richten. Und an den Heiligen Geist. Und die, welche sagen: „Es gab eine Zeit, in der es (den Sohn) nicht gab", und dass Er geschaffen sei aus dem Nicht-Sein, oder die sagen, dass Er von einer anderen Hypostase oder einem anderen Wesen sei, oder (die sagen,) der Sohn Gottes sei wandelbar oder veränderlich, die anathematisiert (schließt aus) die Katholische und Apostolische Kirche.

Glaubensbekenntnis des Konzils von Nizäa[5]

Wenn das Wort nicht ewig beim Vater existiert hat, dann ist die Dreieinigkeit nicht ewig, sondern dann war vorher die Einheit, und durch Hinzufügung entstand die Dreieinigkeit ... Und weiter: Wenn der Sohn nicht eine eigene Zeugung aus dem Wesen des Vaters ist, sondern aus dem Nicht-Sein hervorging, dann entstand auch die Dreieinigkeit aus dem Nicht-Seienden, und es gab eine Zeit, da es die Dreieinigkeit nicht gab ... Doch das ist nicht so. Und es wird nicht so sein! Die Dreieinigkeit ist nicht geschaffen, vielmehr ist die ewige und eine Gottheit in der Dreieinigkeit, und ein Ruhm gebührt der Heiligen Dreieinigkeit ... Der christliche Glaube kennt die unveränderliche, vollkommene und immer selige Dreieinigkeit, und nichts sonst schreibt er der Dreieinigkeit zu, und er kann sich nicht vorstellen, dass es irgendwann eine Unvollkommenheit gab ... und er verehrt Sie, indem er die Unteilbarkeit und Einheit Ihrer Gottheit wahrt.

Athanasius der Große[6]

---

5   DH 125 (DH = Kompendium der Glaubensbekenntnisse und kirchlichen Lehrentscheidungen, hg. v. H. Denzinger, deutsch hg. von P. Hünermann, Freiburg i.Br. u.a. [37]1991).

6   Athanasius der Große, Rede gegen die Arianer *[Afanasij Aleksandrijskij, Na arian slovo]* 1, 17f., in: Werke in vier Bänden *[Tvor. v 4 t.]*, Sergiev Posad 1902, Bd. 2, 198-200. Übersetzung: Des heiligen Athanasius ausgewählte Schriften. Des heiligen Athanasius vier Reden gegen die Arianer. Übersetzt von Anton Stegmann (= BKV[2] 13), Kempten – München 1913, 42-45.

Man muss sowohl den Glauben an den einen Gott bewahren als auch drei Hypostasen bekennen oder drei Personen, dabei jede mit Ihrer persönlichen Eigenschaft. Der Glaube an den einen Gott wird nach meinem Urteil aber gewahrt, wenn wir sowohl den Sohn als auch den Geist auf eine Ursache zurückführen ... Auch wird der Glaube an die drei Hypostasen gewahrt, wenn wir weder eine Vermischung noch eine Verschmelzung erdichten ... Die persönlichen Eigenschaften bleiben gewahrt, wenn wir den Vater als ursprungslos und als Ursprung vorstellen und bezeichnen – Ursprung als Ursache, als Quelle, als immerwährendes Licht –, und den Sohn nicht als ursprungslos, jedoch auch als Ursprung von allem. Wenn ich ‚Ursprung‘ sage, dann setze keine Zeitbestimmung hinzu, stelle kein Mittleres zwischen den Zeugenden und den Geborenen ... Denn der Vater ist ursprungslos, weil Er nicht von jemand anderem ist, ja noch nicht einmal von sich selbst sein Sein übernommen hat. Der Sohn aber ist, wenn du den Vater als Ursache annimmst, nicht ursprungslos, weil der Vater als Ursache den Ursprung für den Sohn darstellt; wenn du dir aber den Ursprung zeitlich vorstellst, ist Er ursprungslos, weil der Herr der Zeiten keinen Ursprung in der Zeit hat ... Aber du fragst: „Wenn der Sohn geboren ist, wie ist Er dann geboren?" Je mehr und genauer jemand sehen will, um so mehr verletzt er den Sinn dafür, und in dem Maße, wie ein betrachteter Gegenstand das Blickfeld übersteigt, verliert der Mensch die Fähigkeit des Sehens selbst, wenn er den ganzen Gegenstand sehen will und nicht nur einen Teil davon, den er ohne Schaden sehen könnte. Du hörst von der Geburt: Erkunde nicht zu wissen, welcher Art die Geburt ist. Du hörst, dass der Geist aus dem Vater hervorgeht: Sei nicht neugierig zu wissen, wie er hervorgeht.

Gregor der Theologe[7]

Wenn da ist Gott, Gott und Gott, sind da nicht drei Götter? ... Wir haben einen Gott, weil die Gottheit eine ist. Und auf den Einen führen sich alle zurück, die aus Gott sind, auch wenn Drei geglaubt werden, denn wie der Eine nicht mehr, so ist der Andere nicht weniger Gott: Und es ist der Eine nicht vorher und der Andere nicht danach. Sie unterscheiden sich nicht durch das Wollen, und Sie werden nicht geteilt der Kraft nach ... Die Gottheit ist nicht in Teile teilbar, wie in drei

---

7   Gregor von Nazianz, Predigt 20 *[Grigorij Bogoslov, Slovo 20]*, in: Werke in 2 Bänden *[Tvorenija v 2 t.]*, St. Petersburg o.J. (Verlag Sojkina), Bd. 1, 301-304. Übersetzungen: Des heiligen Bischofs Gregor von Nazianz Reden. Rede 1-20. Übersetzt und mit Einleitung und Anmerkung versehen von Philipp Haeser (= BKV² 59), München 1928, 409-412; Grégoire de Nazianze, Discours 20-23. Introduction, texte critique, traduction et notes par Justin Mossay (= SC 270), Paris 1980, 71-79.

Sonnen, die einander einschließen, nur eine Lichtauflösung ist. Wenn wir die Gottheit im Sinn haben, die Erstursache und den Uranfang, stellen wir sie uns als eine vor. Und wenn wir Jene im Sinn haben, in Denen die Gottheit ist, Die aus der Erstursache sind und von Dieser her vor aller Zeit und gleicher Ehre sind, dann verehren wir drei.

Gregor der Theologe[8]

Diese Göttliche Natur ist die Einheit in drei Personen,
Eine Königsherrschaft ist Sie, eine Gottheit und Kraft,
Einheit in der Triade, und Triade in der Einheit.
Gott ist einer, doch nicht aus dreien, sondern einer ist Er in drei Personen,
Gleichartig einander in Wesen und Natur,
Völlig gleicher Kraft und immer gleichwesentlich,
In der Vereinigung bleiben Sie unvermischt zusammen,
In der Teilung hingegen ungetrennt und verbunden ...
Die heilige Dreieinigkeit ist Eine in drei Personen,
Das heißt, drei sind Einer, und eine ist die Dreieinigkeit.
Bedenke das, bete an, und bleibe in diesem Glauben!
Diese Einheit erscheint, glänzt und erleuchtet alles,
Sie lehrt, gibt hin, ist das ganze Heil.
Deswegen nennen wir dieses Heil oft
Nicht nur mit einem Wort, sondern mit vielen: Licht,
Frieden, Freude, Leben, Speise, Trank, Tau, Kleidung,
Gewand, Schutzmantel, himmlisches Brautgemach,
Auferstehung, Aufgang, Trost, Bad,
Feuer wie auch Wasser und Quelle des Lebens,
Fluss und auch Strom und Reichtum für die Getreuen,
Unser lebensnotwendiges Brot, mystischer Genuss,
Sonne, die ewig scheint, ewig klar leuchtet,
Und Lampe, die im Herzen leuchtet hell und klar.

Symeon der Neue Theologe[9]

---

8   Gregor von Nazianz, Predigt 31 *[Grigorij Bogoslov, Slovo 31]*, in: Werke in 2 Bänden, *[Tvorenija v 2 t.]*, St. Petersburg o.J. (Verlag Sojkina), Bd. 1, 451. Übersetzung: Gregor von Nazianz, *Orationes Theologicae*. Theologische Reden. Übersetzt und eingeleitet von Hermann Josef Sieben (= FC 22), Freiburg u.a. 1996, *oratio* 5,14 (31,14), 301.

9   Symeon der Neue Theologe *[Simeon Novyj Bogoslov]*, Hymnus 45,12-39. Übersetzungen [die französische Übersetzung wurde vom Verfasser verwendet]: Syméon le Nouveau Théologien, Hymnes III. Texte critique et index par Johannes Koder, traduction et notes par

Daher legt die Katholische und Apostolische Kirche gemeinsam die Lehre vom Vater und Seinem Eingeborenen Sohn vor, Der von Ihm geboren wurde außerhalb der Zeit ... leidenschaftslos, unbegreiflich, wie es nur der eine Gott aller Dinge weiß. In ähnlicher Weise existiert das Feuer, und gleichzeitig geht Licht von ihm aus, und es ist nicht zuerst das Feuer und danach das Licht, sondern beides zusammen. Wie das Licht immer aus dem Feuer geboren wird und sich immer darin und niemals getrennt davon findet, so wird auch der Sohn aus dem Vater geboren, niemals von Ihm getrennt ... Wir glauben in gleicher Weise an den Heiligen Geist, den Herrn und Lebensspender, Der vom Vater ausgeht und im Sohn ruht, der mit dem Vater und dem Sohn verehrt und gerühmt wird als wesenseins und gleichewig ... Wir sagen nicht, dass der Geist vom Sohn ist, sondern wir nennen Ihn nur den Geist des Sohnes ... und wir bekennen, dass Er durch den Sohn uns geoffenbart und mitgeteilt wird ... ähnlich wie aus der Sonne Sonnenstrahlen und Licht hervorgehen, denn die Sonne selbst ist Quelle der Sonnenstrahlen und des Lichtes.

Johannes von Damaskus[10]

Josef Paramelle et Luis Neyrand (= SC 196), Paris 1973, 103-105; vgl. Hymnus 32, in: Symeon der Theologe, Licht vom Licht. Hymnen. Deutsch von Kilian Kirchhoff, München ²1951.

10 Johannes von Damaskus, Genaue Auslegung des Orthodoxen Glaubens *[Ioann Damaskin, Točnoe izloženie pravoslavoj very]* 1,8, Thessalonike 1976, 52-68. Übersetzung: Des heiligen Johannes von Damaskus genaue Darlegung des orthodoxen Glaubens. Übersetzt, mit Einleitung und Erläuterungen versehen von Dionys Stiefenhofer (= BKV² 44), Kempten – München 1923, 13-27.

Kapitel 4
Die Schöpfung

Gott der Schöpfer

Eines der grundlegenden Dogmen des Christentums ist die Lehre von Gott dem Schöpfer, Der – im Unterschied zum platonischen Demiurgen, der den Kosmos aus einer Art Urmaterie erbaut – das Universum *aus dem Nichts* erschafft. Dazu heißt es im Alten Testament: „Schau den Himmel und die Erde an, und sieh alles, was in ihnen ist, und erkenne, dass Gott alles aus dem Nichts geschaffen hat" (2 Makk 7,28). Alles was ist, hat das Sein durch den freien Schöpferwillen empfangen: „Er sprach, und es geschah, Er gebot, und es war da" (Ps 32[33],9). Für Gott bestand keine Notwendigkeit, die Welt erschaffen zu müssen: Sogar Seine Liebe, die wie jede andere Liebe ein Objekt der Liebe braucht, konnte Ihn nicht zur Schöpfung zwingen, da sie ihre Vollendung bereits im Austauch der Hypostasen in der Göttlichen Dreieinigkeit findet, wo jede Hypostase sowohl Subjekt als auch Objekt ist, liebt und geliebt wird. Gott hat die Welt nur deswegen geschaffen, weil Er wollte, dass das überquellende Leben, das Er in sich selbst besitzt, sich über die Grenzen Seiner Natur verströmt und die Lebewesen Anteil an der Göttlichen Güte und Heiligkeit erhalten.

An der Schöpfung haben alle drei Personen der Heiligen Dreieinigkeit mitgewirkt; darüber ist bereits im Alten Testament prophetisch gesagt: „Durch das Wort des Herrn sind die Himmel geschaffen, und durch den Geist Seines Mundes kam ihre ganze Kraft" (Ps 32[33],6). Von der schöpferischen Rolle des Wortes Gottes spricht der Apostel Johannes am Anfang des Evangeliums: „Alles begann durch Ihn zu sein, und ohne Ihn begann nichts zu sein" (Joh 1,3). Vom Geist ist in der Bibel gesagt: „Die Erde war unansehnlich und öde, und Finsternis war über dem Abgrund, und der Geist Gottes lag über dem Wasser" (Gen 1,2). Das Wort und der Geist sind nach einem bildhaften Wort des heiligen Irenäus von Lyon „die zwei Hände des Vaters".[1] Die Rede ist vom *Mit*-Wirken, vom gemeinsamen Schaffen der Drei: Sie haben einen Willen, doch jedem kommt sein Wirken zu. „Der Vater ist die uranfängliche Ursache alles Seienden", sagt der heilige Basilius der Große. „Der Sohn ist das schöpferische Prinzip, der Heilige Geist ist das vervollkommnende Prinzip, so dass durch den Willen des Vaters alles ins Dasein kommt, durch das Wirken des Sohnes

---

1   Zit. nach: Kallistos Ware, The Orthodox Way, London – Oxford 1979, 44.

alles zum Sein gebracht und durch die Gegenwart des Geistes alles vollendet wird".[2] Mit anderen Worten, in der Schöpfung kommt dem Vater eher die Rolle der Erstursache zu, dem Logos-Sohn (dem Wort) die Rolle des Demiurgen-Schöpfers, und der Heilige Geist vollendet, das heißt Er führt alles Geschaffene zur Vollkommenheit.

Nicht zufällig bevorzugen die Väter der Kirche, wenn sie von der schöpferischen Rolle des Sohnes sprechen, Ihn „das Wort" zu nennen: Es zeigt den Vater, offenbart den Vater, und wie jedes Wort ist Es jemandem zugewandt, in diesem Fall der gesamten Schöpfung. „Niemand hat Gott jemals geschaut: Der Eingeborene Sohn, Der im Schoß des Vater ist, Er hat Ihn bekannt gemacht" (Joh 1,18). Der Sohn hat dem geschaffenen Sein den Vater gezeigt, durch den Sohn ergoss sich die Liebe des Vaters auf das geschaffene Sein, und es empfing das Leben. Schon bei Philo von Alexandrien erscheint der Logos als der Mittler zwischen Gott und der Schöpfung, die christliche Tradition spricht jedoch direkt von der schöpferischen Kraft des Logos. In diesem Sinn werden die Worte aus dem Buch des Propheten Jesaja gedeutet: „Mein Wort, Das aus Meinem Mund hervorgeht, kehrt nicht vergeblich zu Mir zurück, sondern erfüllt, was Ich wünsche, und vollbringt, wozu Ich Es gesandt habe" (Jes 55,11). Zugleich ist der Logos der Plan und das Gesetz, nach dem alles geschaffen ist, die vernünftige Grundlage der Dinge, die alles zweckmäßig, vernünftig, harmonisch und vollkommen macht.

Das geschaffene Sein ist jedoch nicht von der gleichen Natur wie Gott: Es ist keine Emanation, kein Ausfluss der Gottheit. Das Göttliche Wesen erlitt im Prozess der Erschaffung der Welt keinerlei Teilung oder Veränderung: Es vermischte sich nicht mit der Kreatur und löste sich nicht darin auf. Gott ist ein Künstler, und die Schöpfung ist Sein Gemälde, auf dem wir Seinen ‚Pinselstrich', Seine ‚Hand' erkennen können, den Widerschein Seiner schöpferischen Vernunft, doch der Künstler verschwindet nicht in Seinem Bild: Er bleibt Derjenige, Der Er war, schon bevor es geschaffen wurde.

Aus welchem Grund hat Gott alles erschaffen? Auf diese Frage antwortet die patristische Theologie: aus Überfluss an Liebe und Güte. „Weil der gütige und übergütige Gott nicht damit zufrieden war, sich selbst zu schauen, sondern im Überfluss Seiner Güte wollte, dass etwas entstehe, das Seine Wohltaten hernach nutzen und an Seiner Güte teilhaben konnte, führte er vom Nicht-Sein ins Sein und schuf alles", schreibt Johannes von Damaskus.[3] Mit anderen

---

2   PG 32, 136.

3   Johannes von Damaskus, Genaue Auslegung des Orthodoxen Glaubens *[Točnoe izloženie pravoslavnoj very]* 2,2.

Worten: Gott wollte, dass noch etwas sei, das Seiner Glückseligkeit teilhaftig sei und Anteil habe an Seiner Liebe.

Die Engel

„Im Anfang schuf Gott Himmel und Erde" (Gen 1,1). In diesen ersten Versen der Bibel ist ein Hinweis gegeben, dass durch Gott eine unsichtbare, geistliche[4], intelligible Welt und eine sichtbare, materielle Welt geschaffen wurde. Wie wir bereits gesagt haben, gibt es in der biblischen Sprache keine abstrakten Begriffe, und die geistliche Wirklichkeit wird häufig mit dem Wort ,Himmel' ausgedrückt. Christus spricht vom Himmelreich, und in dem Gebet, das Er uns gab, lesen wir: „Vater unser, Der Du bist in den Himmeln ... Dein Wille geschehe, wie im Himmel, so auf Erden" (Mt 6,9f.). Die Rede ist hier nicht vom sichtbaren, materiellen Himmel. Das Reich Gottes ist kein materielles, sondern ein geistliches Reich, in dem Gott lebt und das seiner Natur nach Geist ist. Und wenn gesagt wird, „Er schuf den Himmel", dann ist die Rede von der geistlichen Welt, mit allen Wesen, die sie bewohnen, das heißt den Engeln.

Gott schuf die Engelwelt vor dem sichtbaren Universum. Die Engel sind dienende, körperlose Geister, sie besitzen Vernunft und einen freien Willen. Johannes von Damaskus spricht von „der Leichtigkeit, der Feurigkeit, Leidenschaftlichkeit, dem außergewöhnlichen Scharfsinn und dem Ungestüm, mit dem die Engel nach Gott verlangen und Ihm dienen", von ihrer Heldenhaftigkeit, vom beständigen Streben zum Höheren und von ihrer Freiheit von aller Materialität. Er bezeichnet die Engel sogar als „das zweite Licht, welches das Licht vom ursprungslosen Licht hat".[5] Weil sie sich in unmittelbarer Nähe zu Gott befinden, nähren sie sich von Seinem Licht und geben es an uns weiter.

Die Bibel erwähnt die Engel mehrfach, jedoch fehlen eingehende Beschreibungen der Engelwelt, es gibt keine Erzählung von ihrer Erschaffung (außer der Erwähnung des „Himmels"). Im Moment der Erschaffung der sichtbaren Welt existieren die Engel schon: „Als die Sterne gebildet wurden, da jubelten Mir mit gewaltiger Stimme alle Meine Engel zu" (Ijob 38,7, in der Übersetzung der Septuaginta). Die Engel selbst sind „im Schweigen" geschaffen, wie Isaak der Syrer[6] zeigt, weil sich das erste Wort Gottes – „Es werde Licht" – auf die sicht-

---

4   Das russische Wort *duchovnyj* bedeutet sowohl ,geistig' als auch ,geistlich'. Es steht nicht schlechthin im Gegensatz zu ,leiblich', ,materiell', sondern kann auch die Qualität der begnadeten geschöpflichen Wirklichkeit bezeichnen. Um dualistische Missverständnisse zu vermeiden, wird das Wort hier meist mit ,geistlich' übersetzt; Anm. d. Übers.

5   Ebd. 2,3.

6   Predigt 67 *[Isaak tou Syrou eurethenta asketika]*, Athen 1977, 268.

bare Welt bezieht. Im Schweigen, das bedeutet im Geheimnis, vor den Worten und vor der Zeit.

Die Haupttätigkeit der Engel ist der unaufhörliche Lobpreis Gottes. Der Prophet Jesaja beschreibt die Erscheinung des Herrn, um Den die Seraphim standen und ausriefen: „Heilig, heilig, heilig ist der Herr Sabaoth! Die ganze Erde ist voll von Seiner Herrlichkeit" (Jes 6,1-3). Die Engel zeigen sich aber auch als „Boten", von Gott zu den Menschen gesandt (griech. *aggelos* – Bote): Sie nehmen in lebendiger und wirksamer Weise am Leben der Menschen teil. So verkündigte zum Beispiel ein Erzengel Maria die Geburt Jesu aus Ihr (Lk 1,26-38), ein Engel machte den Hirten die Geburt des Messias bekannt (Lk 2,8-20), Engel dienten Jesus in der Wüste (Mt 4,11), ein Engel stärkte Jesus im Garten von Gethsemani (Lk 22,43), ein Engel verkündete den myrontragenden Frauen die Auferstehung Jesu (Mt 28,2-7). Jeder Mensch hat seinen Schutz-Engel, der sein Begleiter ist, sein Helfer und Beschützer (vgl. Mt 18,10).

Nicht alle Engel sind gleich in ihrer Würde und in ihrer Nähe zu Gott: Unter ihnen existieren verschiedenartige Hierarchien, die einander wechselseitig zugeordnet sind. In dem Traktat „Von der himmlischen Hierarchie", der Dionysios Areopagita zugeschrieben wird, zählt der Autor drei Engelhierarchien auf, von denen sich jede in drei Ränge teilt. Zur ersten und höchsten Hierarchie gehören die Seraphim, die Cherubim und die Throne, zur zweiten die Herrschaften, Mächte und Gewalten, zur dritten die Fürsten, die Erzengel und die Engel.[7] Alle Bezeichnungen der neun Engelränge sind der Heiligen Schrift entnommen und haben nach dem heilige Isaak dem Syrer folgende Bedeutungen: „Die Seraphim wärmen und brennen (wörtl.: die Feurigen), die Cherubim sind reich an Wissen und Weisheit, die Throne sind Gottes Stütze und Gottes Ruhe ... Herrschaften werden genannt, die Macht über alle Reiche haben, Fürsten, die den Äther (die Luft) ordnen, Gewalten, die über alle Völker und jeden Menschen herrschen, Mächte, die stark sind an Kraft und furchterregend in ihrem Aussehen ... Erzengel, die aufmerksame Wächter sind, Engel, die gesandt sind".[8] Von den Cherubim sagt man außerdem, dass sie viele Augen haben, und von den Seraphim, dass sie sechs Flügel besitzen (Denken wir an Puschkin: „Und ein sechsflügeliger Seraphim erschien mir am Scheideweg"[9]). Flügel und Augen muss man im geistigen Sinn verstehen (wie auch ‚Augen', ‚Gesicht', ‚Hände' bei Gott), weil die Engel keinen materiellen Leib besitzen.

---

7   A. Louth, Denys the Areopagite, Wilten CT (USA) 1989, 35-37.

8   Predigt 67 *[Isaak tou Syrou eurethenta asketika]*, Athen 1977, 268.

9   Alexander Puschkin, Gesammelte Werke in 6 Bänden *[Sobr. soč. v 6 t.]*, Moskau – Leningrad 1936, Bd. 1, 464.

Die höchsten Ränge in der himmlischen Hierarchie erhalten ihre Erleuchtung durch das Göttliche Licht und ihre Teilhabe am Geheimnis Gottes unmittelbar vom Schöpfer selbst, während die niederen dies durch Vermittlung der höheren erhalten: „Jeder Rang empfängt (das Geheimnis) vom anderen Rang unter Beachtung einer strengen Ordnung und Unterscheidung in der Mitteilung vom ersten an den zweiten Rang, bis das Geheimnis auf diese Weise zu allen Rängen gelangt. Doch viele der Geheimnisse bleiben im ersten Rang zurück und erreichen nicht die anderen Ränge, weil außer diesem ersten Rang alle übrigen die Größe des Geheimnisses nicht in sich aufnehmen können. Und einige von den Geheimnissen, die vom ersten Rang ausgehen, werden nur dem zweiten Rang offenbart, der diese im Schweigen bewahrt ... und einige Geheimnisse gelangen zum dritten und zum vierten Rang" (Isaak der Syrer).[10]

Die Engelhierarchie geht nach Dionysios in die irdische, kirchliche Hierarchie über (Bischöfe, Priester, Diakone), die am Göttlichen Geheimnis durch die Vermittlung der himmlischen Hierarchie Anteil hat. Von der Schar der Engel sagt man allgemein, dass sie „tausendmal Tausende" und „zehntausendmal Zehntausende" sind (Dan 7,10). Jedenfalls gibt es mehr Engel als Menschen: Der heilige Gregor von Nyssa sieht im Bild vom verirrten Schaf die ganze Menschheit, unter den 99 Nichtverirrten aber versteht er die Engelwelt.[11]

Der Ursprung des Bösen

Im Morgenrot der Existenz des geschaffenen Seins, noch vor der Erschaffung der sichtbaren Welt durch Gott, jedoch bereits nach der Erschaffung der Engel in der geistlichen Welt, ereignete sich eine ungeheure Katastrophe, um die wir nur aus ihren Folgen wissen. Ein Teil der Engel stellte sich gegen Gott, fiel von Ihm ab und wurde zum Feind alles Guten und Heiligen. An der Spitze dieses abgefallenen Heeres stand Luzifer, griechisch Eosfor, dessen Name (wörtl. Lichtträger) selbst zeigt, dass er ursprünglich gut war, sich dann aber durch seinen eigenen Willen „und durch die eigenmächtige Willkür vom Natürlichen zum Widernatürlichen veränderte, hochmütig gegenüber Gott wurde, Der ihn erschaffen hatte, sich Ihm widersetzen wollte und als erster vom Heil abfiel und in das Böse geriet" (Johannes von Damaskus).[12] Luzifer, den man auch Diabo-

---

10 Predigt 84 *[Isaak tou Syrou eurethenta asketika]*, Athen 1977, 325f.

11 Vgl. Vladimir Losskij, Überblick über die mystische Theologie der Ostkirche; Dogmatische Theologie *[Očerk mističeskogo bogoslovija Vostočnoj Cerkvi; Dogmatičeskoe bogoslovie]*, Moskau 1991, 234.

12 Johannes von Damaskus, Genaue Auslegung des Orthodoxen Glaubens *[Točnoe izloženie pravoslavnoj very]* 2,4.

los und Satan nennt[13], gehörte zu einem der höchsten Ränge der Engelhierarchie. Mit ihm zusammen fielen auch andere Engel, wovon die Apokalypse
sinnbildlich erzählt: „Und es fiel ein großer Stern auf die Erde, der wie eine
Fackel brannte ... und getroffen wurde ein Drittel der Sterne, so dass ein Drittel
von ihnen verdunkelt wurde" (Offb 8,10.12). Einige Ausleger sehen in diesen
Worten einen Hinweis darauf, dass zusammen mit dem Morgenstern[14] ein
Drittel der Engel abgefallen sei.

Der Diabolos und die Dämonen gerieten in die Finsternis durch den
eigenen freien Willen. Jedes vernünftige Lebewesen, sei es ein Engel oder
Mensch, hat von Gott einen freien Willen erhalten, das heißt das Recht, zwischen Gut und Böse zu wählen. Der freie Wille ist einem Lebewesen gegeben,
damit es sich im Guten übt und so ontologisch an diesem Guten Anteil erhält,
das heißt dass das Gute nicht nur etwas von außen Gegebenes bleibt, sondern
zu seinem eigenen Besitz wird. Wenn das Heil von Gott nur notwendig und
unvermeidlich aufgezwungen worden wäre, dann könnte kein einziges Lebewesen eine vollständig freie Persönlichkeit werden. „Niemand wurde jemals
durch Zwang gut", sagen die heiligen Väter.[15] Durch beständiges Wachsen im
Guten sollten die Engel zur Fülle der Vollkommenheit aufsteigen bis hin zur
völligen Verähnlichung mit dem übergütigen Gott. Ein Teil von ihnen traf
jedoch die Wahl nicht zugunsten Gottes und bestimmte damit im voraus das
eigene Schicksal wie auch das Schicksal des Universums, das von diesem
Moment an zum Kampfplatz zweier polarer (wenn auch nicht gleichwertiger)
Prinzipien wurde: des Guten, Göttlichen und des Bösen, Dämonischen.

Die Lehre vom freiwilligen Abfall des Teufels von Gott ist die Antwort auf
die uralte Frage jeder Philosophie nach der Herkunft des Bösen. Die Frage nach
dem Entstehen des Bösen stellte sich dem christlichen theologischen Denken
in aller Schärfe, weil es ständig auf offene oder verborgene Erscheinungen des
Dualismus stieß. Nach dieser philosophischen Doktrin wirken in der Welt
ursprünglich zwei gleiche Kräfte – eine gute und eine böse –, die die Welt
regieren und sie sozusagen auseinanderreißen. Ende des 3. Jahrhunderts breitete sich im Osten der Manichäismus sehr weit aus (so genannt nach Mani,
dem Gründer) und existierte unter verschiedenen Namen (Paulizianer, Bogo-
milen, Albigenser) bis zum späten Mittelalter: In dieser Häresie sind einige

---

13   Griech. *diabolos* bedeutet auch ‚Lästermaul'.

14   Das hier verwendete russische Wort ist Jes 14,12 entnommen und wird wie die zitierte
     Stelle der Apokalypse auf Luzifer bezogen; Anm. d. Übers.

15   Hymnus 43, 137, in: Syméon le Nouveau Théologien, Hymnes, hg. v. J. Koder (= SC 196),
     Paris 1973, Bd. 3, 66.

Elemente des Christentums mit Elementen östlicher dualistischer Religionen verflochten. Nach der Lehre der Manichäer besteht die Gesamtheit des Seins aus zwei Reichen, die immer gemeinsam existiert haben: das Reich des Lichtes, erfüllt von einer Vielzahl von guten Äonen (Engeln), und das Reich der Finsternis, erfüllt von bösen Äonen (Dämonen). Dem Gott des Lichtes ist die gesamte geistige Wirklichkeit unterstellt, der Gott der Finsternis (Satan) aber herrscht uneingeschränkt über die materielle Welt. Die Materie selbst hat einen sündhaften und bösen Ursprung: Der Mensch muss auf verschiedenartige Weise seinen Leib abtöten, um sich von der Materie zu befreien und in das nicht-materielle Reich des Guten zurückzukehren.

Die christliche Theologie spricht anders von der Natur und der Entstehung des Bösen. Das Böse ist nicht ein uranfängliches Wesen, das ewig wie Gott und ihm gleich wäre, es ist Abfall vom Guten, Widerstand gegenüber dem Guten. In diesem Sinn kann es nicht allgemeinhin als ‚Wesenheit' bezeichnet werden, weil es nicht aus sich selbst existiert. Wie die Finsternis oder der Schatten nicht ein eigenständiges Sein darstellen, sondern nur den Mangel an Licht, so ist das Böse nur ein Mangel an Gutem. „Das Böse", schreibt der heilige Basilius der Große, „ist kein lebendiges und beseeltes Wesen, sondern ein Zustand der Seele, der der Tugend entgegengesetzt ist und durch Abfall vom Guten entsteht. Suche darum das Böse nicht außen, stell dir nicht vor, dass es eine ursprüngliche Natur des Bösen gibt, vielmehr muss jeder sich selbst als Urheber der eigenen Schlechtigkeit bekennen".[16] Gott hat nichts Böses geschaffen: Engel wie Menschen wie auch die materielle Welt – alles ist der Natur nach gut und herrlich. Doch den vernünftigen personalen Wesen (Engeln und Menschen) ist ein freier Wille gegeben, und sie können ihre Freiheit gegen Gott richten und dadurch das Böse erzeugen. Und so geschah es: Der Lichtträger-Morgenstern, ursprünglich gut geschaffen, missbrauchte seine Freiheit, verkehrte die eigene gute Natur und fiel von der Quelle des Guten ab.

Obwohl ohne Wesen und ohne Sein, wird das Böse dennoch zu einem aktiven, zerstörerischen Prinzip, es hypostasiert sich, das heißt, es wird zu einer Realität in der Person des Teufels und der Dämonen. Verglichen mit dem Göttlichen Sein ist die Aktivität des Bösen illusorisch und imaginär: Der Teufel hat keinerlei Macht, wo Gott ihm nicht zu wirken gestattet; mit anderen Worten: Er wirkt nur innerhalb der Grenzen, in denen Gott es ihm gestattet. Da er aber ein Verleumder und Lügner ist, gebraucht der Teufel die Lüge als

---

16 Basilius der Große, 2. Homilie zum Sechstagewerk *(Homiliae in hexaëmeron) [Beseda 2-ja na Šestodnev]*, in: Werke in 3 Bänden *[Vasilij Velikij, Tvorenija v 3 t.]*, St. Petersburg 1911 (Verlag Sojkina).

seine Hauptwaffe: Er betrügt sein Opfer, indem er so tut, als wäre in seinen Händen eine mächtige Kraft und Stärke konzentriert, während er in Wirklichkeit diese Kraft gar nicht besitzt. Vladimir Losskij bemerkt, dass wir im Gebet des „Vater unser" nicht bitten: „erlöse uns vom Bösen" *[zlo]*, das heißt von jeglichem Bösen allgemein, sondern: „erlöse uns von dem Bösen" *[lukavyj]*, das heißt von einer konkreten Persönlichkeit, die das Böse in sich verkörpert.[17] Dieser ‚Böse', der seiner Natur nach ursprünglich nicht böse war, ist Träger jenes todbringenden *Nicht*-Seins, jenes *Nicht*-Lebens, das sowohl ihn selbst als auch den zum Tode führt, der sein Opfer wird.

Gott hat absolut keinen Anteil am Bösen, doch das Böse befindet sich unter Seiner Kontrolle, da ja Gott die Grenzen festlegt, in denen das Böse wirken kann. Mehr noch, auf den unerforschlichen Wegen Seiner Vorsehung gebraucht Gott manchmal das Böse als Werkzeug zu pädagogischen oder anderen Zwecken. Das wird an den Stellen der Bibel deutlich, wo Gott dargestellt ist als jemand, der den Menschen Böses schickt: So verhärtete Gott zum Beispiel das Herz des Pharao (Ex 4,21; 7,3; 14,4); Gott schickte einen bösen Geist auf Saul herab (1 Sam 16,14; 19,9); Gott gab dem Volk „Gesetze, die nicht gut waren" (Ez 20,25, im hebräischen Text und in der Übersetzung der Septuaguinta); Gott lieferte die Menschen der „Unreinheit", „schändlichen Leidenschaften" und einem „verkehrten Geist" (Röm 1,24-32) aus. In jedem Fall ist die Rede nicht davon, dass Gott die Quelle des Bösen ist, sondern dass Er Macht besitzt über das Gute wie auch über das Böse. Gott kann das Böse benutzen, um das Gute zu erreichen oder um die Menschen vor noch größerem Übel zu erretten.

Natürlich entsteht die Frage: Warum erlaubt Gott überhaupt dem Bösen und dem Teufel zu agieren? Warum lässt er das Böse zu? Der heilige Augustinus hat zugegeben, dass er nicht in der Lage sei, auf diese Frage zu antworten. „Ich kann nicht in die Tiefe dieser Entscheidung eindringen und anerkenne, dass sie meine Kräfte übersteigt", schreibt er.[18] Während die Theologie auf die Frage nach der Herkunft des Bösen antwortet, gibt sie keine klare Antwort darauf, warum Gott, Der das Böse nicht gemacht hat, ihm dennoch zu wirken erlaubt. Wenn der theologisierende Geist davon spricht, dann verstummt er immer wieder vor dem Geheimnis, weil er nicht die Kräfte hat, in die Tiefe der Göttlichen Urteile einzudringen. Wie Gott im Buch des Propheten Jesaja sagt: „Meine Gedanken sind nicht Eure Gedanken, und Meine Wege sind nicht Eure

---

17 Vladimir Losskij, Überblick über die mystische Theologie der Ostkirche; Dogmatische Theologie *[Očerk mističeskogo bogoslovija Vostočnoj Cerkvi; Dogmatičeskoe bogoslovie]*, Moskau 1991, 250.

18 PL 34,431.

Wege ... Und so weit der Himmel von der Erde entfernt ist, so weit ist Mein Weg von euren Wegen entfernt und eure Gedanken von Meinem Denken" (Jes 55,8f., in der Übersetzung der Septuaguinta).

Das Universum

Die sichtbare Welt ist gemäß der Bibel von Gott in sechs Tagen geschaffen worden (vgl. Gen 1). Wie sind die ‚Tage' zu verstehen? Schwerlich kann man denken, dass die Rede von gewöhnlichen sechs mal vierundzwanzig Stunden ist – schon deshalb, weil Tag und Nacht von der Sonne abhängen, die Sonne selbst aber erst am vierten Tag erschienen ist. In der Sprache der Bibel bezeichnet das Wort ‚Tag' eine gewisse Zeitspanne, die mitunter sehr lange andauert. So nennt David zum Beispiel die 40jährige Wanderung der Israeliten zwischen dem Roten Meer und Kanaan „den Tag der Versuchung in der Wüste" (Ps 94[95],8). In einem anderen Psalm sagt er: „Vor Deinen Augen sind tausend Jahre wie der gestrige Tag" (Ps 89,5 [90,4]). Und der Apostel Petrus sagt, dass „beim Herrn ein Tag wie tausend Jahre sind und tausend Jahre wie ein Tag" (2 Petr 3,8). Außerdem ist vom siebten Tag nicht wie von den anderen Tagen gesagt „Es ward Abend, und es ward Morgen", woraus man schließen kann, dass der siebte Tag noch nicht beendet ist und jetzt noch andauert. Als „achten Tag" bezeichneten die Christen von alters her das kommende Zeitalter und das Himmlische Reich. All das spricht dafür, dass die biblischen sechs Tage sechs aufeinanderfolgende Etappen der Schöpfung sind, die sich allmählich wie das großartige Bild eines großen Künstlers entfaltet.

Die ersten Worte der Bibel lauten „im Anfang". Gott schafft die Zeit, doch der ‚Anfang' der Zeit ist, wie der heilige Basilius sagt, nicht selbst schon die Zeit. Anfang – das ist jener erste und kurze Augenblick, der das geschaffene Sein der Ewigkeit hinzufügt; von diesem Moment an beginnt die Zeit zu fließen, und das Universum wird sich ihren Gesetzen unterwerfen müssen, wonach das Vergangene *nicht mehr* und das Zukünftige *noch nicht* ist. Das Gegenwärtige aber ist der nicht fassbare und entgleitende Augenblick, der, kaum begonnen, doch schon vergangen ist. Auch wenn die Zeit *gleichzeitig* mit dem Universum auftaucht, ist doch jener kurze Augenblick des ‚Anfangs', als die Zeit noch nicht war, das Universum jedoch schon angefangen haben musste, ein Unterpfand dafür, dass das geschaffene Sein zur Ewigkeit hinzugehört und irgendwann einmal nach Abschluss seiner Geschichte wieder in die Ewigkeit eingehen wird. Denn Ewigkeit ist das Fehlen der Zeit, außerhalb der Zeit aber gibt es nur Über-Sein oder Nicht-Sein. Das Universum, das durch das schöpferische Wort Gottes aus dem Nicht-Sein in das zeitliche Sein gerufen worden ist, verschwindet nicht nach dem Ende der Zeiten, versinkt nicht ins

Nicht-Sein, sondern gewinnt Anteil am Über-Sein und wird ewig. Platon sagt von der Erschaffung des Universums in der Zeit: „Die Zeit entstand mit dem Himmel, damit sie, die gleichzeitig geboren wurden, auch gleichzeitig zerfallen, wenn für sie der Zerfall anhebt".[19] Doch die Bibel spricht von einem ‚Anfang‘, der *vor* der Zeit war, und wenn für die Zeit der ‚Zerfall‘ eintritt, dann bleibt das Universum bestehen. Die Zeit, die Ikone der Ewigkeit (nach Platon gilt: „Als Urbild für die Zeit diente die ewige Natur"[20]), wird in die Ewigkeit aufgehoben, das Universum aber in das Reich der kommenden Welt.

„Im Anfang schuf Gott Himmel und Erde. Die Erde aber war wüst und leer, und Finsternis lag über dem Abgrund, und der Geist Gottes schwebte über dem Wasser" (Gen 1,1f.). Nach anderen alten Übersetzungen der Bibel stellte die Erde „etwas Leeres und Geringfügiges" dar (Theodotion), etwas „Nichtiges und nicht Unterscheidbares" (Symmachus)[21], das heißt eine ungeformte Urmaterie, aus der die Welt geformt werden sollte. „Die Erde" des ersten Tages ist, nach einem Ausspruch des Metropoliten Philaret, „staunenerregende Leere"[22], chaotischer Urstoff, der in sich das Unterpfand künftiger Schönheit, Harmonie und kosmischer Weite birgt. „Finsternis" und „Abgrund" unterstreichen das Plan- und Gestaltlose der Materie, „Wasser" hingegen die Formbarkeit. Vom Heiligen Geist ist gesagt, dass Er über dem Wasser „schwebe". Mit diesem Verb ist an anderer Stelle der Bibel der Flug des Vogels über dem Nest mit den Vogeljungen beschrieben: „Der Adler bedeckt sein Nest, schwebt über seinen Jungen, breitet seine Flügel aus, nimmt sie und trägt sie auf seinen Schwingen" (Dtn 32,11). Das heißt der Heilige Geist beschützte und belebte die Materie, „schwebte" über ihr und hauchte ihr den „Geist des Lebens" ein.

„Und Gott sagte: Es werde Licht. Und es wurde Licht. Und Gott sah, dass das Licht gut war" (Gen 1,2-4). Das Licht des ersten Tages ist nicht das Licht der Sonne oder des Mondes, die am vierten Tag erscheinen, sondern es ist das Licht der Gottheit, das sich im geschaffenen Sein spiegelt. „Sagte" und „sah" sind Anthropomorphismen, die jedoch einen tiefen Sinn haben. Der Ausdruck ‚sagte‘ verweist auf das Wirken des Wortes Gottes, Das eine der Hypostasen der Dreieinigkeit ist, und ‚sah‘ spricht von der Bewusstheit und Zweckmäßigkeit des schöpferischen Prozesses, von der Zufriedenheit des Künstlers, dass der von Ihm geschaffene Kosmos wirklich herrlich ist.

---

19 Platon, *Timaios* 38b.

20 Ebd.

21 Philaret (Drozdov), Aufzeichnungen, die zu einem begründeten Verständnis des Buches Genesis führen *[Zapiski, rukovodstvujuščie k osnovatel'nomu razumeniju knigi Bytija]*, Moskau 1867, Bd. 1, 6.

22 Ebd.

Keinesfalls darf man die auffallende Ähnlichkeit der Kosmogonie der Bibel mit anderen alten Kosmogonien, zum Beispiel mit der mesopotamischen und der altgriechischen, außer Acht lassen. „Aus dem Chaos wurden die Dunkelheit und die finstere Nacht geboren", schreibt Hesiod in der „Theogonie".[23] Das Wort ‚Chaos' kommt von einem Verb, welches „das Öffnen des Mundes im Ausdruck des Erstaunens" bezeichnet, und entspricht, wie es besser nicht geht, der biblischen „staunenerregenden Leere" der Urmaterie.

Platon nennt das Chaos, im Unterschied zum „ewig seienden" Gott, „den Gott, dem es bevorstand zu sein".[24] Er sagt von der Vernünftigkeit und Beseeltheit des Kosmos: „Gott, der wollte, dass alles gut und nach Möglichkeit nichts übel sei, trug Sorge für alle sichtbaren Dinge, die nicht in Ruhe, sondern in einer ungeordneten, unharmonischen Bewegung waren: Er brachte sie von der Unordnung zur Ordnung ... Er ordnete den Geist in die Seele, die Seele in den Körper. Und auf diese Weise schuf Er das Universum, in der Absicht, die herrlichste und ihrer Natur nach beste Schöpfung zu gründen ... Unser Kosmos ist ein lebendiges Wesen, ausgestattet mit Seele und Geist, und er wurde wirklich mit Hilfe der Göttlichen Vorsehung geboren".[25] Der Kosmos ist nach Platon die Ikone Gottes: Er „bildet das Urbild ab und erscheint selbst als Ebenbild des wahren Bildes".[26]

Am zweiten Tag erschafft Gott das „Feste", den Raum, der Haltbarkeit besitzt, Stabilität und Festigkeit. Am dritten Tag erschafft Er das trockene Land und das Meer und scheidet das eine vom anderen. Am vierten Tag erschafft Gott die Sonne, den Mond und die übrigen Himmelslichter: Von diesem Moment an arbeitete der Mechanismus des Vierundzwanzig-Stunden-Tages, der rhythmische Wechsel von Tag und Nacht. Am fünften Tag bringen die Elemente des Meeres durch den Willen Gottes die Fische und die Kriechtiere hervor, die Lüfte aber die Vögel. Schließlich erscheinen am sechsten Tag die Tiere und der Mensch.

Die Ausleger vermerken die Geozentrik der biblischen Erzählung. Während der Autor des Buches Genesis am ersten und zweiten Tag von der Erschaffung des Universums spricht, beginnt er sich am dritten Tag der Erde zuzuwenden und dem, was auf ihr vorgeht. Darin liegt eine tiefe Symbolik. „Das ist kein Rest einer primitiven Kosmologie ... die nicht unserem nachkopernikanischen Universum entspräche. Der Geozentrismus ist hier nicht

---

23 Ebd. 9.
24 Platon, *Timaios* 34b.
25 Ebd. 30a-c.
26 Ebd. 29c.

physikalisch, sondern geistlich zu verstehen: Die Erde ist *geistlich im Zentrum*, weil sie der Leib des Menschen ist, weil der Mensch das zentrale Wesen ist, das in sich das Sinnliche und das Übersinnliche vereint … und deshalb in größerer Fülle als die Engel am Gesamtgefüge von Erde und Himmel teilhat. Im Zentrum des Universums schlägt das Herz des Menschen" (Vladimir Losskij).[27]

Das biblische Bild der Erschaffung der Welt zeigt uns Gott in Seiner ganzen schöpferischen Vollmacht. Nachdem Gott die geistige Welt erschaffen hatte und sie mit Engeln bevölkerte, erschuf Er den materiellen Kosmos als Ikone, die Seine alles Denken übersteigende Schönheit widerspiegelt. Im Zentrum des Universums siedelte Gott den Menschen an. Alles Lebendige ist nach dem ewigen Plan des Schöpfers dazu berufen, Ihn zu preisen: „Lobet den Herrn vom Himmel her, lobt Ihn in den Höhen. Lobt Ihn, alle Engel, lobt Ihn, all Seine Kräfte. Lobt Ihn, Sonne und Mond, lobt Ihn, alle Sterne und ihr Licht. Lobt Ihn, Himmel der Himmel, und das Wasser über den Himmeln. Ja, rühmt den Namen des Herrn, denn Er sprach, und es entstand. Er gebot, und es geschah … Lobt den Herrn von der Erde her, ihr Ungeheuer und alle Tiefen: Feuer und Hagel, Schnee und Eis, tosender Sturm, der Sein Wort ausführt, ihr Berge und alle Hügel, ihr fruchttragenden Bäume und alle Zedern, ihr Tiere und alles Vieh, Kriechtiere und gefiederte Vögel, ihr Könige der Erde und alle Völker … Lobt Ihn auf der Feste, ihr Seine Kräfte … Alles, was atmet, lobe den Herrn" (Ps 148,1-150,6 Septuaginta; [148,1-150,5]).

Das von Gott erschaffene Universum ist ein Buch, das dem, der zu lesen vermag, die Größe des Schöpfers offenbart. Wenn diejenigen, die nicht glauben, die materielle Welt anschauen, dann sehen sie darin nicht den Widerschein der höheren, nichtmateriellen Schönheit: Für sie gibt es in der Welt nichts Wunderbares, alles ist natürlich und gewöhnlich. Das Buch des Göttlichen Wunders ist mit den Augen des Glaubens zu lesen. Zu Vater Antonius, dem ägyptischen Eremiten des 4. Jahrhunderts, kam ein berühmter Philosoph und fragte: „Vater, wie kannst du hier leben, bar jeden Trostes durch die Lektüre eines Buches?" Antonius wies mit der Hand auf den Himmel, die Wüste und die Berge und antwortete: „Mein Buch, Philosoph, ist die Natur der geschaffenen Dinge, und wenn ich will, dann kann ich darin die Taten Gottes lesen".[28]

* * *

---

27 Vladimir Losskij, Überblick über die mystische Theologie der Ostkirche; Dogmatische Theologie *[Očerk mističeskogo bogoslovija Vostočnoj Cerkvi; Dogmatičeskoe bogoslovie]*, Moskau 1991, 234f.

28 Zit. nach: Kallistos Ware, The Orthodox Way, London – Oxford 1979, 54.

Preise, meine Seele, den Herrn! Herr, mein Gott! Du bist wunderbar groß, Du bist mit Herrlichkeit und Größe umkleidet ... Du hast die Erde auf festen Fundamenten gegründet: In Ewigkeit wird sie nicht wanken. Mit dem Abgrund hast Du sie umhüllt wie mit einem Kleid; auf den Bergen stehen die Wasser. Vor Deinem Drohen weichen sie, vor der Stimme Deines Donners gehen sie schnell weg ... Du sandtest die Quellen in die Täler: Zwischen den Bergen fließen sie, tränken alle Tiere des Feldes; die wilden Esel stillen ihren Durst. An ihnen wohnen die Vögel des Himmels, aus den Zweigen ertönt ihre Stimme. Du tränkst die Berge von Deinen Höhen, mit den Früchten Deiner Werke wird die Erde gesättigt. Du lässt dem Vieh Gras wachsen und Grünpflanzen zum Nutzen des Menschen ... Du breitest die Finsternis aus, und es wird Nacht: In ihrer Zeit streifen die Tiere des Waldes umher; die Löwen brüllen nach Beute, sie verlangen von Gott ihre Nahrung. Geht die Sonne auf, versammeln sie sich und legen sich in ihre Höhlen. Dann geht der Mensch hinaus an sein Werk und an seine Arbeit bis zum Abend. Wie vielgestaltig sind Deine Taten, Herr! Alles hast Du in Weisheit gemacht: Die Erde ist voll von Deinen Geschöpfen. Da ist das Meer, groß und weithin gebreitet. Da sind die Kriechtiere ohne Zahl, die kleinen und großen Tiere. Dort schwimmen die Schiffe, dort der Leviathan, den Du geschaffen, um mit ihm zu spielen. Sie alle erwarten von Dir, dass Du ihnen Speise gibst zur rechten Zeit. Gibst Du ihnen, dann empfangen sie; öffnest Du Deine Hand, dann werden sie satt an Gutem ... Ich werde dem Herrn mein ganzes Leben lang singen, werde singen dem Herrn, solange ich da bin ... Preise, meine Seele, den Herrn! Alleluja!

Psalm 103

Die Sonne neigte sich dem Westen zu. Die Hälfte des Himmels war wie ein goldenes Feuer. Sogar die kleinen fliederfarbenen Wolken hatten goldene Ränder. Unter dem Himmel lagen die traurigen Weiten der Felder. Welche tiefe Traurigkeit steckt in den russischen Feldern ... Sie ruft die Seele in ein Land, das weit weg von der Erde liegt. Die Kirchtüren waren geöffnet. Von dort war der Gesang des Vesperpsalms zu hören: „Preise, meine Seele, den Herrn. Gepriesen bist Du, Herr. Wunderbar sind Deine Werke, Herr" ... Aus den Kirchenfenstern heraus konnte man sehen, wie sich auf das Feld, den Acker und den entfernten Wald abendliche Güte und Frieden legten ... Wir sind berufen, ein anderes Morgenrot und Himmelsleuchten zu sehen, unvergleichlich herrlicher als die irdischen, wir müssen dorthin aufbrechen, wo sich die wahre Ruhe und der Friede für das Herz finden.

Erinnerungen eines Hirten[29]

---

29 Erinnerungen eines Hirten *[Vospominanija pastyra]*, in: Hoffnung *[Nadežda]*, Nr. 13, Frankfurt a.M. 1986, 269-271.

Wenn das gelb sich färbende Getreidefeld wogt,
Und ein frisches Blatt beim Klang des Windes rauscht,
Die himbeerfarbige Pflaume sich versteckt
Im Schatten des wonnevollen grünen Blattes;

Wenn mit duftendem Tau besprengt,
Am rotwangigen Abend oder zur goldenen Stunde am Morgen,
Unter dem Strauch hervor mir ein silberfarbiges Maiglöckchen
Freundlich mit dem Kopf zunickt;

Wenn eine eiskalte Quelle der Schlucht entlang spielt,
Der Gedanke in einen dunklen Schlaf versinkt
Und mir eine geheimnisvolle Saga zulallt,
Von der Grenze der Erde, von wo sie herbeieilt, –

Dann wird meiner Seele Unruhe besänftigt,
Dann verschwinden die Falten auf der Stirn, –
Und das Glück kann ich begreifen auf Erden,
Und in den Himmeln sehe ich Gott ...

Michail Lermontov[30]

Da eröffnete sich unseren Augen ein erstaunlicher Blick auf die Bergrücken, und bezaubernd war die malerische Schönheit des Ortes in alle Richtungen und in der ganzen Entfernung bis zum Horizont, wohin nur das Auge reichte ... Die Sonne neigte sich dem Westen zu und vergoldete mit ihren Strahlen das ganze Land: und die Gipfel der Berge und die tiefen Abgründe, die finster gähnten und Angst einflößten, und zwischen den Bergen irgendwo kleinere Waldwiesen, die mit Grün bedeckt waren ... Rings um uns her herrschte tödliche Stille und vollkommenes Schweigen: da fehlte jegliche Hast des Alltags. Hier feierte die Natur fern von der Welt ihre Ruhe von der Hast und eröffnete das Geheimnis der kommenden Ewigkeit. Das war der nicht von Händen gemachte Tempel des Lebendigen Gottes, in dem jedes Ding lautlos Seine Ehre aussprach und den Gottesdienst versah ..., Seine Allmacht, immerwährende Kraft und Gottheit verkündend. Das Buch der Natur schlug uns hier eine seiner glanzvollsten Seiten auf, und wir sahen und lasen allerorten die Spuren Gottes, und durch die Be-

---

30 Michael Lermontov, Werke in zwei Bänden *[Sočinenija v 2 t.]*, Moskau 1988, Bd. 1, 161. Übersetzung: Michail Lermontov, Gedichte. Russisch/Deutsch. Übersetzt von Kay Borowsky / Rudolf Pollach, Stuttgart 2000, 82. (Der russische Text weicht in der 1. Strophe von der Fassung bei Alfeyev ab. 2. Zeile: statt list (= Blatt), steht les (= Wald); 3. Zeile: statt les (= Wald), steht sad (= Garten).

trachtung der Schöpfung erkannten wir die unsichtbare Vollkommenheit Gottes (Röm 1,20) ... Das Stillschweigen der Berge und der Täler erzeugte in uns ein neues Empfinden: bald war es der Zustand einer unergründlichen Stille und Ruhe ... bald war es eine stille und geistliche Freude, „die Stimme sanfter Kühle, wo der Herr war" (1 Kön 19,12) ... Und so saßen wir und schwiegen, schauten und kamen nicht aus dem Staunen heraus, und mit heiligem Entzücken wurden unsere Herzen genährt, als wir die erhabensten Minuten des inneren Lebens durchkosteten, wenn der Mensch die Nähe der unsichtbaren Welt erlebt, in die liebliche Gemeinschaft mit ihr eintritt und die erschreckende Gegenwart Gottes vernimmt. In dieser Zeit, erfüllt von heiligen Empfindungen, vergisst er alles Irdische. Sein Herz, das wie Wachs vom Feuer erwärmt ist, wird bereit gemacht, die Eindrücke der Bergwelt aufzunehmen. Es entflammt in reiner Liebe zu Gott, und der Mensch verkostet die Seligkeit innerer Bereicherung; er hört in seinem Gemüt, dass ihm nicht für irdische Hast, sondern zur Teilhabe an der Ewigkeit die kurzen Tage des Erdenlebens geschenkt sind.

„Auf den Bergen des Kaukasus"[31]

Lasst uns den besten Künstler preisen, der weise und kunstvoll die Welt erschaffen hat, und lasst uns aus der sichtbaren Schönheit Denjenigen verstehen, Der an Schönheit alles übersteigt, und aus der Größe dieser sinnlichen Dinge auf den Unendlichen schließen, Der alle Größe übertrifft und durch die große Anzahl Seiner Kräfte alles Wissen übersteigt.

Basilius der Große[32]

---

31 Auf den Bergen des Kaukasus *[Na gorach Kavkaza]*, Batalpaschinsk [2]1910, 4-6. Übersetzung: Schimonach Ilarion, Auf den Bergen des Kaukasus. Gespräch zweier Einsiedler über das Jesus-Gebet. Übersetzt und mit einem Vorwort von P. Bonifaz Tittel OSB, Salzburg 1991, 46-49.

32 Basilius der Große, Erste Homilie zum Sechstagewerk *[Vasilij Velikij, Beseda 1-ja na Šestodnev]*, in: Werke in drei Bänden *[Tvorenija v 3 t.]*, St. Petersburg 1911 (Verlag Sojkina), Bd. 1, 13. Übersetzungen: Die neun Homilien über das Hexaëmeron (Sechstagewerk). Erste Homilie: „Im Anfange schuf Gott den Himmel und die Erde". Des heiligen Kirchenlehrers Basilius des Großen Bischofs von Cäsarea ausgewählte Homilien und Predigten. Übersetzt und mit Anmerkungen versehen von Anton Stegmann (= BKV[2] 47), München 1925; hex. 1,11, 24; Basile de Césarée, Homélies sur l'Hexaéméron. Texte grec, introduction et traduction de Stanislas Giet (= SC 26), Paris [2]1968, 136.

Der Mensch, der die Fähigkeit zum Staunen und zur Verehrung verloren hat, ist tot. Zu wissen, dass eine verborgene Realität existiert, die sich uns als höchste Schönheit offenbart, das zu wissen und zu spüren, das ist der Kern der wahren Religiosität.

Albert Einstein[33]

Sieh die Mannigfaltigkeit und den Reichtum der Früchte ... sieh die Kräfte der Wurzeln, der Säfte, der Blumen, der Düfte ... sieh auch die Kostbarkeit und Klarheit der Steine. Die Natur hat dir alles wie zu einem gemeinsamen Gastmahl vorgelegt ... damit du, der du über allem anderen bist, aus den Wohltaten selbst Gott erkennst ... Umschreite die Meeresbuchten, die miteinander und mit dem Festland verbunden sind, die Schönheit der Wälder, des Flusses, die reichlichen und unversiegbaren Quellen ... Sag mir, wie und woher ist das alles? Was bedeutet dieser großartige und zugleich so einfache Stoff? ... Die Vernunft findet nichts, worauf sie sich gründen könnte, außer den Willen Gottes ... Forsche nach, Mensch, wenn du etwas erkunden oder finden willst! Wer hat die Flüsse in den Ebenen und auf den Bergen ausgegraben? Wer ließ sie ungehindert fließen? ... Wer hat den Wind ausgegossen – diesen reichlichen und unerschöpflichen Reichtum? ... Nehmen wir an, dass durch dich die Kreise, Kreisbewegungen, Annäherungen und Entfernungen, der Aufgang der Sterne und der Sonne erfassbar sind, gewisse Teile und ihre Untergliederungen und alles, wofür du deine Wissenschaft lobst ... Wir wissen, dass es bestimmte Engel gibt, Erzengel, Throne, Herrschaften, Fürsten, Mächte, Lichtgestalten, Aufgänge, Verstandeskräfte oder Intellekte, reine Naturen, ohne Beimischung, unbeugsam bzw. dem Bösen nicht zugeneigt, unaufhörlich jubelnd um die Erstursache ... Diese Geister nehmen einen bestimmten Teil im Universum ein oder sind jemandem in der Welt zugesellt, wie das alles dem Erbauer und Ordner bekannt ist, und sie alle ... singen der Größe Gottes, schauen die ewige Herrlichkeit ...

Gregor der Theologe[34]

Er selbst ist der Schöpfer und Urheber der Engel, die Er vom Nichts ins Sein geführt und nach Seinem Bild erschaffen hat ... Unter diesen Kräften der Engel war einer, der an der Spitze des irdischen Ranges stand und dem von Seiten

---

33 Albert Einstein, in: Licht und Leben *[Svet i zizn']*, Brüssel 1990, 95.

34 Gregor von Nazianz, Predigt 28 *[Grigorij Bogoslov, Slovo 28]*, in: Werke in 2 Bänden *[Tvorenija v 2 t.]*, St. Petersburg o.J. (Verlag Sojkina), Bd. 1, 408-413. Übersetzung: Gregor von Nazianz, *Orationes Theologicae*. Theologische Reden. Übersetzt und eingeleitet von Hermann Josef Sieben (= FC 22), Freiburg u.a. 1996, *oratio* 2,26-31 (28,26-31), 151-167.

Gottes der Schutz der Erde anvertraut war. Er war der Natur nach nicht böse, sondern gut und zu einem guten Ziel hervorgegangen ... er ertrug nicht das Licht und die Ehre, die der Schöpfer ihm gegeben hatte, er wechselte aus eigenmächtiger Willkür vom Zustand des Natürlichen zum Widernatürlichen ... und als erster fiel er vom Heil ab und geriet ins Böse. Denn das Böse ist nichts anderes als Entzug des Heils, ähnlich wie die Finsternis Entzug des Lichtes ist; denn das Heil ist geistliches Licht, und in gleicher Weise ist auch das Böse geistliche Finsternis.

Johannes von Damaskus[35]

Bevor der Himmel geschaffen war, bevor die Erde hervorgebracht war, war Gott der Schöpfer, einer und geeint, ursprungsloses Licht, unerschaffenes Licht, völlig unaussprechliches Licht ... Es gab keine Luft, wie jetzt, überhaupt keine Finsternis, weder Licht noch Wasser noch den Äther oder irgendetwas anderes, sondern nur den einen Gott – den vollkommen lichtförmigen Geist, zugleich allmächtig und unstofflich. Er erschuf die Engel, die Fürsten und Mächte, die Cherubim und Seraphim, die Herrschaften, die Throne und die namenlosen Ränge, die Ihm dienen und mit Furcht und Beben vor Ihm stehen. Danach brachte Er den Himmel als ein Gewölbe hervor, das Materielle und Sichtbare ... und zugleich die Erde, die Wasser und alle Abgründe ... Und als der Himmel als etwas Materielles geschaffen war und sich der Natur nach von der Stofflosigkeit des Lichtes unterschied, verblieb er als ein großes Haus ohne Licht; der Herrscher des Universums aber entzündete die Sonne und den Mond, damit sie für das Sinnliche (der Schöpfung) in sinnlicher Gestalt leuchten ... Doch Er selbst, weit entfernt von allem (materiellen) Licht, lichter als das Licht und glänzender als der Glanz, ist für jedes Geschöpf unerträglich. Wie beim Licht der Sonne die Sterne unsichtbar sind, so erträgt kein Lebendiger, wenn der Herrscher dem Geschöpf aufstrahlen will, Seinen Aufgang.

Symeon der Neue Theologe[36]

---

35 Johannes von Damaskus, Genaue Auslegung des Orthodoxen Glaubens *[Ioann Damaskin, Točnoe izloženie pravoslavoj very]* 2, 3f., Thessalonike 1976, 98-106. Übersetzungen: Des heiligen Johannes von Damaskus genaue Darlegung des orthodoxen Glaubens. Übersetzt, mit Einleitung und Erläuterungen versehen von Dionys Stiefenhofer (= BKV² 44), Kempten – München 1923, 46 51; vgl. Texte zur Theologie. Dogmatik. Hg. von Wolfgang Beinert, Schöpfungslehre I. Bearbeitet von Georg Kraus, Graz – Wien – Köln 1992, 182-184.

36 Symeon der Neue Theologe *[Simeon Novyj Bogoslov]*, Hymnus 38,24-74. Übersetzungen [die französische Übersetzung wurde vom Verfasser verwendet]: Syméon le Nouveau Théologien, Hymnes II. Texte critique et introduction par Johannes Koder, traduction et notes par Luis Neyrand (= SC 174), Paris 1971, 468-472; vgl. Hymnus 25, in: Symeon der Theologe, Licht vom Licht. Hymnen. Deutsch von Kilian Kirchhoff, München ²1951.

Kapitel 5
Der Mensch

Die Erschaffung des Menschen

Der Mensch ist die Krone der Schöpfung, der Gipfel des schöpferischen Hervorgangs aus den drei Personen der Göttlichen Dreieinigkeit. Bevor Sie den Menschen erschufen, gingen Sie miteinander zu Rate: „Lasst Uns den Menschen schaffen nach Unserem Bild und Unserem Gleichnis" (Gen 1,26). Der ewige Ratschluss der Drei war nicht nur notwendig, weil der Mensch als ein höheres Wesen geboren wird, das mit Vernunft und Willen ausgestattet ist und über die ganze sichtbare Welt herrscht, sondern auch weil er, absolut frei und unabhängig von Gott, die Gebote verletzt, aus der paradiesischen Glückseligkeit herausfällt und das Kreuzesopfer des Sohnes Gottes braucht, um ihm den Weg zurück zu Gott zu eröffnen. Als Gott beabsichtigte, den Menschen zu erschaffen, sah Er dessen späteres Geschick voraus, weil vor dem Göttlichen Blick nichts verborgen ist: Er sieht das Künftige als Gegenwärtiges.

Wenn aber Gott den Sündenfall Adams voraussah, heißt das nicht, dass Adam unschuldig war, weil ja alles nach dem Willen des Schöpfers geschah? Auf diese Frage antwortet der heilige Johannes von Damaskus, indem er zwischen ,Vorherwissen' und ,Vorherbestimmung' unterscheidet: „Gott weiß alles, aber Er bestimmt nicht alles voraus. Denn Er weiß im voraus, was in unserer Macht steht, aber Er bestimmt dies nicht voraus. Denn Er will nicht, dass das Böse geschieht, aber Er zwingt nicht gewaltsam zum Guten".[1] Das Vorherwissen Gottes ist also kein Verhängnis, das das Schicksal des Menschen vorherbestimmt. Adam war es nicht ,von Geburt an bestimmt' zu sündigen, das hing nur von seinem freien Willen ab. Wenn wir sündigen, dann weiß Gott das im voraus, doch das Vorherwissen Gottes befreit uns nicht von unserer Verantwortung für die Sünden. Zugleich ist die Barmherzigkeit Gottes so groß, dass Er die uranfängliche Bereitschaft zum Ausdruck bringt, sich selbst zum Opfer darzubringen, um die Menschheit von den Folgen der Sünde zu erlösen.

Gott schuf den Menschen „aus dem Staub der Erde", das heißt aus Materie. So ist der Mensch Fleisch vom Fleisch der Erde, aus der er durch die Hände

---

1 Johannes von Damaskus, Genaue Auslegung des Orthodoxen Glaubens *[Točnoe izloženie pravoslavnoj very]* 2,30.

Gottes geformt worden ist. Aber Gott „hauchte auch den Lebensatem in ihn ein, und der Mensch wurde zu einem lebendigen Wesen" (Gen 2,7). Obwohl er „aus Staub", also irdisch ist, erhält der Mensch einen gewissen Göttlichen Ursprung, das Unterpfand der Teilhabe am Göttlichen Sein: „Als Gott Adam nach Seinem Bild und Gleichnis erschaffen hatte, legte Er durch eine Einhauchung Gnade, Erleuchtung und einen Strahl des Allheiligen Geistes in ihn" (Anastasios vom Sinai).[2] Den Atem des Lebens kann man als den Heiligen Geist verstehen (sowohl ‚Atem' als auch ‚Geist' umschreibt man in der griechischen Bibel mit dem Ausdruck *pneuma)*. Durch den Akt der Schöpfung selbst ist der Mensch der Gottheit teilhaftig, und darum unterscheidet er sich in grundlegender Weise von allen übrigen Lebewesen: Er nimmt nicht einfach nur eine höhere Stellung in der Hierarchie der Lebewesen ein, sondern er ist ein ‚Halb-Gott' für die belebte Welt. Die heiligen Väter bezeichnen den Menschen als ‚Mittler' zwischen sichtbarer und unsichtbarer Welt, eine ‚Mischung' beider Welten. Sie bezeichnen ihn auch im Anschluss an die antiken Philosophen als Mikrokosmos, als kleine Welt oder kleinen Kosmos, der die Gesamtheit des geschaffenen Seins in sich vereint.[3]

Der Mensch hatte nach Basilius dem Großen „eine Führungsgewalt ähnlich wie die Engel", und „seinem Leben nach war er den Erzengeln ähnlich".[4] Weil er aber das Herz der geschaffenen Welt war, das in sich ein geistiges und ein körperliches Prinzip vereinte, überstieg er in einem gewissen Sinne die Engel: Um die Größe des Menschen zu unterstreichen, nennt ihn der heilige Gregor der Theologe einen „geschaffenen Gott".[5] Indem Gott den Menschen nach Seinem Bild und Gleichnis hervorbrachte, schuf Er ein Wesen, das berufen ist, *Gott zu sein*. Der Mensch ist seiner Möglichkeit nach ein *Gottmensch*.

Bild und Gleichnis

„Und Gott schuf den Menschen nach Seinem Bild, nach dem Bilde Gottes schuf Er ihn: als Mann und Frau schuf Er sie" (Gen 1,27). Eine einsame egozentrische Monade ist nicht zur Liebe fähig, und Gott schafft nicht ein Einzelnes, sondern eine Zweiheit, damit zwischen den Menschen Liebe herrsche. Dennoch ist die Liebe einer Zweiheit noch keine vollkommene Liebe, weil in einer Zweiheit zwei polare Prinzipien wirken – These und Antithese, die in einer Synthese vollendet werden müssen. Die Synthese der menschlichen Zweiheit ist die

---

2   PG 89, 236C.
3   Vgl. Kallistos Ware, The Orthodox Way, London – Oxford 1979, 62-64.
4   PG 31, 344C.
5   PG 37, 690.

Geburt eines Kindes: Eine vollständige Familie – Mann, Frau und Kind – ist ein Abbild der dreihypostatischen Göttlichen Liebe. Darum sagt Gott auch: „Seid fruchtbar und vermehrt euch" (Gen 1,28). Man darf auch den Wechsel von Einzahl und Mehrzahl nicht unbemerkt lassen, dem man in der Bibel begegnet, wenn die Rede von Gott ist („Wir schaffen nach Unserem Bild" – „Er schuf nach Seinem Bild"), und den gleichen Wechsel, wenn die Rede vom Menschen ist („Er schuf ihn" – „Er schuf sie"): Dadurch wird die Einheit der Natur des gesamten Menschengeschlechtes in der Unterscheidung der Hypostase jeder konkreten Persönlichkeit unterstrichen. „Gott ist gleichzeitig eine Natur und drei Hypostasen – der Mensch ist gleichzeitig eine Natur und eine Vielzahl von Hypostasen; Gott ist wesenseins und dreihypostatisch, der Mensch ist wesenseins und vielhypostatisch".[6]

Das Thema des Göttlichen Bildes und Gleichnisses ist eines der zentralen Themen der christlichen Anthropologie: Mehr oder weniger alle altkirchlichen Schriftsteller haben versucht, es zu erhellen. Schon Platon sprach davon, dass Gott lebendige Wesen „prägte", „entsprechend der Natur des Urbildes".[7] Und Philo von Alexandrien bezeichnete den Menschen als „nach dem Bild eines idealen Urbildes geschaffen".[8] Das griechische Wort ‚Bild' *(eikon* – daher ‚Ikone') bezeichnet das ‚Porträt' oder die ‚Darstellung', das heißt etwas nach einem Vorbild Geschaffenes *(prototypos* – Urbild, Prototyp), etwas, das eine Ähnlichkeit mit dem Vorbild hat, obgleich es der Natur nach mit ihm nicht identisch ist.

Die Züge des Göttlichen Bildes sahen die heiligen Väter in der vernünftigen Geistnatur des Menschen als ‚vernunftbegabtes Wesen' (griech. *zoon logikon*). „Unser Geist ... ist mit Gott verwandt, er dient als Sein vernünftiges Bild", sagt Origenes.[9] „Wir sind nach dem Bild des Schöpfers geschaffen, besitzen Vernunft und Sprache, die die Vollkommenheit unserer Natur ausmachen", schreibt Basilius der Große.[10] Ist etwa der Leib des Menschen Bild Gottes? Basilius verneint das. Gott ist Geist, und das Bild Gottes muss geistlich sein.[11] Der Leib trägt jedoch nach dem heiligen Photius, dem Patriarchen von Kon-

---

6 Christos Yannaras, Der Glaube der Kirche. Einführung in die orthodoxe Theologie *[Vera cerkvi. Vvedenie v pravoclavnoe bogodovie]*, Moskau 1992, 102.

7 Platon, *Timaios* 39e.

8 *De opificio mundi* 69; zit. nach: Cyprian Kern, Die Anthropologie des heiligen Gregor Palamas *[Antropologia sv. Grigorija Palamy]*, Paris 1950, 105.

9 PG 11, 128.

10 PG 31, 221C.

11 PG 30, 13.

stantinopel, wie alles von Gott Geschaffene ein Abbild des Schöpfers: „Der menschliche Leib wie auch die Seele sind ein künstlerisches Erzeugnis des menschenfreundlichen und gnadenreichen Schaffens".[12]

Das Bild Gottes bemerkt man im freien Willen des Menschen und in seiner Fähigkeit zur Wahl. Gott schuf den Menschen absolut frei: In Seiner Liebe will Er ihn weder zum Guten noch zum Bösen zwingen. Er erwartet nicht einfach blinden Gehorsam vom Menschen, sondern antwortende Liebe. Nur wenn er frei ist, kann der Mensch Gott ähnlich werden durch die Liebe zu Ihm.

Man spricht von der Unsterblichkeit des Menschen und von seiner herrschaftlichen Stellung in der Natur sowie von dem ihm eigenen Streben nach dem Guten als dem Charakteristikum der Ebenbildlichkeit Gottes. Tatian nennt den Menschen „Bild der Unsterblichkeit Gottes"[13], und der heilige Makarios der Große sagt, dass Gott die Seele „nach dem Bild der Tugend des Geistes" schuf, „indem Er in sie das Gesetz der Tugenden, die Urteilsfähigkeit, das Wissen, die Einsicht, den Glauben, die Liebe und die übrigen Tugenden nach dem Bild des Geistes legte".[14]

Schließlich ist die Fähigkeit des Menschen zum schöpferischen Tun ein Abbild der schöpferischen Fähigkeiten des Schöpfers selbst. Gott ist ‚tätig‘: „Mein Vater wirkt bis jetzt, und auch Ich wirke" (Joh 5,17). Auch ist der Mensch bestimmt, das Paradies „zu bestellen" (Gen 2,15), das heißt sich darin zu mühen, es zu bearbeiten. Der Mensch kann nicht *ex nihilo* (aus dem Nichts) schaffen, aber er kann aus dem vom Schöpfer geschaffenen Material schaffen, und als Material dient ihm die ganze Erde, wo er Herr und Hüter ist. Es ist nicht so sehr die Welt, die der Verbesserung durch den Menschen bedarf, sondern der Mensch selbst bedarf der Entfaltung seiner schöpferischen Möglichkeiten, um Gott ähnlich zu werden.

Einige heilige Väter unterscheiden zwischen ‚Bild‘ und ‚Ebenbild‘: Unter ‚Bild‘ verstehen sie das, was ursprünglich vom Schöpfer in den Menschen gelegt worden ist, unter ‚Ebenbild‘ das, was künftig als Ergebnis eines tugendhaften Lebens zu erlangen ist: „Der Ausdruck ‚nach dem Bild‘ bezeichnet das Vernünftige und mit freiem Willen Begabte, der Ausdruck ‚nach dem Ebenbild‘ die Verähnlichung durch die Tugend, soweit das möglich ist" (Johannes von Damaskus).[15] All seine Fähigkeiten soll der Mensch in der ‚Kultivierung‘ der

---

12 PG 102, 180A-B.

13 PG 6, 820B.

14 B.E.P. [= *Bibliotheke ton hellenon pateron*], Athen, Bd. 41, 341.

15 Johannes von Damaskus, Genaue Auslegung des Orthodoxen Glaubens [*Točnoe izloženie pravoslavnoj very*] 2,12.

Welt verwirklichen, im schöpferischen Handeln, in der Tugend und in der Liebe, um dadurch Gott ähnlich zu werden, weil „das Ziel des tugendhaften Lebens die Verähnlichung mit Gott ist", wie der heilige Gregor von Nyssa sagt.[16]

Seele und Leib

Dass es im Menschen nicht nur ein materielles, sondern auch ein geistiges Prinzip gibt, wussten alle alten Religionen, die Beziehung dieser Prinzipien fassten sie jedoch unterschiedlich auf. Die dualistischen Religionen stellten sich die Materie ursprünglich als böse und dem Menschen feindlich vor: Die Manichäer hielten sogar den Satan für den Schöpfer der materiellen Welt. In der antiken Philosophie war der Leib ein Gefängnis, in das die Seele eingeschlossen ist, oder ein Grab, in dem sie begraben ist. Platon leitet den Ausdruck *soma* (Leib) von *sema* ab (Grabstein, Grabmal): „Viele glauben, dass der Leib einem Grabstein gleicht, der die Seele verbirgt, die in diesem Leben unter ihm begraben ist … Die Seele erduldet eine Strafe … das Fleisch aber dient ihr als eine Festung, damit sie unversehrt bleiben kann, solange sie sich im Körper wie in einer Folterkammer befindet".[17]

Die altindischen philosophischen Systeme sprechen von einer Umsiedlung der Seelen von einem Leib in einen anderen, darunter vom Menschen in ein Tier (und umgekehrt): „Wie ein Mensch sich neue, andere Kleider zulegt, nachdem er die alten abgeworfen hat, so verlässt die Seele (sanskr. *dehih* – Geist) den alten Leib und geht in den neuen, anderen ein", lesen wir in der „Bhagavadgita".[18] Die Lehre von der Metempsychosis (Reinkarnation) wurde von der gesamten altkirchlichen Tradition abgelehnt, weil sie nicht nur der Göttlichen Offenbarung widerspricht, sondern auch dem gesunden Menschenverstand: Der Mensch, der Vernunft und freien Willen besitzt, kann sich nicht in ein unvernünftiges Tier verwandeln, weil jedes vernünftige Sein unsterblich ist und nicht verschwinden kann. Außerdem widerspricht die Lehre, dass der Mensch auf Erden für seine Sünden in früheren Leben leiden muss, dem Verständnis der Güte Gottes: Welcher Sinn steckt in der Strafe, wenn der Mensch nicht weiß, wofür er leidet (denn die Menschen erinnern sich ja nicht an ihre früheren ‚Existenzweisen')?

---

16 Gregor von Nyssa, Erklärung der Seligpreisungen 1, 4; zit. nach: Akten der Ökumenischen Konzilien *[Dejanija Vselenskich Soborov]*, Kazan 1908, Bd. 3.

17 Platon, *Kratylos* 400c.

18 Bhagavadgita 2, 22, Aschchabad 1978, 86.

Die heiligen Väter lehren auf der Grundlage der Bibel, dass Seele und Leib nicht fremde Elemente sind, die im Individuum nur für eine bestimmte Zeit vereint sind, sondern gleichzeitig und auf immer im Akt der Schöpfung selbst gesetzt sind: Die Seele ist mit dem Leib ‚verlobt‘ und unzertrennlich mit ihm verbunden. Nur die Gesamtheit von Seele und Leib bildet die ganzheitliche Person-Hypostase: Weder die Seele noch der Leib können für sich existieren. „Denn was ist der Mensch, wenn nicht ein aus Seele und Leib bestehendes lebendiges Wesen?", sagt der heilige Justin der Philosoph. „Ist denn die Seele aus sich selbst heraus ein Mensch? Nein ... Und kann vielleicht der Leib als Mensch bezeichnet werden? Nein ... Nur ein Wesen, das aus einer Verbindung von beiden besteht, nennt man Mensch".[19] Die unzertrennliche Verbindung von Seele und Leib nennt der heilige Gregor von Nyssa ‚Bekanntschaft‘, ‚Freundschaft‘ und ‚Liebe‘, die sogar nach dem Tod erhalten bleiben: „In der Seele bleiben auch nach der Trennung vom Leib einige Merkmale ... der Vereinigung, denn der Reiche und Lazarus erkannten (einander) im Paradies. Auf der Seele bleibt irgendwie ein Abdruck (des Leibes), und in der Zeit der Wiederherstellung nimmt sie diesen (Leib) wieder an".[20] Ein solches Konzept ist weit entfernt von einem platonischen und östlichen Dualismus.

Wenn die heiligen Väter allgemein vom Leib und von der Materie sprachen, dann unterstrichen sie deren Göttliche Herkunft und drückten sich in dieser Hinsicht sehr erhaben aus: „Ich bekenne, dass die Materie eine Schöpfung Gottes ist und dass sie herrlich ist ...", sagt der heilige Johannes von Damaskus. „Ich verehre nicht die Materie, sondern ich verehre den Schöpfer der Materie, der um meinetwillen materiell geworden ist ... und durch die Materie meine Erlösung bewirkt hat".[21] Eine tiefe Unwahrheit stellt die Behauptung dar, dass das Christentum angeblich Abscheu vor dem Leib verkünde, sich ihm gegenüber verächtlich verhalte. Abscheu vor dem Leib ist charakteristisch für einige Häretiker (Gnostiker, Montanisten, Manichäer), deren Ansichten in der patristischen Theologie einer scharfen Kritik unterworfen werden: „Viele von den Häretikern sagen sogar, dass der Leib nicht von Gott geschaffen ist. Er sei es nicht wert, dass ihn Gott geschaffen hat, sagen sie, und verweisen auf Unreinheit, Schweiß, Tränen, Arbeit, Erschöpfung und andere Unvollkommenheiten des Leibes ... Sprich mir aber nicht von diesem gefallenen, verurteilungswürdigen, niederen Menschen. Wenn du wissen willst, wie Gott

---

19 PG 6, 1585B.
20 PG 44, 225B-229C.
21 PG 94, 1297C-1300B.

ursprünglich unseren Leib geschaffen hat, dann lass uns ins Paradies gehen und auf den ersten Menschen schauen" (Johannes Chrysostomos).[22]

In allen Fällen, in denen in der christlichen asketischen Literatur von der Feindschaft zwischen Fleisch und Geist gesprochen wird (beginnend mit dem Apostel Paulus „Der Leib begehrt wider den Geist, der Geist aber wider das Fleisch"; Gal 5,17), ist die Rede vom sündigen Fleisch als dem Inbegriff von Leidenschaften und Lastern, nicht aber vom Leib allgemein. Und wenn vom ‚Abtöten des Fleisches' gesprochen wird, hat man das Abtöten der sündigen Neigungen und der ‚fleischlichen Lüste' im Blick, nicht aber die Geringschätzung des Leibes an sich. Das christliche Ideal besteht nicht darin, das Fleisch herabzuwürdigen, sondern es zu reinigen und von den Folgen des Sündenfalles zu befreien, es zur ursprünglichen Reinheit zurückzuführen und es der Ähnlichkeit mit Gott würdig zu machen.

Das geistige Prinzip im Menschen wird meistens mit dem Audruck ‚Seele' *(psyche)* umschrieben. In der Bibel wird mit diesem Wort manchmal jedes überhaupt lebende Wesen bezeichnet (Gen 2,19), in anderen Fällen ein gewisses lebendiges Prinzip oder ein lebendiger Ursprung, der im Fleisch eingeschlossen ist, oder sogar das Blut (Lev 17,11) eines lebendigen Wesens, mitunter das Leben des Menschen selbst (Gen 19,17). In den Psalmen Davids wird oft von der Seele als einem inneren nicht-materiellen Ursprung im Menschen gesprochen: „Nach Dir dürstet meine Seele, nach Dir verlangt mein Leib" (Ps 62[63],2).

In dieser letzten Bedeutung gelangte das Wort ‚Seele' in die Patristik. Eine Definition der Seele gibt Athanasius der Große: „ Die Seele ist eine vernünftige, körperlose, leidenschaftslose und unsterbliche Wesenheit".[23] Der heilige Gregor von Nyssa ergänzt die Definition: „Die Seele ist eine erschaffene Wesenheit, eine lebendige, vernünftige Wesenheit, die durch sich dem organischen und sinnenhaften Leib lebendige Kraft mitteilt".[24] In beiden Definitionen wird die Seele Wesenheit *[suščnost']* *(ousia)* genannt, das heißt, sie ist nicht nur eine Funktion des Leibes, seine Fähigkeit, sein Gefühl, seine Erscheinung, sondern hat eine eigenständige Existenz *[suščestvovanie]*.

Neben der Seele gibt es im Menschen ein höheres geistiges Prinzip, das ‚Geist' oder ‚Vernunft' genannt wird. Der Ausdruck ‚Geist' *[duch]* (hebr. *ruach*, griech. *pneuma)* ist biblischen Ursprungs und bedeutet zunächst einmal ‚Atem', manchmal auch ‚Wind' (vgl. z.B. Ps 148,8 nach der Septuaginta). Der Aus-

---

22   PG 49, 121.

23   PG 28, 608A.

24   Gregor von Nyssa, Werke *[Gregoriou Nyssis erga]*, Bd. 1, 228.

druck ‚Vernunft' *[um]* (griech. *nous)* ist der antiken Philosophie entlehnt und begegnet uns im Alten Testament im allgemeinen nicht (dort ersetzen ihn die Begriffe ‚Verstand/Geist' *[razum]* und „Urteilsfähigkeit" *[rassuditel'nost']).* Doch gebraucht ihn der Apostel Paulus oft, und bei den griechischen Kirchenvätern wird gerade er (und nicht ‚Geist' *[duch])* zum grundlegenden anthropologischen Begriff. Seiner Natur nach unterscheidet sich der Geist *[um]* beträchtlich von allem, was im Menschen ist. Er besitzt die Fähigkeit, den Sinn der Dinge zu begreifen, in ihr Wesen einzudringen. „Und der Geist sieht, und der Geist hört", sagt Menander.[25] Der heilige Antonius der Große sagt: „Der Geist sieht alles, sogar das, was im Himmel (d.h. in der geistigen Welt) ist, und nichts verfinstert ihn, außer die Sünde".[26] Gerade durch den Geist kann der Mensch mit Gott in Berührung kommen, zu Ihm beten, und im Geist hört er auch die ‚Antwort' Gottes auf sein Gebet. Der heilige Gregor Palamas nennt den Geist „ein Teilchen der Gottheit"[27], das seine nichtirdische Herkunft unterstreicht.

Es existiert die Ansicht, wonach alle heiligen Väter in Trichotomisten und Dichotomisten unterteilt werden: Die einen lehren, dass der Mensch aus drei Prinzipien (Geist *[duch]*, Seele *[duša]* und Leib *[telo])*, die anderen, dass er aus zwei (Seele *[duša]* und Leib *[telo])* besteht. Es gab jedoch in der patristischen Literatur nie eine solche künstliche Aufteilung oder Gegenüberstellung: Alle altchristlichen Autoren anerkennen, dass es im Menschen einen Geist *[um]* gibt, doch die einen halten ihn für ein eigenständiges Prinzip, die anderen für einen Teil der Seele *[duša].* Letztlich kann keine Schematisierung die biblische und patristische Lehre vom Menschen ausschöpfen. In jedem Fall unterstreicht die christliche Anthropologie immer, dass im Menschen ein höherer, geistiger Ursprung vorhanden ist, der ihn von allen Wesen der Tierwelt unterscheidet.

Allgemein ist für die biblisch-christliche Tradition eine außerordentlich hohe Sicht des Menschen charakteristisch. Die Meinung von der ‚Niedrigkeit' des Menschen im Christentum ist zutiefst unrichtig. Was ist der Mensch in der Wahrnehmung des Atheisten? Ein Affe, nur mit weiter entwickelten Fähigkeiten. Was ist der Mensch in der Wahrnehmung des Buddhisten? Eine der Reinkarnationen der Seele, die bis zu ihrer Einwohnung im Leib des Menschen im Leib eines Hundes oder eines Schweines existieren konnte und nach dem Tod des menschlichen Leibes sich erneut im Leib eines Tieres zeigen kann. Das Verständnis der Personalität als Gesamtheit von Seele und Leib, die untrennbar

---

25 Gregor von Nyssa, Werke *[Gregoriou Nyssis erga],* Bd. 1, 230.
26 Philokalie *[Filokalia ton hieron neptikon],* Athen 1957-1963, Bd. 1, 19.
27 PG 150, 144.

verbunden sind, fehlt gänzlich: Der Mensch an sich ist nur ein gewisses Zwischenstadium bei der Wanderung der Seele von einem Leib in den anderen.

Allein das Christentum bietet ein wirklich hochstehendes Menschenbild. Im Christentum ist der Mensch eine Persönlichkeit, eine Person, die nach dem Bild Gottes geschaffen ist, das heißt eine Ikone des Schöpfers (griech. *eikon* bedeutet ‚Bild‘). Seiner Würde nach steht der Mensch nicht unter den Engeln. So sagt der Prophet David: „Was ist der Mensch, dass Du an ihn denkst, und der Menschensohn, dass Du ihn heimsuchst? Du hast ihn nicht viel geringer gemacht als die Engel: Mit Herrlichkeit und Ehre hast Du ihn gekrönt; Du hast ihn als Herrscher eingesetzt über die Werke Deiner Hände; alles hast Du ihm zu Füßen gelegt" (Ps 8,5-7).

Das Leben der ersten Menschen vor dem Sündenfall

Der materialistischen Vorstellung von den früheren Stadien der Entwicklung der Menschheit – die Menschen waren den Tieren ähnlich und lebten wie das Vieh, kannten Gott nicht und hatten keinerlei Begriff von Sittlichkeit – stellt das Christentum die Lehre von der Seligkeit der ersten Menschen im Paradies und von ihrem nachfolgenden Fall und ihrer Vertreibung aus dem Paradies entgegen. Man muss sagen, dass die Überlieferung von der ursprünglichen Seligkeit der Menschen und ihrem nachfolgenden Fall in der Mythologie vieler Völker erhalten ist. Diese Überlieferungen sind sich in einzelnen Zügen verblüffend ähnlich. Ist nicht die biblische Erzählung auch ein solcher Mythos? Und kann man sich zu ihr verhalten wie zur wirklichen Geschichte der Menschheit, oder muss man sie als eine Allegorie auffassen?

Bevor wir auf diese Fragen antworten, wollen wir definieren, was ein ‚Mythos‘ ist. Das griechische Wort *mythos* bezeichnet allgemein eine Erzählung, eine Geschichte, eine Überlieferung, ein Gleichnis, vorwiegend eine Sage von Göttern und Helden, das heißt von der vorgeschichtlichen Vergangenheit der Menschheit. Wie Aleksej Lossev zeigte, ist der Mythos weder ein Hirngespinst noch eine phantastische Erfindung und auch keine Allegorie, sondern „das Leben selbst", „das Sein selbst, die Realität selbst", das heißt wirkliche Geschichte, aber in Worten und Symbolen ausgedrückt. Zugleich ist der Mythos ein Wunder, und dadurch unterscheidet er sich von einer gewöhnlichen historischen Erzählung, die auf einer rationalen Analyse von Fakten und Ereignissen beruht. Die Sprache des Mythos ist die Sprache der Symbole[28]: Die

---

28 Aleksej Lossev, Die Dialektik des Mythos. Philosophie, Mythologie, Kultur *[Aleksej Losev, Dialektika mifa. Filosofija, mifologija, kul'tura]*, Moskau 1991, 23-27.

wirkliche Geschichte wird, wenn sie zum Mythos wird, in Worte und Bilder gekleidet, die symbolische Bedeutung haben. Im Maße der Entfernung dieses oder jenes Volkes vom wahren Glauben, das heißt vom Glauben an den einen Gott, wird die reale Wirklichkeit, die ursprünglich in seine Mythologien gelegt war, immer mehr entstellt und nimmt märchenhafte, ‚mythische' Züge (im negativen Sinn des Wortes) an. Doch irgendein Körnchen Wahrheit ist immer noch in jedem beliebigen Mythos erhalten. Damit lassen sich auch die Ähnlichkeiten in den unterschiedlichen Mythen erklären.

Die biblische Erzählung unterscheidet sich von allen anderen alten Mythen dadurch, dass sie dem gotterwählten Volk gehört, dem einzigen, das den wahren Glauben bewahrt hat, und deswegen sind keine Entstellungen in diese Erzählung eingedrungen: Es hat die Überlieferung unverletzt bewahrt. Mehr noch, die Kirche sieht alles, was in der Bibel geschrieben steht, als von Gott geoffenbarte Wahrheit an, das heißt als eine Wahrheit, die von Gott selbst durch Seine Auserwählten offenbart worden ist: die Lehrer, die Apostel und die Propheten. In diesem Sinn ist die biblische Erzählung eine wahre Geschichte, keine Allegorie und kein Gleichnis. Aber wie jede alte Erzählung ist sie in einer symbolischen Sprache geschrieben, und jedes Wort, jedes Bild darin erfordert eine Auslegung. Wir verstehen, dass ‚Himmel und Erde' ein Symbol für etwas viel Wichtigeres ist als unseren astronomischen Himmel und unsere Erdkugel. Und „die Schlange", die „schlauer als alle Tiere des Feldes" war, ist keine gewöhnliche Schlange, sondern eine gewisse böse Macht, die in sie eingedrungen ist. In der Bibel ist alles bis zum letzten Buchstaben wahr, doch nicht alles ist deshalb buchstäblich zu verstehen. Wir können die biblische Überlieferung als eine *symbolische Erzählung von wirklichen Ereignissen* definieren.

Nachdem Gott also den Menschen geschaffen hat, führt Er ihn in das Paradies, den Garten, den „Er in Eden, im Osten, angepflanzt hatte" (Gen 2,8). Das Paradies war dem Menschen, der in vollkommener Harmonie mit der Natur lebte, zur Herrschaft übergeben: Er verstand die Sprache der Tiere, und sie waren ihm gehorsam; alle Elemente unterwarfen sich ihm als dem Herrscher. „Gott setzte den Menschen als Fürsten dieser Zeit und als Herrscher über das Sichtbare ein. Weder überwand ihn das Feuer, noch ertränkte ihn das Wasser, und auch kein Tier schadete ihm", sagt der heilige Makarios der Ägypter.[29] Adam trug auf seinem Angesicht „leuchtende Herrlichkeit", er war ein Freund Gottes, lebte im Zustand der Reinheit, beherrschte seine Gedanken und war selig.[30] In Adam wohnte das Wort, und er hatte den Geist Gottes in

---

29 B.E.P. *[= Bibliotheke ton hellenon pateron]*, Athen, Bd. 42, 202.
30 Ebd.

sich. „Das in ihm wohnende Wort war für ihn alles – Wissen und Empfindung, Vermächtnis und Lehre".[31]

Gott führt alle Tiere zum Menschen, „um zu sehen, wie er sie benennen werde, und so wie der Mensch ein jedes lebendiges Wesen benennt, so sollte sein Name sein" (Gen 2,19). Adam gibt allen Tieren und Vögeln einen Namen, das heißt er erkennt den Sinn, den verborgenen Logos jedes lebendigen Wesens. Denn was ist ein Name? Er ist mehr als einfach ein Symbol oder die vereinbarte Bezeichnung eines Wesens. „Der Name – als die größtmögliche Verdichtung des verständigen Seins überhaupt – ist Grundlage, Kraft, Ziel, Werk und Leistung ... allen Lebens ... Der Name ist Element der vernünftigen Gemeinschaft lebendiger Wesen im Licht des Sinnes und der geistigen Harmonie, er offenbart das Geheimnis des Antlitzes und ist die lichtvolle Erkenntnis der lebendigen Energien des Seins ... Jedes lebendige Wesen trägt einen Namen" (Aleksej Lossev).[32] Indem Gott dem Menschen das Recht gibt, allen Geschöpfen Namen zu geben, führt Er ihn sozusagen in die Herzmitte Seines schöpferischen Prozesses, beruft zur *Mit*-Schöpfung, zur *Zusammen*-Arbeit: „Adam sollte des unaussprechlichen Plans gewahr werden, den jedes Lebewesen in sich trägt. Und sie alle kamen zu Adam und anerkannten damit ihren Zustand der Unterwerfung ... Gott spricht zu Adam: Sei du der Schöpfer der Namen, da du ja nicht der Schöpfer der Geschöpfe selbst sein kannst ... Wir teilen mit dir die Herrlichkeit der schöpferischen Weisheit ... Gib einen Namen dem, dem Ich das Sein gab" (Basilius von Seleukia).[33]

Gott führt den Menschen als Priester der gesamten sichtbaren Schöpfung in die Welt ein. Er ist der einzige unter allen lebendigen Wesen, der fähig ist, Gott mit Worten zu loben und zu preisen. Das ganze Weltall ist ihm als eine Gabe übergeben, für die er das „Opfer des Lobes" darbringen und die er Gott zurückgeben soll als „das Deine von den Deinigen". In diesem unaufhörlichen eucharistischen (Dank-)Opfer des Menschen besteht der Sinn und die Rechtfertigung seines Seins und zugleich seine höchste Glückseligkeit. Himmel, Erde, Meer, Felder und Berge, Vögel und Tiere – die gesamte Schöpfung bestimmt den Menschen zu diesem hohepriesterlichen Dienst, damit er mit seinem Munde Gott lobsinge.

Gott erlaubt dem Menschen, von allen Bäumen des Paradieses zu essen, darunter auch vom Baum des Lebens, der Unsterblichkeit gewährt. Indessen

---

31 Ebd. Bd. 41, 208.
32 Aleksej Lossev, Philosophie des Namens *[Aleksej Losev, Filosofija imeni]*, Moskau 1990, 166.
33 PG 85, 40C-41A.

untersagt Er, vom Baum der Erkenntnis von Gut und Böse zu essen, denn „das Böse zu erkennen" bedeutet, des Bösen teilhaftig zu werden und von der Seligkeit und Unsterblichkeit abzufallen. Das Gebot Gottes ist nach einer Erklärung des Johannes von Damaskus gegeben „als eine Prüfung und Erprobung, eine Übung des Gehorsams oder Ungehorsams des Menschen".[34] Das heißt, dem Menschen ist die Wahl zwischen Gut und Böse gegeben, obgleich Gott ihm eingibt, welche Wahl er treffen soll, indem Er im voraus vor den Folgen des Sündenfalles warnt. Wenn der Mensch das Böse wählt, fällt er vom Leben ab und ‚stirbt den Tod'; wählt er das Gute, steigt er zur Vollkommenheit auf und erlangt das höchste Ziel seiner Existenz.

Das Ziel des menschlichen Lebens ist nach der Lehre der östlichen Väter der Kirche die ‚Vergöttlichung' *(theosis)*. Verähnlichung mit Gott und Vergöttlichung sind ein und dasselbe: „Unsere Erlösung ist nur durch Vergöttlichung möglich. Doch die Vergöttlichung ist im Maße des Möglichen eine Verähnlichung mit Gott und eine Vereinigung mit Ihm" (Dionysios Areopagita).[35] Der Apostel Paulus bezeichnet diese Vereinigung mit Gott als Erlangung der „Sohnschaft" Gottes (Röm 8,15), der Apostel Petrus als „Teilhabe an der göttlichen Natur" (2 Petr 1,4), Origenes als „Verwandlung in Gott".[36] Die Vereinigung mit Gott, die das Endziel der menschlichen Existenz ist, ist kein Zusammenfließen mit der göttlichen Wesenheit und keine Auflösung in der Gottheit (wie bei den Neuplatonikern), sie ist noch weniger ein Versinken in das Nicht-Sein des Nirvana (wie bei den Buddhisten), sondern sie ist das Leben mit Gott und in Gott; dabei verschwindet die Persönlichkeit des Menschen nicht, sondern bleibt sie selbst, indem sie der Fülle der Göttlichen Liebe teilhaftig wird.

Der Sündenfall

„Die Schlange war listiger als alle Tiere des Feldes, die Gott der Herr geschaffen hatte" (Gen 3,1) – so beginnt der biblische Bericht vom Sündenfall der ersten Menschen. Gemeint ist jener „große Drache", von dem in der Offenbarung Johannes' des Theologen gesprochen wird (Offb 12,9), „die alte Schlange, die Teufel und Satan genannt wird, die den Erdkreis verführt". Einstmals war er der Lichtträger (Luzifer), ist jedoch von der Liebe Gottes abgefallen und wurde zum Feind alles Guten. Der heilige Johannes Chrysostomos hält es nicht für

---

34 Johannes von Damaskus, Genaue Auslegung des Orthodoxen Glaubens *[Točnoe izloženie pravoslavnoj very]* 2,11.

35 PG 3, 376A.

36 PG 11/1, 41.

möglich, den Teufel völlig mit der Schlange zu identifizieren: Er sagt, dass der
Teufel die Schlange als Instrument benutzt habe.[37] Der Teufel verlockte den
Menschen – nach einer Formulierung des Johannes von Damaskus – mit der
„Hoffnung auf Vergöttlichung".[38] Der Mensch erkannte die Täuschung nicht,
weil das Streben nach Vergöttlichung vom Schöpfer in ihn hineingelegt worden
war. Doch die Vergöttlichung ist *ohne* Gott nicht möglich, und im Zeichen
eines übermäßigen Stolzes ist das Streben, Gott ähnlich werden zu wollen,
gegen Ihn gerichtet.

Die biblische Erzählung vom Sündenfall hilft uns, die ganze tragische
Geschichte der Menschheit und deren jetzigen Zustand zu verstehen, da sie
zeigt, wer wir waren und worin wir uns verwandelt haben. Sie zeigt uns, dass
das Böse nicht nach dem Willen Gottes in die Welt kam, sondern durch die
Schuld des Menschen, der die diabolische Täuschung dem Göttlichen Gebot
vorzog. Von Generation zu Generation wiederholt die Menschheit den Fehler
Adams, indem sie sich durch falsche Werte verführen lässt und die wahren
Werte vergisst – den Glauben an Gott und die Treue zu Ihm.

Die Sünde der ersten Menschen wurde möglich durch den freien Willen,
den sie besaßen. Die Freiheit ist das größte Geschenk, das den Menschen zum
Bild des Schöpfers macht, doch in der Freiheit war von Beginn an die Möglichkeit des Abfalls enthalten. Nach Überzeugung des Archimandriten Sophronij
(Sacharov) ist Gott in einem gewissen Sinne ein Risiko eingegangen, als Er den
Menschen frei erschuf: „Die Erschaffung von irgend etwas ist immer ein
riskantes Unternehmen, und die Erschaffung des Menschen durch Gott nach
Seinem Bild und Seinem Gleichnis enthielt ein gewisses Risiko ... Die gottähn-
liche Freiheit, die dem Menschen verliehen wurde, eröffnet ihm die Möglichkeit, sich in irgendeiner Form seiner Vorherbestimmung zu widersetzen. Der
Mensch ist vollständig frei, sich selbst negativ in der Beziehung zu Gott zu
bestimmen – bis hin zum Konflikt mit Ihm".[39] Gott wollte sich kraft Seiner
Liebe nicht in die menschliche Freiheit einmischen und gewaltsam die Sünde
verhindern. Doch auch der Teufel konnte den Menschen nicht zum Bösen
zwingen. Der Mensch selbst ist der Urheber des Sündenfalls, indem er die ihm
gewährte Freiheit zum Bösen missbrauchte.

Worin bestand die Sünde des ersten Menschen? Der heilige Augustinus
sieht sie im Ungehorsam: „Unweigerlich stürzt der eigene Wille auf den Menschen mit dem großen Gewicht seines Falles herab, wenn er hochmütig seinen

---

37 Vgl. Kommentierte Bibel *[Tolkovaja Biblija]*, St. Petersburg 1904, Bd. 1, 24.
38 PG 96, 98B.
39 Archimandrite Sophrony, His life is Mine, New York 1977, 32.

Willen einem höheren vorzieht. Das hat der Mensch auch versucht, als er das Gebot Gottes missachtete, und durch diese Erfahrung erkannte er den Unterschied zwischen ... gutem Gehorsam und bösem Ungehorsam".[40]

Die Mehrzahl der altkirchlichen Schriftsteller sagt, dass Adam wegen seines Stolzes zu Fall kam: „Wo sich der Sündenfall ereignete, da hatte zuvor der Stolz gewohnt", sagt Johannes Klimakos. „Die Strafe für den Stolzen ist der Fall, eingepflanzt hat ihn der Dämon ... Durch diese Leidenschaft allein – ohne jede andere – fiel einer (der Teufel) vom Himmel herab".[41] Davon spricht auch Symeon der Neue Theologe: „Eosfor und nach ihm auch Adam, der eine ein Engel und der andere ein Mensch, traten aus ihrer Natur heraus und wurden stolz vor ihrem Schöpfer, weil sie selbst wie Gott sein wollten".[42] Der Stolz ist die Mauer zwischen Mensch und Gott. Die Wurzel des Stolzes ist die Egozentrik, die Selbstbezogenheit, die Eigenliebe, die Selbstsucht. Bis zum Sündenfall war Gott das einzige Objekt der Liebe des Menschen, nun aber erschien ein Wert außerhalb Gottes – der Baum zeigte sich als „gut zum Essen, angenehm für die Augen und begehrenswert" (Gen 3,6) –, und die ganze Hierarchie der Werte zerbricht: Auf den ersten Platz gerät mein Ich, auf den zweiten das Objekt meines Begehrens. Für Gott bleibt kein Platz übrig: Er ist vergessen, vertrieben aus meinem Leben.

Die verbotene Frucht brachte dem Menschen kein Glück; im Gegenteil, der Mensch empfand plötzlich seine Nacktheit: Er schämte sich und versuchte, sich vor Gott zu verbergen. Die Empfindung der eigenen Nacktheit bedeutet den Verlust der Göttlichen, verhüllenden, lichten Kleidung, die den Menschen vor der „Erkenntnis des Bösen" geschützt hatte. Das brennende Gefühl der Scham über die eigene Schande ist die erste Empfindung des Menschen, nachdem er die Sünde begangen hatte. Die zweite ist der Wunsch, sich vor Gott zu verbergen, was zeigt, dass er das Wissen um die Allgegenwart Gottes verloren hat und irgendeinen Platz sucht, *wo Gott nicht ist.*

Das war jedoch noch kein endgültiger Bruch mit Gott. Der Fall ist noch kein *Abfall:* Der Mensch konnte Buße tun und dadurch die frühere Würde zurückgewinnen. Gott geht ‚auf die Suche‘ nach dem gefallenen Menschen: Er geht zwischen den Bäumen des Paradieses umher, sucht ihn und fragt: „Wo bist du?" (Gen 3,9). In diesem demütigen Gang Gottes durch das Paradies öffnen

---

40 PL 34, 384.

41 Johannes Klimakos, Paradiesesleiter *[Lestvica] [Ioannou tou Sinaitou Klimax]* 14, 32, Athen 1989, 191.

42 Ethik 1, 357-359, in: Syméon le Nouveau Théologien, Traités théologiques et éthiques, hg. v. Jean Darrouzès (= SC 122), Paris 1966, Bd. 1, 122.

sich uns die Augen für die Demut Christi, die uns im Neuen Testament offenbart wird, die Demut, mit der Gott ausgeht, um das verlorene Schaf zu suchen. Für Ihn besteht keine Notwendigkeit, zu gehen, zu suchen und zu fragen „Wo bist du?", da Er mit donnernder Stimme vom Himmel herabrufen oder den Grund der Erde erschüttern kann. Doch Er will noch immer nicht der Richter Adams sein, Er will noch immer mit ihm auf gleicher Ebene sein und hofft auf seine Bekehrung. In der Frage Gottes ist der Ruf zur Umkehr enthalten; darauf weist Origenes hin: „Gott sagt zu Adam ‚Wo bist du?' nicht deshalb, weil Er ihm nachforschen, sondern weil Er ihn erinnern wollte. Den, der zuerst in Seligkeit einherging, aber bald das Verbot übertrat und sich als nackt erwies, erinnert Er (daran), wenn Er spricht: ‚Wo bist du? Schau, in welchem Zustand du gewesen bist und wo du (jetzt) bist, seit du aus der Süße des Paradieses gefallen bist'".[43] Hätte Adam gesagt „Ich habe gesündigt", dann wäre ihm zweifellos vergeben worden, bekräftigt Symeon der Neue Theologe.[44] Doch statt der Reue bringt Adam Selbstrechtfertigungen vor, indem er für alles seine Frau beschuldigt: „Die Frau, die Du mir gegeben hast, sie gab mir vom Baum, und ich aß" (Gen 3,12). Du hast mir die Frau gegeben, also bist Du auch schuld … Die Frau wiederum beschuldigt in allem die Schlange.

Die Folgen des Sündenfalls sind für den ersten Menschen katastrophal. Er verliert nicht nur die Seligkeit und die Süße des Paradieses, sondern die gesamte Natur des Menschen wird verändert und entstellt. Indem er sich der Sünde hingab, fiel er vom natürlichen Zustand ab und verfiel in einen widernatürlichen (Abt Dorotheos).[45] Alle Teile seines geistig-leiblichen Bestandes wurden verletzt: Der Geist *[duch]* wird, anstatt nach Gott zu streben, seelisch *[duschevnyj]*, leidenschaftlich; die Seele verfällt der Macht der leiblichen Instinkte; der Körper *[telo]* seinerseits verliert seine ursprüngliche Leichtigkeit und verwandelt sich in schweres, sündiges Fleisch *[plot']*. Der Mensch wird nach dem Sündenfall „taub, blind, nackt, gefühllos in Bezug auf jenes (Heil), von dem er abgefallen ist, und außerdem wird er sterblich, vergänglich und beschränkt", „anstelle des göttlichen und unvergänglichen Wissens eignet er sich fleischliches Wissen an, denn die Augen seiner Seele sind erblindet …; er beginnt mit den leiblichen Augen zu sehen" (Symeon der Neue Theologe).[46] In

---

43 B.E.P. *[= Bibliotheke ton hellenon pateron],* Athen, Bd. 27, 67.

44 Katechese 5, 175-182, in: Syméon le Nouveau Théologien, Catéchèses (= SC 96), Paris 1963, 390-392.

45 Dorothée de Gaza, Instructions 1,1, in: Œuvres spirituelles (= SC 92), Paris 1963, 148.

46 Ethik 13, 63-67, in: Syméon le Nouveau Théologien, Traités théologiques et éthiques (= SC 129), Paris 1967, Bd. 2, 404.

das Leben des Menschen treten Krankheit, Leiden und Kummer. Er wird sterblich, weil er die Fähigkeit verloren hat, vom Baum des Lebens zu essen.

Nicht nur der Mensch, sondern auch die ganze Welt, die ihn umgibt, ändert sich infolge des Sündenfalls. Die ursprüngliche Harmonie zwischen Natur und Mensch ist zerstört; jetzt können die Elemente ihm gegenüber feindlich sein, Stürme, Erdbeben und Überschwemmungen können ihn ins Verderben stürzen. Die Erde lässt nicht mehr alles von sich aus wachsen: Man muss sie „im Schweiße des Angesichtes" bebauen, und sie trägt „Dornen und Disteln". Auch die Tiere werden zu Feinden des Menschen: Die Schlange wird „ihn in die Ferse beißen", und die anderen Raubtiere greifen ihn an (Gen 3,14-19). Die ganze Schöpfung wird der „Sklaverei der Vergänglichkeit" unterworfen, und sie wird jetzt zusammen mit dem Menschen warten auf die Befreiung von dieser Sklaverei, weil sie sich der Nichtigkeit nicht freiwillig unterworfen hat, sondern ihr durch die Schuld des Menschen unterworfen wurde (Röm 8,19-21).

Ausgewiesen aus dem Paradies, umgeben von einer feindlichen Welt, jämmerlich und hilflos, beginnen Adam und Eva zu weinen: „Sie weinten, schluchzten, schlugen sich an den Kopf, beweinten ihre frühere Herzenshärte und taten dies nicht ein, nicht zwei und nicht zehn Tage, sondern ihr ganzes Leben lang. Wie kann man auch nicht weinen, wenn man sich an diesen milden Herrscher erinnert, an die unaussprechliche Süße des Paradieses, an die unbeschreibliche Schönheit der Blumen, an das sorgenfreie und mühelose Leben, an das Auf- und Niedersteigen der Engel zu ihnen?" (Symeon der Neue Theologe).[47] Am Vorabend des Großen Fastens erinnert die Kirche an die Vertreibung Adams, und im Gottesdienst singt man die Worte: „Adam wurde, weil er gegessen hatte, aus dem Paradies vertrieben; deswegen sitzt er diesem gegenüber und schluchzt, und er ruft mit ergreifender Stimme: Wehe mir! Wie habe ich gelitten, ich erbärmlicher! Ein Gebot des Herrschers habe ich übertreten und das ganze Heil verloren! O heiligstes Paradies, um meinetwillen gepflanzt ... Ich werde deine Süßigkeit nicht mehr genießen und nicht mehr meinen Herrgott und Schöpfer schauen, denn ich gehe zur Erde, von der ich genommen bin".[48]

---

47 Katechese 5, 282-310, in: Syméon le Nouveau Théologien, Catéchèses (= SC 96), Paris 1963, 400.

48 Stichiron zum Apostichon; vgl. in: *Triodion katanyktikon*, Edition „Fos", 69.

Die Ausbreitung der Sünde

Nach Adam und Eva breitete sich die Sünde unter den Menschen schnell aus. Wenn diese durch Stolz und Ungehorsam gesündigt hatten, dann sündigte ihr Sohn Kain schon durch einen Brudermord ... Die Nachkommen Kains vergaßen Gott bald überhaupt und beschäftigten sich mit dem Aufbau ihrer irdischen Existenz: Kain selbst „baute eine Stadt", einer seiner nächsten Nachkommen „wurde der Vater aller, die in Zelten mit Herden leben", ein anderer „wurde der Vater aller, die auf Zithern und Flöten spielen", ein dritter „Schmied aller Werkzeuge aus Kupfer und Eisen" (Gen 4,17-22). Das heißt, der Städtebau, die Viehzucht, die musikalische Kunst und, in moderner Sprache ausgedrückt, „die Herstellung von Arbeitsgeräten" – all das verschafften die Nachkommen Kains der Menschheit als eine Art Ersatz für die verlorene paradiesische Seligkeit.

Die Folgen von Adams Sündenfall weiteten sich auf die ganze Menschheit aus. Das erklärt der Apostel Paulus: „Wie durch einen Menschen die Sünde in die Welt kam und durch die Sünde der Tod, so ging der Tod über auf alle Menschen, weil alle sündigten" (Röm 5,12). Diesen Text des Paulus kann man unterschiedlich verstehen: Die griechischen Worte *ef'ho pantes hemarton* kann man nicht nur übersetzen „darum, dass = weil alle sündigten", sondern auch „in dem alle sündigten" (d.h. in der Person Adams haben alle Menschen gesündigt). Von der verschiedenen Lesart des Textes hängt auch das unterschiedliche Verständnis der Erbsünde ab.

Geht man von der ersten Übersetzung aus, dann ist die Rede von der Verantwortung jedes Menschen für seine persönlichen Sünden, nicht aber für die Übertretung Adams: In diesem Sinne ist Adam nur der *Prototyp* aller künftigen Sünder, von denen jeder, indem er die Sünde Adams wiederholt, nur für seine eigenen Sünden Verantwortung trägt. „Wenn wir den Einwirkungen der bösen Gedanken nachgeben, werden wir uns selbst die Schuld geben, nicht aber der Sünde der Stammeltern", sagt der heilige Markus der Asket.[49] Die Sünde Adams ist nach dieser Auslegung nicht die Ursache unserer Sündhaftigkeit, weil wir nicht an der Sünde Adams teilhaben und folglich seine Sünde uns auch nicht angerechnet werden darf.

Liest man jedoch „in dem alle sündigten" (so las auch der kirchenslavische Übersetzer: „in demselben sündigten alle"), dann kann man davon sprechen, dass die Sünde Adams allen folgenden Generationen der Menschen angerechnet wird, und zwar aufgrund der Ansteckung der gesamten menschlichen

---

49 Philokalie *[Filokalia ton hieron neptikon]*, Athen 1957-1963, Bd. 1, 117.

Natur durch die Sünde: Der Hang zur Sünde wird erblich und die Strafe für die Sünde allgemein. Die Natur des Menschen „ist an der Sünde erkrankt", so ein Wort des heiligen Kyrill von Alexandrien.[50] Folglich sind wir alle in der Sünde Adams schuldig, schon deswegen, weil wir einer Natur mit ihm sind. Der heilige Makarios der Ägypter spricht vom „sündigen Sauerteig"[51] und von der „geheimnisvollen Unreinheit und der von Leidenschaften überbordenden Dunkelheit"[52], die in die Natur des Menschen eindrangen, ungeachtet seiner ursprünglichen Reinheit: Die Sünde hat sich so tief in seiner Natur eingewurzelt, dass keiner der Nachkommen Adams von der ererbten Veranlagung zur Sünde frei ist.

Die alttestamentlichen Menschen besaßen ein lebendiges Bewusstsein ihrer angeborenen Schuld vor Gott: „Ich bin in Gesetzlosigkeit empfangen, und in Sünde hat mich meine Mutter geboren" (Ps 50,7). Sie glaubten, dass Gott „die Kinder für die Schuld der Väter bis zum dritten und vierten Geschlecht bestraft" (Ex 20,5) – nicht unschuldige Kinder, sondern jene, deren persönliche Sündhaftigkeit in der Schuldverfallenheit ihrer Vorfahren wurzelte.

Unter rationalistischem Gesichtspunkt erscheint die Bestrafung der gesamten Menschheit für die Sünde Adams als Ungerechtigkeit. Viele Theologen des 19. Jahrhunderts, die sich um Kants Werk „Die Religion innerhalb der Grenzen der bloßen Vernunft" stritten, haben diese Lehre abgelehnt, weil sie mit den Herleitungen der Vernunft nicht übereinstimme. Doch nicht ein einziges Dogma kann man mit dem Verstand begreifen, und eine Religion innerhalb der Grenzen der Vernunft ist keine Religion, sondern blanker Rationalismus, weil die Religion *über*-vernünftig, *über*-logisch ist. Die Lehre von der Verantwortlichkeit der Menschheit für die Sünde Adams enthüllt sich im Licht der Göttlichen Offenbarung und wird in Verbindung mit dem Dogma von der Erlösung des Menschen durch Christus, den Neuen Adam, verständlich: „Wie durch die Übertretung des Einen für alle Menschen die Verurteilung kam, so kam durch die Gerechtigkeit des einen Menschen die Rechtfertigung zum Leben. Denn wie durch den Ungehorsam des einen Menschen die Vielen zu Sündern gemacht wurden, so werden durch den Gehorsam des Einen die Vielen zu Gerechten gemacht ... damit, wie die Sünde zum Tod herrschte, auch die Gnade durch die Rechtfertigung zum ewigen Leben herrsche durch Jesus Christus, unseren Herrn" (Röm 5,18f.21).

---

50 PG 74, 785A.

51 B.E.P. *[= Bibliotheke ton hellenon pateron]*, Athen, Bd. 41, 265.

52 Ebd., Bd. 42, 205.

Die Erwartung des Messias

Die Epoche des Alten Testamentes war eine Zeit des Wartens auf den Messias-Erlöser. Der erste Adam übertrat auf Anstiftung des Teufels das Gebot und fiel von Gott ab, der Göttliche Plan in Bezug auf den Menschen aber änderte sich nicht: Der Mensch war wie zuvor zur Vergöttlichung bestimmt, nur jetzt ist die erlösende Tat eines Retters notwendig, Der den Menschen mit Gott versöhnt. Das verkündet Gott geheimnisvoll dem Teufel, indem Er sich ihm im Moment der Vertreibung Adams und Evas aus dem Paradies mit einem Fluch zuwendet: „Feindschaft setze ich zwischen dich und die Frau, zwischen deinen Samen und ihren Samen; er wird dich am Kopf treffen, und du wirst ihn an der Ferse treffen" (Gen 3,15); in der griechischen Bibel steht: „Er wird dir den Kopf zerschmettern". Das Pronomen männlichen Geschlechts ‚er' stimmt nicht mit dem Wort für ‚Samen' *(sperma,* nach der Übersetzung der Septuaguinta) sächlichen Geschlechts überein, das gewöhnlich ‚Nachkommenschaft' bedeutet, im vorliegenden Fall aber, wie die christlichen Exegeten annehmen, auf eine konkrete Person hinweist (‚Samen' kann auch ‚Sohn', ‚Nachkomme' heißen), die dem Teufel den Kopf zerschmettern wird. Im gleichen Kontext ist die Verheißung Gottes an Abraham zu verstehen: „Gesegnet werden in deinem Nachkommen [Samen] alle Völker der Erde" (Gen 22,18). Der sterbende Jakob, der die Söhne segnet, spricht direkt von dem Versöhner, Der aus dem Stamm Juda hervorgehen wird. „Nicht wird das Zepter von Juda weichen ... bis der Friedensstifter kommt, und ihm gebührt der Gehorsam der Völker" (Gen 49,10). Der gesamte zweite Psalm spricht prophetisch vom Messias, Der hier Sohn Gottes und Christus (der Gesalbte) genannt wird: „Die Könige der Erde erheben sich, und die Fürsten haben sich verschworen gegen den Herrn und gegen Seinen Gesalbten ... Der Herr sprach zu Mir: Du bist Mein Sohn, heute habe ich Dich gezeugt" (Ps 2,2.7).

Besonders viele Weissagungen über den Messias gibt es im Buch des Propheten Jesaja. Der Prophet spricht von der Geburt des Messias aus einer Jungfrau: „Siehe, die Jungfrau wird in Ihrem Leib empfangen und einen Sohn gebären und Ihm den Namen Immanuel geben, das heißt: Gott mit uns" (Jes 7,14). Jesaja sagt die Geburt des Kindes voraus (Jes 9,5), die Herabkunft des Heiligen Geistes auf Ihn (Jes 11,1-10; 42,1-7; 61,1). Auffallend ist die Weissagung Jesajas über die Leiden des Messias: „Wie viele entsetzten sich, als sie Dich sahen, so sehr war Dein Gesicht entstellt, mehr als das jedes Menschen, und Sein Aussehen mehr als das der Menschenkinder! So wird Er viele Völker in Erstaunen versetzen; Könige werden vor Ihm verstummen, denn sie sehen, worüber nicht gesprochen wurde, und sie erkennen, was sie nicht gehört haben. (Herr), wer hat dem geglaubt, was wir gehört haben, und wem wurde der Arm des Herrn enthüllt? Denn Er wuchs vor Ihm auf wie ein Reis und wie ein Spross aus dürrer Erde; Er hatte keine schöne und erhabene Gestalt ... Er nahm unsere Schwäche auf sich und trug unsere Krankheiten ... Er war mit Geschwüren bedeckt wegen unserer Sünden und gemartet für unsere Gesetzlosigkeit ... durch Seine Wunden sind wir geheilt ... Wir waren alle verirrt wie Schafe, jeder war von seinem Weg abgekommen. Und der Herr legte auf Ihn die Sünden von uns allen. Er wurde misshandelt, doch Er litt freiwillig und öffnete nicht Seinen Mund ... Bei den Übeltätern bestimmte man Sein Grab, doch Er wurde bei einem Reichen begraben, weil Er keine Sünde begangen hat und keine Lüge in Seinem Mund war" (Jes 52,14f; 53,1f.4-7.9).

Der Prophet Jesaja spricht von Christus mit solcher Kraft und mit solchem Realismus, wie nur ein Mensch sprechen kann, der Christus gesehen hat. Die Propheten waren Zeugen Christi vor Seinem Kommen, der Heilige Geist offenbarte ihnen das Künftige, von dem sie wie von Gegenwärtigem sprachen. Der Apostel Petrus schreibt, dass in den Propheten der Geist Christi wohnte: „Nach dieser Erlösung suchten und forschten die Propheten, und sie weissagten über die für euch bestimmte Gnade. Sie erforschten, auf was und auf welche Zeit der in ihnen anwesende Geist Christi hindeutete, wenn Er im voraus die Leiden Christi und die ihnen folgende Herrlichkeit verkündete" (1 Petr 1,10f.). Mit geistlichem Blick sahen die Propheten voraus, was im Neuen Testament offenbart wird, und bereiteten das jüdische Volk auf die Begegnung mit dem Messias vor. Der letzte der Propheten, Johannes der Täufer, war der erste Apostel: Er weissagte von Christus, und er legte Zeugnis von Ihm ab, als Christus gekommen war. Johannes der Täufer steht an der Grenze zweier Zeitalter; er beendet das eine und beginnt das andere. In seiner Person ereignet sich die Begegnung von Altem und Neuem Testament.

In den Jahren, die der Geburt Christi unmittelbar vorausgingen, wurde die Erwartung des Messias zum Allgemeingut. „Ich weiß, dass der Messias kommen wird, das ist der Christus; wenn Er kommt, dann wird Er uns alles verkünden", sagt im Evangelium die einfache Samariterin (Joh 4,25). Nicht nur im jüdischen Volk, sondern auch unter den Heiden lebten viele mit dem Traum vom „Goldenen Zeitalter". Der römische Poet Vergil (1. Jh. v. Chr.) kündete in der vierten Ekloge seiner „Aeneis" von einem geheimnisvollen Knaben, dessen Geburt den Anfang einer neuen, gesegneten Ära der Erlösung bezeichnet. „Als er in die Zukunft schaute, begann Vergil in der Sprache Jesajas zu sprechen und wurde zu einem wirklichen Propheten der antiken Welt", schreibt dazu der zeitgenössische Herausgeber.[53] Die Menschheit, von Sehnsucht ergriffen, war von der Vorahnung der Ankunft des Erlösers in der Welt erfasst ...

* * *

Die Welt ist wunderbar, die Schöpfung des großen Gottes. Aber nichts ist herrlicher als der Mensch, als der wahre Mensch, als der Sohn Gottes.

Archimandrit Sophronij (Sacharov)[54]

Unsere Aufmerksamkeit verdient auch, dass die Schöpfung – als der Grund gelegt wurde für die so weite Welt und für ihre wichtigsten Teile, die in den Bestand des Ganzen eingingen – sich wie in Eile vollzog ... Der Erschaffung des Menschen aber geht ein Ratschluss voraus, und durch einen Künstler ... wird das künftige Werk vorbedacht: Wie soll es werden, welches Vorbild (soll) das Ebenbild in sich tragen, wozu wird es dasein, und was wird es nach der Erschaffung tun, worüber soll es herrschen? Das alles betrachtete das Wort im voraus, damit der Mensch eine höhere, über seinem Sein liegende Würde empfange, damit er Macht über die Wesen gewinne, bevor er selbst ins Sein tritt. Denn es heißt: „Und Gott sprach: Lasst uns den Menschen machen nach Unserem Bild und Gleichnis" (Gen 1,6) ... Welches Wunder! Die Sonne wird gemacht, und keinerlei Ratschluss geht voraus, auch der Himmel, wenngleich ihm nichts in der geschaffenen (Welt) gleicht ... Allein zur Erschaffung des Menschen schreitet der Schöpfer in weiser Voraussicht, damit dessen Bild der urbildlichen Schönheit ähnlich sei ...

Gregor von Nyssa[55]

---

53   E. Svetlov, An der Schwelle zum Neuen Testament *[Na pogore Novogo Zaveta]*, Brüssel 1983, 507.

54   Sophronij (Sacharov), Starez Siluan *[Sofronij (Sacharov), Starec Siluan]*, Paris 1952, 25. Übersetzung: Archimandrite Sophrony, Starets Silouane, Moine du Mont-Athos 1866/1938. Vie – Doctrine – Écrits, Sisteron 1973, 54. – In der deutschen Ausgabe [vgl. u. Anm. 61 dieses Kapitels] kommt das Zitat nicht vor.

55   Gregor von Nyssa, Von der Erschaffung des Menschen *[Grigorij Nisskij, Ob ustroenie čeloveka]*, in: Werke in 8 Bänden *[Grigorij Nisskij, Tvor. v 8 t.]*, Bd. 1, Moskau 1861, Kap. 3, 86f. Übersetzungen: Von der Ausstattung des Menschen. Ausgewählte Schriften des heiligen Gregorius, Bischofs von Nyssa I. Nach den Urtexten übersetzt. Mit einer kurzen Lebensbeschreibung und Einleitung von Heinrich Hand (= BKV[1]), Kempten 1874, 217f.; Grégoire de Nysse, La creation de l'homme. Introduction par Jean-Yves Guillaumin et A.G. Hamman, traduction par Jean-Yves Guillaumin (= PF 23), Paris 1982, 34-44.

Nach der rechtgläubigen Weltanschauung hat Gott zwei Ebenen von geschöpf-
lichen Dingen geschaffen: als erste die ‚noetische‘, geistlich-geistige oder vernunft-
mäßige Ebene und als zweite die materielle oder körperliche. Auf der ersten
Ebene erschuf Gott die Engel, die keinen materiellen Leib haben. Auf der zweiten
Ebene erschuf Er die physische Welt, die Galaxien, die Sterne und Planeten mit
den verschiedenen Arten von Mineralien, mit pflanzlichem und tierischem Leben.
Der Mensch, und nur der Mensch, existiert gleichzeitig auf beiden Ebenen. Durch
seinen Geist oder seine geistige Vernunft hat er am noetischen Bereich teil und
ist ein ‚Mitbruder der Engel‘; durch seinen Leib und die Seele bewegt er sich,
empfindet und denkt er, isst und trinkt er ... Unsere menschliche Natur ist auf
diese Weise komplizierter als die der Engel und mit größeren Möglichkeiten
ausgestattet. In dieser Perspektive betrachtet, ist der Mensch nicht niedriger,
sondern höher als die Engel ... Der Mensch steht in der Herzmitte der Schöpfung
Gottes. Indem er sowohl am geistigen als auch am materiellen Bereich teilhat, ist
er ein Bild oder ein Spiegel der ganzen Schöpfung, imago mundi, ein ‚kleines
Universum‘ oder ein Mikrokosmos. Alles Geschaffene hat in ihm einen Ort der
Begegnung ... Der heilige Irenäus sagte: „Die Herrlichkeit Gottes ist der lebendige
Mensch“. Die menschliche Person ist das Zentrum und die Krone der Schöpfung
Gottes.

Bischof Kallistos Ware[56]

Im Anfang, als Gott den Menschen erschaffen hatte, wies Er ihm einen Platz im
Paradies zu, wie die Heilige Schrift sagt, schmückte ihn mit allen Tugenden und
gab ihm das Gebot, nicht von dem Baum zu essen, der in der Mitte des Paradieses
stand. Und der Mensch lebte im Genuss des Paradieses, in Gebet und Kontem-
plation, in jeglicher Herrlichkeit und Ehre, besaß gesunde Sinne und befand sich
in dem natürlichen (Zustand), in dem er geschaffen worden war. Denn Gott hatte
den Menschen nach Seinem Bild geschaffen, das heißt unsterblich, frei, geziert
mit jeder Tugend. Doch als er das Gebot übertreten hatte, indem er die Frucht
des Baumes aß, von dem zu essen Gott ihm verboten hatte, da wurde er aus dem
Paradies verjagt, fiel von seinem natürlichen (Zustand) ab und verfiel in das
Widernatürliche, das heißt in die Sünde, in die Ruhmsucht, in das Verlangen
nach irdischen Vergnügungen und in andere Leidenschaften, die ihn beherrsch-
ten, denn er selbst wurde durch seinen Ungehorsam ihr Sklave. Damals begann
das Böse Schritt für Schritt anzuwachsen, und der Tod übernahm die Herrschaft.

---

56 Kallistos Ware, The Orthodox Way, London – Oxford 1979, 62f. Übersetzung: Kallistos
Ware, Der Aufstieg zu Gott. Glaube und geistliches Leben nach ostkirchlicher Überlieferung. Übersetzt von Irene Hoening, Bern 1998, 68ff.

Nirgends blieb die Gottesverehrung, und überall war die Unkenntnis Gottes ...
Darum gab der gute Gott (den Menschen) das Gesetz als Hilfe, um umzukehren
und das Böse zu bessern, doch es besserte sich nicht. Er sandte die Propheten,
aber sie hatten keinen Erfolg. Denn das Böse gewann die Oberhand, wie der
Prophet Jesaja sagt: „Weder für eine Verletzung noch für ein Geschwür, auch
nicht für eine entzündete Wunde gibt es ein Pflaster zum Auflegen, weder Salböl
noch einen Verband" (Jes 1,6; nach der Übersetzung der Septuaguinta). Es ist als
würde er sagen: Das Böse ist nicht irgendwo an einer Stelle, sondern im ganzen
Körper, es hat die ganze Seele erfasst, beherrscht alle ihre Kräfte ... Einzig und
allein Gott kann eine solche Krankheit heilen ...

Abt Dorotheos von Gaza[57]

Adam wurde von Gott rein zum Dienst für Ihn erschaffen, und für den Dienst
wurden Adam alle diese Geschöpfe gegeben, weil er als Herrscher und König aller
Geschöpfe eingesetzt worden war. Doch als das arglistige Wort Zugang zu ihm
fand und sich mit ihm unterhielt, nahm er es mit seinem äußeren Gehör auf,
danach drang es in sein Herz ein und ergriff sein ganzes Wesen. Auf diese Weise
gerieten nach seiner Gefangenschaft auch alle ihm untergebenen Geschöpfe mit
ihm in Gefangenschaft, weil durch ihn der Tod über alle Seelen zu herrschen
begann und infolge seines Ungehorsams das Bild Adams so entstellte, dass die
Menschen sich veränderten und schließlich Dämonen verehrten. Daher kam es,
dass auch die Früchte der Erde, die von Gott wunderbar geschaffen worden
waren, den Dämonen dargebracht wurden: Auf ihre Altäre wurden Brot, Wein,
Öl und Tiere gelegt. Sogar ihre Söhne und Töchter brachten (die Heiden) den
Dämonen zum Opfer dar.

Makarios der Ägypter[58]

Als Adam fiel und tot war für Gott, da trauerte der Schöpfer um ihn: Die Engel
und alle Mächte, der Himmel und die Erde und alle Geschöpfe beweinten seinen

---

57 Abt Dorotheos von Gaza, Die geistliche Lehre 1 *[Avva Dorofej, Poučenie 1]*. Übersetzungen
    [Die französische Übersetzung wurde vom Autor verwendet]: Dorotheus von Gaza,
    Doctrinae Diversae, Die geistliche Lehre I. Übersetzt und eingeleitet von Judith Pauli OSB
    (= FC 37,1), Freiburg u.a. 2000, 122-127; Dorothée de Gaza, Œuvres spirituelles (= SC 92),
    Paris 1963, 146-148.

58 Makarios der Ägypter, Unterredungen, Briefe und Predigten *[Makarij Egipetskij, Besedy,*
    poslanie i slova] 11,5, Sergiev Posad 1904, 85. Übersetzung: Des heiligen Makarius des
    Ägypters fünfzig geistliche Homilien. Übersetzt von Dionys Stiefenhofer (= BKV² 10),
    Kempten – München 1913, 90f.

Tod und seinen Fall. Denn die Geschöpfe sahen, dass der, der ihnen als König gegeben worden war, nun zum Sklaven der widerwärtigen und arglistigen Kraft wurde. So wurde seine Seele mit Finsternis, mit bitterer Finsternis umhüllt, denn über ihn herrschte der Fürst der Finsternis. Er war in gewisser Weise der von den Räubern Verwundete und Halbtote, der von Jerusalem nach Jericho hinabgegangen war (Lk 10,30). Und Lazarus, den der Herr auferweckte, dieser Lazarus, von dem ein so übler Geruch ausging, dass sich niemand seinem Grab nähern konnte, war ein Bild des Adam, der in seine Seele einen sehr üblen Geruch aufgenommen hatte und von Dunkel und Finsternis erfüllt war. Du aber, wenn du von Adam hörst, von dem, der durch die Räuber niedergeschlagen wurde, von Lazarus, dann gestatte deinem Geist nicht, wie auf Gipfeln umherzuschweifen, sondern verschließe das Innere deiner Seele, weil du die gleichen Wunden trägst, den gleichen üblen Geruch und die gleiche Finsternis. Wir alle sind Söhne dieses finsteren Geschlechts ... So unheilbar wurden wir verwundet, dass allein der Herr uns heilen kann. Aus diesem Grund kam Er selbst, weil keiner der alttestamentlichen (Gerechten), weder das Gesetz selbst noch die Propheten, diese Wunde heilen konnten.

Makarios der Ägypter[59]

Nicht nur die Heilige Schrift des Alten Testamentes ist voll von Weissagungen über den kommenden Erlöser von der Sünde und ihren Folgen, vom Tod und von der Hölle. Die Erwartung des kommenden Gottes, des Siegers über die Hölle, Der leidet, stirbt und aufersteht, durchschnitt wie ein Blitz die Finsternis des heidnischen Bewusstseins ... Die Menschheit wartete auf die Gottmenschheit [bogočelovečestvo] ... Die Prophetie vom leidenden Gott, Der für den stolzen und grimmigen Prometheus in die Hölle hinabsteigt, ist eines der erstaunlichsten Bilder bei Aischylos. Hermes, der sich dem Prometheus zuwendet, sagt: „Und wisse, deine Leiden werden erst dann enden, wenn irgendein Gott einverstanden ist, statt deiner in das finstere Reich des Hades zu gehen, in die finsteren Abgründe des Tartarus".

Vladimir Iljin[60]

---

59 Makarios der Ägypter, Unterredungen, Briefe und Predigten *[Makarij Egipetskij, Besedy, poslanie i slova]* 30,7f., Sergiev Posad 1904, 234. Übersetzung: Des heiligen Makarius des Ägypters fünfzig geistliche Homilien. Übersetzt von Dionys Stiefenhofer (= BKV² 10), Kempten – München 1913, 259f.

60 Vladimir Iljin, Das versiegelte Grab. Das Pascha der Unverweslichkeit *[Vladimir Il'in, Zapečatannyj grob. Pascha netlenija]*, Paris 1926, 16.

Adam kannte im Paradies die Süßigkeit der Liebe Gottes. Als er für seine Sünde aus dem Paradies vertrieben war und die Liebe Gottes verloren hatte, litt er bitter und schluchzte mit großem Stöhnen ... Er klagte nicht so sehr über die Schönheit des Paradieses wie darüber, dass er die Liebe Gottes verloren hatte, die zu jeder Minute unersättlich die Seele zu Gott hinzieht. So erduldet jede Seele, die Gott durch den Heiligen Geist kennengelernt und danach die Gnade verloren hat, Adams Qualen ... Bitter schluchzte (Adam), und die Erde war ihm nicht hold. Er verlangte schmerzlich nach Gott und sagte: „Meine Seele sehnt sich nach dem Herrn, und flehentlich suche ich Ihn. Wie sollte ich Ihn auch nicht suchen? ... Ich kann Ihn nicht eine Minute vergessen, und meine Seele sehnt sich nach Ihm ..."
Groß war die Trauer Adams über die Vertreibung aus dem Paradies, doch als er seinen Sohn Abel sah, der von seinem Bruder Kain erschlagen worden war, wurde sein Gram noch größer, da wurde er in seiner Seele gepeinigt und schluchzte und dachte: „Von mir entstammen die Völker der Erde und vermehren sich, und alle werden leiden und in Feindschaft leben und einander umbringen". Diese Trauer wurde groß wie ein Meer, und nur derjenige kann sie verstehen, dessen Seele den Herrn kennengelernt hat ... Adam verlor das irdische Paradies, und weinend suchte er es: „Mein Paradies, du Paradies, mein herrliches Paradies". Der Herr aber gab ihm in Seiner Liebe am Kreuz ein anderes Paradies, besser als das vorige, ein Paradies im Himmel, wo das Licht der Heiligen Dreieinigkeit ist. Was vergelten wir dem Herrn für Seine Liebe zu uns?

Siluan vom Berg Athos[61]

---

61 Sophronij (Sacharov), Starez Siluan *[Sofronij (Sacharov), Starec Siluan]*, Paris 1952, 185-187. Übersetzungen: Quellen des Geistes. Erfahrungen großer russischer Beter: IV. Starez Siluan. Hg. von Eva-Maria Bachmann / Gisela Schröder, Leipzig 1975, 313-319; Starez Siluan – Mönch vom Berg Athos. Sein Leben und seine Lehre, Mystische Schriften. Eingeleitet und hg. von Manfred Baumotte (= Klassiker der Meditation 19), Zürich – Düsseldorf 1999, 154-169.

Kapitel 6
Christus

Der neue Adam

Im Zentrum der gesamten neutestamentlichen Verkündigung steht das Geheimnis der Fleischwerdung des Sohnes Gottes. Der erste Adam konnte die ihm gestellte Aufgabe nicht erfüllen, nämlich die Vergöttlichung auf dem Weg der geistlich-sittlichen Vervollkommnung zu erlangen und die sichtbare Welt zu Gott hinzuführen. Nachdem er das Gebot übertreten hatte und aus der Süße des Paradieses herausgefallen war, schien der Weg zur Vergöttlichung für ihn verschlossen zu sein. Doch all das, was der erste Mensch nicht zu erfüllen vermochte, vollbrachte für ihn der fleischgewordene Gott – das Wort, das Fleisch wurde –, der Herr Jesus Christus. Er selbst ging jenen Weg zum Menschen, auf dem der Mensch zu Ihm gehen sollte. Und wenn dies für den Menschen ein Aufstieg war, so war es für Gott ein Weg des demütigen Herabstiegs, der Erniedrigung und Entäußerung *(kenosis)*.

Der Apostel Paulus nennt Christus den zweiten Adam, den er dem ersten Adam gegenüberstellt: „Der erste Mensch ist von der Erde und ist nichtig, der zweite Mensch ist der Herr vom Himmel" (1 Kor 15,47). Diese Gegenüberstellung wurde von den heiligen Vätern weiterentwickelt; sie betonen, dass Adam ein Vorbild Christi war: „Adam ist ein Bild Christi", sagt der heilige Johannes Chrysostomos. „Wie dieser für all jene, die aus ihm (hervorgegangen waren), obwohl sie nicht von dem Baum gegessen hatten, zur Ursache des Todes wurde, der durch den Genuss eintrat – so wurde auch Christus für jene, die aus Ihm (geboren wurden), obwohl sie nicht das Gute getan haben, zum Überbringer der Gerechtigkeit, die Er uns allen durch Sein Kreuz geschenkt hat".[1] Der heilige Gregor der Theologe stellt die Leiden Christi in einzelnen Zügen dem Sündenfall Adams gegenüber: „Jede unserer Verfehlungen wurde einzeln vergolten ... Dafür stehen: der Baum – für den Baum, und für die Hand – die Hände, für die unmäßig ausgestreckte – die mutig ausgereckten, für die eigenwillige – die (an das Kreuz) angenagelten, für die Adam vertreibende – die die Enden der Welt vereinigenden. Dafür stehen weiter das Emporsteigen (an

---

1   Johannes Chrysostomos, *Opera omnia*, 13 Bände, Paris 1834-1839, Bd. 9, 520C.

das Kreuz) – für den Fall, die Galle – für das Kosten (der verbotenen Frucht)
... der Tod – für den Tod, das Begräbnis – für die Hinwendung zur Erde".[2]

Einige nahmen den zweiten Adam auf und glaubten an Ihn, als Er zur Erde
kam. Jesus, der Fleischgewordene, Leidende und Auferstandene, wurde „ein
Ärgernis für die Juden" und „eine Torheit für die Griechen" (1 Kor 1,23). In den
Augen eines rechtgläubigen Juden war Jesus wirklich eine Anstoß erregende
Gestalt *(skandalon)*, da Er sich zum Gott erklärte und sich Gott gleich machte
(vgl. Joh 5,18), was als Gotteslästerung aufgefasst wurde. Als Kaiphas spürt,
dass die Falschaussagen gegen Christus nicht ausreichen, fragt er Ihn: „Bist Du
Christus, der Sohn des Hochgelobten?" Er will nicht direkt sagen: ‚Sohn Gottes',
um nicht unnötig den Namen Gottes zu nennen. Und als Christus antwortet:
„Ich bin es", zerreißt der Hohepriester sein Gewand, als hätte er eine unerträgliche Gotteslästerung gehört (Mk 14,61-64). Wir wissen nicht genau, wie dieses
„Ich bin es" Christi auf aramäisch geklungen hat. Hat Er sich nicht mit demselben heiligen Namen wie der Gott Jahwe bezeichnet (hebr. *Jahweh*, von *ehjeh*
– Ich bin), den niemand auszusprechen das Recht hatte, außer der Hohepriester
einmal im Jahr, wenn er in das Allerheiligste trat?

Für die Griechen aber war das Christentum töricht, weil das griechische
Denken für alles eine logische und rationale Erklärung suchte. Und einen
leidenden und *sterbenden* Gott zu begreifen, war es nicht imstande. Die griechische Weisheit hatte im Laufe vieler Jahrhunderte einen Tempel für den
„unbekannten Gott" erbaut (Apg 17,23), sie war aber nicht fähig zu verstehen,
wie ein unbekannter, unsichtbarer, unbegreiflicher, allgewaltiger, allmächtiger,
allwissender und allgegenwärtiger Gott ein sterblicher, leidender, schwacher
Mensch werden konnte. Ein Gott, geboren von einer Frau, ein Gott, Den man
in Windeln wickelt, schlafen legt, mit Milch nährt – das alles schien den Griechen absurd.

Der Christus des Evangeliums: Gott und Mensch

Jesus Christus wird im Evangelium als eine reale Persönlichkeit beschrieben,
die alle Eigenschaften eines gewöhnlichen Menschen besitzt. Er wird geboren
und wächst heran, isst und trinkt, ist müde und schläft, trauert und freut sich.
Viele wurden durch diesen Realismus des Evangeliums verführt und versuchten, das Bild des ‚historischen Jesus' zu konstruieren, den sie einem ‚Christus
des Glaubens' oder einem ‚Christus der Glaubenden' gegenüberstellten, wobei
sie alles Wunderhafte und ‚Mystische' im Evangelium verwarfen und nur an

---

2   PG 35, 433C-436A.

dem festhielten, was ‚nicht dem gesunden Menschenverstand widerspricht'. So werden in dem Buch „Das Leben Jesu" von Ernest Renan alle Wunder Christi ‚Hokuspokus' genannt: Er „dachte, dass er Wunder vollbringt", aber in Wirklichkeit gab es überhaupt keine Wunder.[3] In seinen Kommentaren zum Evangelium ergeht Lev Tolstoj sich in Lästerungen in Bezug auf die jungfräuliche Empfängnis, die Verklärung, die Auferstehung und die Himmelfahrt Christi, ebenso im Hinblick auf alle Heilungen und Wunder: „Der Kranke wartet zwanzig Jahre auf ein Wunder. Jesus schaut ihn an und sagt: Umsonst wartest du hier auf ein Wunder von einem Engel, *Wunder gibt es nicht.* Wach auf! Nimm dein Bett und lebe nach Gottes Gebot! Dieser versuchte es, stand auf und ging weg ... Ich kannte eine Dame, die zwanzig Jahre lang lag und sich nur dann erhob, wenn ihr eine Spritze mit Morphium gegeben wurde. Nach zwanzig Jahren bekannte der Arzt, der ihr die Spritzen gab, dass er ihr Spritzen mit Wasser gegeben hatte. Als die Kranke das erfuhr, nahm sie ihr Bett und ging weg".[4] Im Grunde spottet Tolstoj weniger über die Wunder Christi, sondern leugnet vielmehr die Realität des menschlichen Leidens: Die Ursache des Leidens erweist sich als Selbsttäuschung. Bei einer solchen Einstellung werden sowohl Heilung als auch Erlösung einfach überflüssig. Der Mensch muss sich nur einreden, dass er gesund sei, und alles kommt in Ordnung! Der sogenannte ‚historische Jesus', das heißt der von Mystik und Wundern befreite, verwandelt sich im besten Fall, wie bei Renan, in einen Christus der menschlichen Phantasie, in ein süßliches Bild, das wenig mit dem realen Christus gemein hat. Im schlimmsten Fall, wie bei Tolstoj, endet alles in einer Karikatur des Evangeliums.

Der lebendige, reale Christus wird dann von uns erkannt, wenn wir das ganze Evangelium bis zum letzten Buchstaben als Offenbarung der Göttlichen Wahrheit annehmen. Das Evangelium ist kein Buch, das mit menschlicher Vernunft zu begreifen ist: Es ist übervernünftig und übernatürlich, es ist von Anfang bis Ende voll von Wundern und ist selbst ein Wunder. Tatsächlich legen schon die ersten Kapitel jedes Evangeliums Zeugnis ab von der Gottheit Christi, von der Existenz der Engel und des Teufels, und sie stellen die menschliche Vernunft vor die Wahl: entweder sich zu unterwerfen, dem Glauben und der übervernünftigen Offenbarung der Gottheit zu gehorchen, oder – das Buch zu schließen, weil es dem ‚gesunden Menschenverstand' widerspricht. So lesen wir im ersten Kapitel des Matthäusevangeliums von der Geburt Christi aus der Jungfrau ohne Beteiligung eines Mannes; im ersten Kapitel des Markusevange-

---

3 Ernest Renan, Das Leben Jesu *[Žizn' Iisusa]*, Moskau 1990, 188f.
4 Lev Tolstoj, Gesammelte Werke *[Polnoe sobranie sočinenij]*, Moskau 1957, Bd. 24, 311.

liums von den Versuchungen Christi in der Wüste und seiner Begegnung mit dem Teufel; bei Lukas von der Erscheinung des Erzengels und der Verkündigung an Maria; bei Johannes davon, dass das Wort Gottes wahrer Gott ist und dass Es Fleisch wurde.

Der Christus der Evangelien wird uns von den ersten Kapiteln an zugleich als Gott und als Mensch geoffenbart: Alle Seine Taten und Worte tragen, obwohl sie Taten und Worte eines Menschen sind, das Siegel der Gottheit. Jesus wird geboren wie andere Kinder, doch nicht von einem Mann und einer Frau, sondern vom Heiligen Geist und einer Jungfrau. Der Knabe wird in den Tempel gebracht wie alle anderen Erstgeborenen auch, doch begegnen Ihm ein Prophet und eine Prophetin, die in Ihm den Messias erkennen. Er wächst auf und wird stark im Geist, lebt im Elternhaus, doch als Er zwölf Jahre alt ist, sitzt Er im Tempel zwischen den Lehrern und spricht rätselhafte Worte über Seinen Vater. Er kommt zum Jordan, um sich taufen zu lassen, wie auch andere Menschen, aber im Moment der Taufe ist die Stimme des Vaters zu hören, und der Heilige Geist erscheint in Gestalt einer Taube. Er ist müde von der Reise, sitzt am Brunnen und bittet die Samariterin, Ihm zu trinken zu geben, aber Er trinkt und isst nicht, als die Jünger das Essen herbeibringen und es Ihm vorlegen. Er schläft im Heck des Schiffes, doch als Er erwacht, zähmt Er mit einem Wort das brausende Element. Er steigt auf den Berg Tabor und betet zu Gott wie jeder andere Mensch auch, doch in der Zeit des Gebetes verwandelt Er sich und zeigt den Jüngern das Licht Seiner Gottheit. Er kommt zum Grab des Lazarus und beweint den Tod Seines Freundes, doch mit den Worten „Lazarus, komm heraus!" erweckt Er ihn. Er fürchtet die Leiden und betet zum Vater, um ihnen wenn möglich zu entrinnen, und doch übergibt Er sich dem Willen des Vaters und bringt Seine Bereitschaft zum Ausdruck, für die Menschen zu sterben. Er erträgt schließlich Schmähung, Erniedrigung und Kreuzigung, stirbt am Kreuz wie ein Verbrecher, doch am dritten Tag ersteht Er aus dem Grab und erscheint den Jüngern.

Das Evangelium bezeugt eindeutig die Gottmenschheit Christi. Als von Gott inspiriertes Buch ist es jedoch von lebendigen Menschen geschrieben, von denen jeder die Ereignisse so beschreibt, wie er sie gesehen und wahrgenommen hat oder wie er es von Augenzeugen hörte. Unter ‚göttlicher Inspiration' der heiligen Bücher versteht man das gemeinsame schöpferische Wirken der Menschen und des Heiligen Geistes – ihre Zusammenarbeit, *synergia*. Zwischen den vier Evangelien bestehen bestimmte Differenzen in den Einzelheiten, was nicht von Widersprüchen zwischen ihnen zeugt, sondern von ihrer Einheit: Wenn die Erzählungen absolut identisch wären, dann würde das dafür sprechen, dass sich ihre Autoren miteinander beraten oder voneinander abgeschrieben hätten. Die Evangelien sind Zeugnisse von Augenzeugen, in denen jedes Faktum uns wahrhaftig, jedoch unter dem Gesichtspunkt des jeweiligen Autors dargelegt ist.

Der Christus des Glaubens: zwei Naturen

Die Heilige Schrift ist die Hauptquelle unseres Wissens von Gott und von Christus. Doch die Schrift kann verschieden verstanden und ausgelegt werden: Alle Häresien wurden mit Hinweisen auf die Schrift und mit Zitaten aus der Bibel untermauert. Deswegen ist ein gewisses Kriterium für das richtige Verständnis der Bibel notwendig: Ein solches Kriterium ist in der Kirche die heilige Überlieferung, von der die Schrift einen Teil bildet. Die heilige Überlieferung birgt in sich die gesamte jahrhundertelange Erfahrung des Lebens der Kirche, die sich außer in der Schrift auch in den Akten und Glaubensdefinitionen der Ökumenischen Konzilien, in den Werken der heiligen Väter und in der liturgischen Praxis widerspiegelt.

Die heilige Überlieferung ist nicht einfach eine Ergänzung zur Schrift: Sie legt Zeugnis von der andauernden und lebendigen Gegenwart Christi in der Kirche ab. Das ganze Pathos des Neuen Testamentes besteht darin, dass seine Autoren ‚Zeugen' waren: „Was von Anfang an war, was wir gehört und mit eigenen Augen gesehen haben, was wir betrachtet und was unsere Hände betastet haben, das verkündigen wir – das Wort des Lebens, denn das Leben ist erschienen, und wir haben gesehen und bezeugen und verkündigen euch jenes ewige Leben, das beim Vater war und uns erschienen ist" (1 Joh 1,1f.). Christus aber fährt fort, in der Kirche zu leben, und die Erfahrung der Berührung mit Ihm, des Lebens in Ihm, bringt neue Zeugen hervor, die in die Überlieferung eingehen. Das Evangelium sprach von Christus als Gott und Mensch, der kirchlichen Überlieferung aber war es aufgegeben, das Dogma von der Vereinigung der Gottheit mit der Menschheit in Christus zu formulieren. Mit der Ausarbeitung dieses Dogmas beschäftigte man sich in der Epoche der christologischen Auseinandersetzungen (4.-7. Jahrhundert).

In der zweiten Hälfte des 4. Jahrhunderts lehrte Apollinarius von Laodizäa, dass der ewige Gott, der Logos, menschliches Fleisch und eine Seele, aber nicht den vernünftigen Geist des Menschen angenommen habe: An die Stelle des vernünftigen Geistes trat bei Christus die Gottheit, die sich mit Seinem Menschsein verband und mit Ihm eine Natur bildete. Von daher stammt die bekannte Formulierung des Apollinarius (die später fälschlicherweise dem heiligen Athanasius zugeschrieben wurde): „Die eine, fleischgewordene Natur des Gott-Wortes". Nach der Lehre des Apollinarius ist Christus nicht vollständig mit uns eines Wesens, weil Er keinen menschlichen Geist besitzt. Er erscheint als „himmlischer Mensch", der lediglich eine menschliche Hülle angenommen hat, jedoch kein vollwertiger irdischer Mensch geworden ist. Einige Nachfolger des Apollinarius meinten, dass der Logos nur einen menschlichen Leib angenommen habe, Seine Seele und Sein Geist jedoch göttlich seien. Andere gingen weiter und behaupteten, dass Er den Leib vom Himmel mitgebracht habe und durch die heilige Jungfrau gekommen sei „wie durch ein Rohr".[5]

Zu Gegnern des Apollinarius und Urhebern einer anderen Strömung in der Christologie wurden Diodor von Tarsus und Theodor von Mopsuestia; sie lehrten die Existenz zweier unterschiedener und eigenständiger Naturen in Christus, die in folgender Weise miteinander in Beziehung stehen: Gott der Logos wohnte im Menschen Jesus, Den Er auserwählte und salbte, mit Dem Er sich „berührte" und „zusammenlebte". Die Vereinigung der Menschheit mit der Gottheit war nach Theodor und Diodor nicht absolut, sondern relativ: Der Logos wohnte in Jesus wie in einem Tempel. Das irdische Leben Jesu ist, nach Theodor, ein Leben des Menschen in Berührung mit dem Logos: Gott hat von Ewigkeit her das sittlich hohe Leben Jesu vorhergesehen und Ihn im Hinblick darauf als Organ und Tempel Seiner Gottheit auserwählt. Am Anfang, im Augenblick der Geburt, war die Berührung unvollständig, doch im Maße des geistlichen Wachstums und der sittlichen Vervollkommnung Jesu wurde sie vollständig. Abgeschlossen wurde die Vergöttlichung der menschlichen Natur Christi erst nach Seiner Erlösungstat.[6]

Im 5. Jahrhundert folgte Nestorius, Patriarch von Konstantinopel, seinem Lehrer Theodor und unterschied scharf die Naturen in Christus, indem er den Herrn vom „Bild des Sklaven" abgrenzte, den Tempel von „Dem, Der in Ihm lebt", den Alleserhaltenden Gott vom „hoch verehrten Menschen". Nestorius zog es vor, die heilige Jungfrau Maria als Christusgebärerin, nicht als Gottesgebärerin zu bezeichnen: „Maria hat nicht die Gottheit geboren". Die Aufregung im Volk wegen des Ausdrucks ‚Gottesgebärerin' (das Volk wollte nicht auf diese geheiligte Tradition der Bezeichnung der heiligen Jungfrau verzichten) und auch die scharfe Kritik des heiligen Kyrill von Alexandrien an der

---

5   V. Bolotov, Vorlesungen zur Geschichte der Alten Kirche *[Lekcii po istorii Drevnej Cerkvi]*, St. Petersburg 1918, Bd. 4, 136-148; vgl. auch: M. Posnov, Geschichte der christlichen Kirche *[Istorija christianskoj Cerkvi]*, Brüssel 1964, 372-374; John Meyendorff, Christ in Eastern Christian Thought, New York 1975, 15.

6   V. Bolotov, Vorlesungen zur Geschichte der Alten Kirche *[Lekcii po istorii Drevnej Cerkvi]*, St. Petersburg 1918, Bd. 4, 152-156; vgl. auch: J. Pelikan, The Christian Tradition, Bd. 1: The Emergence of the Catholic Tradition (100-600), Chicago – London 1971, 231f.

Lehre des Nestorius führten im Jahre 431 zur Einberufung des III. Ökumenischen Konzils nach Ephesus, das (wenn auch nicht abschließend) die Lehre der Kirche vom Gottmenschen formulierte.

Das Konzil von Ephesus sprach von Christus vorrangig in der Ausdrucksweise des heiligen Kyrill, der nicht eine „Berührung", sondern eine „Vereinigung" der zwei Naturen in Christus lehrte. In der Fleischwerdung machte sich Gott die menschliche Natur zu eigen, wobei Er blieb, Der Er war: das heißt als vollkommener und ganzer Gott wurde Er vollwertiger Mensch. Als Gegengewicht zu Theodor und Nestorius unterstrich der heilige Kyrill, dass Christus eine unteilbare Person und eine Hypostase sei. Die Bezeichnung ‚Gottesgebärerin‘ zu leugnen, bedeutet eine Verneinung des Geheimnisses der Fleischwerdung, weil Gott, das Wort, und der Mensch Jesus ein und dieselbe Person sind. „Die Göttliche Schrift und die heiligen Väter haben uns gelehrt, Einen Sohn, Christus und Herrn zu bekennen, d.h. das Wort Gottes des Vaters, von Ihm geboren vor aller Zeit auf unsagbare und nur Gott geziemende Weise, und Ihn, Der zu den letzten Zeiten um unseretwillen dem Fleisch nach von der heiligen Jungfrau geboren wurde. Und weil Sie den Menschgewordenen und Fleischgewordenen Gott geboren hat, nennen wir Sie Gottesmutter. Einer ist der Sohn, Einer der Herr Jesus Christus, sowohl vor der Fleischwerdung als auch danach. Es gab nicht zwei verschiedene Söhne: einer als das Wort von Gott dem Vater, der andere von der heiligen Jungfrau. Sondern wir glauben, dass Ein und Derselbe von Ewigkeit her ist und zugleich dem Fleisch nach von der Jungfrau geboren wurde".[7] Der heilige Kyrill beharrte auf der Einheit der Person Christi und gebrauchte dabei auch die fragwürdige Formel des Apollinarius: „die eine, fleischgewordene Natur des Gott-Wortes", weil er dachte, dass diese Formel vom heiligen Athanasius stammte. Im Unterschied zu den Kappadokiern, die ihm vorausgegangen waren, verwendete der heilige Kyrill den Ausdruck ‚Natur' *(ousia)* synonym zu ‚Hypostase' *(hypostasis)*, was bald zur Quelle neuer Verlegenheiten in der östlichen Christologie wurde.[8]

Eine neue Welle des Streites in der Mitte des 5. Jahrhunderts war verbunden mit den Namen Dioskor, dem Nachfolger des heiligen Kyrill auf dem Patriarchenstuhl von Alexandrien, und Eutyches, einem Archimandriten aus Konstantinopel. Sie sprachen von der vollkommenen „Verschmelzung" der Gottheit mit der Menschheit zu „einer Natur des fleischgewordenen Gott-

---

7 Kyrill von Alexandrien, Erster Brief an Successus.
8 M. Posnov, Geschichte der christlichen Kirche *[Istorija christianskoj Cerkvi]*, Brüssel 1964, 386; vgl. auch V. Bolotov, Vorlesungen zur Geschichte der Alten Kirche *[Lekcii po istorii Drevnej Cerkvi]*, St. Petersburg 1918, Bd. 4, 180.

Wortes". Die Formel von Apollinarius und Kyrill wurde zu ihrem Zeichen. „Gott starb am Kreuz", so drückten sich die Anhänger des Dioskor aus und verneinten die Möglichkeit, über einige der Taten Christi wie über die Taten eines Menschen zu sprechen.[9] Nachdem man Eutyches lange zugeredet hatte, er solle die Lehre von den zwei Naturen in Christus annehmen, sagte er: „Ich bekenne, dass unser Herr bis zur Vereinigung aus zwei Naturen bestand, nach der Vereinigung aber bekenne ich eine Natur".[10]

Das IV. Ökumenische Konzil, 451 nach Chalcedon einberufen, verurteilte den Monophysitismus, sagte sich von der apollinarischen Formel „eine fleisch-gewordene Natur" los und stellte ihr die Formel „eine Hypostase des Gott-Wortes in zwei Naturen, der göttlichen und der menschlichen", entgegen.[11] Die rechtgläubige Lehre wurde schon vor Beginn des Konzils vom Römischen Papst, dem heiligen Leo, formuliert: „Gleich gefahrvoll ist es, in Christus nur Gott ohne den Menschen zu erkennen oder nur den Menschen ohne Gott ... Also wurde in der gesamten und vollkommenen Natur des wahren Menschen der wahre Gott geboren, ganz im Seinen, ganz im Unseren ... Der wahrer Gott ist, Der ist auch wahrer Mensch. Und nicht die kleinste Unwahrheit ist in dieser Vereinigung, wie auch die Demut des Menschen und die Größe der Gottheit zusammen bestehen ... Die eine glänzt durch Wunder, die andere unterwirft sich der Niedrigkeit. Die demütigen Windeln zeigen das Säuglingsalter eines Kindes, der Jubel der Engel aber kündet die Größe des Höchsten. Hunger und Durst, Müdigkeit und Schlaf sind offensichtlich dem Menschen eigen, doch die Fünftausend mit Brot zu sättigen, der Samariterin das lebendige Wasser zu geben, über das Wasser des Meeres zu gehen, den sich erhebenden Wogen zu gebieten, sich zu beruhigen, dem Sturm zu befehlen, das ist zweifellos Gott eigen".[12] Jede Natur bewahrt auf diese Weise die Fülle ihrer Eigenschaften, doch Christus ist nicht geteilt, Er bleibt die eine Hypostase des Gott-Wortes.

In der dogmatischen Glaubensdefinition des Konzils wird darauf verwie-sen, dass Christus wesenseins mit dem Vater der Gottheit nach und wesenseins mit uns der Menschheit nach ist, und auch dass die beiden Naturen in Christus „unvermischt, unverändert, ungeteilt, ungetrennt" vereinigt sind.[13] Die klaren

---

9 Ebd. 243.
10 Ebd. 253.
11 J. Meyendorff, Christ in Eastern Christian Thought, New York 1975, 26f.
12 Zit. nach: V. Bolotov, Vorlesungen zur Geschichte der Alten Kirche _[Lekcii po istorii Drevnej Cerkvi]_, St. Petersburg 1918, Bd. 4, 267-269; vgl. auch J. Pelikan, The Christian Tradition, Bd. 1: The Emergence of the Catholic Tradition (100-600), Chicago – London 1971, 258f.
13 Zit. nach: V. Bolotov, Vorlesungen zur Geschichte der Alten Kirche _[Lekcii po istorii Drevnej Cerkvi]_, St. Petersburg 1918, Bd. 4, 292f.; vgl. DH 302.

Formulierungen zeigen, welche Schärfe und Wachsamkeit das theologische Denken der Ostkirche im 5. Jahrhundert erlangt hat, und zugleich mit welcher Behutsamkeit die Väter die Ausdrücke und Formulierungen gebrauchten, wenn sie versuchten, das „Nichtaussagbare auszusagen". Alle vier Ausdrücke, die von der Vereinigung sprechen, sind streng apophatisch und beginnen mit der Vorsilbe ‚un-'. Dadurch wird gezeigt, dass die Vereinigung der zwei Naturen in Christus ein Geheimnis ist, das den Verstand übersteigt, und dass kein Wort die Kraft hat, es zu beschreiben. Mit Genauigkeit lässt sich nur negativ sagen, wie die Naturen *nicht* vereinigt sind – um die Häresie ihrer Vermischung, Vermengung und Trennung zu vermeiden. Doch die positive Weise der Vereinigung bleibt für den menschlichen Verstand verborgen.

Die zwei Willen Christi

Im 6. Jahrhundert sprachen einige Theologen davon, dass in Christus zwei Naturen zu bekennen seien, die aber nicht eigenständig seien und nur ein „gottmenschliches Wirken" besäßen, eine Energie – daher die Bezeichnung der Häresie des Monergismus. Zu Beginn des 7. Jahrhunderts bildete sich noch eine Strömung, der Monotheletismus, der in Christus nur einen Willen annahm. Beide Strömungen lehnten die Eigenständigkeit der beiden Naturen Christi ab und lehrten, dass Sein menschlicher Wille durch den Göttlichen Willen völlig verschlungen werde. Drei Patriarchen bekannten sich zu monotheletischen Anschauungen: Honorius von Rom, Sergios von Konstantinopel und Kir von Alexandrien. Die Monotheleten hofften, auf dem Weg eines Kompromisses die Orthodoxen und die Monophysiten zu versöhnen.

Die bedeutendsten Streiter gegen den Monotheletismus waren Mitte des 7. Jahrhunderts ein Mönch aus Konstantinopel, der heilige Maximos der Bekenner, und Papst Martin, der Nachfolger des Honorius auf der Römischen Kathedra. Der heilige Maximos lehrte zwei Energien und zwei Willen in Christus: „Christus, insofern Er Gott der Natur nach ist, gebrauchte den Willen, der von Natur aus der Wille Gottes und des Vaters war, denn Er und der Vater hatten *einen* Willen. Insofern Er Mensch der Natur nach ist, gebrauchte Er auch den natürlichen menschlichen Willen, der nicht im geringsten dem Willen des Vaters entgegenstand".[14] Auch wenn der menschliche Wille Christi sich in Harmonie mit dem Göttlichen Willen befand, war Er vollkommen eigenständig. Das wird besonders deutlich am Beispiel des Gebetes des Erlösers

---

14 PG 91, 77D-80A; vgl. J. Meyendorff, Christ in Eastern Christian Thought, New York 1975, 147.

in Gethsemane: „Mein Vater! Wenn es möglich ist, dann gehe dieser Kelch an Mir vorüber, doch nicht wie Ich will, sondern wie Du willst" (Mt 26,39). Dieses Gebet wäre nicht möglich gewesen, wenn der menschliche Wille Christi vollständig vom Göttlichen verschlungen worden wäre.

Der heilige Maximos wurde wegen seines Bekenntnisses zum Christus des Evangeliums einer strengen Strafe unterworfen: Ihm wurden die Zunge herausgeschnitten und die rechte Hand abgehauen. Er starb in der Verbannung, in gleicher Weise wie auch Papst Martin. Doch das VI. Ökumenische Konzil von Konstantinopel 680/81 bestätigte die Lehre des heiligen Maximos in allen Punkten: „Wir bekennen … dass in Ihm [Christus] zwei natürliche Willen oder Wollen sind, und zwei natürliche Wirkweisen, die ungetrennt, unverändert, ungeteilt, unvermischt sind. Diese zwei Willen sind einander nicht entgegengesetzt … sondern Sein menschlicher Wille … ist dem göttlichen und allmächtigen Willen unterworfen".[15] Als vollwertiger Mensch besass Christus einen freien Willen, doch diese Freiheit bedeutete für Ihn nicht die Freiheit der Wahl zwischen Gut und Böse. Der menschliche Wille Christi konnte nur das Gute freiwillig wählen, und es gab keinerlei Konflikt zwischen ihm und dem Göttlichen Willen.

So erschloss sich in der theologischen Erfahrung der Kirche das Geheimnis der gottmenschlichen Persönlichkeit Christi – des Neuen Adam und Erlösers der Welt.

Die Erlösung

Im Neuen Testament wird Christus „die Erlösung" *[iskuplenie]* für die Sünden der Menschen genannt (vgl. Mt 20,28; 1 Kor 1,30). *Iskuplenie* ist die kirchenslavische Übersetzung des griechischen Wortes *lytrosis*, das ‚Lösegeld' bedeutet, das heißt die Geldsumme, die Zahlung, die dem Sklaven die Befreiung und dem zum Tode Verurteilten das Leben gewährt. Der Mensch ist durch den Sündenfall in die Sklaverei der Sünde geraten (Joh 8,24 u.a.), und er braucht den Freikauf, um aus dieser Sklaverei befreit zu werden.

Die altkirchlichen Schriftsteller stellten die Frage: An wen hat Christus dieses Lösegeld bezahlt? Einige meinten, dass das Lösegeld dem Teufel bezahlt wurde, in dessen Gefangenschaft sich der Mensch befand. So behauptet z.B. Origenes, dass der Sohn Gottes Seinen Geist in die Hände des Vaters, die Seele aber dem Teufel als eine Art Lösegeld für die Menschen übergeben habe: „Wem

---

15 Zit. nach: V. Bolotov, Vorlesungen zur Geschichte der Alten Kirche *[Lekcii po istorii Drevnej Cerkvi]*, St. Petersburg 1918, Bd. 4, 498f.; vgl. DH 556.

gab der Erlöser Seine Seele als Lösegeld für die Vielen? Nicht Gott, sondern ...
dem Teufel ... Als Lösegeld für uns wurde die Seele des Sohnes Gottes gegeben,
nicht aber Sein Geist, denn Den hatte Er bereits vorher dem Vater mit den
Worten übergeben: ‚Vater, in Deine Hände lege ich Meinen Geist‘, und auch
nicht der Leib, weil wir davon nichts in der Schrift finden".[16] Wegen dieser
Auffassung der Erlösung macht der heilige Gregor der Theologe dem Origenes
Vorwürfe: „Wenn das große und glorreiche Blut Gottes, des Hohenpriesters
und Opfers, dem Bösen als Preis für die Erlösung gegeben wurde, dann ist das
beleidigend. Der Verbrecher erhält nicht nur den Preis der Erlösung, sondern
sogar Gott selbst!"[17]

Der heilige Gregor von Nyssa versteht die Erlösung als eine Täuschung und
ein ‚Geschäft mit dem Teufel‘: Um die Menschen freizukaufen, hat Christus
ihm Seinen eigenen Leib angeboten, in dem Seine Gottheit verborgen war; der
Teufel wirft sich auf Ihn wie auf einen Köder, aber er schluckt zusammen mit
dem Köder den Haken, das heißt die Gottheit, und kommt um.[18] Auf die Frage,
ob die ‚Täuschung‘ nicht unmoralisch sei und Gott nicht gebühre, antwortet
der heilige Gregor: Weil der Teufel selbst ein Betrüger ist, sei es auch von Seiten
Gottes her völlig gerechtfertigt gewesen, ihn zu täuschen: Der Teufel „gebrauchte einen Betrug, um die Natur zu schänden, und so ist es gerecht, dass
der gütige und weise (Gott) eine Täuschung ersann und zur Erlösung der
geschändeten Natur benutzte. Dabei erwies Er nicht nur dem zugrundegehen-
den (Menschen), sondern auch dem unseren Untergang verursachenden
(Teufel) eine Wohltat ... Und deswegen wäre es auch dem Widersacher, wenn
er die Wohltat gespürt hätte, nicht vollkommen ungerecht erschienen".[19]

Auch einige andere Väter sprechen davon, dass der Teufel ‚getäuscht‘
wurde, aber sie gehen nicht so weit zu behaupten, dass Gott ihn betrogen habe.
So heißt es in einer Katechese, die dem heiligen Johannes Chrysostomos
zugeschrieben wird (sie wird am Ostermorgen gelesen), dass die Hölle in der
Auferstehung Christi „ausgelacht" wurde und „hereinfiel", weil sie unter dem
sichtbaren Menschen den unsichtbaren Gott nicht bemerkte. „Die Hölle
empfand Verdruss, Dich dort unten zu treffen: sie empfand Verdruss, weil sie
aufgelöst wurde, sie empfand Verdruss, weil sie ausgelacht wurde ... Sie nahm
einen Leib auf – und stieß auf Gott, sie nahm die Erde auf – und traf auf den

---

16 PG 13, 1397-1399.

17 Gregor von Nazianz, Predigt 45, in: Werke in 2 Bänden, St. Petersburg o.J. (Verlag Sojkina),
    Bd. 1, 675f.

18 Gregor von Nyssa, Werke *[Gregoriou Nyssis erga]*, Bd. 1, 468-472.

19 Ebd. 478-482.

Himmel, sie nahm auf, was sie sah – und traf auf das, was sie nicht sah".[20] In einem der drei kniend zu sprechenden Gebete, die am Pfingstfest gelesen werden, heißt es, Christus habe den „Drachen des Bösen von Urbeginn und des Abgrundes durch Gottes Weisheit überlistet (d.h. getäuscht) und gefangen".[21]

Nach einer anderen Erklärung ist der Lösepreis nicht dem Teufel bezahlt worden, weil er keine Macht über den Menschen hat, sondern Gott dem Vater. Der westliche Theologe Anselm von Canterbury schrieb im 11. Jahrhundert, dass durch den Sündenfall des Menschen die Göttliche Gerechtigkeit erzürnt wurde und Genugtuung *(satisfactio)* verlangte. Da aber kein menschliches Opfer ausreichend ist, um der Gerechtigkeit Gottes Genüge zu leisten, bringt der Sohn Gottes selbst das Lösegeld dar. Der Tod Christi ist die Genugtuung für den Zorn Gottes, und dem Menschen wird die Gnade zurückgegeben, für deren Erwerb einige Verdienst notwendig sind – Glauben und gute Werke.[22] Doch weil der Mensch wiederum diese Verdienste nicht hat, kann er sie von Christus erlangen, der übergebührliche Verdienste besitzt, oder auch bei den Heiligen, die in ihrem Leben mehr gute Werke vollbrachten, als zu ihrer eigenen Erlösung notwendig war, und die deswegen sozusagen einen Überschuss haben, an dem sie Anteil geben können. Diese Theorie, die im Schoß der lateinischen scholastischen Theologie geboren wurde, trägt einen juridischen Charakter und spiegelt die mittelalterliche Vorstellung von der Beleidigung der Ehre wider, die eine Satisfaktion erfordert. Der Tod Christi hebt bei diesem Verständnis nicht die Sünde auf, sondern befreit nur den Menschen von seiner Verantwortlichkeit für sie.

Es ist festzuhalten, dass die Satisfaktionstheorie auch in die russische akademische Theologie eingedrungen ist, die sich in der Zeit vom 18. bis zum 19. Jahrhundert unter starkem Einfluss der lateinischen Scholastik befand. So steht zum Beispiel im „Ausführlichen christlichen Katechismus": „Seine (Christi) freiwilligen Leiden und Sein Kreuzestod für uns sind ein grenzenloser Preis und Wert, wie auch der Tod des sündelosen Gottmenschen eine vollkommene Genugtuung für Gottes Richterspruch ist, der uns für unsere Sünden zum Tode verurteilt hat. Und ein unermessliches Verdienst hat Ihm das Recht erworben, ohne Verletzung des Richterspruches uns, den Sündern, die Verzeihung der

---

20 PG 59, 723f.

21 Feiertagsminäen *[Mineja prazdničnaja],* Moskau 1970, 540. In den Minäen (= Monatsbücher) sind die Texte für die Heiligengedenktage und alle feststehenden Herrentage usw. gesammelt; Anm. d. Übers.

22 PL 158, 382-430.

Sünden und die Gnade für den Sieg über die Sünden zu gewähren".[23] Das Übermaß an juridischen Ausdrücken (Wert, Verdienst, Genugtuung, Beleidigung, Richterspruch, Recht) unterstreicht, wie viel näher ein solches Verständnis der mittelalterlichen Scholastik steht als den Anschauungen der Väter der Ostkirche.

Die Reaktion auf die westliche Lehre vom Loskauf war in der Ostkirche das Konzil von Konstantinopel im Jahre 1157, deren Teilnehmer die Häresie des „spitzfindig latinisierenden" Sotirichos Panteugenes zurückwiesen und darin übereinstimmten, dass Christus das erlösende Opfer der gesamten Dreieinigkeit dargebracht habe und nicht nur dem Vater: „Christus hat Sich freiwillig als Opfer dargebracht, hat sich selbst Seiner Menschheit nach dargebracht, und hat selbst als Gott das Opfer zusammen mit dem Vater und dem Geist angenommen ... Das gottmenschliche Wort ... hat das erlösende Opfer dem Vater, sich selbst als Gott und dem Geist dargebracht, durch Die der Mensch aus dem Nicht-Sein in das Sein gerufen worden ist, Die er auch beleidigt hat, indem er das Gebot übertrat, und mit Denen sich die Versöhnung durch die Leiden Christi vollzog".[24] Dass Christus zugleich das Opfer darbringt und empfängt, ist auch in einem liturgischen Gebet aus den Liturgien von Johannes Chrysostomos und Basilius dem Großen ausgesagt: „Denn Du bist der Darbringende und der Dargebrachte, der Empfangende und der Ausgeteilte, Christus, unser Gott". In einer Predigt des heiligen Kyrill von Jerusalem heißt es: „Den Knaben sehe ich, Der das Gesetzesopfer auf der Erde darbringt, aber ich sehe Ihn auch die Opfer aller im Himmel annehmen ... Er selbst ist die Gabe, ist selbst der Hohepriester, ist selbst der Altar, ist selbst der Ort der Reinigung, ist selbst der Darbringende, ist selbst der Dargebrachte als Opfer für die Welt. Er selbst ist das seiende Feuer, ist selbst das Brandopfer, ist selbst der Baum der Erkenntnis und des Lebens, ist selbst das Schwert des Geistes, ist selbst der Hirt, ist selbst der Opferpriester, ist selbst das Gesetz, ist selbst die Erfüllung des Gesetzes".[25]

---

23 Ausführlicher christlicher Katechismus *[Prostrannyj christianskij katechizis]*, Moskau 1894, 36.

24 A. Mai, *Spicilegium Romanum*, Rom 1844, Bd. 10, 70; vgl. auch: Pavel Čeremuchin, Das Konzil von Konstantinopel von 1157 und Nikolaus, Bischof von Methone *[Konstantinopol'skij Sobor 1157 goda i Nikolaj, episkop Mefonskij]*, in: *Bogoslovskie Trudy*, Nr. 1, Moskau (1960) 93.

25 Kyrill von Jerusalem, Katechetische und mystagogische Unterweisungen *[Poučenija oglasitelnye i tainovodstvennye]*, Moskau 1900, 360. Anm. d. Übers.: So heißt es auch in einer lateinischen Präfation der Osterzeit: „Er [Jesus Christus] selbst ist der Priester, der Altar und das Opferlamm ..." (Präfation für die Osterzeit V).

Viele altkirchliche Autoren vermeiden es grundsätzlich, von einem ‚Loskauf' im buchstäblichen Sinn zu sprechen, und verstehen unter Erlösung die Versöhnung der Menschheit mit Gott und die Annahme an Kindes statt. Sie sprechen von der Erlösung als Ausdruck der Liebe Gottes für den Menschen. Diese Sicht wird in den Worten des Apostels Johannes des Theologen bestätigt: „So sehr hat Gott die Welt geliebt, dass Er Seinen eingeborenen Sohn dahingab, damit jeder, der an Ihn glaubt, nicht zugrunde geht, sondern das ewige Leben hat" (Joh 3,16). Nicht der Zorn Gottes des Vaters, sondern Seine Liebe ist die Ursache des Kreuzesopfers des Sohnes. Nach einem Gedanken des heiligen Symeon des Neuen Theologen bringt Christus die durch Ihn erlöste Menschheit dem Vater als eine Gabe dar und befreit sie endgültig von der Macht des Teufels.[26] Da der Mensch von seiner Geburt an sein ganzes Leben hindurch dem Teufel unterworfen ist, durchschreitet der Herr alle Altersstufen, damit in jeder Phase der Entwicklung des Menschen der Teufel besiegt wird: Christus „nahm Fleisch an und wurde geboren ... heiligte die Empfängnis und die Geburt; und als Er älter wurde, segnete Er jedes Alter ... wurde zum Sklaven, indem Er die Gestalt eines Sklaven annahm – und uns, die Sklaven, führte Er wieder zur Würde von Herren und machte uns zu Herren und Machthabern über den Teufel selbst, der vorher unser Tyrann war ... Er wurde zum Fluch, als Er gekreuzigt wurde ... und durch Seinen Tod tötete Er den Tod. Er ist auferstanden und vernichtete die ganze Kraft und Energie des Feindes, der über uns durch den Tod und die Sünde Macht hatte".[27]

Der fleischgewordene Christus, Der uns in allem gleich werden wollte, schreitet nicht nur durch alle Lebensalter, sondern auch durch alle Arten von Leiden bis hin zur Gottverlassenheit, die das höchste Leiden der menschlichen Seele darstellt. Der Schrei des Erlösers am Kreuz: „Mein Gott! Mein Gott! Warum hast Du Mich verlassen?" (Mt 27,46) ist der Höhepunkt Seiner Leiden auf Golgotha. Doch das große Geheimnis dieser Minute besteht darin, dass die Gottheit Christi auch nicht für einen Augenblick von Seiner Menschheit getrennt wurde. Gott hat Ihn nicht *verlassen*, wenngleich Er als Mensch die *menschliche Gottverlassenheit gefühlt hat* ... Und sogar als der Leib des toten Christus in das Grab gelegt wurde und Seine Seele in die Unterwelt hinabstieg, war Seine Gottheit nicht von Seiner Menschheit getrennt: „Im Grab dem Fleische nach, in der Unterwelt mit der Seele, und doch Gott; im Paradies mit

---

26 Hymnus 24, 129-132, in: Syméon le Nouveau Théologien, Hymnes, hg. v. J. Koder (= SC 174), Paris 1971, Bd. 2, 236.

27 Katechese 5, 413-432, in: Syméon le Nouveau Théologien, Catéchèses (= SC 96), Paris 1963, 410-412.

dem Verbrecher und zugleich auf dem Thron warst Du, Christus, mit dem Vater und dem Geist, alles erfüllend, unbeschreiblich" (Ostertroparion). Christus ist gleichzeitig in der Unterwelt und im Paradies, auf der Erde und im Himmel, mit den Menschen und mit dem Vater und dem Geist – alles erfüllt Er durch sich und ist doch „unumschreibbar", das heißt durch nichts begrenzt.

In Christus verwirklicht sich die Vereinigung Gottes mit dem Menschen. „Siehst du die Tiefe des Geheimnisses?", schreibt Symeon der Neue Theologe. „Hast du die grenzenlose Größe der überreichen Herrlichkeit erkannt? ... (Christus) wird mit uns eine solche Einigkeit der Gnade nach haben, wie Er selbst sie der Natur nach mit dem Vater hat ... Jene Herrlichkeit, welche der Vater dem Sohn gab, gibt der Sohn uns durch die Gnade ... Indem Er einst durch das Fleisch uns verwandt wurde und uns an Seiner Gottheit teilhaben ließ, machte Er (eben dadurch) uns mit sich verwandt ... Wir haben mit Christus eine ebensolche Einheit ... wie sie ein Mann mit seiner Frau und eine Frau mit ihrem Mann hat".[28] In Christus wird der Mensch erneuert und neu geschaffen. Die erlösende Tat Christi geschah nicht um einer abstrakten ‚Masse' von Menschen willen, sondern um jedes konkreten Menschen willen, wie derselbe Symeon sagte: „Gott sandte Seinen eingeborenen Sohn für dich und zu deiner Erlösung zur Erde, weil Er dich im voraus erkannte und dazu bestimmte, Sein Bruder und Miterbe zu sein".[29]

In Christus erhält die ganze Geschichte des Menschen ihre Rechtfertigung, Vollendung und einen absoluten Sinn, einschließlich seines Sündenfalles und der Vertreibung aus dem Paradies. Das Himmelreich, das durch Christus jedem geschenkt wird, der an Ihn glaubt, ist etwas weitaus Größeres als das ursprüngliche Paradies; es ist nach den Worten des Apostels Petrus (1 Petr 1,4) „das unvergängliche und makellose und unverwelkbare Erbe", der „dritte Himmel", von dem der Apostel Paulus nichts sagen kann, weil die „unaussprechlichen Worte", die dort erklingen, jedes menschliche Wort übersteigen (vgl. 2 Kor 12,2-4). Die Fleischwerdung Christi und Seine Erlösungstat haben für den Menschen eine größere Bedeutung als sogar die Erschaffung selbst. Mit dem Moment der Fleischwerdung Gottes beginnt unsere Geschichte gleichsam von neuem: Der Mensch befindet sich erneut von Angesicht zu Angesicht mit Gott, so nahe und vielleicht noch näher als in den ersten Minuten der Existenz der Menschen. Christus führt den Menschen in das ‚neue Paradies' – in die Kirche, wo Er herrscht und der Mensch mit Ihm gemeinsam herrscht.

---

28 Ethik 6, 57-121, in: Syméon le Nouveau Théologien, Traités théologiques et éthiques, hg. v. Jean Darrouzès (= SC 122), Paris 1966, Bd. 1, 228-232.

29 Ethik 1, 160-163, in: Syméon le Nouveau Théologien, Traité éthique, Bd. 2, 322.

Auf wen erstreckt sich die Tat des erlösenden Opfers Christi? Das Evangeliumswort antwortet: auf alle an Christus Glaubenden („Wer glaubt und sich taufen lässt, wird gerettet", Mk 16,16). Der Glaube an Christus macht uns zu Kindern Gottes, die aus Gott geboren sind (Joh 1,12f.). Durch den Glauben, die Taufe und das Leben in der Kirche werden wir Miterben des Reiches Gottes, befreit von allen Folgen des Sündenfalles, erhalten zusammen mit Christus Anteil an der Auferstehung und werden des ewigen Lebens teilhaftig.

In Christus wird das Ziel der Existenz des Menschen erreicht – die Teilhabe an Gott, die Vereinigung mit Gott, die Vergöttlichung. „Der Sohn Gottes wurde Menschensohn, damit der Menschensohn zu einem Sohn Gottes werde", sagt der heilige Märtyrer Irenäus von Lyon.[30] Noch knapper drückt der heilige Athanasius der Große diesen Gedanken aus: „Gott wurde Mensch, damit wir vergöttlicht wurden".[31] Maximos der Bekenner sagt: „Das feste und wahre Fundament unserer Hoffnung auf Vergöttlichung für die menschliche Natur ist die Menschwerdung Gottes. Der Mensch wird in dem Maße Gott, wie Gott selbst Mensch wurde. Denn es ist klar: Der ohne Sünde Mensch wurde, kann auch die (menschliche) Natur vergöttlichen, ohne sie in die Gottheit zu verwandeln. In dem gleichen Maß, wie Er den Menschen zu sich erhob, demütigte Er sich um des Menschen willen". Maximos nennt Gott „Den, Der nach der Erlösung der Menschen verlangt und *nach ihrer Vergöttlichung dürstet*".[32] Aufgrund Seiner grenzenlosen Liebe zum Menschen ging Christus nach Golgotha hinauf und erlitt den Kreuzestod, der den Menschen mit Gott versöhnte und wieder vereinigte.

* * *

---

30 PG 7, 873.
31 PG 25, 192B.
32 PG 91, 1209B.

Wenn jemand sagt, dass Christus wie durch ein Rohr durch die Jungfrau kam, aber nicht göttlich und menschlich zugleich in Ihr entstand ... wenn jemand sagt, dass in der Jungfrau ein Mensch entstand und danach Gott Raum gewährte ... wenn jemand an zwei Söhne glaubt – der eine von Gott dem Vater, der andere jedoch von der Mutter, nicht aber an ein und denselben ... wenn jemand sagt, dass in Christus die Gottheit wie in einem Propheten segensreich wirkte, aber nicht wesentlich verknüpft ist und verbunden wurde ... wenn jemand den Gekreuzigten nicht anbetet, dann sei er mit dem Anathema belegt und zu den Gottesmördern gerechnet.

Gregor der Theologe[33]

Was ist erniedrigender für Gott als die Gestalt eines Sklaven? Was ist demütiger für den König von allem, als freiwillig in eine enge Verbindung mit unserer schwachen Natur einzutreten? Der König aller Könige und der Herr aller Herrschenden nimmt die Gestalt eines Sklaven an; der Richter aller macht sich zum Tributpflichtigen der Machthaber; der Herr der Geschöpfe ... findet keinen Platz in der Herberge, sondern wird in die Krippe der stummen Kreaturen gelegt; Der rein und makellos ist, lehnt das Schlechte der menschlichen Natur nicht ab, sondern durchläuft alle Stufen unserer Armseligkeit, erduldet schließlich den Tod. Betrachtet die Größe Seiner Selbsterniedrigung; das Leben verschlingt der Tod; den Richter führt man zum Prätor; der Herrscher über alles Leben unterwirft sich dem Urteilsspruch des Gerichts; der König aller Kräfte auf Erden wird in die Hände der Henker gegeben.

Gregor von Nyssa[34]

---

33 Gregor von Nazianz, Ep. 101, 1,16-22; zit. nach: Akten der Ökumenischen Konzilien *[Dejanija Vselenskich Soborov]*, Kasan 1908, Bd. 3, 181. Übersetzung: Grégoire de Nazianze, Lettres Théologiques. Introduction, texte critique, traduction et notes par Paul Gallay (= SC 208), Paris 1974, 42-47.

34 Gregor von Nyssa, Aus den Homilien über die acht Seligkeiten, 1,3 ; zit. nach: Akten der Ökumenischen Konzilien *[Dejanija Vselenskich Soborov]*, Kasan 1908, Bd. 3, 183. Übersetzungen: Acht Homilien über die acht Seligkeiten. Erste Rede, in: Des heiligen Bischofs Gregor von Nyssa Schriften. Übersetzt von Karl Weiß (= BKV² 56), München 1927, 159f.; Grégoire de Nysse, Les béatitudes. Traduction de Jean-Yves Guillaumin et de Gabrielle Parent. Introduction, notes, plan de travail, traduction des béatitudes 1-3 de A.G. Hamman. Nouvelle édition (= PF 10), 33f.

Daher bekennen wir, dass unser Herr Jesus Christus, der eingeborene Sohn Gottes, vollkommener Gott und vollkommener Mensch ist, (bestehend) aus einer vernünftigen Seele und einem Leib, dass Er vor den Zeiten aus dem Vater geboren wurde der Gottheit nach, in der Endzeit aber, unseretwegen und um unserer Erlösung willen, von Maria der Jungfrau der Menschheit nach; dass Er wesenseins mit dem Vater der Gottheit nach und wesenseins mit uns der Menschheit nach ist, denn (in Ihm) geschah eine Vereinigung zweier Naturen. Deswegen bekennen wir auch einen Christus, einen Sohn, einen Herrn. Auf dem Fundament dieser unvermischten Vereinigung bekennen wir die Allerheiligste Jungfrau als Gottesgebärerin, weil Gott das Wort Fleisch geworden ist und Mensch wurde, und in der Empfängnis selbst vereinigte Er mit sich den Tempel, der von Ihr angenommen wurde ... Gott das Wort stieg vom Himmel auf die Erde herab und nahm die Gestalt eines Sklaven an, entäußerte sich und wurde Menschensohn genannt, und blieb doch, was Er war, das heißt Gott.

Kyrill von Alexandrien[35]

Daher lehren wir übereinstimmend, den heiligen Vätern folgend, ein und denselben Sohn zu bekennen, unseren Herrn Jesus Christus: vollkommen in der Gottheit, vollkommen in der Menschheit, wahrer Gott, wahrer Mensch, aus einer vernünftigen Seele und einem Leib, wesenseins mit dem Vater der Gottheit nach, wesenseins mit uns der Menschheit nach, in allem uns gleich, außer der Sünde, geboren vor den Zeiten vom Vater der Gottheit nach, in den letzten Tagen aber unseretwegen und um unserer Erlösung willen von der Jungfrau Maria, der Gottesgebärerin, der Menschheit nach; ein und derselbe ist Christus, der Sohn, Einziggeborener Herr in zwei Naturen unvermischt, unverändert, ungetrennt und unteilbar erkannt, so dass durch die Vereinigung niemals der Unterschied zwischen den beiden Naturen zerstört wird, vielmehr die Eigenart jeder Natur gewahrt wird und sich in einer Person, in einer Hypostase vereinigt – nicht in zwei Personen gespalten oder getrennt, sondern ein und derselbe ist der Eingeborene Sohn, Gott das Wort, der Herr Jesus Christus ...

Glaubensbekenntnis des Konzils von Chalcedon[36]

---

35 Kyrill von Alexandrien, Christologische Einigungsformel; zit. nach: Akten der Ökumenischen Konzilien *[Dejanija Vselenskich Soborov]*, Kasan 1908, Bd. 3, 95. Übersetzung: DH 272.

36 Darlegung des Glaubens durch das Konzil von Chalcedon *[Izloženie very Chalkidonskogo Sobora]*; grch. Text zit. nach: A. Lebedev, Die Ökumenischen Konzilien des 4. und 5. Jahrhunderts *[Vselenskie Sobory IV i V vekov]*, St. Petersburg 1904, 289. Übersetzung: DH 301f.

Wir behaupten alles in ein und demselben Herrn, unserem Erlöser Jesus Christus, auf zweifache Weise, das heißt wir bekennen in Ihm zwei Naturen ... Wir bekennen gleichfalls, dass jede Seiner Naturen ihre natürlichen Eigenschaften hat: das Göttliche hat alle göttlichen Eigenschaften, das Menschliche alle menschlichen, außer der Sünde ... Wenn wir zwei Naturen, zwei natürliche Willen und zwei natürliche Wirkweisen in unserem einen Herrn Jesus Christus bekennen, dann lehren wir weder, dass sie einander entgegengesetzt oder feindlich sind ... noch dass sie gleichsam getrennt in zwei Personen oder Hypostasen seien ...

Agatho, römischer Papst[37]

Allen Menschen ist ein Wollen zu eigen ... Wenn der Mensch der Natur nach die Fähigkeit des Wollens besitzt, dann besitzt auch der Herr aufgrund der Natur die Fähigkeit des Wollens, nicht nur weil Er Gott ist, sondern auch weil Er Mensch wurde. Denn in gleicher Weise, wie Er unsere Natur annahm, nahm Er auch durch das natürliche Gesetz unseren Willen an ... „Als sie (sagt das heilige Evangelium) zu dem Ort kamen, sprach Er: Mich dürstet. Und sie gaben Ihm Wein, der mit Galle vermischt war, und Er kostete und wollte nicht trinken" (Mt 27,34; Joh 19,28f.). Wenn Er daher als Gott dürstete und, nachdem Er gekostet hatte, nicht trinken wollte, dann musste Er folglich als Gott Leiden unterworfen sein, denn sowohl der Durst als auch das Kosten sind Leiden. Wenn Er indes nicht als Gott dürstete, dann ganz bestimmt als Mensch, und Er besaß die Fähigkeit des Wollens, so wie jeder Mensch ... Wir behaupten, dass in unserem Herrn Jesus Christus auch gleichfalls zwei Wirkweisen sind ... Die Kraft zum Wunder war ein Wirken Seiner Gottheit, doch die Tat der Hände und dass Er den Willen hatte und sagte „Ich will, sei rein" war ein Wirken Seiner Menschheit. Das Brechen der Brote und dass Er den Aussätzigen hörte und sagte: „Ich will, sei rein" – das war etwas, was durch Sein menschliches Wirken geschah, die Vermehrung der Brote aber und die Reinigung des Aussätzigen waren Werke Seiner Göttlichen Natur.

Johannes von Damaskus[38]

---

37 Agatho, römischer Papst, Brief *Consideranti mihi* an die Kaiser; zit. nach: Akten der Ökumenischen Konzilien *[Dejanija Vselenskich Soborov]*, Kasan 1882, Bd. 6, 35f. Übersetzung: DH 543f.

38 Johannes von Damaskus, Genaue Auslegung des Orthodoxen Glaubens *[Ioann Damaskin, Točnoe izloženie pravoslavoj very]* 3,14f., Thessalonike 1976, 262-276. Übersetzungen: Des heiligen Johannes von Damaskus genaue Darlegung des orthodoxen Glaubens. Übersetzt, mit Einleitung und Erläuterungen versehen von Dionys Stiefenhofer (= BKV² 44), Kempten – München 1923, 144-164.

Das Fleisch des Herrn wurde aufgrund der reinen Vereinigung mit dem Wort ... mit göttlichem Wirken bereichert und erlitt in keiner Weise einen Verlust seiner natürlichen Eigenschaften, denn es vollzog das göttliche Wirken nicht in eigener Kraft, sondern aufgrund des mit ihm vereinigten Wortes, wie auch das Wort Seine Kraft durch das Fleisch kundtat. Denn glühendes Eisen brennt, besitzt die Kraft des Brennens jedoch nicht infolge des natürlichen Zustandes, sondern eignet sie sich aus seiner Vereinigung mit dem Feuer an. So war ein und dasselbe Fleisch sterblich durch seine Natur und lebenschaffend aufgrund der hypostatischen Vereinigung mit dem Wort. In ähnlicher Weise sprechen wir von der Vergöttlichung des Willens – nicht so, dass die natürliche Bewegung verändert wurde, sondern so, dass sie mit Seinem göttlichen und allmächtigen Willen vereinigt und zum Willen des menschgewordenen Gottes wurde.

Johannes von Damaskus[39]

Er ist Gott von Gott, vom ursprungslosen Vater der ursprungslose Sohn, vom leiblosen – der leiblose, vom unbegreiflichen – der unbegreifliche, vom ewigen – der ewige, vom unzugänglichen – der unzugängliche, vom unfassbaren – der unfassbare, vom unsterblichen – der unsterbliche, vom unsichtbaren – der unsichtbare, das Wort Gottes und Gott, durch Den alles ins Sein gebracht wurde – das, was im Himmel, und das, was auf der Erde ist ... Indem Er dieses Sein hat und im Vater bleibt und den Vater so hat, dass Er in Ihm bleibt, wird Er nicht von Ihm getrennt und verlässt Ihn überhaupt nicht. So kam Er auf die Erde und wurde Fleisch durch den Heiligen Geist und durch Maria die Jungfrau. Er wurde Mensch, war ... uns in allem gleich, außer der Sünde, um alles Unsrige zu durchlaufen und jenen ersten Menschen neu zu schaffen und zu erneuern, und durch ihn auch alle Geborenen und Gebärenden, gleich ihren Stammeltern.

Symeon der Neue Theologe[40]

---

39 Johannes von Damaskus, Genaue Auslegung des Orthodoxen Glaubens *[Ioann Damaskin, Točnoe izloženie pravoslavoj very]* 3,17, Thessalonike 1976, 294-296. Übersetzungen: Des heiligen Johannes von Damaskus genaue Darlegung des orthodoxen Glaubens. Übers., mit Einleitung und Erläuterungen versehen von Dionys Stiefenhofer (BKV² 44), Kempten – München 1923, 167f.

40 Symeon der Neue Theologe *[Simeon Novyj Bogoslov]*, Ethik XIII, 76-89. [Vom Verfasser verwendete] Übersetzung: Syméon le Nouveau Théologien, Traités théologiques et éthiques, Bd. 2 (= SC 129), Introduction, texte critique, traduction et notes par Jean Darrouzès, Paris 1963, 406.

Kommt herbei, wir wollen uns erfreuen am Herrn, wenn wir das gegenwärtige Geheimnis verkündigen: Die trennende Scheidewand wurde zerstört, das flammende Schwert wurde zurückgezogen, und der Cherub tritt vom Baum des Lebens weg. Und ich koste die paradiesische Frucht, die mir wegen meines Ungehorsams genommen war. Denn das unveränderliche Bild des Vaters, Sein überzeitliches Bild, nimmt die Gestalt eines Sklaven an, geht hervor aus Maria, die nicht in einer Ehe lebt, Er erleidet keine Veränderung, denn Er blieb, was Er war – wahrer Gott, und nahm an, was Er nicht war – wurde Mensch aus Menschenliebe. Rufen wir Ihm zu: Der Du von der Jungfrau geboren bist, Gott, erbarme Dich unser.

Gottesdienst zum Fest der Geburt Christi[41]

---

41 Gottesdienst zum Fest der Geburt Christi (Stichiron zur Vesper, Ton 2) *[Služba Roždestvu Christovu (stichira na večerne)]*, in: Feiertagsminäen *[Mineja prazdničnaja]*, Moskau 1970, 202.

Kapitel 7
Die Kirche

Das Reich Christi

„Kein Christentum ohne Kirche", schrieb zu Beginn des 20. Jahrhunderts Erzbischof Hilarion (Troizkij), einer der vielen neuen russischen Märtyrer.[1] Die Kirche ist das Reich Christi, erkauft um den Preis Seines Blutes, das Reich, in das Er jene, die Er zu Seinen Kindern erwählt, und jene, die Ihn zum Erlöser erwählen, hineinführt.

Zum ersten Mal wird die Kirche in dem Gespräch Jesu Christi mit den Jüngern in Cäsaräa Philippi erwähnt, als Petrus im Namen der übrigen Apostel Ihn als den Sohn Gottes bekannte, worauf der Erlöser antwortete: „Selig bist du, Simon, Bar Jona, denn nicht Fleisch und Blut haben dir das geoffenbart, sondern Mein Vater, Der im Himmel ist. Und ich sage dir: Du bist Petrus, und auf diesem Felsen werde Ich Meine Kirche bauen, und die Pforten der Unterwelt werden sie nicht überwältigen" (Mt 16,17f.). Das heißt das Bekenntnis des Petrus wird zum Fels, der als Fundament der Kirche Christi dient.

Im eigentlichen Sinne ist jedoch Jesus Christus selbst als Grundstein das Fundament der Kirche: Der Apostel Petrus spricht in seinem Brief von Christus als dem Eckstein der Kirche: „Kommt zu Ihm, dem lebendigen Stein, Der von den Menschen verworfen, von Gott aber auserwählt und geehrt ist, und als lebendige Steine erbaut aus euch ein geistiges Haus, eine heilige Priesterschaft, um geistige Opfer darzubringen, die Gott gefallen durch Jesus Christus. Denn es heißt in der Schrift: Seht her, Ich lege in Zion einen Eckstein, einen erwählten, einen wertvollen; wer an Ihn glaubt, der wird nicht zuschanden" (1 Petr 2,4-6). So gesehen ist der Glaube an Christus der Stein, der zum Fundament des geistigen Gebäudes wird, dessen Name Kirche ist. Davon spricht auch der Apostel Paulus: „Ihr seid also nicht mehr Fremde und Zugewanderte, sondern Mitbürger der Heiligen, und ihr gehört zu Gott. Ihr seid auf das Fundament der Apostel und Propheten gebaut und habt Jesus Christus selbst als den Eckstein, auf Dem das ganze Gebäude, harmonisch zusammengefügt, zu einem heiligen Tempel im Herrn wächst, auf Dem auch ihr zu einer Wohnung Gottes im Geist

---

1 Erzbischof Hilarion (Troizkij), Kein Christentum ohne Kirche *[Christianstva net bez Cerkvi]*, Montreal 1986, 3.

erbaut werdet" (Eph 2,19-22). Im Brief an die Korinther bezeichnet Paulus die Gemeinde als „Bauwerk", sich selbst als „Baumeister" und Christus als das „Fundament": „Denn niemand kann ein anderes Fundament legen außer dem, das gelegt worden ist, das ist [Jesus] Christus" (1 Kor 3,11).

Das griechische Wort *ekklesia*, das ‚Kirche', ‚Versammlung der Menschen' bedeutet, kommt von dem Verb *ekkaleo* – heraus-, herbeirufen. Die christliche Kirche ist die Versammlung der von Christus Gerufenen, die an Ihn glauben und durch Ihn leben. Die Kirche ist aber nicht einfach eine Gesellschaft oder Gemeinschaft von Menschen, die durch den Glauben an Christus vereinigt sind, nicht einfach eine Summe von Individuen. Die gemeinsam Versammelten, die Glieder der Kirche, bilden einen Leib, einen unteilbaren Organismus: „Die Menschheit, die mit ihrem göttlichen Anfang in Christus vereinigt ist, ist die Kirche, der lebendige Leib des Göttlichen Logos, Der Fleisch geworden ist ... in der gottmenschlichen Person Jesu Christi", schreibt Vladimir Solovjov. „Dieser Leib Christi, der zuerst als kleiner Keim in Gestalt der kleinen Gemeinschaft der ersten Christen in Erscheinung tritt, wächst allmählich und entwickelt sich, um am Ende der Zeiten die gesamte Menschheit und die ganze Natur in einem allumfassenden gottmenschlichen Organismus in sich zu umfangen".[2]

Die Bezeichnung der Kirche als Leib Christi stammt vom Apostel Paulus: „Wir alle wurden durch den einen Geist in der Taufe in einen Leib aufgenommen, Juden oder Griechen, Sklaven oder Freie, und wir alle wurden mit dem einen Geist getränkt ... Ihr seid der Leib Christi, und als einzelne seine Glieder" (1 Kor 12,13.27). Durch die Sakramente, besonders durch die Teilhabe am Leib und Blut Christi im eucharistischen Brot und Wein, werden wir mit Ihm vereinigt, und wir werden in Ihm zu einem Leib: „Ein Brot ist es, und wir viele sind ein Leib, weil wir teilhaben an dem einen Brot" (1 Kor 10,17). Die Kirche ist der eucharistische Leib Christi: Die Eucharistie verbindet uns mit Ihm und untereinander. Je näher wir bei Gott sind, um so näher sind wir einander, je vollkommener die Liebe zu Christus ist, um so stärker ist die Liebe zum Nächsten. Weil wir mit Gott durch das Leben in den Sakramenten verbunden sind, werden wir wieder miteinander vereinigt, überwinden wir unsere gewöhnliche Uneinigkeit und Entfremdung, werden wir zu Gliedern eines ungeteilten Organismus, miteinander verbunden in der Gemeinschaft der Liebe.

Alttestamentliches Vorbild der Kirche war das Volk Israel, das von Gott erwählt und von den anderen Völkern ausgesondert wurde. Als Kennzeichen der Zugehörigkeit zum alten Israel dienten die Nationalität und die Beschnei-

---

2   Vladimir Solovjov, Die geistlichen Grundlagen des Lebens *[Duchovnye osnovy žizni]*, Paris 1926, 129.

dung, Kennzeichen der Zugehörigkeit zum neuen Israel – der Kirche – sind der Glaube an Jesus Christus und die Taufe. Das alte Israel war ein Heer unter Gott als seinem Heerführer, das neue Israel ist eine Herde, die von seinem Hirten Christus geleitet wird (vgl. 1 Petr 5,1f.). Das alte Israel wanderte durch die Wüste in der Erwartung des gelobten Landes, das neue Israel wandert durch das gelobte Land in Erwartung und im Vorgeschmack des Himmlischen Reiches, das sich in seiner Fülle erst nach dem ‚Ende der Zeiten' offenbart, das heißt im künftigen Leben, das jedoch schon jetzt für die Menschen in der Kirche beginnt.

Der Himmel auf Erden

„Die Kirche ist der irdische Himmel, wo der himmlische Gott lebt und sich bewegt", sagt der heilige German, Patriarch von Konstantinopel.[3] In der Kirche ist Gott wirklich und erfahrbar gegenwärtig. Wir glauben, dass Christus, Der nach Seiner Auferstehung in den Himmel aufgefahren ist, die Jünger nicht im Stich gelassen hat, sondern in unaussprechlicher Weise bei ihnen blieb, „sich in keiner Weise entfernt, sondern unablässig anwesend ist" (Kontakion am Festtag der Himmelfahrt des Herrn). Seine Verheißung „Ich bin bei euch alle Tage bis ans Ende der Zeiten" erfüllt sich in der Kirche, die Er als den Ort gründete, wo man Ihm begegnet und Er mit den Menschen verkehrt. Zusammen mit Christus sind in der Kirche die Mutter Gottes und eine Vielzahl von Engeln und Heiligen unsichtbar anwesend, die an der Liturgie in gleicher Weise wie die Menschen teilnehmen. Die himmlische Kirche, die aus den Engeln und den Entschlafenen besteht, und die pilgernde Kirche, die aus den auf Erden lebenden Menschen besteht, sind in dem einen Leib Christi vereinigt, dem einen und unteilbaren.

Es geschieht mitunter, dass Menschen, die zum ersten Mal einen orthodoxen Gottesdienst besuchen oder sich sogar zufällig in einer leeren Kirche befinden, eine gewisse unsichtbare Anwesenheit erfahren. Bischof Kallistos (Ware) berichtet von seiner ersten Berührung mit der Orthodoxie: „Warum gehöre ich als Engländer zur Orthodoxen Kirche? Das alles begann an einem Sonntag abend, als ich noch ein Schüler war. Ohne eine klare Vorstellung, wohin ich ging, betrat ich zufällig die russische orthodoxe Kirche in London. Dort war es dunkel. Das erste, was ich bemerkte, war die weite Fläche des polierten Fußbodens, ohne eine einzige Bank, nur mit einigen Stühlen. Die

---

3 St. Germanus of Constantinople, On the Divine Liturgy (the Greek text with English translation), New York 1984, 56.

Kirche sah leer aus. Dann hörte ich einen kleinen Chor, der sich irgendwo außerhalb des Blickfeldes befand. Ich konnte auch einige betende Menschen sehen, mehrheitlich ältere Leute, die bei einer Wand mit einer Vielzahl von Ikonen standen. Doch das erste Empfinden einer Leere, fast einer Abwesenheit, verwandelte sich plötzlich in ein grenzenloses Gefühl der Fülle. Ich spürte keine Abwesenheit, sondern eine Anwesenheit – die Anwesenheit einer zahllosen Menge von Betern. Ich verstand, dass diese kleine Versammlung Teil irgendeiner Handlung war, die um vieles größer war als sie selbst, einer Handlung, die nicht mit dem Beginn des Gottesdienstes anfing und nicht aufhört, wenn er beendet wird. Ich konnte kein einziges Wort des Gottesdienstes verstehen, weil alles in kirchenslavischer Sprache vor sich ging. Aber ich wusste, um einen Ausdruck aus der Liturgie der Vorgeweihten Gaben während des Großen Fastens zu gebrauchen, ‚jetzt beten himmlische Kräfte unsichtbar mit uns'. Viele Jahre später las ich die Erzählung vom Fürsten Vladimir, die in der Nestorchronik enthalten ist, und gelangte zu der Stelle, wo die russischen Gesandten die Liturgie beschreiben, an der sie in Konstantinopel teilgenommen hatten. ‚Wir wussten nicht, wo wir uns befanden, ob im Himmel oder auf Erden, sagten sie. Wir können dir dies nicht beschreiben, nur eines wissen wir genau: Dort wohnt Gott unter den Menschen. Diese Schönheit können wir nicht vergessen.' Und ich werde nie vergessen, wie sehr mich die Lektüre dieser Worte erschütterte, weil ich in ihnen genau meine eigene Erfahrung erkannte. Jenen Abendgottesdienst, an dem ich teilgenommen hatte, fehlte vielleicht der äußere Prunk des Byzantinischen Reichs im 10. Jahrhundert, doch gleich den russischen Gesandten erfuhr auch ich den ‚Himmel auf Erden', die unsichtbare Schönheit des Reiches Gottes, die unmittelbare Anwesenheit einer großen Schar von Heiligen".[4]

Dass in der Kirche während des Gottesdienstes die Gottesmutter und die Engel anwesend sind, ist in der heiligen Überlieferung vielfach bezeugt. So sah z.B. einmal der heilige Andreas der Narr [um Christi willen], der im 10. Jahrhundert in Konstantinopel lebte, zur Zeit des Gottesdienstes die Gottesmutter, Die das Volk mit ihrem Schleier bedeckte. Dem heiligen Sergij von Radonezh diente während der Liturgie ein Engel. Es gibt auch folgende alte Erzählung: Einstmals reiste ein Bischof mit einem Diakon, und sie stießen auf eine halb zerstörte Kirche, die sich weit entfernt von bewohnten Ortschaften befand, und wollten dort die Liturgie feiern. Als sie in dem leeren Raum mit dem Gottesdienst anfingen und der Diakon anhob: „Im Frieden lasst uns zum Herrn beten", hörten sie plötzlich einen unsichtbaren Chor, der antwortete: „Herr,

---

4   Kallistos Ware, Why I am an Orthodox, in: The Tablet, 16 February 1985, 15.

erbarme Dich". Der Gesang der Engel begleitete den ganzen Gottesdienst. Es geschieht auch in unseren Tagen, dass der Priester durch irgendwelche Umstände gezwungen wird, den Gottesdienst allein zu vollziehen, ohne Gemeindemitglieder: Denn es gibt ja Gemeinden, wo nur so wenig Menschen sind, dass bei einem Gottesdienst nur zwei oder drei Personen teilnehmen, und manchmal kein einziger. Auch wenn die Ordnung der Liturgie solche Situationen nicht vorsieht, sondern davon ausgegangen wird, dass an einem Gottesdienst eine Gemeinde teilnimmt, ist in einem solchen Fall der Priester nicht allein, weil die Engel und auch die Heiligen und Verstorbenen mit ihm zusammen das unblutige Opfer darbringen.

Die Eigenschaften der Kirche

Das Wort des Nizäno-Konstantinopolitanischen Glaubensbekenntnisses „Ich glaube... an die Eine, Heilige, Katholische *[Sobornaja]* und Apostolische Kirche" definiert die Eigenschaften der Kirche als eines gottmenschlichen Organismus.

Die Kirche ist eine, weil sie nach dem Bild der Heiligen Dreieinigkeit geschaffen ist und in sich das Geheimnis einer wesenhaften Einheit bei hypostatischer Unterschiedenheit darstellt: Sie besteht aus einer Vielzahl einzelner personaler Hypostasen, die durch die Einheit des Glaubens und der Sakramente unzerstörbar miteinander verbunden sind. Nach den Worten des Apostels Paulus ist es „ein Leib und ein Geist ... ein Herr, eine Hoffnung, eine Taufe, ein Gott und Vater aller, Der über allen und durch alles und in allem ist" (Eph 4, 4-6). Für diese Einheit aller Christen betete Jesus beim Abendmahl: „Heiliger Vater! Erhalte sie in Deinem Namen, jene, die Du Mir gegeben hast, damit sie eins sind wie Wir ... Doch nicht allein für sie bete Ich, sondern auch für alle, die durch ihr Wort an Mich glauben. Alle sollen eins sein: Wie Du, Vater, in Mir bist und Ich in Dir bin, so sollen auch sie in Uns eins sein" (Joh 17,11-21). Die Liebe der drei Personen der Heiligen Dreieinigkeit wird in der Einheit der Kirche abgebildet. „Auf der Erde gibt es keine Einheit, mit der man die kirchliche Einheit vergleichen könnte; solche Einheit kann nur im Himmel gefunden werden", schreibt Erzbischof Hilarion (Troizkij). „Im Himmel vereinigt die unvergleichliche Liebe des Vaters, des Sohnes und des Heiligen Geistes drei Personen zu einem Wesen, so dass nicht drei Götter sind, sondern ein Gott, der in dreieinigem Leben lebt. Menschen, die in die Kirche eintreten und einander lieben, sind den drei Personen der Allerheiligsten Dreieinigkeit ähnlich".[5]

---

5   Hilarion (Troizkij), Kein Christentum ohne Kirche *[Christianstva net bez Cerkvi]*, Montreal 1986, 15f.

Von der Heiligkeit der Kirche spricht der Apostel Paulus, indem er Christus mit einem Bräutigam und die Kirche mit der Braut vergleicht: „Christus hat die Kirche geliebt und sich für sie dahingegeben, um sie zu heiligen ... um sie als herrliche Kirche vor sich zu stellen, die keine Flecken oder Laster oder irgendetwas ähnliches hat, sondern damit sie heilig und untadelig ist" (Eph 5,23-27). Die Heiligkeit der Kirche ist nicht nur durch die Heiligkeit Christi, ihres Hauptes, bedingt, sondern auch durch die Heiligkeit, zu der all ihre Glieder berufen sind: Die Apostel bezeichnen in ihren Briefen die Christen oft als „Heilige", und sie verstehen darunter, dass die Heiligkeit kein unerreichbares Ideal, sondern eine Norm für die Glieder der Kirche ist. Zur Heiligkeit ist jeder Christ berufen, und in jeder Epoche der Kirche gibt es wahre Heilige, wobei solche Heilige, die Sünden und Leidenschaften überwunden haben, sehr selten sind. Die meisten Christen sind Sünder, die nicht Glieder der Kirche kraft der erlangten Heiligkeit, sondern kraft ihres Strebens danach und ihrer Buße sind. Die Aufgabe der Kirche besteht auch darin, sie zu heiligen und zu Gott zu führen. In diesem Sinne sagt man von den Christen, dass sie sich *in patria et in via*, in der Heimat und auf dem Weg befinden, das heißt gleichzeitig innerhalb der Kirche und noch auf dem Weg zu ihr.

Der kirchenslavische Ausdruck *sobornaja* entspricht nicht ganz genau dem griechischen *katholike* [katholisch], das ‚allgemein‘ *[vseobščaja]* heißt, das bedeutet: die Christen, die auf der ganzen Erde zerstreut sind, zu einer Einheit zusammenschließend, die auch alle Heiligen und Verstorbenen umfasst. Der heilige Kyrill von Jerusalem sagt: „Die Kirche wird ‚katholisch‘ genannt, weil sie allgemein und ohne jede Auslassung alles überliefert, was in den Bestand menschlichen Wissens eingehen muss – die Lehren (Dogmen) vom Sichtbaren und Unsichtbaren, vom Himmlischen und Irdischen ...".[6] Ursprünglich war die Kirche eine kleine Gemeinde der Jünger Christi in Jerusalem (daher heißt die Jerusalemer Kirche bis jetzt die „Mutter der Kirchen"), aber schon im 1. Jahrhundert entstanden dank der Predigt der Apostel Gemeinden in Rom, Korinth, Ephesus und in anderen Städten Europas, Asiens und Afrikas. Alle diese Gemeinden, die jeweils von einem Bischof geleitet wurden, stellten die eine, ‚allgemeine‘ *[vseobščaja]* Kirche mit Christus als ihrem Haupt dar. Eine besondere Vollmacht besitzt seit den ersten Jahrhunderten der Bischof von Rom als Vorsteher des Apostolischen Stuhles, weil er, nach einem Ausdruck des heiligen Cyprian von Karthago, „den Platz des Petrus und den Rang der heili-

---

6 Kyrill von Jerusalem, Katechetische Homilie *[Kirill Ierusalemskij, Slovo oglasitel'noe]* 18, 23, in: Werke *[Tvorenija]*, Moskau 1855, 340.

gen Kathedra einnahm".[7] Nach dem Bruch zwischen West und Ost im Jahre 1054 wurde der Bischof von Rom im Westen zum einzigen Haupt aller Kirchen, während im Osten jede Lokalkirche von ihrem Patriarchen geleitet wird. Die höchste Gewalt in der Ostkirche wird üblicherweise Christus selbst zugeschrieben. Beschlüsse, die allgemeinverbindlich für die gesamte orthodoxe Welt sind, können nur durch ein Ökumenisches Konzil gefasst werden.[8] Die Katholizität der Kirche wird im Osten entsprechend in erster Linie als *Sobornost'* [Konziliarität] verstanden, die sich in der Praxis der Abwesenheit eines sichtbaren Haupt ausdrückt. Die Kirche als ganze besitzt nach orthodoxer Lehre eine „Unfehlbarkeit" *[nepogrešimost']* in Glaubensfragen: die Hüterin der Wahrheit ist der Glaubenssinn *[sobornyj razum]* des ganzen Gottesvolkes.

Die Apostolizität der Kirche besteht darin, dass sie von den Aposteln gegründet worden ist, die Treue zu ihrer Lehre bewahrt, von ihnen die Sukzession besitzt und ihren Dienst auf Erden fortführt. Dass die Kirche „auf dem Fundament der Apostel und Propheten gegründet ist", sagt der Apostel Paulus (Eph 2,20). Unter apostolischer Sukzession versteht man die ununterbrochene Kette der Handauflegungen (d.h. die Weihe zur Bischofswürde), die von den Aposteln bis zu den gegenwärtigen Bischöfen reicht: Die Apostel haben der ersten Generation von Bischöfen die Hände aufgelegt, die ihrerseits der zweiten Generation die Hände auflegten, und so fort bis in unsere Tage. Christliche Gemeinden, in denen diese Sukzession unterbrochen ist, gelten als von der

---

7   Cyprian von Karthago, Werke *[Kiprian Karfarenskij, Tvorenija]*, Kiev 1879, Bd. 3, 600.

8   Die Tatsache, dass Ökumenische Konzilien im Osten in einem Zeitraum von zwölf Jahrhunderten nicht einberufen worden sind, stellt die Orthodoxe Kirche vor die Frage nach der höchsten Vollmacht, die im Grunde genommen fehlt: „Das Problem einer zentralen Organisation der Orthodoxen Kirche ist eine brennende Frage unserer Tage", schrieb im Jahre 1972 Erzbischof Vasilij (Krivoschein). „Das Leben selbst und die Bedürfnisse der Orthodoxie werfen sie auf. In einer Welt, in der alles organisiert und koordiniert ist, kann nicht einzig die Orthodoxe Kirche ohne Organisations- und Koordinationszentrum bleiben, ohne dadurch große Schwierigkeiten und Schaden zu erleiden": Katholizität und Strukturen der Kirche *[Kafoličnost' i struktury Cerkvi]*, in: Bote des Russischen Westeuropäischen Patriarchalexarchats *[Vestnik Russk. Zap.-Evr. Patr. Eksarchata]*, Paris (1972) Nr. 80, 259f. Zu diesen Schwierigkeiten gehört zum Beispiel das Kalenderproblem und auch die Tatsache, dass einzelne Lokalkirchen die Rechtmäßigkeit und Eigenständigkeit anderer nicht anerkennen; so anerkennt beispielsweise die Kirche von Konstantinopel nicht die von Armenien. Solche Probleme können nur durch ein Ökumenisches (Gesamtorthodoxes) Konzil gelöst werden. Solange jedoch Konzilien nicht einberufen werden, bleiben die Probleme ungelöst. – Anm. d. Übers.: Auch die „Heilige und Große Synode der Orthodoxen Kirche", die 2016 auf Kreta stattfand, konnte die genannten Fragen nicht beantworten; sie verstand sich als ein gesamtorthodoxes, aber nicht als ein Ökumenisches Konzil.

Kirche abgefallen, solange sie nicht wiederhergestellt ist. Die Bischöfe setzen die Sendung der Apostel auf Erden fort, durch den Gottesdienst, die Verkündigung, die Leitung der bestehenden kirchlichen Gemeinden und die Gründung neuer Gemeinden. Nicht nur die Bischöfe und Priester, sondern jedes Glied der Kirche ist zum apostolischen, missionarischen Dienst berufen, zur Verkündigung Christi in Wort und Tat: „Geht und lehrt alle Völker, tauft sie auf den Namen des Vaters und des Sohnes und des Heiligen Geistes" (Mt 28,19).

Die Mission, die den Aposteln und ihren Nachfolgern von Christus aufgetragen wurde, ist heute noch längst nicht abgeschlossen und vollendet. Es gibt auf der Erde noch viele Völker, die fast gar nicht von der Verkündigung Christi berührt wurden, riesige Gebiete, wo das Wort des Evangeliums kaum hörbar ist. Einige Länder, die ehemals christlich waren, haben sich jetzt wieder dem Heidentum und dem Unglauben zugewandt, und sie bedürfen einer neuen Verkündigung, neuer Apostel. Vor 1000 Jahren taufte der apostelgleiche Fürst Vladimir die Rus'[9], und mit diesem Moment begann der viele Jahrhunderte lange Weg einer allmählichen Verdrängung des Heidentums und der Einpflanzung des Christentums. Etwa im 15. Jahrhundert verwandelte sich dank der Mühen und Großtaten der Nachfolger der Apostel das Land in jene heilige Rus', von der wir in den Chroniken lesen, wo jeder Mensch – ob jung oder alt – die Lehre Christi kannte, zur Kirche ging, wo man sogar Lesen und Schreiben nur aus dem Psalter lernte. Doch in den folgenden Jahrhunderten gab es Tendenzen, die zu einer geistigen Krise führten und infolgedessen zur Katastrophe des Jahres 1917 und zu 70 Jahren ‚babylonischer Gefangenschaft', in der die Kräfte der Unterwelt jede Erinnerung an Christus endgültig vernichten und Gott aus den Herzen der Menschen vertreiben wollten. Das Land wurde wieder zu einem heidnischen, und die Leute saßen wieder „im Dunkeln" und erwarteten das Licht (Jes 59,9). Wieder stehen die Christen, insbesondere die Hirten, die Nachfolger der Apostel, vor der gleichen Aufgabe wie Fürst Vladimir vor 1000 Jahren und die Apostel vor 2000 Jahren: das Evangelium zu verkündigen, im Namen des Vaters und des Sohnes und des Heiligen Geistes zu taufen, die Götzenbilder zu vernichten und an ihrer Stelle Tempel Christi zu errichten. Die Götzenbilder sind vor unseren Augen bereits mit unerhörter Kraft zerstört worden, doch an dem befreiten Ort geistliche Tempel zu errichten und das entstandene Vakuum mit dem wahren Glauben zu erfüllen, steht noch bevor. Die geistliche Zukunft Russlands hängt davon ab, ob die

---

9   Mit *Rus'* wird der Stamm bezeichnet, der ursprünglich im Kiever Gebiet siedelte, dort die Taufe empfing und am Ursprung des späteren ‚Russland' steht. Bis heute trägt der Patriarch von Moskau den Titel: Patriarch von Moskau und der ganzen Rus'; Anm. d. Übers.

Kirche diese Sendung bewältigt, ob sich heute Menschen finden, die den Aposteln im Glauben gleichen, im Eifer für Gott und in der Liebe zu Christus und zum Volk Gottes ...

Die Gemeinde der Apostel begriff sich endgültig als Kirche im Pfingstereignis, als auf die Apostel der Heilige Geist in Gestalt von Feuerzungen herabkam und sie die Kraft erhielten, das Evangelium „allen Völkern" zu verkünden. Das Troparion des Pfingstfestes offenbart den Sinn dieses Ereignisses: „Als der Höchste herabkam und die Sprachen verwirrte, schied Er die Völker; als Er die Feuerzungen verteilte, berief Er alle zur Einheit, und einstimmig rühmen wir den Allheiligen Geist". Hier ist die Erinnerung an den Turmbau zu Babel enthalten: Als Gott die Unvernunft der Menschen sah, die einen Turm bis zum Himmel bauen wollten, stieg Er herab und verwirrte ihre Sprache, damit sie aufhörten, einander zu verstehen, und den Bau des Turms beendeten, der sowieso einfallen und sie alle unter seinen Trümmern begraben würde (Gen 11,1-9). Die durch die Schuld der Menschen zerstörte Einheit des Menschengeschlechtes ist in der Kirche wiederhergestellt, wo es keine Unterschiede nach nationalen oder sprachlichen Merkmalen gibt, sondern allen die neue Sprache gegeben ist, die Sprache des Glaubens und des Gebetes, der einen Gesinnung und der Liebe. Jedes Mal, wenn der babylonische Turm einstürzt (und er wird wieder und wieder im Verlauf der Geschichte einstürzen), entsteht eine Sprachenverwirrung, verschärft sich der Widerspruch zwischen den Nationen und wachsen Missverständnis und Misstrauen. Nur der Heilige Geist, der „Geist der Weisheit und des Verstandes, der Geist des Rates und der Stärke, der Geist der Einsicht und der Frömmigkeit" (Jes 11,2), Der in der Kirche lebt und wirkt, kann alle versöhnen, zur Einheit und zur Eintracht berufen.

Die kirchliche Hierarchie

Im Alten Israel konnten nur diejenigen Priester werden, die durch Geburt zum Stamm Levi gehörten: Für alle übrigen war das Priestertum nicht zugänglich. Die Leviten waren geweiht und erwählt zum Dienst für Gott, sie allein hatten das Recht, das Opfer darbringen, den Weihrauch zu entzünden, Gebete und Lieder im Tempel anzustimmen; die Teilnahme des Volkes am Gottesdienst lief auf eine passive Anwesenheit hinaus. Doch die alttestamentlichen Opfer konnten, wie der Apostel Paulus sagt, die Menschheit nicht von der Sklaverei der Sünde befreien: „Es ist unmöglich, dass das Blut von Stieren und Böcken die Sünde vernichtet ... Jeder Hohepriester steht täglich im Dienst und bringt vielfach ein und dieselben Opfer dar, die niemals die Sünde vernichten können" (Hebr 10,4-11). Darum hat Christus sich selbst als Opfer dargebracht, um ein für allemal die Menschheit von der Sklaverei dem Teufel gegenüber zu erlösen:

„Wir sind ein für allemal durch die Darbringung des Leibes Jesu Christi geheiligt ... Er ... hat ein einziges Opfer für die Sünden dargebracht, und sich dann für immer zur Rechten Gottes gesetzt ... Er hat durch die eine Darbringung auf immer die Geheiligten vollendet" (Hebr 10,10-14).

Christus war gleichzeitig sowohl Hoherpriester als auch Opfer. Er gehörte nicht durch die Geburt zum Stamm Levi, sondern war der einzige wahre „Hohepriester auf ewig nach der Ordnung Melchisedeks" (Ps 109[110],4). Melchisedek, der einstmals Abraham begegnete, Brot und Wein darbrachte und ihn segnete – als Priester, „der ohne Vater und Mutter, ohne Stammbaum ist und keinen Anfang der Tage noch ein Ende des Lebens hat" (Hebr 7,3) – war das alttestamentliche Vorbild Christi. Indem Er Seinen Leib dem Tod übergab und Sein Blut für die Menschen vergoss, indem Er im Geheimnis der Eucharistie diesen Leib und dieses Blut wahrhaftig unter der Gestalt von Brot und Wein darbrachte und indem Er Seine Kirche gründete, die das Neue Israel wurde, hat Christus die alttestamentliche Kirche mit ihren Opfern und ihrem levitischen Priestertum aufgehoben; Er hat den Vorhang zerrissen, der das Allerheiligste von den Menschen trennte, und die unüberwindliche Mauer zwischen dem sakralen Levitentum und dem profanen Volk zerstört. In der Kirche Christi sind alle Menschen „Könige und Priester" (Offb 1,6), alle werden in das Allerheiligste geführt, alle werden zum „auserwählten Volk": „Ihr selbst, als lebendige Steine, erbaut aus euch ein geistliches Haus, eine heilige Priesterschaft, um geistliche Opfer darzubringen ... Ihr seid ein auserwähltes Geschlecht, eine königliche Priesterschaft, ein heiliges Volk, Menschen, die Sein Eigentum wurden, um die Vollkommenheit Dessen zu verkünden, Der euch aus der Finsternis in Sein wunderbares Licht berufen hat; einst ward ihr kein Volk, jetzt aber seid ihr Gottes Volk, einst gab es für euch kein Erbarmen, jetzt aber habt ihr Erbarmen gefunden" (1 Petr 2,5-10).

Die Lehre von der königlichen Priesterschaft aller Christen ist im Neuen Testament mit hinreichender Klarheit ausgedrückt. Zugleich gab es bereits in der apostolischen Zeit eine hierarchische Priesterschaft, das heißt besondere Menschen, die für den Dienst der Eucharistie und des Vorsteheramtes über das Volkes ausgewählt waren. In der Apostelgeschichte wird von der Wahl der sieben Diakone (griech. *diakonos* – Diener) und ihrer Weihe zum Dienst (Apg 6,6) berichtet. Nachdem die Apostel in verschiedenen Städten des Römischen Imperiums gepredigt hatten, gründeten sie dort christliche Gemeinden und legten den Bischöfen (griech. *episkopos* – Besucher, Aufseher) und Presbytern (griech. *presbyteros* – Ältester) zur Leitung dieser Gemeinden die Hände auf. Der Dienst der Bischöfe, Presbyter und Diakone war ein Dienst der Vorsteherschaft, des Lehramtes und der geistlichen Führung, bedingt durch den Unterschied in den Diensten aller Glieder der Kirche, die einen einzigen Organismus bildet: Wie im menschlichen Körper jedes Glied seine Funktion erfüllt, so gibt es auch bei den Gliedern der Kirche unterschiedliche Dienste. „Die Gaben sind verschieden, der Geist aber ist ein und derselbe; die Dienste sind verschieden, der Herr aber ist ein und derselbe; die Wirkweisen sind unterschiedlich, Gott aber ist ein und derselbe, Er wirkt alles in allem ... Und die einen setzte Gott in der Kirche zu Aposteln ein, zweitens andere als Propheten, drittens wieder andere zu Lehrern", sagt der Apostel Paulus (1 Kor 12,4-28).

Das hierarchische Priestertum besteht in der Kirche gerade dank des gemeinsamen königlichen Priestertums aller Christen. Ein geweihter Priester, der sich aus irgendeinem Grund von der Kirche entfernt hat oder von ihr getrennt wird, der sich außerhalb des Organismus der Kirche befindet, der herausgefallen ist aus dem heiligen Priestertum des Volkes Gottes, verliert seine priesterlichen Rechte. Im Inneren der Kirche ist das hierarchische Priestertum unlösbar mit dem Volk Gottes verbunden, und das eine kann ohne das andere nicht bestehen: Wie eine Gemeinde ohne einen Priester nicht Kirche sein kann, so kann auch ein Priester nicht ohne eine Gemeinde sein. Der Priester ist keinesfalls der einzige Zelebrant der Sakramente: Alle Sakramente werden von ihm unter Beteiligung des Volkes vollzogen, gemeinsam mit dem Volk und in Übereinstimmung mit ihm. Die Ordnung der Liturgie zeigt anschaulich, dass der Vorsteher den Ritus im Namen des Volkes vollzieht und dass die Teilnahme des Volkes am Dienst nicht passiv ist. Jeder Ausruf der Priesters wird durch das Wort ‚Amen‘ (hebr. wahrhaftig) besiegelt, das vom Volk ausgesprochen wird (die Ordnung der Liturgie kennt den Begriff ‚Chor‘ nicht, sondern nur den Begriff ‚Volk‘; in unserer gottesdienstlichen Praxis verkörpert der Chor gleichsam das Volk), jeder Segen des Priesters wird vom antwortenden Segen des Volkes begleitet. Der Priester und das Volk sind gleich: „Friede euch allen", sagt der Priester; „Und mit deinem Geist", antwortet das Volk; „Gnade sei mit euch allen", sagt der Priester, „Und mit deinem Geist", antwortet das Volk. In einigen Fällen erbittet der Priester selbst den Segen vom Volk: „Segnet, heilige Väter und Brüder, und vergebt mir, einem Sünder ...", worauf das Volk antwortet: „Gott möge dir vergeben" (Ordnung des Mitternachtsgottesdienstes). In der alten Kirche wurden Priester- und Bischofsweihe im Einvernehmen mit dem Volk vollzogen, wobei in der Regel auf diese Stufe nur Personen erhoben wurden, die vom Volk ausgewählt waren: In der Ordnung der Weihe hat sich bis heute der Ausruf des Volkes *axios* (griech. würdig *[dostoin]*) erhalten, der die Zustimmung zu dem Geweihten ausdrückt.

In der Kirche gibt es drei hierarchische Stufen: die Bischöfe, die Priester und die Diakone. Die Bischöfe stehen an der Spitze der kirchlichen Gebiete, der

Eparchien, die aus einer bestimmten Anzahl von Kirchengemeinden bestehen. Die Priester leiten einzelne Gemeinden, Gotteshäuser. Die Diakone helfen den Priestern und Bischöfen bei der Feier der Liturgie. In dieser Dreiheit sieht Dionysios Areopagita einen Widerschein der himmlischen Hierarchie, deren unmittelbare Fortsetzung die kirchliche Hierarchie ist.[10] Nach Dionysios werden das Licht und die Energie der Gottheit von den höchsten zu den niedrigsten Engeln weitergegeben, von ihnen zur kirchlichen Hierarchie und durch die Vermittlung der Hierarchie an die Laien.

Die dreistufige Hierarchie besteht in der Kirche seit uralten Zeiten, wenn auch wahrscheinlich nicht vom Moment ihrer Gründung an. In den Briefen der Apostel erkennen wir keinen deutlich hervortretenden Unterschied zwischen Bischöfen und Priestern, beide Ausdrücke werden meist synonym gebraucht: „Ich habe dich deshalb in Kreta gelassen", schreibt der Apostel Paulus, „damit du das Unvollendete vollendest und in den Städten Presbyter einsetzt, wie ich dir aufgetragen habe, wenn jemand makellos ist, nur einmal verheiratet und gläubige Kinder hat ... Denn ein Bischof muss makellos sein als ein Hausverwalter Gottes" (Tit 1,5-7). In der Zeit der Apostel gab es noch keinen Unterschied zwischen Eparchie [Diözese] und Pfarrei, da eine kirchliche Gemeinde, sei es auf Kreta, in Ephesus oder in Rom, alle Gläubigen dieser Stadt (oder des Landes) zusammenfasste und eine ‚Ortskirche'darstellte.[11]

Doch mit der Ausbreitung der Kirche ergab sich für die Bischöfe, die der Gemeinde einer Region vorstanden und das entsprechende Recht besaßen, die Notwendigkeit, Presbyter für diese Gemeinden zu weihen. Schon im 2. Jahrhundert verweist der heilige Märtyrer Ignatius der Gottesträger[12] deutlich auf den Bischof als den Leiter der Kirche und auf die Presbyter als seine Helfer, die in vollem Einklang mit ihm standen und ihm untergeben waren: „Das Priestertum steht im Einklang mit dem Bischof, wie die Saiten einer Zither".[13] Wenn die Presbyter dem Bischof gehorchen, dann gehorchen sie in seiner Person Christus selbst. Für den heiligen Ignatius verkörpert der Bischof die ganze Fülle der Kirche, und ein Zerwürfnis mit ihm bedeutet einen Bruch mit der Kirche. Der Hierarchie muss man Ehrerbietung erweisen: „Ihr alle, achtet die Diakone gemäß dem Gebot Jesu Christi und die Bischöfe als Jesus Christus (selbst) ... die

---

10 Vgl. A. Louth, Denys the Areopagite, Wilten CT (USA) 1989, 53f.

11 Beim hl. Klemens von Rom (1. Jh.) gibt es noch keinen Unterschied zwischen Bischöfen und Priestern. Er erwähnt nur Bischöfe und Diakone; vgl. 1. Brief an die Korinther 42, in: Frühe Kirchenväter [Rannye Otcy Cerkvi], Brüssel 1988, 69.

12 Beiname für den hl. Ignatius von Antiochien; Anm. d. Übers.

13 Brief an die Epheser 4, in: Frühe Kirchenväter [Rannye Otcy Cerkvi], Brüssel 1988, 103.

Presbyter aber als Versammlung Gottes, als Schar der Apostel! Ohne sie gibt es keine Kirche".[14]

Nach der Lehre der Kirche beeinflusst die sittliche Unvollkommenheit des einen oder anderen Vertreters der kirchlichen Hierarchie nicht die Wirksamkeit der Sakramente, die von ihm vollzogen werden, weil er beim Vollzug der Sakramente nur Instrument Gottes ist. Christus selbst tauft die Menschen, Er selbst vollzieht die Eucharistie und spendet sie ihnen, Er selbst vergibt ihnen im Sakrament der Buße die Sünden. Im Ritus der Beichte sagt der Priester dem Reumütigen: „Sieh her, da steht Christus unsichtbar, um dein Bekenntnis anzunehmen ... Ich bin nur Zeuge, um vor Ihm alles zu bezeugen, was du sagst". Wenn aber Christus in Seiner grenzenlosen Weisheit unwürdige und verderbte Diener in der Kirche erträgt, wie Er Judas unter den Aposteln geduldet hat, dann rechtfertigt dies nicht diejenigen Kleriker, die ihre Würde nicht zu Recht tragen. Als Werkzeug, Zeuge und Diener Gottes muss ein Priester, soweit das möglich ist, rein und makellos und nicht in Sünde verstrickt sein. Die sittliche Unvollkommenheit der Kleriker, Sünden und Laster der Geistlichkeit waren immer eine Krankheit und ein Unheil der Kirche. Auch wenn sie keinen Einfluss auf die Wirksamkeit der Sakramente haben, untergraben sie nichtsdestoweniger die Autorität der Kirche in den Augen der Menschen und zerstören den Glauben an Gott. Meistens urteilt man über Gott nach Seinen Dienern; das ist ganz natürlich, weil der Priester das Bild Christi darstellt. Und wie bitter ist es manchmal für einen Menschen, in einem Priester anstelle von Mitleid nur Gleichgültigkeit zu sehen, anstelle von Liebe Feindseligkeit, anstelle von sittlicher Reinheit Disziplinlosigkeit, anstelle von Ehrlichkeit Heuchelei. Von einem Menschen, auf dessen Brust sich ein Kreuz mit einer Darstellung Christi befindet, der für die Menschen gekreuzigt wurde, erwartet man dasselbe Mitleid und dieselbe Liebe wie von Christus selbst. „Sei für die Gläubigen ein Vorbild im Wort, im Leben, in der Liebe, im Geist, im Glauben und in der Reinheit", sagt der Apostel Paulus zu Timotheus, dem er die Hände zur heiligen Weihe aufgelegt hatte (1 Tim 4,12).

Die Frau in der Kirche

Im Verlauf der ganzen Kirchengeschichte konnten nur Männer den priesterlichen und bischöflichen Dienst ausüben. Das ist nicht einfach nur eine Tradition, die sich als Folge der Ungleichheit zwischen Männern und Frauen in der Vergangenheit herausbildete. Das Priestertum ist von Anfang an ein Dienst der

---

14 Brief an die Trallianer 3, in: Frühe Kirchenväter *[Rannye Otcy Cerkvi]*, Brüssel 1988, 118.

geistlichen Vaterschaft. Eine Frau kann Mutter sein, Ehefrau oder Tochter, aber sie kann kein Vater sein. Die Mutterschaft ist nicht geringer als die Vaterschaft, aber sie ist eine andere Sendung, ein anderer Dienst. Wodurch sich Vaterschaft und Mutterschaft unterscheiden, weiß nur das Kind, auch wenn es dies nicht in Worten ausdrücken kann. Den Unterschied der geistlichen Vaterschaft zu jedem anderen Dienst kennt jeder Christ, der einen geistlichen Vater hat. Die Orthodoxe Kirche verhält sich zu der in protestantischen Gemeinden eingeführten Einrichtung eines weiblichen Priestertums ablehnend, jedoch nicht, weil die Orthodoxie traditionell und konservativ wäre, noch weniger weil sie die Frau geringschätzte und für geringer als den Mann hielte. Sie nimmt vielmehr die Vaterschaft in der Kirche sehr ernst und will diese nicht einbüßen, indem sie die Frau mit einem Dienst beauftragt, der ihr nicht eigen ist. Im Organismus der Kirche erfüllt jedes Glied seine Funktion und ist unersetzlich. Die Vaterschaft kann durch nichts ersetzt werden, und wenn die Kirche sie einbüßt, dann verliert sie ihre Vollkommenheit und Fülle, wird zu einer Familie ohne Vater oder zu einem Organismus ohne die notwendigen Glieder.

In diesem Sinn ist die Beziehung des Christentums zur Ehe und sein Blick auf die Rolle der Frau in der Familie aufschlussreich. Die christliche Familie ist eine „kleine Kirche", geschaffen nach dem Bild der Kirche Christi. Nach der Lehre der Apostel ist der Mann das Haupt der Familie und nicht die Frau. Doch die Rolle des Mannes als Oberhaupt bedeutet keine Ungleichheit. Die Macht des Mannes ist die Macht der Liebe, ebenso wie die Macht Christi in der Kirche: „Wie die Kirche Christus gehorcht, so sollen auch die Frauen ihrem Mann in allem gehorchen. Ihr Männer, liebt eure Frauen, wie auch Christus die Kirche geliebt und sich für sie hingegeben hat ... Jeder von euch liebe seine Frau wie sich selbst, die Frau aber fürchte den Mann", schreibt der Apostel Paulus (Eph 5,24-33). „Sie fürchte" bedeutet nicht Furcht vor der Stärke, denn die Furcht verletzt den Mann, zerstört die Liebe und die Einmütigkeit in der Familie. Der Vorrang des Mannes ist die Bereitschaft, bis zur Selbstaufopferung zu lieben, wie Christus die Kirche liebt. Als Haupt der Familie soll der Mann der Frau Liebe und Respekt erweisen: „Ihr Männer, behandelt die Frauen besonnen ... und erweist ihnen als Miterben der Gnade des Lebens Ehre" (1 Petr 3,7). Nicht Ungleichheit, sondern harmonische Einheit bei unterschiedlicher Funktion – das ist es, was sowohl die Familie als auch die Kirche auszeichnen soll. Denn wenn die Familie eine kleine Kirche ist, dann ist auch die Kirche eine große Familie.

Die Vaterschaft des Priesters beschränkt sich nicht auf seine Funktion als Haupt und Leiter der Gemeinde. Gerade die Leitung ist in einigen Fällen einer Frau anvertraut. Zum Beispiel wird ein Frauenkloster immer von einer Äbtissin geleitet, der sich nicht nur die Nonnen unterordnen, sondern auch die Priester, die in diesem Kloster zelebrieren. In alten Klöstern gab es Starizen, geistliche Führerinnen, die das Recht hatten, die Beichte der Nonnen entgegenzunehmen. Sogar das Sakrament der Taufe kann in besonderen Fällen eine Frau vollziehen (zum Beispiel wenn kein Priester in der Nähe ist und ein Mensch im Sterben liegt), und dieses Sakrament wird als gültig und rechtmäßig anerkannt.

Dennoch kennt die Kirchengeschichte nicht den Fall, dass eine Frau den Dienst in der Liturgie versehen oder Priester geweiht hätte, wie das jetzt in protestantischen Gemeinden vorkommt. Der Priester, der die Eucharistie zelebriert, symbolisiert Christus – Gott, Der als Mann Mensch geworden ist. Die Kirche misst der liturgischen Symbolik eine große Bedeutung bei: Nach orthodoxem Verständnis besteht zwischen dem Symbol und der Wirklichkeit eine direkte wechselseitige Abhängigkeit, so dass bei einer Veränderung des Symbols auch die Wirklichkeit, die hinter ihm steht, ausgetauscht wird.

In der alten Kirche gab es jedoch Diakonissen, die recht umfangreiche Verpflichtungen besaßen: Sie halfen zum Beispiel dem Bischof beim Vollzug des Taufsakramentes und hatten an der Feier der Eucharistie teil. Die Frage nach der Wiederherstellung der Einrichtung der Diakonissen wurde in der Russischen Orthodoxen Kirche während der Vorbereitungsperiode auf das Landeskonzil im Jahre 1917/18 ernsthaft erörtert, die darauf folgenden Ereignisse verhinderten jedoch die Verwirklichung einiger geplanter kirchlicher Reformen. Faktisch haben Frauen heute viele wichtige und unersetzliche Dienste übernommen, darunter auch liturgische, die dem Dienst der Diakonissin in der alten Kirche verwandt sind: Sie bereiten das Brot für die Eucharistie, lesen und singen in der Kirche und leiten mitunter den Chor.

Die Gottesmutter und die Heiligen

Die Beziehung der Kirche zur Frau kann man daran ermessen, wie hoch die Kirche die Mutter Gottes stellt, indem sie Sie mehr als alle Heiligen verehrt, sogar mehr als selbst die Engel: „hochgeehrter als die Cherubim und unvergleichlich herrlicher als die Seraphim". Die Allerheiligste Gottesmutter ist die Mutter Christi und die Mutter der Kirche; in Ihrer Person preist die Kirche die Mutterschaft, die die unveräußerliche Würde und das Vorrecht der Frau ausmacht. Es ist bemerkenswert, dass die protestantischen Kirchen, die die Frauen mit der Feier der Eucharistie und anderen priesterlichen Funktionen beauftragen, die Gottesmutter nicht verehren und nicht zu Ihr beten. Eine Kirche aber, der die Mutter Gottes fehlt, büßt ihre Fülle ein, genauso wie eine Gemeinde nicht wirklich Kirche sein kann, wenn ihr das Priestertum fehlt. Wenn die Vaterschaft sich in der Gestalt der Hierarchie verwirklicht – des

Episkopats und des Priestertums –, dann ist die Mutterschaft in der Kirche in der Gestalt der Allerheiligsten Gottesmutter gegenwärtig.

Die Orthodoxe Kirche preist die Gottesmutter als Immerwährende Jungfrau. Dieser Ausdruck, den das V. Ökumenische Konzil im Jahre 553 definiert hat, unterstreicht die Jungfräulichkeit der Gottesmutter vor der Geburt Christi, in der Geburt selbst und nach der Geburt. Die Gottesmutter wird auch als Allerheiligste, als Allerreinste und Makellose bezeichnet.[15] Sie steht an der Spitze einer Vielzahl von Heiligen, die von der Kirche verehrt werden. Die Verehrung der Heiligen und das Gebet zu ihnen gehören zur ältesten Tradition der Kirche, die seit der apostolischen Zeit gewahrt wird.

Der Vorwurf, die Kirche bete Menschen in gleicher Weise an wie Gott und übertrete das Gebot „Vor dem Herrn, deinem Gott, sollst du dich niederwerfen und Ihm allein dienen" (Mt 4,10), ist ungerechtfertigt. Der griechische Gottesdienst unterscheidet klar zwischen der Anbetung Gottes *(latreia)* und der Verehrung *(proskynesis)* der Heiligen, denen die Ehre nicht dargebracht wird wie Gott, sondern wie Menschen, die eine geistliche Höhe erreicht haben und mit Gott vereinigt sind. Die Heiligen sind eng miteinander und mit Christus verbunden. Wenn wir die Heiligen verehren, dann ehren wir Christus, Der in ihnen lebt: „Christus ist der Anfang, die Mitte und das Ende. Er ist in allen Menschen, sowohl in den ersten als auch in den mittleren und in den letzten", sagt Symeon der Neue Theologe. „Diejenigen, die von Geschlecht zu Geschlecht durch die Erfüllung der Gebote zu Heiligen (werden), treten an die Stelle früherer Heiliger, werden mit ihnen vereinigt und wie sie erleuchtet, indem sie an der Gnade Anteil erhalten. Sie alle werden gewissermaßen zu einer goldenen Kette, an der jeder ein bestimmtes Glied ist, wobei sie mit dem vorangegangenen durch den Glauben, die Werke und die Liebe verbunden sind".[16] Die goldene Kette der christlichen Heiligen reicht von der apostolischen Zeit bis in unsere Tage: Auch jetzt gibt es nicht wenige Heilige – verborgene und offenkundige –, die die Kirche irgendwann einmal verehren wird.

Die offizielle Aufnahme in die Schar der Heiligen oder die Kanonisierung ist eine ziemlich späte Erscheinung: Die frühchristliche Kirche kannte keine besonderen Akte der Kanonisierung oder Verehrung. Ein Märtyrer, der für Christus gelitten hatte, wurde sofort nach seinem Tod von den Gläubigen ehrfürchtig verehrt: man betete zu ihm, an seinem Grabmal wurde die Liturgie

---

15 Vgl. Kallistos Ware, Mary Theotokos in the Orthodox Tradition, Marianum LII, Roma 1990, 211f.

16 Syméon le Nouveau Théologien, Chapitres théologiques, gnostiques et pratiques 3, 2-4 (= SC 51), Paris 1989, 120-122.

gefeiert. In der Russischen Orthodoxen Kirche gilt bis heute die Regel, die Liturgie auf dem Antimension zu feiern, in dem sich unbedingt ein Partikel einer Reliquie eines Heiligen oder Märtyrers befinden muss (Antimension – ein spezielles Tuch, das auf dem Altar liegt). Dies unterstreicht die Verbindung der irdischen, aus heute Lebenden bestehenden Kirche mit der himmlischen, triumphierenden Kirche, bestehend aus Heiligen, die von Gott verherrlicht sind. Dies verweist auch auf die Märtyrer, insofern sie das Fundament der Kirche sind. „Das Blut der Märtyrer ist der Same der Kirche", sagt Tertullian.[17] Nicht immer hatte die irdische Kirche die Möglichkeit, Heilige und Märtyrer feierlich zu kanonisieren, nicht selten blieb ihre Verehrung verborgen. Die Griechische Kirche, die sich lange Jahre unter der Macht des Osmanischen Reiches befand, konnte ihre heiligen neuen Märtyrer, die unter den Türken gelitten hatten, nicht öffentlich bekannt machen. Trotzdem wurden sie, wenn auch heimlich, allgemein von den Orthodoxen verehrt. Genauso konnte die Russische Kirche, als sie sich unter der Herrschaft der Bolscheviken befand, Tausende von neuen Märtyrern nicht öffentlich verehren. Diese starben nach dem Jahr 1917 durch die Bolscheviken in einer von ihren Ausmaßen her beispiellosen und überaus blutigen Verfolgung der Kirche, wie sie die Geschichte bisher nicht gekannt hatte. Dennoch feierten das Volk und einige Priester zu ihren Ehren Gottesdienste, ohne die formale Kanonisierung abzuwarten, die unter diesen Bedingungen unmöglich war.

Die Verehrung eines bestimmten Heiligen ist nicht Folge des Aktes einer Kanonisierung. Eher ist umgekehrt die Kanonisierung die Folge einer vom ganzen Volk dargebrachten Verehrung eines Heiligen. Es gibt Heilige, von deren Leben nahezu nichts bekannt, deren Verehrung jedoch universal ist, wie zum Beispiel der heilige Nikolaus, Erzbischof von Myra in Lykien, der im 4. Jahrhundert lebte. Ihn verehren die Christen in der Ost- wie der Westkirche; sogar Nichtchristen, die sich im Gebet an den heiligen Nikolaus wenden, erfahren von ihm Hilfe. Diese weltweite Verehrung des heiligen Nikolaus ist in der Erfahrung der Kirche begründet: Nikolaus wurde ein ‚persönlicher Freund' Tausender von Christen, denen er irgendwann einmal half, die er vor dem Untergang rettete.

Doch nicht nur die Menschen verehren die Heiligen, sondern manchmal bestätigt Gott selbst offenkundig die Heiligkeit dieses oder jenes Menschen. So sind zum Beispiel die Leiber vieler Heiliger nach Jahrhunderten nicht verwest. Die Reliquien (die Gebeine) des heiligen Nikolaus, die sich in der italienischen Stadt Bari befinden, verströmen ein heilsames und wohlriechendes Öl. Die

---

17 PL 1, 534.

Reliquien der heiligen Märtyrer Antonius, Johannes und Eustachius, die sich im Kloster zum Heiligen Geist in Vilnius befinden, zeigen seit 650 Jahre, vom Augenblick ihres Märtyrertodes an (sie erlitten das Martyrium 1346), nicht das geringste Zeichen von Verwesung, wenngleich sie viele Jahre unter der Erde lagen (Die Möglichkeit einer Mumifizierung ist sogar theoretisch ausgeschlossen, da die Leiber der drei jungen Männer von ihren Henkern verscharrt wurden). Von den Reliquien der Heiligen gehen Heilungen aus, die von vielen Menschen bezeugt werden.

Für einen Menschen außerhalb der Kirche ist es schwer zu verstehen, *weshalb* man zu einem Heiligen beten soll, wenn es Christus gibt. Aber die Heiligen sind nicht Vermittler zwischen uns und Christus; eher sind sie unsere himmlischen Freunde, die bereit sind, uns zu hören und uns mit ihren Gebeten zu helfen. Derjenige, der keine Freunde im Himmel hat, kann diese ehrfürchtige Verehrung, von der die Heiligen in der Orthodoxen Kirche umgeben sind, nicht angemessen wahrnehmen. Protestanten und Sektierer, die den Gläubigen die Möglichkeit der unmittelbaren und lebendigen Gemeinschaft mit den Heiligen nehmen, sind abgetrennt von der goldenen Kette der Heiligkeit, die bis zu den Aposteln und zu Christus zurückreicht. Eine christliche Gemeinde aber, die von dieser Kette abgetrennt ist, kann nicht vollständig Kirche sein, weil die himmlische, feiernde Kirche und die irdische, pilgernde Kirche untrennbar miteinander verbunden sind. Abgetrennt vom Himmel – von der Mutter Gottes und den Heiligen – verwandelt sich die Kirche in eine irdische Organisation und hört auf, der mystische Leib Christi zu sein, der Lebende und Verstorbene, Sünder und Heilige vereinigt.

Ikonen und Kreuz

In der orthodoxen Tradition ist eine Ikone nicht einfach ein Schmuck des Gotteshauses oder ein Gegenstand des gottesdienstlichen Alltags: Vor ihr wird gebetet, man küsst sie, zu ihr verhält man sich wie zu einem Heiligtum.

Der Überlieferung nach erschien die erste Ikone Christi bereits zu Seinen Lebzeiten. König Abgar von Edessa, der an Aussatz erkrankt war, schickte seinen Diener zum Erlöser mit der Bitte, zu kommen und ihn zu heilen. Für den Fall, dass Christus nicht kommen könnte, bat Abgar seinen Diener, Sein Porträt zu malen und ihm zu bringen (der Diener war ein Maler). Als Christus den Brief des Königs erhielt, nahm Er ein reines weißes Tuch, wusch Sein Gesicht und trocknete es mit dem Tuch ab, auf dem eine Abbildung Seines Antlitzes sichtbar wurde. Das Nicht-von-Händen-geschaffene Bild Christi wurde viele Jahrhunderte hindurch in Edessa aufbewahrt: Das bezeugen Evagrios [Scholastikos] in seiner „Kirchengeschichte" (6. Jh.), Johannes von

Damaskus und die Väter des VII. Ökumenischen Konzils. Im Jahre 944 wurde
das Nicht-von-Händen-geschaffene Bild feierlich nach Konstantinopel über-
führt. Zu Ehren dieses Ereignisses hielt Kaiser Konstantin VII. eine Lobrede
und richtete einen jährlichen Feiertag am 16. August ein, der bis heute begangen wird. In der Zeit der Plünderung Konstantinopels durch die Kreuzfahrer
im Jahre 1204 ging das Bild wahrscheinlich verloren, da nach dieser Zeit sein
Aufenthaltsort nirgendwo mehr erwähnt wird.[18] (Das berühmte Turiner
Grabtuch darf nicht mit dem Bild von Edessa gleichgesetzt werden, weil sein
Ursprung ein anderer ist: Auf ihm befindet sich eine Darstellung des Leibes
Christi, der im Grab liegt).

Neben dem Nicht-von-Händen-geschaffenen Bild existieren noch andere
alte Darstellungen Christi. Eusebius von Cäsaräa, ein Autor des 4. Jahrhunderts, erinnert an eine Statue Christi, die die blutflüssige Frau errichtet hatte,
nachdem sie von Ihm geheilt worden war (Mt 9,20-23). Eusebius betont auch,
dass er Porträts Christi und der Apostel Petrus und Paulus gesehen habe, die
zu deren Lebzeiten gemalt worden seien.[19] Nach kirchlicher Überlieferung
wurde die erste Ikone der Mutter Gottes vom Evangelisten Lukas gemalt.[20]

Obwohl es von Anfang an Ikonen in der Kirche gab, entstanden zu verschiedenen Zeiten Bewegungen gegen die Ikonenverehrung. Vom 8. bis zum
9. Jahrhundert kamen sie in der ikonoklastischen Häresie zum Ausbruch, die
vom VII. Ökumenischen Konzil in Nizäa 787 verurteilt wurde. Die Haupt-
anklage der Ikonoklasten gegen die Ikonenverehrer bestand zu allen Zeiten im
Vorwurf des Götzendienstes, und ihr Hauptargument bezogen sie aus dem
alttestamentlichen Verbot, Gott darzustellen. Das erste Gebot des Mose im
Dekalog lautet: „Du sollst dir kein Götzenbild machen und keinerlei Bild
dessen, was im Himmel oben, auf der Erde unten und was im Wasser unter der
Erde ist. Du sollst davor nicht niederfallen und ihm nicht dienen, denn Ich, der
Herr, bin ein eifernder Gott" (Ex 20,4f.). Es ist offenkundig, dass dieses Gebot
sich auf die Idole und Götzen bezog, die es bei den heidnischen Völkern gab
und die von ihnen verehrt wurden. Der Autor des Buches Deuteronomium
erklärt, von welchen Götzen die Rede ist: „Auf dass ihr euch nicht dem Laster
hingebt und euch Standbilder macht, Darstellungen irgendeines Götzen, die

---

18 Vgl. Leonid Uspenskij, Die Theologie der Ikone der Orthodoxen Kirche _[Bogoslovie ikony
    Pravoslavnoj Cerkvi]_, Paris 1989, 21f., 31.

19 Eusebius von Cäsarea, Kirchengeschichte _[Evsevij Kesarijskij, Cerkovnaja istorija]_ 7,18; vgl.
    Leonid Uspenskij, Die Theologie der Ikone der Orthodoxen Kirche _[Bogoslovie ikony
    Pravoslavnoj Cerkvi]_, Paris 1989, 27f.

20 Ebd. 29f.

einen Mann oder eine Frau zeigen, Darstellungen eines Tieres, das auf der Erde ist, Darstellungen irgendeines Vogels, der unter dem Himmel fliegt, Darstellungen irgendeines Kriechtieres ... irgendeines Fisches ... auf dass du nicht, wenn du zum Himmel hinaufschaust und die Sonne, den Mond und die Sterne siehst und das ganze Himmelsheer, verführt wirst und dich vor ihnen niederwirfst" (Dtn 4,16-19). Der Autor unterstreicht, dass der wahre Gott unsichtbar und nicht darstellbar ist, und als Mose mit Gott auf dem Sinai sprach, sahen die Menschen Gott nicht, sondern hörten nur Seine Stimme: „Ihr wart nähergekommen und standet am Fuße des Berges, der Berg aber brannte: Feuer, hoch bis in den Himmel hinauf, Finsternis, Wolken und Dunkel. Und der Herr sprach zu euch aus der Mitte des Feuers; ihr hörtet die Stimme Seiner Worte, doch eine Gestalt habt ihr nicht gesehen, nur eine Stimme ... Ihr habt keinerlei Gestalt gesehen an dem Tag, an dem der Herr zu euch redete ... aus der Mitte des Feuers" (Dtn 4,11-15). Jede Darstellung des unsichtbaren Gottes wäre die Frucht menschlicher Phantasie und eine Lüge gegenüber Gott; die Verehrung einer solchen Darstellung wäre die Verehrung eines Geschöpfes anstelle seines Schöpfer. Das bedeutet jedoch nicht, dass es im alttestamentlichen Kult überhaupt keinerlei Darstellung gab: Gott befiehlt dem Mose, eine Bundeslade zu bauen und daran goldene Cherubim anzubringen (Ex 25,18-20).

Das Neue Testament war eine Offenbarung Gottes, Der Mensch geworden ist, das heißt für die Menschen sichtbar wurde. Mit der gleichen Beharrlichkeit, mit der Mose davon spricht, dass die Menschen auf dem Sinai Gott *nicht gesehen haben*, unterstreichen die Apostel, dass sie Ihn *gesehen haben*: „Wir sahen Seine Herrlichkeit, die Herrlichkeit des Eingeborenen vom Vater" (Joh 1,14). „Was von Anfang an war, was wir gehört haben, was wir *mit unseren Augen gesehen haben*, was wir *geschaut haben*, was unsere Hände betastet haben [das verkünden wir] – das Wort des Lebens" (1 Joh 1,1). Nach einem Wort des Apostels Johannes zeigte Christus der Welt den unsichtbaren Gott, das heißt Er machte Ihn sichtbar: „Niemand hat Gott je gesehen; der Eingeborene Sohn, Der im Schoß des Vaters ist, Er hat Kunde gebracht" (Joh 1,18). Was unsichtbar ist, ist auch nicht darstellbar, was aber sichtbar ist, kann man auch darstellen, weil dies keine Frucht der Phantasie mehr ist, sondern Wirklichkeit. Das alttestamentliche Verbot der Darstellung des unsichtbaren Gottes verweist nach einem Wort des Johannes von Damaskus im voraus auf die Möglichkeit, Ihn darzustellen, wenn Er sichtbar wird: „Es ist klar, dass du jetzt (im Alten Testament) den unsichtbaren Gott nicht darstellen darfst, wenn du jedoch siehst, dass der Unsichtbare deinetwegen Fleisch wird, dann wirst du Seine menschliche Gestalt darstellen. Wenn der Unsichtbare sich in Fleisch kleidet und sichtbar wird, dann mache ein Abbild ... zeichne alles – mit Worten und Farben, in Büchern und auf Tafeln".[21]

Die christliche Ikone stellt ihrem ursprünglichen Sinn nach das Evangelium in Farben dar: „Was (im Evangelium) mit Hilfe von Papier und Tinte dargelegt ist", schreibt der heilige Theodor Studites, „das ist auf der Ikone durch verschiedene Farben oder andere Materialien dargestellt".[22] Es darf nicht übersehen werden, dass vor fünfzehn oder zwanzig Jahrhunderten bei weitem nicht alle Christen schreiben und das Evangelium lesen konnten: Deshalb bezeichnet der heilige Papst Gregor II. die Ikonen und die Kirchenmalerei als „das Evangelium für die Ungebildeten".[23]

Der Ikonoklasmus des 8. Jahrhunderts war die Folge der christologischen Häresien, gegen die die heiligen Väter der vorausgehenden Ökumenischen Konzilien gekämpft hatten. Im Unterschied zu den vorhergehenden Häresien war er jedoch nicht theologischen Ursprungs, sondern erging ‚von oben' durch Kaiser Leo Isaurus, der im Jahre 726 einen Erlass gegen die Verehrung der Ikonen veröffentlicht hatte. Auf sein Geheiß hin wurde ein Beamter ausgesandt, der das wundertätige Bild des Erlösers, das über dem Eingang des Herrscherpalastes hing, zerstören sollte. Das Volk widersetzte sich der Entweihung des verehrten Bildes, und der Beamte wurde umgebracht. Zur Verteidigung der Ikonenverehrung erhoben sich viele bedeutende Hierarchen jener Zeit, zu denen der heilige German von Konstantinopel und der heilige römische Papst Gregor II. wie auch viele Mönche gehörten. Der Kaiser erklärte sich jedoch zum „Herrscher und Hohenpriester" und wollte auf die Meinung der Hierarchen keine Rücksicht nehmen. Johannes von Damaskus, der gegen die kaiserlichen Ansprüche auf die Vorherrschaft in der Kirche auftrat, sagte in jenen Jahren: „Wir sind Dir, Kaiser, gehorsam in den Dingen des Alltags, in den Angelegenheiten dieser Zeit, bei den Steuern, beim Zoll ... in der kirchlichen Ordnung haben wir jedoch geistliche Hirten, die uns das Wort verkünden und eine kirchliche Gesetzgebung aufstellen".[24]

Die Verteidigung der Ikonen war eine Verteidigung des Glaubens an die Fleischwerdung Christi, so wie der Ikonoklasmus eine der Formen war, die Wirklichkeit dieser Fleischwerdung zu leugnen. Für die Orthodoxen ist eine Ikone kein Idol, das den unsichtbaren Gott ersetzt, sondern Symbol und Zeichen Seiner Gegenwart in der Kirche. Die Väter des VII. Ökumenischen

---

21   PG 94/1, 1237-1240, 1328.
22   PG 99, 340.
23   PL 77, 1128-1130.
24   PG 99/1, 1997.

Konzils folgten dem heiligen Basilius dem Großen und betonten, dass „die Ehre, die dem Bild erwiesen wird, auf das Urbild übergeht".[25] Wenn ein Christ eine Ikone verehrt, dann verehrt er nicht eine Tafel mit Farben, sondern denjenigen, der darauf dargestellt ist – Christus, die Mutter Gottes oder einen Heiligen. Nach Pavel Florenskij ist die Ikone ein Fenster in eine andere Welt.[26] Durch die Ikone kommt der Mensch unmittelbar in Berührung mit der geistlichen Welt und mit denen, die dort leben. Es sind Fälle bekannt, in denen ein Mensch beim Gebet vor einer Ikone den auf ihr Dargestellten lebendig gesehen hat. So sah der heilige Siluan vom Berge Athos den lebendigen Christus am Ort Seiner Ikone: „Während der Vesper, in der Kirche rechts von den Königstüren, wo sich die örtliche Ikone des Erlösers befindet, sah er den lebendigen Christus ... Es ist unmöglich, den Zustand zu beschreiben, in dem er sich zu jener Stunde befand", sagt sein Biograph Archimandrit Sophronij. „Wir wissen aus dem Mund und aus den Schreiben des seligen Starzen, dass ihn damals das Göttliche Licht umstrahlte, dass er dieser Welt entrückt und im Geist in den Himmel erhoben wurde, wo er unaussprechliche Worte vernahm, dass er in jenem Moment gleichsam von oben neu geboren wurde".[27] Nicht nur Heiligen, sondern auch Sündern erscheinen die auf den Ikonen dargestellten Heiligen. In der Erzählung über die Ikone der Mutter Gottes von der ‚Unverhofften Freude' [Nečajannaja Radost'] wird berichtet, wie „ein gewisser gesetzloser Mensch die Angewohnheit hatte, täglich zur Allerheiligsten Gottesgebärerin zu beten", und einmal erschien Sie ihm während des Gebetes und warnte ihn vor seinem sündhaften Leben. Solche Ikonen wie die ‚Unverhoffte Freude' werden in Russland ‚erscheinende' Ikonen genannt.

Es gibt auch eine Vielzahl von wundertätigen Ikonen, mit denen Heilungen oder die Befreiung von Kriegsgefahr verbunden ist. In Russland erfahren besondere Verehrung vor allem die Ikone der Gottesmutter von Vladimir [Vladimirskaja], von Kasan [Kazanskaja], von Smolensk [Smolenskaja], die Iberische Gottesmutter [Iverskaja], die Ikonen ‚Auffindung der Verlorenen' [Vzyskanie pogibšich], ‚Freude aller Trauernden' [Vsech skorbjaščich Radost'] und andere wundertätige Ikonen der Mutter Gottes. Mit der Vladimirskaja ist zum Beispiel die Befreiung Russlands vom Einfall der Mongolen-Khane Tamerlan im Jahre 1395, Achmat 1490 und Machmet Girei 1521 verbunden. Im ersten dieser Fälle erschien die Mutter Gottes selbst dem Khan im Schlaf und

---

25 PG 32, 149.

26 Vgl. Leonid Uspenskij, Die Theologie der Ikone der Orthodoxen Kirche [Bogoslovie ikony Pravoslavnoj Cerkvi], Paris 1989, 106.

27 Sophronij (Sacharov), Starez Siluan [Starec Siluan], Paris 1952, 13.

befahl ihm, das Land der Rus' zu verlassen. Das Volksaufgebot des Krieges mit Minin und Pozharskij an der Spitze betete vor der Ikone von Kasan, bevor es sich zur entscheidenden Schlacht gegen die Polen vorbereitete, die Moskau 1612 eingenommen hatten. In der Zeit des Einfalls Napoleons beschützte die Ikone der Mutter Gottes von Kasan die russischen Soldaten, die vor ihr beteten. Die erste große Niederlage der Franzosen nach ihrem Abzug aus Moskau ereignete sich am Festtag der Ikone von Kasan, am 22. Oktober 1812.

Eine besondere Bedeutung für die Kirche hat das Kreuz – das Werkzeug des Todes, das zum Werkzeug der Erlösung wurde. Der heilige Basilius der Große identifiziert das „Zeichen des Menschensohnes", an das Christus erinnert, wenn Er von Seinem zweiten Kommen spricht (Mt 24,30), mit dem Kreuz, dessen vier Enden die vier Enden der Erde bezeichnen.[28] Das Kreuz ist ein Symbol Christi selbst und ausgestattet mit wundertätiger Kraft. Die Orthodoxe Kirche glaubt, dass im Kreuz die Energie Christi anwesend ist, und deshalb stellen die Christen nicht nur das Kreuz dar und stellen es im Gotteshaus gleichberechtigt mit den Ikonen auf, sondern sie tragen das Kreuz auf der Brust, schützen sich mit dem Kreuzzeichen, segnen einander mit dem Kreuz und beten zum Kreuz.

Die wundertätige, erlösende und heilende Kraft des Kreuzes und des Kreuzzeichens kennt die Kirche aus jahrhundertealter Erfahrung. Das Kreuz ist eine Waffe gegen den Teufel: „Herr, eine Waffe gegen den Teufel gab uns Dein Kreuz, damit er zittere und bebe, und damit die nicht leiden, die auf Deine Kraft schauen" (Gesang des Oktoichos). Das Kreuz beschützt den Menschen unterwegs und allerorts, durch das Kreuz kommt der Segen Christi auf jede gute Tat herab, die wir mit dem Kreuzzeichen und der Anrufung des Namens Gottes beginnen. „Das Kreuz ist der Beschützer des ganzen Erdkreises, das Kreuz ist die Schönheit der Kirche, das Kreuz ist die Macht der Könige, das Kreuz ist das Fundament der Glaubenden, das Kreuz ist die Herrlichkeit der Engel und die Geißel der Dämonen", so singt man im Gottesdienst zu Ehren des Kreuzes des Herrn.

Kirchliche Zeit

Die Kirche existiert auf Erden und ist dennoch dem Himmel zugewandt; sie lebt in der Zeit und atmet die Ewigkeit. Die Erfahrung der Teilhabe an der Ewigkeit liegt dem kirchlichen Kalender und allen Gottesdienstkreisen zu-

---

28 Basilius der Große, Werke in 3 Bänden *[Vasilij Velikij, Tvorenija v 3 t.]*, St. Petersburg 1911 (Verlag Sojkina), Bd. 1, 406f.

grunde: dem Jahres-, dem Wochen- und dem Tageskreis. Auf der Ebene des Jahres bedenkt und erlebt die Kirche die ganze Geschichte der Welt und des Menschen, die gesamte ‚Ökonomie' *[domostroitel'stvo]*[29] der Erlösung des Menschengeschlechts: Im Jahreskreis der Feiertage zieht das Leben Christi an uns vorüber – von Seiner Geburt bis zur Kreuzigung und Auferstehung, das Leben der Gottesmutter – von Ihrer Empfängnis bis zur Entschlafung, das Leben aller von der Kirche verehrten Heiligen. Im Rahmen der Woche und des einzelnen Tages wird diese Geschichte der Erlösung der Menschheit im Gottesdienst wieder aufgenommen und erinnert. Jeder Kreis hat sein eigenes Zentrum, auf das er ausgerichtet ist: Das Zentrum des Tageskreises ist die Feier der Eucharistie, das Zentrum des Wochenkreises der Sonntag als Auferstehungstag, das Zentrum des Jahreskreises Ostern als Feier der Auferstehung Christi.

Die Auferstehung Christi ist das bestimmende Ereignis in der Geschichte des christlichen Glaubens: „Wenn Christus nicht auferstanden wäre, dann wäre auch unsere Verkündigung umsonst, sinnlos wäre auch euer Glaube", sagt der Apostel Paulus (1 Kor 15,14). Wenn Christus nicht auferstanden wäre, dann bliebe das Christentum nur eine von vielen sittlichen Lehren und religiösen Weltanschauungen neben dem Buddhismus oder dem Islam. Die Auferstehung Christi setzt den Anfang der Kirche als neues Leben, als neues gottmenschliches Sein, in dem der Mensch Gott wird, dadurch dass Gott Mensch wurde. Seit die Kirche besteht, ist der Feiertag der Auferstehung Christi der Eckstein des christlichen Kalenders.

Die kirchlichen Feiertage sind nicht einfach Erinnerungen an Ereignisse, die sich in ferner Vergangenheit abgespielt haben: Die Feiertage gewähren uns Anteil an der geistlichen Wirklichkeit, die hinter ihnen steht und eine zeitübergreifende, unvergängliche Bedeutung für uns alle hat. Jeder Christ empfängt Christus als *seinen* Erlöser, der für ihn Fleisch geworden ist. Deshalb werden alle Ereignisse des Lebens Christi zum persönlichen Erlebnis und zur persönlichen Erfahrung des Christen. Der Feiertag ist ein *heute* aktualisiertes Ereignis, das *einmal* in der Zeit stattgefunden hat und *immer* außerhalb der Zeit stattfindet. An Weihnachten hören wir in der Kirche: „Heute wurde Christus in

---

29 Das griechische Wort *oikonomia*, das dem russischen ‚Fürsorge' *[zabota]* oder ‚Herabstieg' *[snischoždenie]* entspricht, ist wörtlich mit ‚Hausbau' *[domostroitel'stvo]* oder ‚Ordnung des Hauses' zu übersetzen. Im Kontext der christlichen Theologie hat es mehrere Bedeutungen, u.a. 1) der Göttliche Plan zur Befreiung des Menschen von der Macht der Sünde und alle Etappen dieser Erlösung; 2) verzeihende Nachsicht der Kirche gegenüber der menschlichen Schwäche (im Gegensatz zu Akribie, Strenge, Genauigkeit); 3) Verwaltung (der Kirche, der Gemeinde); vgl. A Patristic Greek Lexicon, hg. v. G.W.H. Lampe, Oxford 1987, 940-943.

Bethlehem geboren", am Fest der Erscheinung: „Heute wird die Natur des Wassers geheiligt", zu Ostern: „Heute hat Christus den Tod zertreten ... und ist vom Tod erstanden". Wenn Menschen außerhalb der Kirche oft in Erinnerungen an die bereits vertane Vergangenheit oder in der Hoffnung auf die noch unbekannte Zukunft leben, so sind wir in der Kirche aufgerufen, im ständigen ‚Heute‘ zu leben, das heißt in der wirklichen, ‚heutigen‘ und täglichen Gemeinschaft mit Gott.

Deshalb durchdringt der Festtag der Auferstehung Christi, der einmal im Jahr begangen wird, das ganze Kirchenjahr, und der Glanz des Osterfestes liegt über dem ganzen Gottesdienstkreis. Ostern ist nicht einfach nur ein Kalenderdatum: Für einen Christen ist immer Ostern, immer haben wir teil am auferstandenen Christus. Der heilige Seraphim von Sarov begrüßte alle, die zu ihm kamen, das ganze Jahr über mit den österlichen Worten: „Christus ist auferstanden". Ein alter Einsiedler lebte im unaufhörlichen Gebet und wurde deshalb für seine Heiligkeit gerühmt. Als ein Schüler zu ihm kam und eine Speise mit den Worten brachte „Starez, heute ist Ostern", fragte dieser in seiner Antwort zurück: „Heute ist Ostern?" Sowohl der heilige Seraphim, für den täglich Ostern war, als auch dieser Einsiedler, der das genaue Datum von Ostern nicht kannte, lehnten natürlich nicht den kirchlichen Kalender ab, doch sie lebten in der Erfahrung der Ewigkeit und hielten Ostern nicht nur für einen bestimmten Tag des Jahres, sondern für eine ewige Wirklichkeit, an der sie täglich teilhatten.

In diesem Lichte betrachtet kann sich die Aufregung um das Problem des kirchlichen Kalenders, das zu Missverständnissen und mitunter zur Zerstörung der kirchlichen Einheit unter den Christen führt, als ungerechtfertigt erweisen. Doch bevor wir von diesen Meinungsverschiedenheiten sprechen, muss erklärt werden, was hinter dem Ausdruck ‚kirchlicher Kalender‘ steht. Der Kalender der Orthodoxen Kirche ist zusammengesetzt aus zwei Feiertagszyklen – einem beweglichen und einem unbeweglichen. Der bewegliche Zyklus ist bestimmt von Ostern, das jedes Jahr auf ein anderes Datum fällt: Von Ostern hängen das Große Fasten, Pfingsten und die Gottesdienste aller Sonntage des Jahres ab. Feiertage wie Weihnachten, Taufe, Verklärung, die Feiertage der Gottesmutter und die Gedenktage der Heiligen sind unbeweglich und an bestimmte Daten gebunden. Beiden Zyklen liegt ein und dieselbe Idee der Teilhabe der Zeit an der Ewigkeit zugrunde. Man kann sagen, dass der jährliche Gottesdienstkreis, der beide Zyklen umfasst, eine Projektion der Ewigkeit auf die Zeit ist. Die kirchliche Zeit ist eine Ikone der Ewigkeit: Wie auf einer Ikone eine geistliche Realität auf eine Fläche projiziert ist und auf einer Holztafel dargestellt wird, so wird im kirchlichen Kalender die Ewigkeit in der Zeit dargestellt. Wie eine

Ikone mit Energie erfüllt ist und mit der Anwesenheit dessen, der auf ihr dargestellt ist, so ist auch die kirchliche Zeit von der Energie der Ewigkeit und der Gegenwart Christi, der Mutter Gottes, der Engel und Heiligen erfüllt, zu deren Ehre die täglichen Feiern und geheiligten Gedächtnisse eingerichtet sind.

Der Jahreskreis der kirchlichen Feiertage ist keineswegs auf einmal entstanden: Er bildete sich im Laufe von einigen Jahrhunderten heraus. Die Auferstehung Christi war das einzige Ereignis Seines irdischen Lebens, von dem zuverlässig bekannt war, in welchem Monat und an welchem Datum es sich ereignet hatte: Christus wurde am Vortag des jüdischen Pascha (am 14. Nisan nach dem jüdischen Kalender) gekreuzigt und ist auferstanden am ersten Tag nach dem Pascha. Davon ausgehend wurde das Datum der Feier des christlichen Pascha in der Urkirche in Abhängigkeit vom jüdischen Pascha festgelegt. Es gab jedoch mehrere Traditionen: Die Christen in Kleinasien feierten Ostern am 14. Nisan, ganz gleich auf welchen Wochentag dieses Datum fiel, die westlichen Christen feierten Ostern am ersten Sonntag nach dem 14. Nisan, die Alexandriner legten das Datum von Ostern unabhängig vom jüdischen Kalender unter Berücksichtigung des Datums der Tagundnachtgleiche des Frühjahrs fest. Das I. Ökumenische Konzil von Nizäa bestimmte im Jahre 325 unter alexandrinischem Einfluss als Datum der Feier von Ostern den ersten Sonntag nach der Tagundnachtgleiche im Frühjahr. Es wurde ein 532jähriger Osterzyklus erarbeitet, die sogenannte „große Indiktion", die aus achtundzwanzig 19jährigen Mondzyklen besteht, in denen sich die Aufeinanderfolge der Daten des 14. Nisan wiederholt.[30] „Die große Indiktion" so bemerkt ein Forscher, „ist zu bewundern in ihrer Harmonie, ihrer Einfachheit und ihrer großen mittleren Genauigkeit. Doch all das ist hier nicht absolut genau – und kann es natürlich auch nicht sein. In unserer Zeit macht sich zum einen die Ungenauigkeit in der Berechnung der Mondphasen bemerkbar, die mehr und mehr von den wirklichen Mondphasen abweicht, zum anderen die astronomische Ungenauigkeit des gesamten Julianischen Kalendersystems; insbesondere bleibt das in der Indiktion enthaltene frühere Datum der Tagundnachtgleiche des Frühjahrs (21. März der alten Zeitrechnung) zunehmend hinter ihrem wirklichen Zeitpunkt zurück".[31]

---

30 M. Posnov, Geschichte der christlichen Kirche *[Istorija christianskoj Cerkvi]*, Brüssel 1964, 479f; vgl. auch D. Ogizkij, Kanonische Normen des orthodoxen Osterfestes *[D. Ogickij, Kanoničeskie normy pravolsvnoj Paschalii]*, in: *Bogoslovskie Trudy*, Nr. 7 (1971) 204f.

31 D. Ogizkij, Probleme des Kirchenkalenders *[Problema cerkovnogo kalendarja]*, in: *Bogoslovskie Trudy*, Nr. 4 (1968) 112.

Die Kalenderfrage ist keine dogmatische Frage, ihre Bedeutung liegt jedoch darin, dass die Kirche möglichst nach Einheitlichkeit strebt, da Uneinigkeiten in den Kalenderfragen zu allen Zeiten Missverständnisse zwischen den einzelnen Ortskirchen hervorriefen. Es ist wichtig zu betonen, dass in den ersten drei Jahrhunderten vor dem Konzil von Nizäa die Einheit der Kirche, ungeachtet der Unterschiede in den Kalendertraditionen, nicht zerstört wurde. Das Konzil von Nizäa, das die Regel der christlichen Osterfeste ausgearbeitet hat, bereitete den Unterschieden kein Ende. Sie verstärkten sich noch nach den Reformen von Papst Gregor XIII., der im Jahre 1582 den Kalender von Julius Cäsar ersetzte, der zur Zeit des I. Ökumenischen Konzils gegolten hatte und das Kirchenjahr in einen immer größeren Abstand zu den Gestirnen bringt.[32] Der gregorianische Kalender wurde im 18. Jahrhundert in den protestantischen Ländern, im 20. Jahrhundert mit einigen Korrekturen auch von der Mehrheit der Orthodoxen Kirchen im Hinblick auf den unbeweglichen Zyklus übernommen. Die westliche Berechnung des Osterfestkreises übernahm nur die Autonome Finnische Kirche.

In den Orthodoxen Kirche sind heute drei Kalender wirksam: In der Jerusalemer Kirche, in der Russischen, der Polnischen, der Georgischen und der Serbischen Kirche gilt der alte julianische Kalender; in den anderen Ortskirchen (außer der Finnischen) wurde der korrigierte gregorianische (neuorthodoxe) Kalender eingeführt, allerdings unter Beibehaltung des julianischen Ostertermins; in der Finnischen Kirche ist der gregorianische Kalender zusammen mit der westlichen Berechnung des Ostertermins in Geltung. Sogar innerhalb einer Ortskirche werden unterschiedliche Kalender verwendet: So herrscht zum Beispiel im Patriarchat von Konstantinopel die neue Zeitrechnung, doch auf dem Athos, der Konstantinopel untersteht, die alte; in der Russischen Orthodoxen Kirche innerhalb Russlands gilt allgemein die julianische Zeitrechnung, in einigen Auslandsgemeinden jedoch die gregorianische. Alle Orthodoxen Kirchen außer der Finnischen haben ein gemeinsames Osterdatum, doch die Daten der beweglichen Feste fallen nicht zusammen.

Manche Christen sind der Meinung, die julianische Zeitrechnung sei die eigentlich ,kirchliche' und ,heilsame', die ,neue' gregorianische hingegen sei weltlich und heillos. Diese Meinung beruht auf einem Missverständnis. Einen ,kirchlichen Kalender' im Sinne einer Datumsberechnung gibt es überhaupt nicht. Alle bestehenden und in der Vergangenheit gebrauchten Kalender waren bürgerlicher Herkunft – sei es der julianische, der im Römischen Imperium in der Zeit der ersten Ökumenischen Konzilien galt, sei es der gregorianische, der

---

32 Gregor ließ nach dem 4. Oktober 1582 sofort den 15. Oktober 1582 folgen; Anm. d. Übers.

gegenwärtig gilt. Der Sinn eines kirchlichen Kalenders in der Gestalt, wie er erdacht wurde und sich schrittweise herausgebildet hat, besteht nicht darin, ein neues System astronomischer Berechnungen zu schaffen – das ist Sache der Mathematiker und Astronomen –, sondern darin, die kirchlichen Feiertage dem herrschenden bürgerlichen Kalender anzugleichen. Die Situation, dass ein Kalender für die Kirche, ein anderer für die ‚Welt‘ existiert, ist unhaltbar und widerspricht der ursprünglichen Absicht.

Alle bestehenden und früher gebrauchten Kalender sind mehr oder weniger genau in Beziehung zum astronomischen Jahr, das 365,242199 Tage hat.[33] Das astronomische Jahr ist die einzige wirkliche ‚Stunde‘, die von Gott selbst eingeführt ist. Die Aufgabe jedes Kalenders besteht darin, nach Möglichkeit auf diesen natürlichen Rhythmus zu hören und ihn zu berechnen. Die alten Kalender konnten nicht genau sein, weil Astronomie und Mathematik noch nicht das Niveau erreicht hatten, auf dem man die Größe eines Jahres genau berechnen kann. Die Ungenauigkeit des julianischen Kalenders beträgt einen Tag pro 128,2 Jahre, inzwischen also ungefähr 13 Tage, nach dem Jahr 2100 beträgt sie 14 Tage, und mit jedem Jahrhundert vergrößert sich die Ungenauigkeit. Das wird früher oder später zu einer Verwirrung der Jahreszeiten führen; der Januar zum Beispiel wird dann in den Sommer fallen. Die Ungenauigkeit des gregorianischen Kalenders beträgt einen Tag pro 3'300 Jahren. Der neue orthodoxe Kalender von 1923 (der korrigierte gregorianische) bleibt hinter dem astronomischen Jahr nur einen Tag pro 43'000 Jahren zurück, seine Ungenauigkeit ist praktisch Null.

Der neuorthodoxe Kalender ist überaus genau, allerdings nur im Bereich des unbeweglichen Jahreszyklus, denn die Kalenderreform von 1923 bezog sich nicht auf das Osterdatum, so dass es zu einer Disharmonie zwischen dem beweglichen und dem unbeweglichen Kreis kommt. So wird zum Beispiel in Kirchen, die nach dem neuorthodoxen, korrigierten gregorianischen Kalender leben, das Petrus-Fasten von der ersten Woche nach Pfingsten (einem beweglichen Feiertag) bis zum 29. Juni (dem Tag Peter und Paul) in manchen Jahren gänzlich entfallen, weil die erste Woche nach Pfingsten nach dem 29. Juni liegt. Auf Dauer wird eine solche Divergenz dazu führen, dass z.B. der Feiertag der Geburt Christi in das Große Fasten gerät (nach 5'000 Jahren). Wenn also schon der unbewegliche Jahreskreis reformiert wurde, dann muss unbedingt auch das

---

33 D. Ogizkij, Probleme des Kirchenkalenders *[Problema cerkovnogo kalendarja]*, in: *Bogoslovskie Trudy*, Nr. 4 (1968) 113.

Osterdatum reformiert werden, das sich mit dem unbeweglichen Zyklus in Übereinstimmung befinden muss.[34]

Die Kalenderfrage kann von einem Panorthodoxen Konzil geregelt werden, doch stößt die Einführung eines genaueren Kalenders stellenweise auf den Widerstand eifernder Frömmigkeit, die im alten Kalender ein Bollwerk der Kirchlichkeit und des geistlichen Lebens sieht. Der heilige Patriarch Tichon führte z.b. 1923 die neue Zeitrechnung in die Russische Orthodoxe Kirche ein, stieß jedoch auf die scharfe Opposition der Geistlichkeit und des Kirchenvolkes und hob seine Entscheidung wieder auf.[35] Die neue Zeitrechnung wurde damals hauptsächlich aus dem Grunde nicht angenommen, weil die Bolschewiken sie in Russland eingeführt hatten und weil sie in der Kirche von den ‚Erneuerern‘[36] propagiert wurde.[37] In unserer Zeit ist die ablehnende Haltung zur neuen Zeitrechnung mit eschatologischen Stimmungen verbunden, die einige christliche Kreise ergriffen haben: Wozu den Kalender reformieren, heißt es, wenn bald das Ende der Welt kommt? Diese Frage wollen wir bis zum Schlusskapitel offen lassen und sagen hier nur, dass sogar die Engel den Tag und die Stunde des Kommens Christi nicht kennen (Mt 24,36). Alle Versuche, vorherzusagen oder zu berechnen, was Christus vor den Menschen verborgen hat, spiegeln nur das Streben wider, durch ein Schlüsselloch zu schauen oder über die Hintertreppe dorthin vorzudringen, wohin zu gelangen dem menschliche Verstand verwehrt ist.

Die Kirche und die Kirchen

Das Nizäno-Konstantinopolitanische Glaubensbekenntnis spricht von der *einen* Kirche. In der Welt gibt es aber eine Vielzahl von christlichen Konfessionen, die sich Kirchen nennen. Nicht selten haben diese Konfessionen nicht nur keine

---

34 L. Voronov, Das Kalenderproblem *[Kalendarnaja problema]*, in: *Bogoslovskie Trudy*, Nr. 7 (1971) 171.

35 Die Anordnung des heiligen Patriarchen Tichon vom September 1923 über die Einführung der neuen Zeitrechnung wurde „wegen entschiedenen Widerstands des Volkes" nicht durchgeführt: Beratungsakten der Häupter und Vorsteher der autokephalen Orthodoxen Kirchen in Verbindung mit den Feierlichkeiten der 500jährigen Autokephalie der Russischen Orthodoxen Kirche *[Dejanija Soveščanija glav i predstasvitelej avtokefal'nych Pravoslavnych Zerkvej v svjasi s prazdnovanijem 500-letija avtokefalii Russkoj Pravoslavnoj Zerkvi]*, Moskau 1949, Bd. 1, 428f.

36 Die ‚Erneuerer‘ *(obnovlency)* standen in Opposition zum Moskauer Patriarchat und arbeiteten mit dem bolschewistischen Staat zusammen; Anm. d. Übers.

37 D. Ogizckij, Das Problem des kirchlichen Kalenders *[Problema cerkovnogo kalendarja]*, in: *Bogoslovskie Trudy*, Nr. 4 (1968) 113.

Gemeinschaft miteinander, sondern sind einander feindlich gesonnen. Zerstört das die Einheit der Kirche? Und war es nicht so, dass einst die eine Kirche in verschiedene Denominationen zerfallen ist und ihre Einheit verloren hat?

Vor allem muss gesagt werden, dass nach der orthodoxen Ekklesiologie die Kirche ihrer Natur nach unteilbar ist und es bis zum Ende der Zeiten bleiben wird. Teilungen und Schismen, die Folge einer Häresie waren, ließen die Kirche nicht in einzelne Teile zerfallen, sondern waren eher ein Abfall der Häretiker vom einen Organismus der Kirche, der Verlust der Zugehörigkeit zu ihr. Die Häresie ist dadurch charakterisiert, dass sie sich bewusst der allgemeinkirchlichen Lehre widersetzt.

Der Orthodoxie ist die sogenannte ‚Zweigtheorie' (branch theory) fremd, nach der alle bestehenden christlichen Denominationen Zweige eines Baumes sind. Die Einheit der Kirche ist bedingt durch die Einheit der Eucharistie: Außerhalb der eucharistischen Gemeinschaft kann es keine Einheit geben. „Wir alle jedoch, die teilhaben an dem einen Brot und Kelch, sind miteinander verbunden in der Teilhabe an dem einen Heiligen Geist", beten wir in der Liturgie des heiligen Basilius des Großen.[38] Die Zugehörigkeit zur Kirche drückt sich nicht nur in der dogmatischen Übereinstimmung mit ihr aus, sondern auch in der Einheit der Eucharistie. „Die Zugehörigkeit zur Kirche ist bedingt durch die Einheit mit der Kirche", schrieb Erzbischof Hilarion (Troizkij). „Anders kann es nicht sein, weil die Kirche keine philosophische Schule ist. Sie ist die neue Menschheit, der neue gnadenhafte Organismus der Liebe. Christus selbst hat die Einheit Seiner Jünger mit der Einheit des Leibes und der Zweige verglichen. Zwei nebeneinander stehende Bäume können nicht in einer organischen Verbindung miteinander stehen. Was die Seele im Leib, das ist der Heilige Geist in der Kirche ... Die Seele belebt nicht ein von ihrem Körper abgetrenntes Glied, wie auch die Lebenssäfte eines Baumes nicht in einen abgehauenen Zweig übergehen ... Ein abgehauener Zweig vertrocknet".[39] Zu solchen abgeschlagenen Zweigen werden für die Kirche jene Gruppen von Christen, die dem allgemeinkirchlichen Bekenntnis eine Häresie entgegenstellen.

Führt dies nicht dazu, dass unbedingt alle anderen existierenden christlichen Konfessionen als häretische Gruppierungen angesehen werden oder als vertrocknete Zweige, die vom Stamm abgehauen wurden? Für einige orthodoxe Theologen stellt sich die Sache genau so dar. Aufschlussreich ist in diesem

---

38 Gebet des Priesters nach der Wandlung der heiligen Gaben während des Liedes „Dir singen wir".

39 Hilarion (Troizkij), Kein Christentum ohne Kirche *[Christianstva net bez Cerkvi]*, Montreal 1986, 79-81.

Sinne das Urteil des serbischen Theologen, Archimandrit Justin (Popovič) zum Ökumenismus: „Ökumenismus ist die allgemeine Bezeichnung von pseudo-christlichen (Gemeinden) und des pseudochristlichen Westeuropa. Darin befindet sich das Herzstück aller europäischen humanistischen (Strömungen) mit dem Papismus an der Spitze. Sie alle sind Pseudochristen, sie alle sind Pseudokirchen, und dies ist nichts anderes als eine Häresie, die alle Häresien übertrifft ... Es gibt keinerlei Unterschied zwischen dem Papismus, dem Protestantismus, dem Ökumenismus und den anderen Häresien, und ihr Name ist Legion [Mk 5,9]".[40] Auf diese Weise sind für Archimandrit Justin alle westlichen Bekenntnisse, die neun Zehntel der christlichen Welt darstellen, von der Kirche abgefallen und der Erlösung beraubt.

Im Unterschied zu ökumene-feindlichen Kreisen nimmt die Russische Orthodoxe Kirche mit den anderen Orthodoxen Ortskirchen an der Ökume-nischen Bewegung teil, unterhält Verbindungen zu den Christen anderer Konfessionen, besonders zu denen, deren Ekklesiologie mit der orthodoxen Ekklesiologie übereinstimmt oder ihr nahesteht – zu der Katholischen Kirche und den Vorchalzedonischen Kirchen des Ostens. Insbesondere aus diesem Grund ist – ungeachtet der Tatsache, dass es auch in der Russischen Orthodo-xen Kirche Theologen und Hierarchen gibt, für die das Wort ‚Ökumene' fast ein Schimpfwort ist – die offizielle Position unserer Kirche durch das Streben nach einem Dialog mit den andersgläubigen Bekenntnissen gekennzeichnet. Führende Theologen der Russischen Kirche, besonders solche, die durch den Willen der Vorsehung Gottes in die Fremde gerieten und Andersgläubigen von Mensch zu Mensch begegneten – etwa Sergij Bulgakov, Georgij Florovskij, Alexander Schmemann, John Meyendorff, Anthony Bloom und viele andere –, bedachten die Teilnahme der Orthodoxen Kirche an der Ökumenischen Bewegung vom theologischen Standpunkt aus. Wir beschränken uns auf ein Zitat von Metropolit Anthony, der sich gegen die Meinung verwehrt, außerhalb der Orthodoxen Kirche gebe es keine Gnade Gottes, keine Sakramente, kein Priestertum: „Ich meine, dass die Geschichte der Kirche, ihre Theologie *unver-einbar* ist mit einem solchen einfachen und beruhigenden Urteil, denn es hebt alles Schwanken auf, alle Probleme, die eine Lösung erfordern, die Gottes würdig wäre ... Was ist zu tun mit jenen, die sich einem fehlerhaften Glauben angeschlossen, eine schadhafte Theologie angenommen haben, jedoch für Christus leben und für Ihn sterben? Und was ist mit Seinen Zeugen – den Märtyrern für den Glauben an den Herrn, mit den Katholiken, Protestanten

---

40 Archimandrit Justin Popovič, Orthodoxe Kirche und Ökumenismus *[Ioustinos Popovits, Orthodoxos Ekklesia kai oikoumenismos]*, Thessalonike 1974, 224.

und anderen, die nur dafür lebten, dass der Glaube an den Erlöser an diejenigen weitergegeben wird, die ihn nicht kannten, die ein asketisches Leben führten oder einen qualvollen Tod auf sich nahmen? Können sie wirklich erst von Christus in der Ewigkeit anerkannt werden, und müssen sie von Seinen Jüngern auf Erden abgewiesen werden?"[41]

Metropolit Anthony vertritt in dieser Frage keine rein persönliche oder vereinzelte Ansicht. Im 19. Jahrhundert sagte der heilige Philaret von Moskau: „Keine Kirche, die glaubt, dass Jesus der Christus ist, erdreiste ich mich als lügnerisch zu bezeichnen".[42] Ein anderer russischer Hierarch, der Kiever Metropolit Platon (Gorodezkij), soll sogar gesagt haben, dass „unsere irdischen Trennwände nicht bis zum Himmel reichen" (übrigens wird dieses geflügelte Wort auch anderen Hierarchen zugeschrieben).[43] Die Barrieren zwischen den verschiedenen Konfessionen haben nicht selten gar keinen dogmatischen, sondern einen politischen Ursprung: Mit den Jahrhunderten traten die politischen Ursachen der Spaltungen in den Hintergrund, während die Feindschaft blieb.[44]

In der alten Kirche war die Haltung gegenüber den Häretikern sehr streng: Die kirchlichen Kanones verboten nicht nur die Teilnahme an der Eucharistie, sondern auch das gemeinsame Gebet mit den Häretikern. Doch darf man nicht vergessen, dass die Häresien der ersten christlichen Jahrhunderte wie Arianismus, Sabellianismus und Monophysitismus die ureigenen Grundlagen des christlichen Glaubens ablehnten – die Gottheit Christi, die Gleichheit der Personen der Heiligen Dreieinigkeit, die Fülle der göttlichen und der menschlichen Natur in Christus. Dies kann man von vielen gegenwärtigen christlichen Konfessionen keinesfalls sagen, weil sie die grundlegenden Dogmen der Kirche anerkennen. Der orthodoxe Christ muss also in der Lage sein, zwischen Andersgläubigen und Häretikern zu unterscheiden. Der heilige Philaret von Moskau meinte, es sei „unbarmherzig und nicht angebracht, das Papsttum (d.h. den

---

41 Anthony Bloom, Gespräche über den Glauben und die Kirche *[Antonij (Blum), Surožskij, Besedy o vere i Cerkvi]*, Moskau 1991, 263-265.

42 Zit. nach: Hilarion (Troizkij), Kein Christentum ohne Kirche *[Christianstva net bez Cerkvi]*, Montreal 1986, 91.

43 Zit. nach: Anthony Bloom, Gespräche über den Glauben und die Kirche *[Antonij (Blum), Surožskij, Besedy o vere i Cerkvi]*, Moskau 1991, 262.

44 Als Beispiel kann das Schisma zwischen der Armenischen Kirche und Konstantinopel nach dem Konzil von Chalcedon angeführt werden. Wie V. Bolotov zeigt, spielten politische Umstände dieser Zeit eine entscheidende Rolle in dieser Spaltung; vgl. V. Bolotov, Vorlesungen zur Geschichte der Alten Kirche *[Lekcii po istorii Drevnej Cerkvi]*, St. Petersburg 1918, Bd. 4, 322f.

Katholizismus) auf die gleiche Stufe zu stellen wie den Arianismus".[45] Um so weniger lässt sich auf die heutigen andersgläubigen Christen anwenden, was die Väter aus der Zeit der Großen Konzilien vom Ausschluss der Häretiker und von der Unzulässigkeit der Gemeinschaft mit ihnen gesagt haben.

Der orthodoxe Christ darf auch nicht vergessen, dass einzig und allein Gott weiß, wo die Grenzen der Kirche sind. Wie der heilige Augustinus sagte, „wird so mancher von denen, die auf Erden meinten, der Kirche fremd zu sein, am Tag des Gerichtes entdecken, dass er ihr angehörte, und so mancher von denen, die sich bedauerlicherweise einbildeten, Glieder der Kirche zu sein, wird sehen, dass er ihr fremd war".[46] Anzunehmen, dass es außerhalb der Orthodoxen Kirche keine Gnade Gottes gibt und geben kann, würde bedeuten, Gott in Seiner Allmacht zu begrenzen, Ihm Schranken zu setzen, außerhalb derer Er nicht das Recht hat zu handeln. Deshalb darf die Ergebenheit gegenüber der Orthodoxie, die Treue zu ihren Dogmen sich nicht in einen maßlosen Triumphalismus verwandeln, bei dem alle übrigen christlichen Kirchen als unglückselige Haufen angesehen werden, geschaffen von der Hinterlist der Menschen, und bei dem die ganze Welt im allgemeinen und neunundneunzig Prozent der Menschheit zum Verderben verurteilt sind.

* * *

Wir alle jedoch, die wir teilhaben an dem einen Brot, sind miteinander verbunden durch die Teilhabe an dem einen Heiligen Geist ... Gedenke, Herr, Deiner Heiligen Katholischen [Sobornaja] und Apostolischen Kirche, die sich erstreckt von einem Ende bis zum anderen Ende des Erdkreises, und breite den Frieden über sie aus, die gegründet ist durch das kostbare Blut Deines Christus ... Lindere die Zwietracht der Kirchen, ersticke den heidnischen Aufruhr, zerstöre rasch den häretischen Aufstand durch die Kraft Deines Heiligen Geistes. Nimm uns alle auf in Dein Reich, mache uns zu Söhnen des Lichtes und zu Söhnen des Tages, Deinen Frieden und Deine Liebe gewähre uns, Herr, unser Gott ...

Liturgie des heiligen Basilius des Großen[47]

---

45 Zit. nach: Georgij Florovskij, Wege der russischen Theologie *[Puti russogo bogoslovija]*, Paris 1937, 183.

46 Zit. nach: Anthony Bloom, Gespräche über den Glauben und die Kirche *[Antonij (Blum), Surožskij, Besedy o vere i Cerkvi]*, Moskau 1991, 268.

47 Liturgie des heiligen Basilius des Großen, Gebet zur Darbringung der Gaben *[Liturgija sv. Vasilija Velikoga, Molitva po preloženii Darov]*. Übersetzung: Die Liturgie der Orthodoxen Kirche. Deutsch-griechisch-kirchenslawisch. Hg. und erläutert von Anastasios Kallis, Mainz 1989, 224-238.

Alle bildet ihr gleichsam einen Tempel Gottes aus euch, einen Opferaltar, gleichsam den einen Jesus ...

Ignatius von Antiochien[48]

Die Christen unterscheiden sich von anderen Menschen nicht nach Land, Sprache oder Lebensgewohnheiten. Sie bewohnen nicht irgendwo besondere Städte ... und führen ein Leben, das sich durch nichts von anderen unterscheidet. Allein ihre Lehre ist keine Frucht des Denkens noch eine Erfindung von Menschen, die Neuheiten suchen, sie hängen auch keiner beliebigen menschlichen Lehre an, wie andere. Doch indem sie in Städten der Griechen und Barbaren wohnen, wie es sich für jeden ergab, und den Gewohnheiten der Einheimischen in Kleidung, Nahrung und allem übrigen folgen, zeichnen sie sich durch eine erstaunliche und wahrhaft unglaubliche Lebensführung aus. Sie wohnen in ihrem Vaterland, aber wie Fremde ... Jedes fremde Land ist für sie Vaterland, und jedes Vaterland ist ihnen Fremde ... Sie existieren im Fleisch, aber sie leben nicht nach dem Fleisch. Sie weilen auf Erden, aber sie sind Bürger des Himmels. Sie leiden Mangel in allem und haben doch alles im Überfluss ... Mit einem Wort: Was im Leib die Seele, das sind in der Welt die Christen.

Brief an Diognet[49]

Damit wir nach der Einheit mit Gott und untereinander streben und damit wir uns miteinander vereinen, obwohl wir der Seele und dem Leib nach verschieden sind, gebrauchte der eingeborene Sohn ein Mittel, das Er in Seiner eigenen Weisheit und nach dem Ratschluss des Vaters offenbarte. Wahrhaftig, durch eine geheimnisvolle Teilhabe heiligte Er die Glaubenden in sich selbst zu einem Leib, Seinem eigenen. Er ließ sie ein Leib werden mit sich und untereinander. Wer kann dann von dieser leibhaftigen Vereinigung einen von denjenigen abtrennen oder abhauen, der mit Christus dazu verbunden ist, eins mit Ihm zu werden durch diesen einen heiligen Leib? Denn wenn wir alle an dem einen Brot teilhaben, dann bilden wir auch einen Leib. Denn Christus kann nicht geteilt werden

---

48 Ignatius von Antiochien, Brief an die Magnesier *[Ignatij Bogonosec, K Magnezijcam]* 7, in: Frühe Kirchenväter *[Rannye Otcy Cerkvi]*, Brüssel 1988, 113f. Übersetzung: Die Apostolischen Väter. Griechisch-deutsche Parallelausgabe. Neu übersetzt und hg. von Andreas Lindemann / Henning Paulsen, Tübingen 1992, 195.

49 Brief an Diognet *[Poslanie k Diognetu]* 5,1-6,1, in: Frühe Kirchenväter *[Rannye Otcy Cerkvi]*, Brüssel 1988, 595-597. Übersetzung: Die Apostolischen Väter. Griechisch-deutsche Parallelausgabe. Neu übersetzt und hg. von Andreas Lindemann / Henning Paulsen, Tübingen 1992, 311-313.

... Der eine und ungeteilte Geist selbst vereinigt die Seelen aller ... und offenbart, dass sie ein Sein in Ihm selbst bilden.

Kyrill von Alexandrien[50]

Die Ökumenische Kirche besteht aus allen Ortskirchen, die miteinander in Gemeinschaft stehen. Sie ist, so sagen uns die Väter, die eine Arche der Erlösung, die den Menschen von Gott gegeben ist ... die eine Braut Christi. Sie ist die geistliche Mutter, die als einzige durch die Taufe Kinder zum neuen Leben gebären und sie mit Gott versöhnen kann. Weil sie der Leib Christi ist, ist sie der einzige Ort, wo die Menschen wirklich mit Gott und untereinander verbunden werden durch das heiligende Wirken des Geistes. Heißt das etwa, dass kein Mensch erlöst und geheiligt werden kann außerhalb der formalen Zugehörigkeit zur sichtbaren Kirche? Bei den Vätern gibt es Hinweise, dass sie um die Freiheit des Heiligen Geistes in Seinen Gaben wissen, und darum, dass Er diese außerhalb der üblichen Wege der Erlösung gewähren kann – dort wo Er ein entsprechend bereitetes Herz findet: „Viele von denen, die außerhalb von uns sind, gehören zu uns – jene, deren Sitten den Glauben vorwegnehmen und denen nichts als der Name fehlt, während sie die Wirklichkeit selbst schon besitzen", sagt der heilige Gregor der Theologe ... Von seiner Schwester sagt er: „Ihr gesamtes Leben war Reinigung und Vollkommenheit ... Ich meine entschieden, dass die Taufe ihr nicht die Gnade brachte, sondern deren Fruchtbarkeit".

Archimandrit Placide (Deseille)[51]

---

50 Kyrill von Alexandrien, Auslegung zum Johannesevangelium *[Kirill Aleksandrijskij, Tolkovanie na Evangelie ot Ioanna]* 11,11: PG 74, 560A-561B. Übersetzung: Cirillo di Alessandria, Commento al Vangelo di Giovanni III (Libri IX-XII). Traduzione, note e indici di Luigi Leone, Roma 1994, 361-369.

51 Archimandrit Placide (Deseille), Ein orthodoxer Blick auf die Einheit der Christen *[Pravoslavnyj vzgljad na edinstvo christian]*, in: Bote der Russischen Christlichen Bewegung *[Vestnik Russkogo Christianskogo Dviženija]* 147 (1986) 24. Die Zitate, die Archimandrit Placide anführt, finden sich in: PG 35, 992B-C (Predigt 18,6) und PG 35, 812C (Predigt 8,20).

Kapitel 8
Die Sakramente

Das Leben in den Sakramenten

Unter den Sakramenten versteht man in der orthodoxen Theologie Weihehandlungen, in denen sich eine Begegnung zwischen Gott und Mensch ereignet und in denen sich, soweit das im irdischen Leben möglich ist, eine höchstmögliche Einheit mit Gott verwirklicht. In den Sakramenten steigt die Gnade Gottes auf uns herab und heiligt unsere ganze Natur – Seele und Leib –, indem sie uns an der Göttlichen Natur Anteil gewährt, uns Leben schenkt, uns vergöttlicht und neu erschafft zum ewigen Leben. In den Sakramenten empfangen wir eine Erfahrung des Himmels, einen Vorgeschmack des Reiches Gottes; vollständig werden wir erst nach dem Tod daran teilhaben, d.h. darin eingehen und darin leben.

Das griechische Wort *mysterion* (Sakrament, Geheimnis) kommt vom Verb *myo* und heißt ‚verbergen, verheimlichen'. In dieses Wort haben die heiligen Väter einen weiten Sinn gelegt: ‚Sakrament' nannten sie die Fleischwerdung Christi, Sein Erlösungswerk, Seine Geburt, Tod, Auferstehung und andere Ereignisse Seines Lebens, den christlichen Glauben selbst, die Lehre, die Dogmen, den Gottesdienst, das Gebet, die kirchlichen Feiertage, die heiligen Symbole usw. Unter den Weihehandlungen bezeichneten sie vor allem Taufe und Eucharistie als Sakramente. In dem Werk „Die kirchliche Hierarchie" spricht Dionysios Areopagita von drei Sakramenten – Taufe, Myronsalbung und Eucharistie –, doch auch die Mönchsweihe und die Begräbnisfeier werden als ‚Sakramente' bezeichnet.[1] Theodor Studites (9. Jh.) spricht von sechs Sakramenten: Erleuchtung (Taufe), Versammlung (Eucharistie), Myronsalbung, Priesterweihe, Mönchsweihe und Begräbnisritus.[2] Der heilige Gregor Palamas (14. Jh.) unterstreicht den zentralen Charakter von zwei Sakramenten, Taufe und Eucharistie[3], während Nikolas Kabasilas (15. Jh.) in seinem Buch „Leben in Christus" drei Sakramente erklärt: Taufe, Myronsalbung und Eucharistie.[4]

---

1 A. Louth, Denys the Areopagite, Wilten CT (USA) 1989, 57.
2 PG 99, 1524B.
3 John Meyendorff, Byzantine Theology, New York 1979, 192.
4 Ebd.

In der gegenwärtigen Zeit ist es in der Orthodoxen Kirche üblich, Taufe, Eucharistie, Myronsalbung, Buße, Weihe, Ehe und Krankensalbung zu den Sakramente zu rechnen; alle übrigen Weihehandlungen gehören zu den Riten *[obrjad]*. Man muss allerdings im Blick haben, dass die Lehre von den sieben Sakramenten, die sich in den Lehrbüchern der dogmatischen Theologie findet, der lateinischen Scholastik entnommen ist; von daher stammt auch die Unterscheidung zwischen ‚Sakramenten' und ‚Sakramentalien'. Das östliche patristische Denken interessierte sich nicht für die Anzahl der Sakramente und sah es nicht als seine Aufgabe an, deren Zahl festzulegen.[5] Im 15. Jahrhundert spricht der heilige Symeon von Thessalonike von sieben Sakramenten, er beharrt jedoch auf dem sakramentalen Charakter der Mönchsweihe.[6] Sein Zeitgenosse, Metropolit Joasaph von Ephesus, schreibt: „Ich glaube, dass es nicht sieben, sondern mehr kirchliche Sakramente gibt", und legt eine Liste mit zehn Sakramenten vor, darunter die Mönchsweihe, die Begräbnisfeier und die Ordnung der Kirchweihe.[7]

In jedem Sakrament gibt es eine sichtbare Seite, die den Ablauf der Feier umfasst, das heißt Worte und Handlungen der Teilnehmer, die ‚Materie' des Sakramentes (Wasser in der Taufe, Brot und Wein in der Eucharistie), und es gibt eine unsichtbare Seite – die geistliche Verwandlung und Wiedergeburt des Menschen, um derentwillen der Ritus vollzogen wird. Das eigentliche ‚Geheimnis' ist dieser unsichtbare Teil, der jenseits der Grenze von Sehen und Hören, über dem Verstand und außerhalb der sinnlichen Wahrnehmung bleibt. Doch im Sakrament wird zusammen mit der Seele auch die leibliche Hülle des Menschen verwandelt und wiedererweckt: das Sakrament ist nicht nur eine geistliche, sondern auch eine leibliche Teilhabe an den Gaben des Heiligen Geistes. Der Mensch tritt mit seinem ganzen Wesen in das göttliche Geheimnis ein, er versenkt sich in Gott mit Seele und Leib, weil auch der Leib zur Erlösung und Vergöttlichung bestimmt ist. Darin besteht der Sinn des Eintauchens in das Wasser (in der Taufe), der Salbung mit dem Myron (bei der Myronsalbung), darin besteht der Sinn des Essens von Brot und Wein (in der Eucharistie). Im kommenden Äon sind die Sakramente nicht mehr nötig, und der

---

5　Die erste Lehre von den sieben Sakramenten formulierte im Osten Kaiser Michail Paläologos in seinem „Bekenntnis des Glaubens", das Papst Klemens IV. im Jahre 1267 vorgelegt wurde (übrigens war es nicht vom Kaiser selbst, sondern von lateinischen Theologen geschrieben worden); vgl. G.M. Jugie, *Theologia dogmatica christianorum orientalium*, Paris 1930, Bd. 3, 16.

6　PG 155, 197A.

7　John Meyendorff, Byzantine Theology, New York 1979, 192.

Mensch empfängt den Leib und das Blut Christi nicht in der Gestalt von Brot und Wein, sondern Christus selbst unmittelbar: „Gewähre uns, Dich wirklicher (vollständiger, vollkommener) am abendlosen Tag Deines Reiches zu empfangen", beten wir im Ostergottesdienst. Dadurch bekennen wir, dass wir im himmlischen Vaterland, *in patria*, eine noch vollständigere, noch engere Vereinigung mit Christus erwarten. Solange wir aber *in via* sind, auf der Pilgerschaft, auf Erden, brauchen wir die sichtbaren Zeichen der Gegenwart Gottes: Deswegen werden wir der Göttlichen Natur teilhaftig durch Wasser, das von Gott erfüllt ist, und durch Brot und Wein, die von Ihm durchwirkt sind.

Der Spender aller Sakramente ist Gott selbst. Vor Beginn der Liturgie sagt der Diakon zum Priester: „Herr, es ist Zeit zu handeln" (Ps 118 [119],126), im Russischen: „Es ist Zeit für den Herrn zu handeln", das heißt, die Zeit ist angebrochen, die Stunde ist gekommen, in der Gott selbst handeln wird, während Priester und Diakon nur Seine Werkzeuge sind. Im Augenblick der Wandlung der heiligen Gaben handelt der Priester nicht selbst, sondern betet nur, indem er Gott den Vater anruft: „So mache dieses Brot zum kostbaren Leib Deines Christus und das, was in diesem Kelch ist, zum kostbaren Blut Deines Christus". Im Ritus der Taufe ruft der Priester aus: „Getauft wird der Diener Gottes ..." Das unterstreicht dann, dass nicht er selbst, sondern Gott das Sakrament wirkt. Nach den Worten des heilige Ambrosius von Mailand: „Es tauft nicht Damasius, nicht Petrus, nicht Ambrosius und nicht Gregor. Wir erfüllen unser Werk als Diener, doch die Wirklichkeit der Sakramente hängt von Dir ab. Es steht nicht in den menschlichen Kräften, die göttlichen Güter mitzuteilen – es ist Deine Gabe, Herr".[8]

Die Taufe

Das Sakrament der Taufe ist die Tür in die Kirche als das Reich der Gnade und der Beginn des christlichen Lebens. Die Taufe ist die Grenze zwischen den Gliedern des Leibes Christi und den übrigen Menschen, die sich außerhalb dieses Leibes befinden. In der Taufe wird der Mensch mit Christus bekleidet, nach den Worten des Apostels Paulus, die gesungen werden, während die Täuflinge das Taufbecken umschreiten: „Ihr alle, die ihr auf Christus getauft seid, habt Christus als Gewand angelegt" (Gal 3,27). In der Taufe stirbt der Mensch dem sündigen Leben und ersteht zum neuen, geistlichen Lebens. Davon ist in der Apostellesung die Rede, die im Ritus des Sakramentes enthalten ist: „Wir alle, die auf Christus Jesus getauft wurden, sind auf Seinen Tod

---

8 Ambrosius von Mailand, *De spiritu sancto* 1, 18.

getauft. Daher sind wir mit Ihm begraben durch die Taufe auf den Tod. Wie Christus von den Toten durch die Herrlichkeit des Vaters erweckt wurde, so sollen auch wir in einem erneuerten Leben wandeln … Denn wenn wir mit Christus gestorben sind, dann glauben wir, dass wir auch mit Ihm leben werden. Wir wissen ja, dass Christus, von den Toten auferweckt, nicht mehr stirbt. Der Tod hat keine Macht mehr über Ihn … So müsst auch ihr euch als tot erachten für die Sünde, als lebendig aber für Gott" (Röm 6,3-11).

Das Vorbild der neutestamentlichen Taufe war die Bußtaufe zur Vergebung der Sünden (Mk 1,4), die Johannes in den Wassern des Jordan vollzog. Das Wasser ist eines der ältesten religiösen Symbole. In der Bibel symbolisiert Wasser das Leben (vgl. Jes 35,6f; 58,11), die Gnade Gottes (Joh 4,10-14) und die geistliche und sittliche Reinheit des Menschen (Jes 1,16). Bei den alten Israeliten waren zahlreiche Waschungen üblich, die allerdings ebensowenig wie das Opferblut die Ursünde abwaschen und den Menschen aus der Macht des Teufels befreien konnten. Die Taufe des Johannes war diesen rituellen Waschungen der Form nach ähnlich, dem Sinn nach jedoch eine Vorbereitung auf die Begegnung mit Christus: „Bereitet dem Herrn den Weg, macht Ihm die Pfade eben" (Mk 1,13). Christus ließ sich nicht von Johannes taufen, um reingewaschen zu werden, da er sündlos und rein war, sondern um durch Sein Eintauchen in den Jordan die Wasser des Flusses zu heiligen, ihnen Seine Energie und Kraft zu geben, sie zu lebenschaffenden und lebentragenden Wassern zu machen. Im Sakrament der Taufe wird auch das Wasser geweiht; dabei werden Gebete gelesen unter Anrufung des Heiligen Geistes.

Das Sakrament der Taufe wurde von Christus selbst eingesetzt: „Geht, lehrt alle Völker, und tauft sie im Namen des Vaters und des Sohnes und Heiligen Geistes" (Mt 28,19). Der Auftrag Christi enthält die grundlegenden Elemente für den Ablauf der Feier des Sakramentes: die vorausgehende Unterweisung (Katechese), ohne die der Glaube nicht zu einem bewussten wird, das Untertauchen in das Wasser (griech. *baptismos* – wörtlich ‚Untertauchen') und die Formel „im Namen des Vaters und des Sohnes und Heiligen Geistes". In der alten Kirche wurde die Taufe durch Untertauchen in das Wasser vollzogen (vgl. Apg 8,38: „Sie stiegen beide in das Wasser"), wobei in der frühesten Epoche mit „lebendigem Wasser"[9] getauft wurde, das heißt in fließendem Wasser, Flusswasser also, und nicht in stehendem Wasser, im Wasser eines Sees. Man ging jedoch ziemlich früh daran, bei den Kirchen ein Baptisterium mit einem speziellen Taufbecken zu bauen, in dem die Täuflinge untergetaucht wurden.[10]

---

9   *Didache* 7, in: Frühe Kirchenväter *[Rannye Otcy Cerkvi]*, Brüssel 1988, 20.
10 Vgl. Oscar Cullmann, Les sacrements dans l'Evangile Johannique, Paris 1951, 22.

Die Praxis des Übergießens und Besprengens taucht viel später auf. Jedoch war in der alten Kirche bei außerordentlichen Umständen auch die Taufe durch Übergießen erlaubt, zum Beispiel im Falle der Krankheit des Täuflings. In dem Buch „Auf der geistlichen Aue" ist der Fall der Taufe eines Menschen nicht mit Wasser, sondern mit Sand beschrieben: Die Reisenden befanden sich mitten in einer Wüste, ihnen drohte der Tod, und Wasser gab es nicht in der Nähe.[11]

In der Zeit Konstantins (4. Jh.) war es noch üblich, vorwiegend Erwachsene zu taufen, weil dem bewussten Empfang des Sakramentes große Bedeutung beigemessen wurde. Im Wissen darum, dass in der Taufe die Sünden vergeben werden, verschoben einige das Sakrament auf die letzten Tage ihres Lebens: Selbst der Kaiser Konstantin wurde erst vor seinem Tod getauft. Der heilige Gregor der Theologe war Sohn eines Bischofs und wurde doch erst in fortgeschrittenem Alter getauft; auch die heiligen Basilius der Große und Johannes Chrysostomos wurden erst nach Beendigung der höheren Schule getauft. Die Praxis der Kindertaufe ist jedoch nicht weniger alt. Die Apostel tauften ganze Familien, in denen es zweifellos auch Kinder gab (vgl. Apg 10,48: die Taufe des Kornelius mit seinem ganzen Haus). Der heilige Märtyrer Irenäus von Lyon (2. Jh.) sagt: „Christus kam, um die zu erretten, die durch Ihn für Gott wiedergeboren wurden: Säuglinge, Kinder, Heranwachsende und Alte".[12] Origenes (3. Jh.) nennt den Brauch, Kinder zu taufen, eine „apostolische Überlieferung".[13] Der 124. Kanon der Synode von Karthago im Jahre 418 belegt diejenigen mit dem Anathema, die sich der Notwendigkeit der Taufe von Kindern und Säuglingen widersetzen.[14]

Was den Glauben als Hauptbedingung für die Wirksamkeit des Sakramentes angeht („Wer glaubt und sich taufen lässt, der wird gerettet werden, wer aber nicht glaubt, der wird verdammt werden", Mk 16,16), so sprechen im Fall der Taufe eines Säuglings die Paten (Eltern) das Glaubensbekenntnis und geben dadurch das Versprechen, die Kinder im Glauben zu erziehen und ihnen ihre Taufe bewusst zu machen. Ein Säugling, der das Sakrament empfängt, kann noch nicht logisch verstehen, was mit ihm geschieht, doch seine Seele ist

---

11 Johannes Moschos, *Pratum spirituale* oder Limonarion oder Neues Paradies *[Ioann Mosch, Lug duchovnyj]*, Kapitel 176, Sergiev Posad 1915, 207.

12 Irenäus von Lyon, *Adversus haereses [Irinej Lionskij, Protiv eresej]*, II, 39.

13 Origenes, Auslegung zum Römerbrief *[Origen, Tolkovanie na poslanie k Rimljanam]*, Buch 5.

14 Buch der Regeln der Apostel, der Heiligen Ökumenischen und Lokalkonzilien und der heiligen Väter *[Kniga pravil Sv. Apostol, Sv. Soborov Vselenskich i Pomestnych i Sv. Otec]*, Moskau 1874, 209.

vollkommen fähig, die Gnade des Heiligen Geistes aufzunehmen. „Ich glaube", sagt Symeon der Neue Theologe, „dass die getauften Säuglinge geheiligt und unter dem Schutz des Allheiligen Geistes bewahrt werden und dass sie Schafe der geistlichen Herde Christi und auserwählte Lämmer sind, weil sie mit dem Zeichen des lebenschaffenden Kreuzes besiegelt und vollkommen von der Tyrannei des Teufels befreit sind".[15] Dennoch wird den Säuglingen die Gnade Gottes gleichsam als Unterpfand ihres künftigen Glaubens gegeben, wie ein Same, der in die Erde gelegt wird. Damit aber aus dem Samen ein Baum wächst und Früchte bringt, sind die Anstrengungen der Paten erforderlich und auch die des Täuflings selbst, seinem jeweiligen Alter entsprechend.

In der alten Kirche wurde die Taufe nicht täglich gefeiert, also nicht nach den Bedürfnissen derer, die getauft zu werden wünschten, wie dies heute praktiziert wird, sondern nur an großen Feiertagen, insbesondere zu Ostern. Der Taufe gingen lange Monate (manchmal auch Jahre) der Katechese voraus. Während dieser Zeit kamen diejenigen, die sich auf das Sakrament vorbereiteten, in die Kirche und hörten die Ansprachen des Bischofs oder der Priester, die ihnen den Sinn des christlichen Lebens erschlossen. Die Katechumenen, d.h. diejenigen, die sich auf die Taufe vorbereiten, bildeten eine besondere Gruppe in der alten Kirche. Ihnen war es erlaubt, am Gottesdienst teilzunehmen, doch für die Zeit der Liturgie, nach der Lesung des Evangeliums und der Predigt, mussten sie hinausgehen (aus dieser Zeit ist noch der liturgische Ausruf erhalten: „Ihr Katechumenen, geht hinaus!"), da am Sakrament der Eucharistie nur die Gläubigen teilnehmen konnten, die den Leib und das Blut Christi empfangen. Die Unterweisungen endeten mit der Karwoche. Am Karfreitag wurde in der Regel die Absage an den Satan vollzogen und das Glaubensbekenntnis gesprochen („ein Vertrag mit Christus", nach einem Ausdruck von Johannes Chrysostomos)[16], am Karsamstag nach der Abendliturgie erfolgte die Taufe selbst. Bis jetzt trägt der österliche Gottesdienst der Orthodoxen Kirche die Spuren der ursprünglichen Abhängigkeit von der Tauffeier: Die nächtliche Prozession um die Kirche war einmal die Prozession der Neugetauften, die mit weißen Kleidern angetan und mit brennenden Kerzen in den Händen in die Kirche einzogen, wo ihnen das jubelnde „Christus ist auferstanden" _[Christos voskrese]_ entgegenkam.[17]

---

15 Symeon der Neue Theologe, Brief 4 _[Symeon tou Neou Theologou eurethenta asketika]_, Thessalonike 1977, 494.
16 Johannes Chrysostomos, Katechesen _[Oglasitelnye slova]_ 11, 19; zit. nach: Alexander Schmemann, Im Wasser und im Heiligen Geist _[Vodoju i duchom]_, Paris 1986, 212.
17 Ebd. 11; 147f.

Auch wenn eine längere Katechese in unserer Zeit nicht praktiziert wird, so ist deren Notwendigkeit offensichtlich, insbesondere wenn es um die Taufe von Jugendlichen geht: Keine Taufe ohne vorausgehenden Unterricht. In der Praxis hält der Priester vor Beginn der sakramentalen Handlung eine kurze Ansprache, in der er die Grundwahrheiten des Glaubens erläutert. Im Ritus der Taufe sind Gebete der Unterweisung und Vertreibung des Teufels enthalten (Exorzismus); die feierliche Absage des Täuflings (oder des Paten) an den Satan und das Bekenntnis des Glaubens an Christus schließen sich an. Danach folgen die Weihe des Wassers, die Salbung mit dem Öl und das dreifache Untertauchen mit den Worten: „Getauft wird der Diener Gottes (die Dienerin Gottes) ... im Namen des Vaters, Amen, und des Sohnes, Amen, und des Heiligen Geistes, Amen." Unmittelbar nach dem Eintauchen in das Wasser erfolgt die Myronsalbung, an die sich der dreifache Umgang um das Taufbecken mit dem Gesang „Ihr alle, die ihr auf Christus getauft seid" anschließt. Der Ritus der Taufe wird mit der Apostellesung und der Lesung des Evangeliums abgeschlossen, mit dem symbolischen Abschneiden der Haare und der Einführung in die Kirche. Sofort nach der Taufe oder in den nächsten Tagen empfangen die Neugetauften, unabhängig vom Alter, die heilige Eucharistie. Im Unterschied zur Römischen Kirche, wo die Myronsalbung (Firmung) und die Erstkommunion vom erreichten siebten Lebensjahr an erfolgen, sind in der Orthodoxen Kirche die Kinder vom frühesten Alter an zu diesen Sakramenten zugelassen, damit ihnen die lebendige, wenn auch noch nicht vollkommen bewusste Verbindung mit Christus nicht genommen wird.

Das Sakrament der Taufe wird einmal im Leben empfangen. In der Taufe erlangt der Mensch die Befreiung von der Erbsünde und die Vergebung aller seiner Sünden. Doch sie stellt nur die erste Stufe des Aufstiegs der Seele zu Gott dar, und wenn auf sie nicht die Erneuerung des ganzen Lebens, die geistliche Wiedergeburt, die entschlossene Absage an die Taten des „alten Menschen" folgen, dann bringt sie keine Frucht. Die Gnade Gottes, die in der Taufe als Unterpfand, als Same empfangen wird, wird wachsen und sich im Laufe des Lebens auf vielerlei Weise bekunden, wenn der Mensch zu Christus hinstrebt, in der Kirche lebt und die Gebote erfüllt. Wenn die Taufe nur eine Formalität gewesen ist, ein Tribut an die Tradition oder eine Mode, und wenn der Mensch fortfährt, als Heide oder Ungläubiger zu leben, dann geht er aller Früchte des Sakramentes verlustig und kann sich nicht als vollwertiges Glied der Kirche betrachten.

Die Myronsalbung

Die Einsetzung des Sakramentes der Myronsalbung geht auf die apostolische Zeit zurück. In der Urkirche erhielt jeder Neugetaufte den Segen und die Gabe des Heiligen Geistes durch die Handauflegung eines Apostels oder Bischofs. In der Apostelgeschichte wird davon gesprochen, dass Petrus und Johannes einigen Samaritanern die Hände auflegten, damit sie den Heiligen Geist empfingen, „denn Er war noch auf keinen von ihnen herabgekommen, sondern sie waren nur auf den Namen des Herrn Jesus getauft worden" (Apg 8,16). Die Herabkunft des Heiligen Geistes war manchmal begleitet von sichtbaren und wahrnehmbaren Bekundungen der Gnade: Die Menschen begannen, in unbekannten Sprachen zu reden, zu prophezeien und Wunder zu wirken, wie es sich bei den Aposteln am Pfingstfest ereignet hatte.

Die Handauflegung war eine Fortsetzung von Pfingsten, da sie die Gaben des Heiligen Geistes mitteilte. Als in der Folgezeit die Zahl der Christen zunahm und eine persönliche Begegnung jedes Neugetauften mit dem Bischof unmöglich wurde, wurde sie durch die Myronsalbung ersetzt. In der Orthodoxen Kirche vollzieht der Priester die Myronsalbung, das Myron selbst aber (wohlriechendes Öl) wird vom Bischof bereitet. Myron wird aus verschiedenen Elementen gekocht (dazu gehören bis zu 64 Ingredienzien: Öl, Balsam, Harz, wohlriechende Stoffe), und in der gegenwärtigen Praxis besitzt nur das Haupt einer autokephalen Kirche (Patriarch, Metropolit) das Recht zur Bereitung des Myron. In Moskau zum Beispiel nimmt der Patriarch von Moskau und der ganzen Rus' den Ritus des Myronkochens einmal im Laufe mehrerer Jahre vor. Danach wird das geweihte Myron in die Gemeinden verteilt, und auf diese Weise erhält jeder, der Mitglied der Kirche wird, den Segen des Patriarchen.

In den apostolischen Briefen wird die Gabe des Heiligen Geistes, die die Christen besitzen, manchmal als „Salbung" bezeichnet (1 Joh 2,20; 2 Kor 1,21). Im Alten Testament war die Einsetzung eines Königs mit einer Salbung verbunden: „Samuel nahm ein Gefäß mit Öl und goss es über seinen (Sauls) Kopf, küsste ihn und sagte: ‚Der Herr hat dich gesalbt zum Herrscher über Sein Erbe'" (1 Sam 10,1). Auch die Einsetzung in den priesterlichen Dienst wurde durch eine Myronsalbung vollzogen: „Nimm dir beste wohlriechende Spezereien: Myrrhe ... Zimt ... Gewürzrohr ... Kassia und Olivenöl ... und mach daraus Myron für die heilige Salbung ... Und salbe ... Aaron und seine Söhne, und heilige sie, damit sie Mir Priester seien ... Den Körper der übrigen Menschen darf man nicht damit salben, und stellt nichts her, was ähnlich zusammengesetzt ist, denn es ist heilig" (Ex 30,23-26.30.32).

Im Neuen Testament gibt es keine Unterteilung in Gesalbte und Nicht-Gesalbte: Im Reich Christi sind alle „Könige und Priester" (Offb 1,6), „ein auserwähltes Geschlecht", „Menschen, die zum besonderen Eigentum genommen sind" (1 Petr 2,9), und deswegen wird die Salbung an jedem Christen vollzogen.

Durch die Myronsalbung empfängt der Mensch „das Siegel der Gabe des Heiligen Geistes". Wie Alexander Schmemann erklärt, geht es nicht um die verschiedenen Gaben des Heiligen Geistes, sondern um den Heiligen Geist selbst, Der dem Menschen als Gabe zugeeignet wird.[18] Von dieser Gabe sprach Christus zu den Jüngern beim Letzten Abendmahl: „Ich werde zum Vater beten, damit Er euch einen anderen Tröster gibt, Der für immer bei euch bleibt, den Geist der Wahrheit" (Joh 14,16f.), und „Es ist besser für euch, dass Ich fortgehe; denn wenn Ich nicht fortgehe, wird der Tröster nicht zu euch kommen; wenn Ich aber fortgehe, dann sende Ich Ihn zu euch" (Joh 16,17). Der Kreuzestod Christi machte das Geschenk des Heiligen Geistes möglich, und in Christus werden wir zu Königen, Priestern und Christen (Gesalbten), erhalten jedoch nicht das alttestamentliche Priestertum des Aaron oder das Königtum Sauls oder die Salbung Davids, sondern das neutestamentliche Priestertum und das Reich Christi selbst. Durch die Myronsalbung werden wir zu Kindern Gottes, weil der Heilige Geist die „Gabe der Annahme an Kindes statt" ist, („das Geschenk der Einsetzung zum Sohn", wie es in der Liturgie des heiligen Basilius des Großen heißt).

Ebenso wie die Gnade der Taufe muss die Gabe des Heiligen Geistes, die wir in der Myronsalbung empfangen, nicht einfach passiv angenommen, sondern aktiv *angeeignet* werden. In diesem Sinn sagte der heilige Seraphim von Sarov, das Ziel des christlichen Lebens sei „das Erwerben des Geistes". Der Göttliche Geist wird von uns als Unterpfand empfangen, aber Er muss sehnsüchtig gesucht, das heißt erworben werden, in unseren Besitz übergehen. Der Heilige Geist muss in uns Frucht bringen. „Die Früchte des Geistes aber sind Liebe, Freude, Friede, Langmut, Güte, Barmherzigkeit, Treue, Sanftmut und Enthaltsamkeit ... Wenn wir im Geist leben, dann müssen wir auch dem Geist folgen", sagt der Apostel Paulus (Gal 5,22.25). Alle Sakramente haben nur dann einen Sinn und sind nur dann rettend, wenn das Leben des Christen der Gabe entspricht, die er empfängt.

Die Eucharistie

„Das Sakrament der Sakramente" der Orthodoxen Kirche ist die heilige Eucharistie. Sie ist das Herzstück der Kirche, ihr Grund, ihr Fundament, ohne das die Existenz der Kirche undenkbar ist.

---

18 Ebd. 103.

Das Sakrament der Eucharistie wurde von Christus beim Letzten Abendmahl vollzogen, von dem alle vier Evangelien und außerdem der Apostel Paulus berichten: „Denn ich habe vom Herrn selbst empfangen, was ich euch überliefert habe, dass der Herr Jesus in jener Nacht, in der Er ausgeliefert wurde, Brot nahm und Dank sagte, es brach und sagte: Nehmt, esst, das ist Mein Leib, Der für euch gebrochen ist; tut dies zu Meinem Gedächtnis. In gleicher Weise nahm Er den Kelch nach dem Mahl und sagte: Dieser Kelch ist der neue Bund in Meinem Blut, tut dies, sooft ihr davon trinkt, zu Meinem Gedächtnis. Denn jedes Mal, wenn ihr dieses Brot esst und diesen Kelch trinkt, verkündet ihr den Tod des Herrn" (1 Kor 11,23-26). Das Letzte Abendmahl, das von Christus zusammen mit den Jüngern begangen wurde, ist dem äußeren Ritual nach das altjüdische Paschamahl, bei dem sich in Israel die Mitglieder jeder Familie zusammenfanden, um das Opferlamm zu verzehren. Doch während das übliche Paschamahl ein Familienmahl war, nahmen am Letzten Abendmahl die Jünger Christi teil, also nicht Seine leiblichen Verwandten, sondern jene Familie, die später zur Kirche wird. Und Er selbst war gleichzeitig das Lamm, das sich selbst zum Opfer brachte „als makelloses und reines Lamm, das schon vor der Grundlegung der Welt vorherbestimmt war" zur Errettung der Menschen (1 Petr 1,19f.). Während des Abendmahls verwandelte Christus Brot und Wein in Seinen Leib und Sein Blut, gab den Jüngern Anteil daran und gebot ihnen, dieses Sakrament zu Seinem Gedächtnis zu vollziehen. Nach Seinem Kreuzestod und Seiner Auferstehung versammelten sich die Jünger am ersten Tag der Woche – dem sogenannten ‚Tag der Sonne', an dem Christus auferstand – zum ‚Brechen des Brotes'.

Die ursprüngliche Eucharistie war ein Mahl, das begleitet war von der Lesung der Heiligen Schrift, dem Singen der Psalmen, von Predigt und Gebet und gelegentlich die ganze Nacht hindurch dauerte. Die Apostelgeschichte berichet von einem Abend, an dem Paulus den jungen Eutychus erweckte: Die Rede des Paulus dauerte so lange, dass der Junge „in einen tiefen Schlaf fiel" und aus dem Fenster stürzte. Paulus stieg hinab, erweckte ihn und trug ihn hinauf, „brach das Brot und ass und redete ziemlich lange, sogar bis zum Sonnenaufgang" (Apg 20,9.11). In dem Maße, wie die christlichen Gemeinden wuchsen, wandelte sich die Eucharistie allmählich von einem Abendmahls-Essen zu einem Gottesdienst. Die Beschreibung eines eucharistischen Gottesdienstes im 2. Jahrhundert findet sich bei Justin dem Philosophen: „Nachdem auf diese Weise der Glaubende reingewaschen worden ist (d.h. nach der Taufe), führen wir ihn zu den sogenannten Brüdern in die allgemeine Versammlung, um mit allem Eifer allgemeine Gebete sowohl für uns als auch für den Erleuchteten und für alle anderen, die sich überall befinden, zu verrichten ... Nach

Beendigung des Gebetes grüßen wir einander mit einem Kuss. Danach werden zum Vorsteher der Brüder Brot und ein Kelch mit Wasser und Wein gebracht: Er nimmt dieses und entbietet im Namen des Sohnes und des Heiligen Geistes dem Vater aller den Lobpreis, und in ähnlicher Weise vollzieht er die Danksagung ... Das ganze anwesende Volk antwortet ‚Amen' ... Nach der Danksagung des Vorstehers und dem Einstimmen des ganzen Volkes geben die Diakone jedem der Anwesenden teil an dem Brot, über dem die Danksagung gesprochen wurde, und an dem Wein mit Wasser, und tragen sie zu denen, die abwesend sind. Diese Speise wird bei uns Eucharistie genannt (Danksagung), und keinem anderen ist es erlaubt, daran Anteil zu haben, außer demjenigen, der an die Wahrheit unserer Lehre glaubt und gereinigt ist durch die Waschung zum Nachlass der Sünden ... Darum empfangen wir diese Speise nicht wie gewöhnliches Brot oder wie einen gewöhnlichen Trank. Wie nämlich Christus ... Fleisch geworden ist und Fleisch und Blut zu unserer Erlösung besass, so ist auf dieselbe Weise diese Speise, über der die Danksagung gesprochen wurde ... wie wir belehrt worden sind, Fleisch und Blut des fleischgewordenen Jesus".[19]

Die ältesten Elemente des eucharistischen Ritus, die vom Apostel Paulus und vom heiligen Justin erwähnt werden, sind die Lesung der Heiligen Schrift, das Gebet für alle Menschen, der Friedenskuss, die Danksagung an den Vater, worauf das Volk mit ‚Amen' antwortet, und das Brechen des Brotes, d.h. der Kommunionempfang. In der alten Kirche konnte jede Gemeinde ihre eucharistische Ordnung haben, doch diese Elemente kamen in allen Abläufen der Feier vor. Das Gebet des Vorstehers war zunächst improvisiert, und erst später wurden die eucharistischen Gebete vorgeschrieben. In der alten Kirche gebrauchte man eine Vielzahl von eucharistischen Ordnungen, die als Liturgien (griech. *leitourgia* – Dienst) bezeichnet wurden. Jede Ordnung wurde in der Regel mit dem Namen des einen oder anderen Apostels oder Heiligen überschrieben. In der Jerusalemer Kirche wurde die Liturgie des Apostels Jakobus verwendet, in Alexandrien die des Apostels Markus, in Antiochien die des heiligen Basilius des Großen und des heiligen Johannes Chrysostomos, bei den Armeniern die des heiligen Gregor des Erleuchters Armeniens, bei den Kopten die des heiligen Kyrill von Alexandrien und des heiligen Gregor des Theologen, im Westen die Liturgie des heiligen Ambrosius von Mailand und des heiligen Gregor des Großen, sowie eine Vielzahl anderer. Alle diese liturgischen Ordnungen sind nicht persönliche Schöpfungen derjenigen, deren Namen sie tragen, wenngleich sie in einigen Fällen geistlich oder sogar textlich auf sie

---

19 Justin, Apologie *[Iustin Filosof, Apologija]* 1, 65f., in: Frühe Kirchenväter *[Rannye Otcy Cerkvi]*, Brüssel 1988, 337f.

zurückgehen können. Nach und nach lässt sich im orthodoxen Osten eine Vereinheitlichung der eucharistischen Ordnung erkennen: Etwa um das 12. Jahrhundert kommen allgemein die Liturgien von Basilius dem Großen und Johannes Chrysostomos in Gebrauch[20]; andere alte Liturgien werden nicht weiter verwendet. In der Orthodoxen Kirche wird die Liturgie des heiligen Basilius des Großen zehnmal im Jahr gefeiert, hauptsächlich an großen Feiertagen oder an ihrem Vorabend, die Liturgie des heiligen Johannes Chrysostomos hingegen an allen Tagen des Jahres, mit Ausnahme der Werktage des Großen Fastens; am Mittwoch und am Freitag des Großen Fastens jedoch wird die (nicht-eucharistische) Liturgie der Vorgeweihten Gaben gefeiert, die den Namen des heiligen Gregor des Großen, des Römischen Papstes, trägt.

Nach der Lehre der Orthodoxen Kirche ist Christus selbst der einzige wahre Zelebrant der Eucharistie: Er ist unsichtbar in der Kirche anwesend und handelt durch den Priester. Für einen orthodoxen Christen ist die Eucharistie nicht einfach eine symbolische Handlung, die zum Gedenken an das Abendmahl des Herrn begangen wird, sondern das Herrenmahl selbst wird täglich durch Christus erneuert und wird seit jener Paschanacht, als Christus mit Seinen Jüngern zu Tische lag, unaufhörlich in der Kirche fortgesetzt. „Gewähre mir, Sohn Gottes, heute Deines Abendmahles teilhaftig zu werden" sagt, wer zur Kommunion hinzutritt. Nicht nur das Letzte Abendmahl, sondern auch das Opfer von Golgotha wird in jeder Liturgie erneuert: „Der König der Könige und Herr der Herren kommt, um geopfert und als wahre Speise gereicht zu werden" (aus der Liturgie des Karsamstags).

Wie bereits erwähnt, glaubt die Orthodoxe Kirche, dass das Opfer Christi nicht nur dem Vater dargebracht wird, sondern der ganzen Heiligen Dreieinigkeit. Die eucharistische Danksagung ist an den Vater gerichtet, und die Wandlung selbst von Brot und Wein in den Leib und das Blut Christi geschieht durch das Wirken des Heiligen Geistes: „Sende Deinen Heiligen Geist, und schaffe so dieses Brot zum kostbaren Leib Deines Christus, und das, was in diesem Kelch ist, zum kostbaren Blut Deines Christus, indem Du sie verwandelst durch Deinen Heiligen Geist" (Gebet aus der Liturgie des heiligen Johannes Chrysostomos). Übrigens sind in der alten liturgischen Ordnung der Alexandrinischen Kirche, die dem heiligen Gregor dem Theologen zugeschrieben wird, alle Gebete der Danksagung an Christus gerichtet, und die Worte der Wandlung klingen ein wenig anders: „Du selbst also, Herr, wandle die vorliegenden Gaben, da Du selbst der Vollzug dieses mystischen Gottesdienstes bist ... Sende Du Deinen Allheiligen Geist herab, damit Er diese vorliegenden kostbaren

---

20 Vgl. John Meyendorff, Byzantine Theology, New York 1979, 117.

Gaben heilige und wandle in den Leib und das Blut unseres Erlösers ... und damit Er dieses Brot umschaffe, auf dass es zu Deinem heiligen Leib werde, unseres Herrn und Gottes und Erlösers und Allherrschers Jesus Christus ... und dieser Kelch zu Deinem kostbaren Blut Deines Neuen Bundes".[21]

Die Orthodoxe Kirche glaubt bedingungslos, dass in der Eucharistie Brot und Wein zum wirklichen Leib und Blut Christi werden und nicht nur zu einer symbolischen Darstellung Seines Leibes und Blutes. Dass die Christen seit frühester Zeit Brot und Wein der Eucharistie wirklich und nicht symbolisch als Leib und Blut Christi aufgefasst haben, bezeugt der heilige Justin der Philosoph in den oben aufgeführten Worten: „Diese Speise ... ist ... Fleisch und Blut des fleischgewordenen Jesus". Vor ihm sagt der heilige Märtyrer Ignatius von Antiochien (2. Jh.), dass „die Eucharistie das Fleisch unseres Erlösers Jesus Christus ist, das für unsere Sünden gelitten hat".[22] Alle alten liturgischen Ordnungen heben hervor, dass das eucharistische Brot und der Wein „der sehr kostbare Leib und das Blut" des Herrn Jesus Christus sind (Liturgie des heiligen Basilius des Großen), „ganz Leib und Blut unseres Erlösers" (Liturgie des heiligen Gregor des Theologen), „der heilige Leib und das wertvolle Blut Christi" (Liturgie des Apostels Jakobus)[23], „der wirkliche Leib und das wirkliche Blut Christi" (Liturgie der Armenischen Kirche)[24], „der heiligste Leib und das Blut des Sohnes" Gottes (Römisch-katholische Messe).[25] Und Christus selbst spricht: „Mein Fleisch ist *wirklich* eine Speise, und Mein Blut ist *wirklich* ein Trank; wer Mein Fleisch isst und Mein Blut trinkt, der bleibt in Mir, und Ich bleibe in ihm" (Joh 6,55f.).

Die Vereinigung des Glaubenden mit Christus in der Eucharistie ist nicht symbolisch oder bildhaft, sondern wahrhaft, wirklich und vollständig. Wie Christus selbst Brot und Wein durchdringt und sie mit Seiner Gottheit erfüllt, so geht Er in den Menschen ein, indem Er Sein Fleisch und Seine Seele mit Seiner lebenschaffenden Gegenwart und Göttlichen Energie erfüllt. In der Eucharistie werden wir, nach einem Ausdruck der heiligen Väter, „ein Leib" mit Christus, Der in uns eingeht wie in den Schoß der Jungfrau Maria. Der

---

21 Die Liturgie des heiligen Gregor des Theologen *[He Leiturgia tou hagiou Gregoriou tou Theologou]*, Thessalonike 1981, 19f.

22 Ignatius von Antiochien, Brief an die Smyrnäer 7, in: Frühe Kirchenväter *[Rannye Otcy Cerkvi]*, Brüssel 1988, 136f.

23 Sammlung der alten östlichen und westlichen Liturgien *[Sobranie drevnich liturgij vostočnych i zapadnych]*, St. Petersburg 1874, Bd. 1, 178.

24 Ebd. Bd. 2 (1875), 207.

25 Ebd. V (1878), 131.

heilige Symeon der Neue Theologe schreibt, dass Christus, indem Er Sich mit uns verbindet, alle Glieder unseres Leibes göttlich macht: „Du bist unser Verwandter dem Fleisch nach, wir aber (sind Deine Verwandten) Deiner Gottheit nach ... Du bleibst mit uns jetzt und in Ewigkeit und schaffst in einem jeden eine Wohnstatt und wohnst in allen ... jeder von uns ist einzeln mit Dir, Erlöser, ganz mit dem Ganzen, und Du bist mit jedem einzelnen, der Eine mit einem jeden ... Und auf diese Weise werden alle Glieder eines jeden von uns zu Gliedern Christi ... und wir werden gemeinsam zu Göttern, die mit Gott leben".[26] In den Worten des heiligen Symeon wird besonders die Verbindung von Kommunion und Vergöttlichung ansichtig, die das Ziel des christlichen Lebens ist. Es wird gleichfalls der wahrnehmbare und körperliche Charakter der Vereinigung mit Christus hervorgehoben: Unser Fleisch erhält in der Eucharistie gleichsam einen unvergänglichen Sauerteig, wird vergöttlicht, und wenn es stirbt und zerfällt, dann wird dieser Sauerteig zum Unterpfand seiner künftigen Auferstehung.

Kraft dieser außerordentlichen Bedeutung des Sakramentes der Eucharistie gibt ihm die Kirche eine besondere, unvergleichliche Stellung im Hinblick auf das Werk der Erlösung des Menschen. Ohne Eucharistie gibt es keine Erlösung, keine Vergöttlichung, kein wahres Leben, keine Auferstehung zur Ewigkeit. „Wenn ihr das Fleisch des Menschensohnes nicht esst und Sein Blut nicht trinkt, dann habt ihr das Leben nicht in euch. Wer Mein Fleisch isst und Mein Blut trinkt, der hat das ewige Leben, und Ich werde ihn auferwecken am Jüngsten Tag" (Joh 6,53f.). Darum rieten die heiligen Väter den Christen, sich nicht der Eucharistie zu enthalten, sondern sie so oft wie möglich zu empfangen. „Strebt danach, euch oft zur Eucharistie und zum Lobpreis Gottes zu versammeln", sagt der heilige Märtyrer Ignatius von Antiochien[27] („sich zur Eucharistie zu versammeln" bedeutet zu kommunizieren, da in der Zeit des heiligen Ignatius alle Anwesenden in der Eucharistie die Kommunion empfingen). Der heilige Nil (4. Jh.) sagt: „Enthaltet euch von allem Vergänglichem, und empfangt täglich das göttliche Abendmahl, denn auf diese Weise bleibt Christi Leib der unsere".[28] Der heilige Basilius der Große schreibt: „Es ist gut und sehr nützlich, jeden Tag zu kommunizieren und den Leib und das Blut Christi zu empfangen ... Wir kommunizieren übrigens viermal jede Woche: am

---

26 Hymnus 15, 121-154, in: Syméon le Nouveau Théologien, Hymnes, hg. v. J. Koder (= SC 156), Paris 1969, Bd. 1, 286-290.

27 Ignatius von Antiochien, Brief an die Smyrnäer 7, in: Frühe Kirchenväter *[Rannye Otcy Cerkvi]*, Brüssel 1988, 136f.

28 Philokalie *[Dobrotoljubie]*, Moskau 1895, Bd. 2, 196.

Tag des Herrn, am Mittwoch, am Freitag und am Samstag, und auch an den anderen Tagen, wenn der Gedenktag irgendeines Heiligen ist".[29] Gemäß dem 8. Apostolischen Kanon wird derjenige, der lange ohne einen wichtigen Grund nicht kommuniziert hat, aus der Kirche ausgeschlossen: „Die Gläubigen, die nicht in der heiligen Gemeinschaft bleiben, sollen ausgestoßen werden, weil sie Unordnung in die Kirche bringen".[30] Nicht nur in der frühchristlichen Epoche, sondern auch in späterer Zeit haben viele Heilige zum häufigen Kommunionempfang aufgerufen, insbesondere im 11. Jahrhundert der heilige Symeon der Neue Theologe, der unter Tränen die Notwendigkeit des täglichen Kommunionempfangs lehrte[31], im 18. Jahrhundert der heilige Nikodim vom Heiligen Berg, der das Buch „Vom häufigen Empfang der Kommunion" schrieb; im 19. und Anfang des 20. Jahrhunderts der heilige Johannes von Kronstadt, der täglich die Liturgie zelebrierte und Tausenden von Menschen die Kommunion reichte.

Die Praxis eines seltenen Kommunionempfanges, nur zu großen Feiertagen oder zu den Fastenzeiten, und dies einmal im Jahr, bürgerte sich infolge einer Schwächung der eucharistischen Frömmigkeit in der Kirche ein, als die einen den Kommunionempfang aus dem Gefühl der eigenen Unwürdigkeit heraus mieden (als ob sie, wenn sie selten kommunizieren, würdiger wären), und für die anderen der Kommunionempfang eine Formalität wurde – eine religiöse Pflicht, die man erfüllen muss. So war im 19. Jahrhundert in Russland jeder Mensch verpflichtet, einmal im Jahr als Bezeugung seiner Religiosität und Loyalität zu kommunizieren; wenn jemand häufiger kommunizieren wollte, konnte er der Häresie verdächtigt werden. Ein junger Student der Militärschule, Dimitrij Brjantschaninov, der spätere heilige Ignatij, der den Wunsch hatte, jeden Sonntag zu beichten und zu kommunizieren, erzählte davon dem Beichtvater seiner Schule und brachte ihn in Verlegenheit. Als er einmal zur Beichte ging und seine „sündigen Absichten" bekannte, hielt es der Beichtvater, der nicht zwischen ,sündigen Absichten' und ,politischen Plänen' unterschied, für seine Pflicht, dies der Obrigkeit mitzuteilen (ein Beichtvater, der in der Beichte von einer Verschwörung mit dem Ziel, die Monarchie zu stürzen, oder von einem vorbereiteten Anschlag auf Personen des Zarenhauses hörte, war nach

---

29 PG 32, 484B.

30 Buch der Regeln der Apostel, der Heiligen Ökumenischen Konzilien und Lokalkonzilien und der heiligen Väter *[Kniga pravil Sv. Apostol, Sv. Soborov Vselenskich i Pomestnych i Sv. Otec]*, Moskau 1874, 12.

31 Vgl. z.B. Ethik, 3, 434f., in: Syméon le Nouveau Théologien, Traités théologiques et éthiques, hg. v. Jean Darrouzès (= SC 122), Paris 1966, Bd. 1, 422: „(Leib und Blut), die wir täglich essen und trinken" *[„(Telo i Krov'), kotorye my eždednevno edim i p'em"]*.

den in jener Zeit herrschenden Gesetzen verpflichtet, dies der Obrigkeit mitzuteilen). Ein Generalleutnant, der Leiter der Schule, unterzog Brjantschaninov einem formellen Verhör über die Bedeutung dieser ‚Absichten', danach stellte er ihn unter Beobachtung. Der künftige Heilige war gezwungen, den Beichtvater zu wechseln, und vor allen verborgen, um keinen Verdacht zu erregen, ging er jeden Sonntag in die Vaalamsker Kirche, um zu kommunizieren.[32]

Die Frage, wie oft man unbedingt kommunizieren muss, wurde in Russland zu Beginn des 20. Jahrhunderts ausführlich besprochen, als die Vorbereitung zum Landeskonzil der Russischen Orthodoxen Kirche begann. Es wurde empfohlen, zur Praxis der ersten Christen zurückzukehren und an jedem Sonntag zu kommunizieren. Man hob hervor, dass der Mensch niemals dieses großen Geheimnisses würdig ist, weil alle Menschen Sünder sind, die Eucharistie jedoch dazu gegeben ist, damit wir reiner und Gottes würdiger werden, wenn wir kommunizieren und mit Christus vereinigt werden. Davon sprach schon der heilige Johannes Kassian im 5. Jahrhundert: „Wir dürfen uns vom Empfang des Herrn nicht deshalb fernhalten, weil wir das Bewusstsein haben, sündig zu sein. Sondern noch mehr und mehr muss man zur Heilung der Seele und Reinigung des Geistes dorthin eilen, jedoch mit einer solchen Demut des Geistes und des Glaubens, dass wir uns des Empfangs solcher Gnade für unwürdig erachten und doch noch mehr die Heilung unserer Wunden wünschen. Anders aber, nur einmal im Jahr, kann man unmöglich die Kommunion würdig empfangen, wie es einige machen, die die Würde, die Heiligung und Heilsamkeit der Himmlischen Geheimnisse so hochschätzen, dass sie denken, nur Heilige und Makellose könnten sie empfangen. Besser wäre es zu denken, dass diese Geheimnisse uns durch das Geschenk der Gnade rein und heilig machen. Sie legen wahrlich mehr Stolz als Demut, wie es ihnen scheint, an den Tag, denn wenn sie die heiligen Geheimnisse empfangen, meinen sie dieses Empfangs würdig zu sein. Um vieles richtiger wäre es, wenn wir mit der Demut des Herzens, in der wir glauben und bekennen, dass wir niemals würdig die heiligen Geheimnisse berühren können, *sie an jedem Sonntag empfingen* zur Heilung unserer Gebrechen, als ... zu glauben, dass wir nach Jahresfrist ihres Empfanges eher würdig wären".[33]

Wenn in den ersten drei Jahrhunderten nach Christus die wöchentliche und sogar die tägliche Kommunion die Norm für die Christen war, dann war das offensichtlich eine Folge der intensiven geistlichen Glut, die in der Kirche

---

32 Ignatij Brjantschaninov, Werke in 5 Bänden *[Soč. v. 5 t.]*, St. Petersburg 1905, Bd. 1, 14f.

33 Johannes Kassian, Unterredungen *[Ioann Kassian Rimljanin, Sobesodovanija]* 23, 21, in: Briefe *[Pisanija]*, Moskau 1892, 605.

der Epoche der Verfolgung zu beobachten ist. Die Schwächung des eucharistischen Bewusstseins war unmittelbar mit dem allgemeinen Niedergang im Niveau des geistlichen Lebens in den folgenden Jahrhunderten verbunden. Es ist vollkommen natürlich, dass dort, wo die Verfolgungen wieder begannen, wo die Christen unter Bedingungen gerieten, in denen die Zugehörigkeit zur Kirche eine Bereitschaft zum Martyrium bedeutete, und wo sie unter Todesgefahr lebten, die Eucharistie wieder zur Mitte des christlichen Lebens wurde. So war es im sowjetischen Russland nach der Revolution, so war es unter den Tausenden von Christen in der russischen Diaspora, die von der Heimat getrennt waren. Heute kommuniziert man in vielen russischen Gemeinden jeden Sonntag, wenngleich das nicht zur allgemeinen Norm geworden ist. Mancherorts sind die Zustände des 19. Jahrhunderts erhalten geblieben.

Zwar hoben die Väter hervor, dass niemand *würdig* sei, die Kommunion zu empfangen, sie erinnerten jedoch beständig daran, dass jeder, der zum Sakrament hinzutritt, auf die Begegnung mit Christus *vorbereitet* sein muss. Die Vorbereitung auf den Kommunionempfang soll sich nicht darauf beschränken, eine bestimmte Anzahl von Gebeten zu lesen und sich von dieser oder jener Art von Speise zu enthalten. In erster Linie ist die Bereitschaft zum Kommunionempfang durch ein reines Gewissen bedingt, d.h. dadurch dass man dem Nächsten gegenüber nicht feindselig oder böse gesinnt ist und mit allen Menschen in Frieden lebt: „ Wenn du deine Gabe zum Altar bringst und dich erinnerst, dass dein Bruder etwas gegen dich hat, so lass deine Gabe vor dem Altar liegen, und geh, versöhne dich zuerst mit deinem Bruder, dann komm und bringe deine Gabe" (Mt 5,23f.). Hindernisse für den Kommunionempfang sind von einem Menschen begangene schwere Sünden, die unbedingt in der Beichte bekannt werden müssen.

In der Russischen Kirche ist es üblich, die Kommunion nüchtern zu empfangen, da der Leib des Menschen durch Fasten gereinigt sein soll. Nach den Worten des heiligen Gennadios, des Patriarchen von Konstantinopel, „reinigt derjenige, der den Kaiser einlädt, zuerst sein Haus; so sollst auch du, wenn du Gott in dein leibliches Haus aufnehmen willst, deinen Leib durch Fasten heiligen".[34] Der nüchterne Kommunionempfang ist eine alte Tradition, die in jener Epoche aufkam, als die Liturgie aufhörte, die Fortsetzung einer Agape (Liebesmahl) zu sein und sich in einen feierlichen Gottesdienst wandelte, der in den Morgenstunden stattfand.

---

34 Zit. nach: Timothy (Kallistos) Ware, The Orthodox Church, London 1987, 294.

Was die besonderen asketischen Regeln der Vorbereitung auf den Kommunionempfang durch eine Zeit des Fastens betrifft, so entstanden sie zu der Zeit, als der Kommunionempfang selten und unregelmäßig wurde. In der gegenwärtigen Praxis der Russischen Kirche ist gewöhnlich das ein-, zwei- oder dreitägige Fasten vor dem Kommunionempfang vorgeschrieben, außerdem soll dem Kommunionempfang die Beichte vorausgehen. In den Kirchen des griechischen Ostens wird das eucharistische Fasten im allgemeinen nicht praktiziert, und man tritt zur Kommunion ohne Beichte hinzu. Die russische Praxis ist offensichtlich am seltenen Kommunionempfang orientiert, denn wenn ein Mensch jeden Sonntag kommunizieren möchte, dann müsste er wenigstens jeden Samstag fasten, doch das Fasten am Samstag widerspricht den kanonischen Regeln der frühen Kirche, z.B. dem 64. Apostelkanon („Wenn ein Kleriker angetroffen wird, der am Sonntag fastet oder am Samstag, einen einzigen (den Karsamstag) ausgenommen, so soll er abgesetzt werden. Ist er aber ein Laie, so werde er ausgeschlossen").[35]

Das Fasten vor dem Kommunionempfang ist eine fromme Tradition in der Russischen Kirche, und es ist für jene notwendig, die selten kommunizieren, weil es sie in den Tagen des Fastens nötigt, in sich zu gehen und über ihre Sünden nachzudenken. Was die Menschen betrifft, die jeden Sonntag oder häufiger kommunizieren möchten, so gelten für sie weniger strenge Regeln. Außerdem gibt es einige Feiertage, an denen das Fasten der Idee des Feiertages widerspricht. Wenn ein Mensch in der Osterwoche zu kommunizieren wünscht, soll er dann etwa an Ostern fasten? Oder wenn er am Tag des Heiligen Geistes kommunizieren möchte, soll er dann am Pfingsttag fasten? Die bestehende Regel des unbedingten Fastens vor dem Kommunionempfang führt manchmal dazu, dass in den Liturgien der Osterwoche im allgemeinen niemand kommuniziert, und der Priester, der mit dem Kelch heraustritt und ausruft: „Mit Gottesfurcht und Glauben tretet hinzu", geht sofort zurück zum Altar, weil niemand kommunizieren möchte – meistens auf Anweisung des Priesters selbst.

Alle Vorschriften hinsichtlich der Vorbereitung auf die Eucharistie sind darauf ausgerichtet, dass der Mensch, der sich dem Sakrament naht, sich seiner Sündhaftigkeit bewusst wird und mit dem Gefühl tiefer Reue hinzutritt. Im Gebet vor der Kommunion wiederholt der Priester, und mit ihm das ganze Volk, die Worte des heiligen Paulus, und jeder bezeichnet sich als „ersten der

---

35 Buch der Regeln der Apostel, der Heiligen Ökumenischen und Lokalkonzilien und der heiligen Väter *[Kniga pravil Sv. Apostol, Sv. Soborov Vselenskich i Pomestnych i Sv. Otec]*, Moskau 1874, 22.

Sünder": „Ich glaube, Herr, und bekenne, dass Du wahrhaft der Christus bist, der Sohn des lebendigen Gottes, Der in die Welt gekommen ist, die Sünder zu erlösen, von denen ich der erste bin". Nur das Bewusstsein seiner völligen Unwürdigkeit macht den Menschen würdig, zur Eucharistie hinzuzutreten.

Die Trauer im Bewusstsein der eigenen Sündhaftigkeit hindert einen Christen aber nicht, die Eucharistie als Fest und Freude zu empfangen. Ihrer Natur nach ist die Eucharistie feierliche Danksagung, deren Grundstimmung der Lobpreis Gottes ist. Nicht zufällig wird an sieben Tagen des Großen Fastens nicht die vollständige Liturgie gefeiert: Die traurige Stimmung dieser Tage entspricht nicht dem jubelnden Charakter der eucharistischen Gebete. Darin bestehen das Paradox und das Geheimnis der Eucharistie: Zu ihr muss man voller Reue und zugleich voller Freude hinzutreten: voller Reue aus dem Bewusstsein der eigenen Unwürdigkeit und voller Freude, weil der Herr in der Eucharistie den Menschen reinigt, heiligt und vergöttlicht, ihn *würdig* macht, ohne auf seine Unwürdigkeit zu schauen. In der Eucharistie werden nicht nur Brot und Wein in Leib und Blut Christi verwandelt, sondern auch der Kommunizierende wird von einem alten Menschen in einen neuen verwandelt, indem er von der Last der Sünden befreit und mit dem Göttlichen Licht erleuchtet wird.

Die Buße

„Bekehrt euch, denn das Himmelreich ist nahe" (Mt 3,2) – mit diesen Worten Johannes' des Täufers begann Jesus Christus Seine Predigt (Mt 4,17). Das griechische Wort *metanoia* (Reue) bedeutet ‚Änderung des Geistes'. Die Predigt Christi war ein Aufruf zu radikaler Veränderung der Denk- und Lebensweise, zu einer Erneuerung des Geistes und der Sinne, zur Absage an sündige Taten und Absichten, zur Umwandlung des Menschen. Ein Synonym für Reue ist das in der Bibel oft anzutreffende Wort ‚Umkehr': „Kehrt um, ein jeder von seinem bösen Weg, und bessert eure Wege und eure Taten" (Jer 18,11). Umkehr ist die *Abkehr* vom sündigen Leben und die *Rückkehr* zu Dem, vor Dem wir wegliefen, von Dem wir abfielen, von Dem wir uns abwandten. Der reumütige Mensch gleicht dem verlorenen Sohn aus dem Gleichnis des Evangeliums (Lk 15,11-24). In Sünde lebend, entfernt er sich von Gott, doch nach vielen Schicksalsschlägen entschließt er sich, zum Vater zurückzukehren. Buße beginnt mit Reue und Umkehr, die zur Entschlossenheit führen („Ich werde aufstehen und gehen"), und endet mit der Rückkehr zum Vater („Er stand auf und ging"), mit dem Bekenntnis der Sünden („Ich habe gesündigt"), mit der Vergebung von Gott („Bringt das beste Gewand"), der Versöhnung („Das ist mein Sohn") und mit geistlicher Auferstehung („Er war tot, und er lebt, er war verloren und ist wiedergefunden worden").

Das Sakrament der Buße, das auch Beichte genannt wird, ist von der Kirche schon sehr früh eingesetzt worden. In der Apostelgeschichte wird erzählt, dass „viele, die zum Glauben gekommen waren, hingingen (zu den Aposteln) und ihre Taten bekannten" (Apg 19,18). Mit der Beichte beginnt das christliche Leben eines ehemaligen Heiden. Bisweilen wurde auch die öffentliche Beichte vor der ganzen Gemeinde praktiziert (sie verschwand um das 5. Jahrhundert), aber auch die Beichte vor mehreren Priestern. Häufiger aber war die Beichte geheim. In der christlichen Tradition wurde die Kirche als eine geistliche Heilstätte aufgefasst, die Sünde als Krankheit, die Beichte als Heilbehandlung, der Priester als Arzt: „Du hast gesündigt? Geh in die Kirche und bekenne deine Sünden ... Hier ist der Arzt und nicht der Richter, hier wird niemand gerichtet, sondern jeder empfängt die Vergebung seiner Sünden" (Johannes Chrysostomos).[36] Im Ritus der Beichte ist das Wort enthalten: „Höre zu, da du in eine Heilstätte eingetreten bist, damit du nicht ungeheilt weggehst". Die Sünde ist ein Fall, eine Verirrung des Menschen: Die Beichte hilft ihm, sich zu erheben und auf den rechten Weg zurückzufinden.

Dem Christen werden in der Taufe alle Sünden vergeben. Dennoch „gibt es keinen Menschen, der lebt und nicht sündigt", und nach der Taufe wird er erneut Sünden zulassen, die sich in seine Seele senken wie Schmutz und Schwärze, die ihn der Fülle des Lebens in Gott berauben, weil nichts Unreines in die Gemeinschaft mit der vollkommenen Reinheit Gottes eingehen kann. Die heiligen Väter nannten die Buße eine ‚zweite Taufe', und sie unterstrichen ihre reinigende, erneuernde Wirkung: „Die Buße ist eine Erneuerung der Taufe. Die Buße ist ein Bund mit Gott zur Verbesserung des Lebens ... Die Buße ist eine Versöhnung mit dem Herrn durch das Vollbringen guter Taten, die den früheren Sünden entgegengesetzt sind. Die Buße ist eine Reinigung des Gewissens" (Johannes Klimakos).[37]

Der Reumütige wird in der Beichte sensibler gegenüber seiner Sündhaftigkeit, und dieses Bewusstsein macht ihn fähig, sein Leben zu ändern. Es ist bezeichnend, dass diejenigen, die selten oder gar nicht beichten, sich gewöhnlich überhaupt nicht als Sünder fühlen: „Ich lebe wie alle"; „Es gibt noch Schlimmere als mich"; „Ich tue niemandem Böses"; „Wer ist schon ohne Sünde in unserer Zeit?" – kann man oft von solchen Leuten hören. Wer jedoch seine Sünden regelmäßig beichtet, der findet in sich immer eine Vielzahl von Un-

---

36 PG 49, 292.
37 Johannes Klimakos, Die Paradiesesleiter _[Lestvica]_ 5, 1, Athen 1989, 115.

zulänglichkeiten und bemüht sich, gegen sie zu kämpfen. Dieses Paradox ist leicht zu erklären: Wie Staub und Schmutz nur dort zu sehen sind, wo Licht ist, nicht aber in einem dunklen Raum, so wird auch die Sündhaftigkeit des Menschen für ihn nur in dem Maße ansichtig, wie er sich Gott nähert, Der Licht ist. Ohne Gott gibt es keine klare Sicht der Sünden, weil ohne Ihn alles finster und trübe ist.

Das Bekenntnis wird vor Gott getragen, und der Priester ist nur ein „Zeuge", wie es im Ritus des Sakraments heißt. Wozu ist ein Zeuge nötig, wenn man Gott selbst bekennen kann? Als die Kirche die Beichte vor einem Priester eingerichtet hat, hat sie zweifellos einen subjektiven Faktor berücksichtigt: Vor Gott schämen viele sich nicht, da sie Ihn ja nicht sehen, aber vor einem Menschen zu beichten, *schämt* man sich. Doch das ist eine erlösende Scham, die hilft, die Sünden zu überwinden. Außerdem ist der Priester ein geistlicher Führer, der den richtigen Weg zur Überwindung der Sünde zu finden hilft. Die Beichte beschränkt sich nicht nur auf das Erzählen der Sünden, sie verlangt auch den Rat des Priesters und in einigen Fällen auch die Epithymie – eine Strafe oder sittliche Anordnung zur Heilung der Sünde.

Vor Beginn der Beichte macht der Priester darauf aufmerksam, dass sie vollständig sein muss; für den Fall, dass der Pönitent aus Scham oder aus einem anderen Grund Sünden verheimlicht, gilt das Sakrament als unwirksam: „Schäme dich nicht, und fürchte dich nicht, und verbirg nichts vor mir ... denn wenn du etwas verbirgst, wirst du eine noch größere Sünde haben". Auch die Vergebung der Sünden erhält der Mensch nach der Beichte voll und ganz: „Ich, unwürdiger Priester, vergebe dir mit Seiner Macht, die mir gegeben ist, und löse dich von allen deinen Sünden im Namen des Vaters und des Sohnes und des Heiligen Geistes". Werden auch vergessene Sünden vergeben? Eine eindeutige Antwort darauf gibt es nicht, obgleich im Gebet ausdrücklich von der Vergebung *aller* Sünden gesprochen wird. In der Regel wird ein Mensch, wenn er sich nach der Beichte an vergessene Sünden erinnert, diese bei der nächsten Beichte eingestehen. Wenn ein Mensch nicht zu selten beichtet, wird er im übrigen seine Sünden nicht vergessen.

Einem Priester ist es von Gott verliehen, im Namen Gottes die Vergebung der Sünden auszusprechen. Unser Herr Jesus Christus hat zu den Aposteln gesagt: „Was ihr auf Erden bindet, das wird auch im Himmel gebunden sein, und was ihr auf Erden löst, das wird auch im Himmel gelöst sein" (Mt 18,18). Diese Vollmacht, „zu binden und zu lösen", ging, wie die Kirche glaubt, von den Aposteln auf ihre Nachfolger – die Bischöfe und Priester – über.

Seit die Kommunion der Laien aufgehört hat, in jeder Liturgie der Normalfall zu sein, und abgelöst wurde durch die Praxis eines seltenen oder jährlichen

Kommunionempfangs, ging das Sakrament der Beichte natürlich der Kommunion voraus. In der Russischen Kirche führte diese Gewohnheit schrittweise zu der Theorie, der Kommunionempfang sei für die Laien im Unterschied zur Geistlichkeit ohne Beichte überhaupt nicht möglich. In der Praxis führt dies dazu, dass sich zu großen Feiertagen Hunderte von Menschen, die die Kommunion empfangen wollen, zur Beichte anstellen; die Beichte selbst reduziert sich auf drei Sätze, die eilig dahingesagt werden, oder nur auf die Lesung des Absolutionsgebetes, das als ‚Zulassung‘ zur Kommunion aufgefasst wird. In dieser Praxis drückt sich nach Meinung von Alexander Schmemann ein juridisches Verhältnis zum Sakrament aus, wenn die Vergebung der Sünden nicht so sehr aus der Reue des Menschen und der aus der Reue folgenden Versöhnung mit Gott und Wiedervereinigung mit der Kirche hervorgeht, als vielmehr aus der *Vollmacht* des Priesters. Der Akzent geht von der Reue auf das Absolutionsgebet über, das als das wichtigste Moment des Sakramentes angesehen wird.[38] In den Kirchen des griechischen Ostens ist die Beichte nicht mit dem Kommunionempfang verbunden, was mitunter zum entgegengesetzten Extrem führt: Die Menschen wissen im allgemeinen nicht, was es mit der Beichte auf sich hat, und sie kommunizieren, ohne ihr Gewissen gereinigt zu haben.

Die Griechische Kirche kennt auch nicht die russische Praxis der sogenannten ‚allgemeinen Beichte‘, wenn aufgrund eines großen Andrangs von Menschen der Priester nicht mit jedem einzeln spricht, sondern nur laut die Sünden aufzählt; die Gläubigen antworten „Ich bereue“, oder „Ich habe gesündigt“, oder sie antworten überhaupt nicht; danach wird ein Gebet verlesen, und alle treten „unter die Absolution“; manchmal wird auch das Absolutionsgebet für alle sofort gelesen („Ich vergebe und löse euch“). An der Wende vom 19. zum 20. Jahrhundert praktizierte der heilige Johannes von Kronstadt die allgemeine Beichte. Dies geschah jedoch nach einem besonderen Beschluss des Heiligen Synod, und die Beichte selbst erinnerte eher an die alte öffentliche Beichte als an das, was heute praktiziert wird, da alle Anwesenden gleichzeitig laut ihre Sünden bekannten. Im nachrevolutionären Russland war die allgemeine Beichte üblich, weil es an Kirchen und Priestern mangelte. Als eine Notmaßnahme sollte sie allerdings die Einzelbeichte nicht ganz ablösen, deren segenspendende und erlösende Wirkung jedem Gläubigen aus Erfahrung bekannt ist.

---

38 Alexander Schmemann, Über die Beichte und die Kommunion *[Ob ispovedi i pričastii]*, unveröffentlichtes Manuskript, 12.

Die Krankensalbung

Der Mensch wurde mit einem leichten, reinen, unverweslichen und unsterblichen Leib erschaffen. Nach dem Sündenfall verlor er diese Eigenschaften, wurde materiell, vergänglich und sterblich. Der Mensch, „in ein Gewand aus Haut gehüllt – in einen schweren Körper, wurde zum Leichenträger", wie der heilige Gregor der Theologe sagt.[39] In das Leben des Menschen traten Krankheiten ein. Nach der Lehre der Kirche wurzeln die Ursachen aller Krankheiten in der allgemeinen Sündhaftigkeit des Menschen: Die Sünde kam in seine Natur wie eine Art diabolisches Gift, das ihn besudelte und verseuchte. Und wenn der Tod eine Folge der Sünde ist („Die getane Sünde gebiert den Tod" – Jak 1,15), dann befindet sich die Krankheit zwischen der Sünde, der sie folgt, und dem Tod, dem sie vorangeht. Obwohl alle Krankheiten von verschiedenen Ursachen herrühren, so haben sie doch eine gemeinsame Wurzel – die Vergänglichkeit der menschlichen Natur nach dem Sündenfall. Wie der heilige Symeon der Neue Theologe sagt, „können die Ärzte, die den Leib der Menschen behandeln ... niemals die grundlegende natürliche Krankheit des Leibes heilen, das heißt die Vergänglichkeit: sie bemühen sich, dem Leib auf verschiedene Weise ... die Gesundheit wiederzugeben, doch dieser fällt wieder in eine andere Krankheit".[40] Deshalb braucht die menschliche Natur nach Meinung des heiligen Symeon notwendigerweise den wahren Arzt, der sie von der Vergänglichkeit heilt: Dieser Arzt ist Christus.

Im Laufe Seines irdischen Lebens hat Christus eine Vielzahl von Heilungen vollbracht. Oft fragte Er diejenigen, die sich an Ihn um Hilfe wandten: „Glaubt ihr, dass Ich dies tun kann?" (Mt 9,28). Indem Er den Leib von der Krankheit heilte, heilte Er auch die Seele von ihrem schlimmsten Gebrechen – dem Unglauben. Christus wies auf den Urheber aller seelischen und leiblichen Krankheiten hin – den Teufel: Von der gekrümmten Frau sagt Er, dass sie „der Satan gefesselt hatte" (Lk 13,16). Heilungen vollbrachten auch die Apostel und viele Heilige.

Um den Kranken zu helfen, gab es schon in der apostolischen Zeit ein Sakrament, das später die Bezeichnung Krankensalbung *[Eleosvjaščenie]* erhielt. Davon sagt der Apostel Jakobus in seinem Schreiben: „Ist bei euch jemand krank, dann lasst die Presbyter der Kirche rufen, lasst über ihn beten, salbt ihn mit Öl im Namen des Herrn. Das Gebet des Glaubens wird den Kranken heilen, und der Herr wird ihn aufrichten, und wenn er Sünden begangen hat, dann

---

39 Gregor von Nazianz, Über die Seele *[Grigorij Bogoslov, O duše]*, in: Werke in 2 Bänden, St. Petersburg o.J. (Verlag Sojkina), Bd. 2, 34.

40 Symeon der Neue Theologe, Predigt 7 *[Symeon Novyj Bogoslov, Slova]*, Moskau 1890, 53f.

werden sie ihm vergeben" (Jak 5,14f.). Es ist klar, dass es nicht um eine gewöhnliche Salbung mit Öl geht, die bei den Juden praktiziert wurde, weil sie Öl als ein Heilmittel ansahen, sondern um ein besonderes kirchliches Sakrament, weil die heilende Wirkung hier nicht dem Öl, sondern dem „Gebet des Glaubens" zugeschrieben wird, das die Presbyter verrichten.

Im Wesentlichen hat das Sakrament der Krankensalbung in der Östlichen Kirche die Grundzüge bewahrt, die der Apostel Jakobus aufgezeigt hat: Es wird von mehreren Priestern vollzogen (im Normalfall zwei oder drei), sieben Abschnitte der Apostelbriefe oder der Evangelien werden gelesen, es werden siebenmal Salbungen des Kranken mit Öl vorgenommen, und das Absolutionsgebet wird vorgelesen. Die Kirche glaubt, dass im Sakrament der Ölung dem Kranken – nach dem Wort des Apostels Jakobus – die Sünden vergeben werden. Das heißt jedoch ganz und gar nicht, dass die Krankensalbung die Beichte ersetzen kann, gewöhnlich wird dieses Sakrament nach der Beichte und Kommunion gefeiert.

Unbegründet ist gleichfalls die Meinung, bei der Krankensalbung würden die *vergessenen* Sünden vergeben, das heißt die in der Beichte nicht genannten Sünden. Die Beichte bedeutet, wie wir oben gesagt haben, eine vollständige und vollkommene Vergebung und Rechtfertigung des Menschen, wenn sie aufrichtig, unter Reue und mit dem Wunsch, sich zu bessern, vorgetragen worden ist. Die Auffassung der Krankensalbung als einer Art *Ergänzung* der Beichte widerspricht dem Sinn und der Idee beider Sakramente. Als Folge einer solchen entstellten Auffassung kommen manchmal vollkommen gesunde Menschen zur Krankensalbung, weil sie hoffen, Vergebung der vergessenen (und in der Beichte verheimlichten) Sünden zu erhalten. Die Gebete für Menschen auf dem Krankenlager verlieren in diesem Fall jeden Sinn.

Der Sinn des Sakramentes der Heilung, wie man die Krankensalbung auch bezeichnen kann, wird noch mehr entstellt durch die Auffassung, sie sei Abschied in den Tod oder als ‚Letzte Ölung' zu verstehen. Ein solches Verständnis war in den westlichen Kirchen bis zum II. Vatikanischen Konzil verbreitet und drang von dort aus auch in einige östliche Kirchen ein. Alexander Schmemann sieht die Ursache für diese Sicht in dem Umstand, dass die Krankensalbung keine Heilung garantiert. „Wir wissen aber", schreibt er, „dass jedes Sakrament immer ein *Übergang* und eine *Verwandlung* ist ... Man bat Christus um Heilung, Er aber hat Sünden vergeben. Man suchte bei Ihm ‚Hilfe' für unser irdisches Leben, Er aber gestaltete es um, verwandelte es in eine Begegnung mit Gott. Ja, Er heilte Kranke und erweckte Tote, doch die Geheilten und Auferweckten blieben dem unerbittlichen Gesetz des Sterbens und des Todes unterworfen. Die wahre Heilung des Menschen besteht nicht in der Wiederherstellung – auf Zeit! – seiner physischen Gesundheit, sondern in der Veränderung, in der wahrhaftigen *Verwandlung* seiner Erfahrung der Krankheit, der Leiden und selbst des Todes … Das Ziel des Sakramentes besteht in einer Änderung des Verständnisses, in der Annahme von Leiden und Krankheit, in deren Annahme als Geschenke der Leiden Christi, die durch Ihn in einen Sieg verwandelt wurden".[41]

In diesem Sinne kann man sagen, dass die Ölung dem Kranken Anteil an den Leiden Christi gewährt und die Krankheit selbst zu einem Mittel der Erlösung und Heilung vom geistlichen Tod macht. Viele Heilige haben mit Dankbarkeit die ihnen gesandte Krankheit als Möglichkeit der Befreiung von den ewigen Qualen angenommen. „Da war ein Starez", lesen wir in der „Geistlichen Aue" (6. Jh.), „der von der großen Härte des Lebens an Wassersucht erkrankt war. Ihn besuchten ständig Starzen, um den Kranken zu pflegen. ‚Betet lieber für mich, Väter', sagte der Kranke, ‚damit der innere Mensch nicht an Wassersucht leidet. Ich habe Gott flehentlich darum gebeten, dass Er die gegenwärtige Krankheit verlängere'. Ein Jerusalemer Erzbischof … der von dem Mönchsvater hörte … wollte ihm etwas für die körperlichen Bedürfnisse schicken, aber jener nahm nichts von den zugesandten Dingen an: ‚Bete lieber für mich, Vater, dass ich von den ewigen Qualen erlöst werde'".[42] Wie die Kirche lehrt, trachtet Gott immer danach, Böses in Gutes zu verwandeln: Die Krankheit, die an sich etwas Böses ist, kann dem Menschen zum Guten dienen, weil er durch sie Anteil am leidenden Christus erhält und zu einem neuen Leben aufersteht. Es gibt Fälle, in denen eine Krankheit einen Menschen veranlasst hat, sein sündiges Leben zu ändern und sich auf den Weg der Reue zu begeben, der zu Gott führt.

Die Ehe

Die Liebe zwischen Mann und Frau ist eines der bedeutendsten Themen der biblischen Frohbotschaft. Wie Gott selbst im Buch Genesis sagt, „verlässt der Mensch seinen Vater und seine Mutter und hängt seiner Frau an; und die zwei werden ein Fleisch sein" (Gen 2,24). Es ist wichtig festzuhalten, dass die Ehe von Gott im Paradies eingesetzt wurde, das heißt sie ist keine Folge des Sündenfalls. Die Bibel erzählt von Ehepaaren, auf denen der besondere Segen Gottes lag, was sich in der Vermehrung ihrer Nachkommen ausdrückte: Abraham und Sarah, Isaak und Rebekka, Jakob und Rachel. Die Liebe wird im Hohenlied

---

41 Alexander Schmemann, Für das Leben der Welt *[Za žizn' mira]*, New York 1983, 93.

42 Johannes Moschos, *Pratum spirituale* oder Limonarion oder Neues Paradies *[Ioann Mosch, Lug duchovnyj]*, Sergiev Posad 1915, 15 (Kap. 18).

Salomos besungen – in dem Buch, das ungeachtet aller allegorischen und mystischen Interpretationen durch die heiligen Väter nicht seinen buchstäblichen Sinn verliert.

Das erste Wunder Christi war die Verwandlung von Wasser in Wein auf der Hochzeit zu Kana in Galiläa, was von der patristischen Tradition als Segen des ehelichen Bundes verstanden wird: „Wir sind überzeugt", sagt der heilige Kyrill von Alexandrien, „dass Er (Christus) die Ehe in Entsprechung zu dem Heilsplan _[oikonomia]_ gesegnet hat, nach dem Er ein Mensch wurde und ... zum hochzeitlichen Festmahl in Kana in Galiläa ging (Joh 2,1-11)".[43]

Aus der Geschichte kennen wir Sekten (Montanismus, Manichäismus u.a.), die in der Ehe einen Widerspruch zu den asketischen Idealen des Christentums sahen. Sogar in unserer Zeit ist manchmal die Meinung zu hören, das Christentum verabscheue die Ehe und gestatte die eheliche Gemeinschaft von Mann und Frau nur aus Nachsicht mit der Schwäche des Fleisches. Wie wenig das stimmt, kann man z.B. den folgenden Aussagen des heiligen Märtyrers Methodius von Patara (3. Jh.) entnehmen, der in seinem Traktat über die Ehelosigkeit eine theologische Begründung des Zeugungsaktes in der Ehe und des Geschlechtsaktes von Mann und Frau überhaupt gibt: „Es ist notwendig, dass der Mensch ... nach Gottes Gebot handelt ... denn es ist gesagt: ‚Seid fruchtbar und vermehrt euch' (Gen 1,28). Man darf nicht eine Bestimmung Gottes verabscheuen, durch die wir selber existieren. Damit ein Mensch geboren werden kann, dringt der Same eines Mannes in den Schoß des weiblichen Mutterleibes ein, damit aufs Neue Bein von Bein und Fleisch von Fleisch mit Hilfe einer unsichtbaren Kraft zu einem anderen Menschen geformt werden – durch denselben Künstler ... Darauf verweist möglicherweise auch die Entrückung durch einen tiefen Schlaf, der den Ersterschaffenen überkam (vgl. Gen 2,21); er bildet die Wonne des Mannes in der Vereinigung (mit der Frau) ab, wenn er, nach der Zeugung verlangend, zur Ekstase _(ekstasis)_ kommt, danach durch die einschläfernden Wonnen der Zeugung entkräftet ist, damit etwas, das von seinem Bein und Fleisch abgetrennt wird, wieder gebildet werde ... zu einem neuen Menschen ... Deshalb ist es recht und billig zu sagen, dass der Mensch Vater und Mutter verlässt, als ob er plötzlich alles vergäße in dieser Zeit, wenn er sich mit einer Frau in Umarmungen der Liebe verbindet und so zum Mitwirkenden bei der Befruchtung wird. Wenn also Gott auch heute noch Menschen formt, wie kann man dann frech die Zeugung von Kindern ablehnen, die

---

43 Kyrill von Alexandrien, Dritter Brief an Nestorius _[Kirill Aleksandriskij, Poslanije 3-e k Nestoriju];_ zit. nach: J. Stevenson, Creeds, Councils and Controversies. Documents Illustrating the History of the Church, London 1991, 306.

der Allerhalter sich nicht schämte mit Seinen reinen Händen zu vollziehen?"
Wie der heilige Methodius weiterhin überzeugt ist, werden die Männer, „wenn
sie ihren Samen dem natürlichen weiblichen Schoß übergeben, zu Teilhabern
an der göttlichen Schöpferkraft".[44]

In dieser Weise wird der eheliche Verkehr als eine gottgegebene schöpferische Tat angesehen, die ‚nach der Weise Gottes' vollzogen wird. Darüber
hinaus ist der Geschlechtsakt der Weg, auf dem Gott als Künstler wirkt und
schafft.[45] Wenngleich bei den heiligen Vätern solche Gedanken selten anzutreffen sind (sie waren fast alle Mönche und interessierten sich deshalb wenig
für derartige Themen), darf man sie bei der Darlegung des christlichen Eheverständnisses nicht schweigend übergehen. Das Christentum verurteilt zwar die
fleischliche Wollust und den Hedonismus, die zur geschlechtlichen Haltlosigkeit und zu widernatürlichen Lastern führen (vgl. Röm 1,26f; 1 Kor 6,9 u.a.), es
segnet jedoch den geschlechtlichen Umgang zwischen Mann und Frau im
Rahmen der ehelichen Gemeinschaft.

In der Ehe vollzieht sich eine Verwandlung des Menschen, Einsamkeit und
Verschlossenheit werden überwunden, und seine Persönlichkeit erfährt eine
Erweiterung, Erfüllung und Vollendung. John Meyendorff bestimmt das Wesen
der christlichen Ehe so: „Der Christ ist berufen, schon in dieser Welt die
Erfahrung des neuen Lebens zu machen, ein Bürger des himmlischen Reiches
zu werden, und dies ist für ihn in der Ehe möglich. Auf diese Weise hört die
Ehe auf, nur eine Befriedigung zeitlicher, natürlicher Bedürfnisse zu sein ... Die
Ehe ist eine einzigartige Gemeinschaft zweier Wesen in Liebe, zweier Wesen,
die ihre eigene menschliche Natur übersteigen können und nicht nur ‚miteinander', sondern auch ‚in Christus' verbunden sind".[46]

Ein anderer hervorragender russischer Seelsorger, der Priester Alexander
Eltschaninov, spricht von der Ehe als von einer „Weihe", einem „Mysterium",
in dem sich eine „völlige Veränderung des Menschen ereignet, eine Ausweitung
seiner Persönlichkeit, in dem neue Augen entstehen, ein neues Lebensgefühl
aufkommt, durch das eine Geburt in eine Welt neuer Fülle stattfindet". Im
Bund der Liebe zweier Menschen offenbart sich die Persönlichkeit eines jeden
von ihnen, und zugleich entsteht die Frucht der Liebe – das Kind, das die
Zweiheit in eine Dreiheit verwandelt: „In einer Ehe ist das vollständige Erkennen eines Menschen möglich – das Wunder der Empfindung, der Berührung,

---

44 Methodius von Patara, Gesammelte Werke *[Mefodij, Ep. Patarskogo, Poln. sobr. tvor.]*, St.
   Petersburg ²1905, 36f., 40.
45 Nikolai Berdjajev, Gesammelte Werke *[Sobr. soč.]*, Paris ³1991, Bd. 2, 430.
46 John Meyendorff, Marriage: An Orthodox Perspective, New York ²1975, 17.

der Schau einer fremden Persönlichkeit ... Vor der Ehe gleitet der Mensch flüchtig über das Leben hin, betrachtet es von außen, und nur in der Ehe dringt er in das Leben ein, tritt darin ein durch eine andere Persönlichkeit. Der Genuss der wahren Erkenntnis und des wahren Lebens verleiht das Gefühl einer vollendeten Fülle und Zufriedenheit, die uns reicher und weiser macht. Diese Fülle wird noch vertieft, indem aus uns, die wir verbunden und versöhnt sind, ein Drittes entsteht, unser Kind".[47]

Weil die Kirche der Ehe eine solche besonders hohe Bedeutung beimisst, verhält sie sich ablehnend gegenüber der Scheidung und auch gegenüber einer zweiten und dritten Ehe, wenn letztere nicht durch besondere Umstände bedingt sind, wie zum Beispiel durch Verletzung der ehelichen Treue durch einen der beiden Ehepartner. Eine solche Beziehung gründet in der Lehre Christi, Der die alttestamentlichen Vorschriften bezüglich der Ehescheidung nicht anerkannte (vgl. Mt 19,7-9; Mk 10,11f; Lk 16,18), mit einer Ausnahme: der Scheidung „aufgrund von Unzucht" (Mt 5,32). In diesem Fall und auch beim Tod eines der Ehepartner oder in anderen besonderen Fällen segnet die Kirche eine zweite oder dritte Ehe.

In der frühchristlichen Kirche gab es keinen eigenen Trauungsritus. Mann und Frau gingen zum Bischof und erhielten seinen Segen, danach empfingen beide bei der Liturgie die heiligen Sakramente Christi. Diese Verbindung mit der Eucharistiefeier lässt sich auch heute noch im Ritus des Sakraments der Trauung aufspüren, der mit dem Ausruf beginnt: „Gesegnet sei das Reich [Gottes]" und viele Gebete aus der Ordnung der Liturgie einschließt, die Apostellesung und das Evangelium sowie den symbolischen gemeinsamen Kelch.

Der Trauung geht die Verlobung voraus. In dieser Zeit sollen die Brautleute den freiwilligen Charakter ihres Eintritts in die Ehe bezeugen und die Ringe tauschen.

Die Trauung selbst findet in der Kirche statt, gewöhnlich nach der Liturgie. Dem Brautpaar werden während der sakramentalen Handlung Kronen aufgesetzt, die ein Symbol des Reiches Gottes sind: Jede Familie ist eine kleine Kirche. Die Krone ist aber auch ein Symbol des Martyriums, weil die Ehe nicht nur aus der Freude der ersten Monate nach der Hochzeit besteht, sondern auch aus dem gemeinsamen Tragen aller folgenden Kümmernisse und Leiden – jenes täglichen Kreuzes, das sich in der Ehe schwer auf beide legt. In einer Zeit, da der Zerfall der Familie zu einer üblichen Erscheinung geworden ist und die Eheleute bei den ersten Schwierigkeiten und Prüfungen bereit sind, einander

---

47 Alexander Eltschaninov, Aufzeichnungen *[Zapisi]*, Paris [6]1990, 34, 58f.

preiszugeben und ihren Bund zu brechen, dient diese Krönung mit der Märtyrerkrone zur Erinnerung daran, dass die Ehe nur dann dauerhaft ist, wenn sie nicht auf momentane und vorübergehende Leidenschaften gegründet ist, sondern auf die Bereitschaft, für den Anderen das Leben zu geben. Die Familie bleibt nur in dem Fall ein Haus, das auf festen Grund und nicht auf Sand gebaut ist, wenn Christus selbst zum Eckstein wird. An Leiden und Kreuz erinnert auch das Troparion „Heilige Märtyrerinnen", das während des dreimaligen Umgangs der Brautleute um das Lesepult gesungen wird.

Während der Trauung wird die Erzählung des Evangeliums von der Hochzeit zu Kana in Galiläa gelesen. Mit dieser Lesung wird die unsichtbare Anwesenheit Christi in jeder christlichen Ehe unterstrichen und der Segen Gottes über dem ehelichen Bund betont. In der Ehe soll sich das Wunder der Verwandlung des Wassers in Wein vollziehen, d.h. vom Werktag des irdischen Lebens zum unaufhörlichen und täglichen Feiertag, dem Gastmahl der Liebe der Menschen zueinander.

Das Weihesakrament

Im Ausdruck ‚Weihesakrament' sind drei liturgische Riten vereinigt, von denen jeder seinem Wesen nach ein eigenständiges Sakrament ist: die Weihe zum Rang des Bischofs, des Priesters und des Diakons.

Der Bischof wird nach der Tradition der Orthodoxen Kirche aus der Zahl der Mönche ausgewählt. In der Urkirche gab es verheiratete Bischöfe. Der Apostel Paulus sagt, dass „ein Bischof ohne Tadel sein soll, Mann nur einer Frau" (1 Tim 3,2). Übrigens wurde schon in früher Zeit den Unverheirateten der Vorzug gegeben: Unter den bekannten Vätern der Kirche des 4. Jahrhunderts war nur der heilige Gregor von Nyssa verheiratet, während die heiligen Athanasius der Große, Gregor der Theologe, Basilius der Große, Johannes Chrysostomos und andere nicht im Ehestand waren. Priester und Diakone können in der Orthodoxen Kirche sowohl Mönche als auch verheiratet sein, wobei der Eintritt in den Ehestand nur vor dem Empfang der Weihe und außerdem nur einmal erlaubt ist – zum zweiten Mal Verheiratete können nicht geweiht werden.

In der alten Kirche wurden alle Kandidaten für die Weihestufen vom Volk ausgewählt, da das Volk auch an der Leitung der Kirche und an der Entscheidung aller wichtigen Fragen beteiligt war. Der heilige Johannes Chrysostomos zum Beispiel wurde vom Volk von Konstantinopel gegen seinen Willen gewählt. Diese Ordnung wurde jedoch allmählich durch eine neue Praxis ersetzt, nach der Bischöfe und Priester nur von Vertretern des Klerus gewählt werden konnten.

Das Sakrament der Weihe zu einem geistlichen Amt wird seit apostolischen Zeiten durch Handauflegung (griech. *cheirotonia*; russ. *rukopoloženie*) vollzogen. Nach kirchlichem Recht legt dem Priester und dem Diakon ein Bischof die Hände auf, dem Bischof selbst aber mehrere Bischöfe (nicht weniger als zwei oder drei). Das Sakrament wird während der Liturgie gefeiert: Die Handauflegung geschieht bei einem Bischof nach dem Gesang des Trishagion („Heiliger Gott"), bei einem Priester nach dem Großen Einzug und bei einem Diakon nach dem Eucharistischen Kanon. Die bischöfliche Handauflegung zeichnet sich durch besondere Feierlichkeit aus: Ihr geht der Ritus der Ernennung *[narečenie]* voraus, bei der der Weihekandidat den Eid ablegt und das Glaubensbekenntnis spricht. In der Liturgie wird der zu Weihende durch die Königstür in den Altarraum geführt, er umschreitet dreimal den Altar und küsst dabei dessen Ecken; in dieser Zeit wird das Troparion vom Sakrament der Trauung gesungen. Der Weihekandidat kniet neben dem Alter, alle zelebrierenden Bischöfe legen ihm die Hände auf, und der präsidierende Bischof (oder Patriarch) trägt das Weihegebet vor: „Die Göttliche Gnade, die immer die Schwäche heilt und das Armselige ergänzt, ernennt (Name), den hochverehrten Archimandriten, zum Bischof. Lasst uns für ihn beten, dass auf ihn die Gnade des Allheiligen Geistes komme". Unter dem leisen Gesang des *Kyrie eleison* (*Gospodi, pomiluj*) liest der präsidierende Bischof die Gebete von der Herabsendung des Heiligen Geistes auf den, der geweiht wird. Danach kleidet man den neugeweihten Bischof in die bischöflichen Gewänder. Das Volk ruft aus *axios* (*dostoin* [= würdig]). Nach der Liturgie wird dem Bischof der Stab als Symbol der Hirtengewalt überreicht.

Die Weihe eines Priesters und Diakons vollzieht sich in der gleichen Ordnung: Der Weihekandidat wird in den Altarraum geführt, umschreitet dreimal den Altar, kniet nieder (der Diakon kniet nur auf einem Knie), der Bischof legt ihm die Hände auf und trägt die Gebete der Weihe vor, anschließend wird er beim Gesang des *axios* mit den liturgischen Gewändern bekleidet.

Der Gesang des Troparions aus dem Sakrament der Trauung und der dreifache Umgang um den Altar haben einen tiefen symbolischen Sinn: Sie weisen darauf hin, dass ein Bischof oder Priester mit seiner Gemeinde verlobt ist wie ein Bräutigam mit seiner Braut. Die alte Kirche kannte nicht die heute verbreitete Versetzung eines Bischofs von einer Eparchie in eine andere und eines Priesters von einer Pfarrei in eine andere. Für gewöhnlich blieb die Ernennung für eine Eparchie auf Lebenszeit bestehen. Der Patriarch von Konstantinopel wurde zum Beispiel nicht aus den Bischöfen, sondern aus den Priestern, in einigen Fällen sogar aus den Laien des Patriarchates gewählt.

Die Orthodoxe Kirche misst dem Sakrament der Weihe eine außerordentliche Bedeutung bei. Über die hohe Würde des priesterlichen Ranges schrieb der heilige Siluan vom Berge Athos: Der Priester „trägt in sich eine so große Gnade, dass die ganze Welt staunen würde, wenn die Menschen die Herrlichkeit dieser Gnade sehen könnten; doch der Herr hat sie verborgen, damit Seine Diener nicht stolz würden, sondern durch Demut erlöst ... Der Priester ist eine hochgestellte Person, ein Diener am Thron Gottes. Wer ihn beleidigt, der beleidigt den Heiligen Geist, Der in ihm lebt ... Wenn die Menschen sähen, in welcher Herrlichkeit der Priester den Dienst versieht, würden sie vor diesem Anblick niederfallen, und wenn der Priester sich selbst sähe, in welcher himmlischen Herrlichkeit er steht (wenn er seinen Dienst vollzieht), dann würde er ein großer Asket, um die in ihm lebende Gnade des Heiligen Geistes nicht zu beleidigen".[48] Das orthodoxe Volk verhält sich mit großer Ehrfurcht gegenüber einem Priester, dem Träger der Gnade Christi: Wenn sie den Segen des Priesters empfangen, küssen die Leute ihm die Hand, als sei es die Hand Christi selbst, weil der Priester nicht aus eigener, sondern aus Gottes Kraft segnet. Dieses Bewusstsein der Heiligkeit und Größe des priesterlichen Ranges ist in den nicht-orthodoxen Bekenntnissen schwächer ausgebildet, und in einigen protestantischen Denominationen unterscheidet sich der Priester von einem Laien nur dadurch, dass er die Erlaubnis hat, in der Kirche zu predigen.

Wenn das Sakrament der Weihe schon ein Festtag im Leben der ganzen Kirche ist, dann ist es für den Weihekandidaten selbst ein persönliches Pfingsten, wenn auf ihn der Heilige Geist herabkommt und er viele Gnadengaben erhält. Einige Heilige beobachteten mit eigenen Augen die Herabkunft des Heiligen Geistes während des Sakramentes der Weihe. In der Vita des heiligen Symeon des Neuen Theologen heißt es: Im Augenblick seiner Priesterweihe, „als der vorstehende Bischof das Gebet über seinem Haupt sprach und er auf den Knien lag, sah er den Heiligen Geist, Der als einfaches und gestaltloses Licht herabkam und sein geheiligtes Haupt überschattete; und die Herabkunft dieses Lichtes sah er immer, wenn er die Liturgie feierte, in allen 48 Jahren seines Priestertums".[49]

Ein bekannter Theologe unserer Zeit, der Protopriester Sergij Bulgakov, nennt in seinen autobiografischen Aufzeichnungen die Diakon- und Priesterweihe die lichtesten Tage seines Lebens: „Am Tag der Heiligen Dreieinigkeit wurde ich zum Diakon geweiht. Wenn es möglich ist, das Unsagbare auszu-

---

48 Sophronij (Sacharov), Starez Siluan, Paris 1952, 168.
49 Vie de Syméon le Nouveau Théologien par Nicétas Stéthatos, hg. v. I. Hausherr (= Orientalia Christiana 12), Rom 1928, 42.

drücken, dann sage ich, dass diese erste Weihe zum Diakon von mir als voller Feuer erlebt wurde. Das Ergreifendste darin war natürlich das erste Durchschreiten der Königstür und die Annäherung an den heiligen Altar. Das war wie das Durchschreiten eines Feuers, das versengt, erleuchtet und vollkommen verwandelt. Das war der Eintritt in eine andere Welt, in das Himmlische Reich. Das war für mich der Anfang eines neuen Zustands meines Seins, in dem ich seitdem bis heute geblieben bin ... Das Erleben der Priesterweihe war noch viel unbeschreiblicher als das der Diakonweihe – ‚Schweigen ist angemessener‘".[50]

Die Mönchsweihe

Der Ritus der Mönchsweihe wurde, wie bereits gesagt, von Dionysios Areopagita, dem heiligen Theodor Studites und anderen altkirchlichen Autoren zu den Sakramenten gezählt.[51] Auch im Text des Ritus selbst wird sie als ein Sakrament bezeichnet. Ähnlich wie die Taufe bedeutet die Aufnahme in den Mönchsstand ein Absterben für das frühere Leben und eine Wiedergeburt für ein neues Sein; ähnlich wie die Myronsalbung ist sie ein Siegel der Erwählung; ähnlich wie die Ehe ist sie eine Verlobung mit dem Himmlischen Bräutigam Christus; ähnlich wie die Priesterweihe ist sie eine Weihe für den Dienst an Gott; ähnlich wie die Eucharistie ist sie eine Vereinigung mit Christus. Wie bei der Taufe erhält der Mensch bei der Mönchsweihe einen neuen Namen, und ihm werden alle Sünden vergeben, er sagt sich vom früheren Leben los und legt das Treuegelübde zu Christus ab, zieht das weltliche Kleid aus und wird in ein neues Gewand gekleidet. Neu geboren, wird er freiwillig zum Kind, um „zum vollkommenen Menschen nach dem Maß der vollendeten Gestalt Christi" heranzuwachsen (Eph 4,13).

Das Mönchtum will seiner Idee nach die Gestalt des Lebens Christi nachahmen. Der Christus des Evangeliums wird uns als das Ideal vollkommenen Mönchtums geoffenbart: Er war nicht verheiratet, frei von verwandtschaftlichen Bindungen, hatte kein Dach über dem Kopf, wanderte umher, lebte in freiwilliger Armut, fastete und verbrachte Nächte im Gebet. Das Mönchtum ist bestrebt, sich diesem Ideal so weit wie nur möglich anzunähern, es strebt nach Heiligkeit, nach Gott, es verzichtet auf alles, was auf der Erde zurückhält und daran hindert, sich in den Himmel emporzuschwingen. „Ein Mönch ist jemand, der, gekleidet in einen materiellen und vergänglichen Körper, das Leben und den Zustand der Körperlosen nachahmt ... Ein Mönch ist jemand, dessen

---

50 Sergij Bulgakov, Autobiographische Bemerkungen *[Avtobiografičeskie zametki]*, Paris 1991, 41f.

51 Vgl. John Meyendorff, Byzantine Theology, New York 1979, 191f.

Leib gereinigt, dessen Lippen rein und dessen Geist erleuchtet ist ... Der Verzicht auf die Welt ist eine Abwendung von der Natur um des Empfangs der Gnade willen, die über der Natur steht ... Ein Mönch ist jemand, der sich in einem ununterbrochenen Entzücken des Geistes zu Gott hin befindet ... Ein Mönch ist ein ständiges Licht in den Augen des Herzens ... Das Licht für den Mönch sind die Engel, das Licht für alle Menschen aber ist das mönchische Leben; deswegen sollen die Mönche danach streben, in allem ein gutes Beispiel zu sein" (Johannes Klimakos).[52]

,Mönch' heißt ,allein lebend' (von griech. *monos* – eins, allein *[odin]*). In der alten Rus' wurden die Mönche *inoki* genannt (vom Wort *inoj, drugoj* = anderer). Das Mönchtum ist ein ungewöhnliches, außerordentliches Leben, zu dem wenige berufen sind; dieses Leben ist ganze und bedingungslose Hingabe an Gott. Die mönchische Absage an die Welt ist kein Verabscheuen der Schönheit der Welt und der Freude des Lebens, sondern ein Sich-Lossagen von Leidenschaften und Sünden, von fleischlichen Genüssen und Begierden – von allem, was nach dem Sündenfall in das Leben hineingekommen ist. Das Ziel des Mönchtums ist die Rückkehr zum ursprünglichen Zustand der Reinheit und Sündlosigkeit, den Adam und Eva im Paradies besessen hatten. Die heiligen Väter bezeichneten den Mönchstand als ,evangeliumsgemäßes Leben' und ,wahre Philosophie'. Wie die Philosophen nach Vollkommenheit auf dem Weg der intellektuellen Erkenntnis streben, so sucht der Mönch die Vollkommenheit auf den Wegen der geistlichen Selbstüberwindung und Nachahmung Christi.

„Wenn du vollkommen sein willst, geh, verkaufe dein Gut und gib es den Armen, und du wirst einen Schatz im Himmel haben, dann komm und folge Mir", sagt Christus zu dem reichen Jüngling (Mt 19,21). „Wenn jemand Mir nachfolgen will, dann verleugne er sich selbst, nehme sein Kreuz auf sich und folge Mir nach, denn wer sein Seele gewinnen will, der wird sie verlieren, und wer die Seele um Meinetwillen verliert, der gewinnt sie", sagt Christus zu Seinen Jüngern (Mt 16,24f.). „Wer Vater und Mutter mehr liebt als Mich, ist Meiner nicht würdig" (Mt 10,37). In diesen Worten des Erlösers liegt die ganze ,Philosophie' des Mönchtums. Sie sind für denjenigen bestimmt, der vollkommen sein will, der Christus nachfolgen und seine Seele für Ihn hingeben will, der sich einen Schatz im Himmel erwerben will. Ähnlich wie der Kaufmann, der eine gute Perle gefunden hat, bereit ist, auf seinen ganzen Reichtum zu verzichten, um sie zu gewinnen, verzichtet der Mönch auf die ganze Welt,

---

52 Johannes Klimakos, Die Paradiesesleiter *[Lestvica]* 1,10, Athen 1989, 39; vgl. ebd. 22: 249f.; 26,23: 289.

um Christus zu gewinnen. Das Opfer zahlt sich aus, denn der Lohn ist groß: „Dann antwortete Petrus und sagte: Siehe, wir haben alles verlassen und sind Dir gefolgt; was erhalten wir dafür? Jesus antwortete ihnen: Jeder, der Häuser, Brüder, Schwestern, Vater, Mutter, Frau, Kinder oder Äcker um Meines Namens willen verlässt, erhält das Hundertfache und erbt das ewige Leben" (Mt 19,27-29).

Das Mönchtum existierte in der Kirche wahrscheinlich seit sehr früher Zeit, doch es wird im 4. Jahrhundert, als die Christenverfolgungen aufhörten, zu einer Massenbewegung. Wenn früher der Glaube Selbstüberwindung und Opfer war, Bereitschaft zum Martyrium, so wurde das Christentum jetzt zur Staatsreligion, und diejenigen, die nach asketischen Taten suchten und nach Leiden und Entbehrungen, nach dem ‚schmalen Weg' verlangten, strebten in die Wüste, um dort ihren ‚Staat im Staate' zu gründen. Vor allem die unfruchtbaren Wüsten Ägyptens, Palästinas und Syriens wurden von Mönchen besiedelt, die sie in Städte verwandelten: „In den Bergen entstanden Klöster, die Wüsten wurden von Mönchen besiedelt, die ihr Eigentum zurückließen und sich in die Zahl der Bürger des Himmels eintrugen. Die Klöster in den Bergen glichen Zelten, erfüllt von göttlichen Scharen von Psalmensängern, von Liebhabern der Lehre, von Fastern und Betern ... Es bildete sich dort gleichsam ein besonderer Bereich der Frömmigkeit und der Gerechtigkeit heraus. Dort gab es weder Unterdrücker noch Unterdrückte, dort gab es keine Beschwerden der Steuereinnehmer; es gab viele Asketen, aber sie hatten alle nur eins im Sinn – sich in die Tugenden einzuüben" (Vita des heiligen Antonius des Großen).[53] Bald entstanden auch in den Städten Klöster: Mitte des 6. Jahrhunderts bestanden allein in Konstantinopel 76 Klöster.[54]

Das Mönchtum des 4. und 5. Jahrhunderts gab es in drei Gestalten – als Zönobitentum, als Eremitentum und als Halb-Eremitentum. In den zönobitischen Klöstern lebten alle zusammen, täglich und mehrmals am Tag kam man in der Kirche zum Gottesdienst zusammen. Die Einsiedler lebten jeder für sich in Abgeschiedenheit und kamen nur sonntags zur Kirche, um die heiligen Sakramente zu empfangen. Der mittlere Weg bestand darin, dass man in kleinen Gruppen von zwei bis drei Personen zusammenlebte. „Das gesamte Mönchsleben ist in den drei Einrichtungen und Gestalten der Askese enthalten:

---

53 Athanasius von Alexandrien, Leben des heiligen Antonius _[Afanasij Aleksandrijskij, Žitie prep. Antonija]_ 15, 44, in: Werke in 4 Bänden _[Tvor. v 4 t.]_, Sergiev Posad 1903, Bd. 3, 192, 214f.

54 Alexander Schmemann, Der geschichtliche Weg der Orthodoxie _[Istoričeskij put' Pravoslavija]_, Paris 1985, 144.

entweder in asketischer Zurückgezogenheit und Einsiedlertum, oder im Still-schweigen mit einem oder höchstens zwei anderen, oder schließlich im geduldi-gen Ausharren im Zusammenleben. Weiche nicht, wie der Ekklesiast[55] sagt, nach rechts oder links ab [Spr 4,27], sondern geh den königlichen Weg [Num 20,17]. Die mittlere dieser Lebensweisen ist für viele die angemessene" (Jo-hannes Klimakos).[56] Heute gibt es in der Russischen Kirche vorwiegend Klöster des gemeinsamen Lebens. Auf dem Berg Athos sind alle drei Typen des Mönch-tums erhalten geblieben.

Die Mönchsgelübde lassen sich auf drei grundlegende zurückführen: Gehorsam, Armut und Keuschheit. Der Gehorsam ist der freiwillige Verzicht auf den eigenen Willen vor Gott, vor den Vorgesetzten, vor jedem Menschen. Der mönchische *Gehorsam* Gott gegenüber ist das *Hinhören* auf Seinen Willen, auf Seine Absichten mit dem Menschen, ist das von einem grenzenlosen Vertrauen zu Gott durchdrungene Streben, Ihm in allem gehorsam zu sein. Viel Unheil des Menschen kommt von seinem Streben, immer alles nach dem eigenen Gutdünken machen zu wollen, die Welt völlig umgestalten zu wollen, weil sie nicht so ist, wie sie sein sollte, die Menschen der eigenen Umgebung umschaffen zu wollen, weil sie nicht genügend vollkommen sind. Der Mönch aber nimmt dankbar alles so an, wie es ist: Er lernt, mit der gleichen Freude aus den Händen Gottes sowohl Trost als auch Trauer, sowohl Gesundheit als auch Krankheit, sowohl gute als auch schlechte Menschen anzunehmen. Lebt er so, dann erlangt er einen durch nichts zu erzürnenden inneren Frieden, eine unaufhörliche Freude an Gott, die keinerlei äußere Umstände verfinstern können. „Dank sei Gott für alles", sagte der heilige Johannes Chrysostomos, als ihm der Bischofsitz genommen worden war, er aus dem Vaterland vertrieben wurde und unter schlimmen Leiden in der Fremde sterben musste. Gleich Christus, Der sich selbst „erniedrigte, gehorsam wurde bis zum Tod, ja bis zum Tod am Kreuz" (Phil 2,8), strebt der Mönch danach, Gott bis zum Tod, bis zum Kreuz gehorsam zu sein.

Die Armut bedeutet freiwilliges Bettlerdasein, Verzicht auf allen irdischen Besitz. Das heißt nicht, dass ein Mönch überhaupt nichts besitzen darf, keine Sachen oder Freuden auf Erden, sondern es heißt, dass er an nichts hängen soll. Indem er sich innerlich vom Reichtum lossagt, erlangt er eine evangelische Leichtigkeit des Geistes, weil er an nichts gebunden ist.

---

55 *Ecclesiastes* ist die lateinische Übersetzung des hebräischen Namens Kohelet; hier wird der ‚Ekklesiast' offensichtlich mit dem Verfasser des Buches der Sprichwörter identifiziert; Anm. d. Übers.

56 Johannes Klimakos, Die Paradiesesleiter *[Lestvica]* 1, 47, Athen 1989, 48.

Das Wort ‚Keuschheit' ist kein Synonym für Ehelosigkeit: Die Keuschheit als ‚ganze Weisheit'[57], als Leben nach den Geboten des Evangeliums, als Enthaltsamkeit von den sinnlichen Befriedigungen der Begierde des Fleisches, ist auch in der Ehe nötig. Die mönchische Keuschheit, die in sich die Ehelosigkeit als eines ihrer konstituierenden Elemente enthält, ist eine ganzheitliche Ausrichtung auf Gott, ist der Wunsch, jede Tat, jede Absicht, jede Bewegung der Seele mit Geist und Buchstaben des Evangeliums in Einklang zu bringen. Was die Ehelosigkeit betrifft, so ist sie im Rahmen des Mönchtums ein übernatürlicher Zustand. Einsamkeit ist eine Unvollkommenheit, ein Mangel, und sie wird in der Ehe durch die Zuwendung *zum anderen* überwunden. Im Mönchtum ist dieser *andere* – Gott selbst.

Vom Mönchtum als einer Vereinigung mit Gott spricht der heilige Symeon der Neue Theologe in einem seiner Hymnen:

> „Wenn aber in jemandem Christus lebt,
> Wie kann man dann sagen,
> Dass er allein sei und einsam?
> Denn zusammen mit Christus bleiben
> Gott der Vater selbst und der Heilige Geist.
> Wie kann also einsam sein,
> Wer mit den Dreien vereint ist?
> Wer mit Gott ist, der ist nicht einsam,
> Wenn er auch allein lebte,
> Wenn er auch in der Einöde säße,
> Oder in einer Höhle verweilte ...
> Wer durch ein gerechtes Leben
> Die ganze Zelle in einen Himmel verwandelte,
> Der schaut, darin sitzend,
> Den Schöpfer des Himmels und der Erde ...
> Immer lebt er mit dem Licht,
> Das abendlos ist und nicht von dieser Welt,
> Das sich nicht von Ihm entfernt
> Und niemals entschwindet –
> Nicht am Tag, nicht in der Nacht, nicht im Schlaf ...
> Vereinigt mit Gott ist der,
> Der in der Buße lebt,
> Der, von den anderen entfernt,
> Das Leben eines Mönches führt ...

---

57 Im Russischen liegt diese Deutung auch im Wortlaut: Keuschheit = *zelomudrie* bedeutet ‚ganzheitliche Weisheit' = *zelostnaja mudrost'*; Anm. d. Übers.

Ihre Zelle ist der Himmel, sie aber sind –
Wie die Sonne, denn in ihnen lebt
Das abendlose Göttliche Licht ...
Sie leben allein als Mönche
Einsam sind sie – Mit Ihm allein und in Ihm eins ...".[58]

Die gängige Vorstellung vom Mönchtum als einer Existenz, die jeder Freude entbehrt und etwas Strenges und Düsteres an sich hat, ist zutiefst unwahr und gründet in völliger Unkenntnis des Geistes des Mönchtums. „Mönche haben eine tiefe, reine Freude, eben die Heiterkeit einer tugendhaften Seele", schreibt Erzbischof Hilarion (Troizkij). „Denn dieser Taumel, dieser Rausch des Lebens, der üblicherweise als ‚Freuden des Lebens' bezeichnet wird – all das hat etwas Finsteres, das Übersättigung und Katzenjammer nach sich zieht ... Wir Mönche weinen vor Freude und Ergriffenheit und danken dem Herrn ... Die Tränen der Rührung kennt jeder Mönch, und vor diesen Tränen erscheinen ihm alle Freuden der Welt als arm und jämmerlich ... Ich selbst habe die Tonsur empfangen und glaube, dass im Leben nicht noch einmal eine solche Freude möglich ist wie (am Tag der Tonsur) ... Ich war ganze zwei Monate lang von Freude erfüllt. So sehr jubelte alles in meiner Seele, war so froh ... Nicht umsonst sagt derjenige, der bei der Aufnahme in den Mönchsstand die Tonsur schneidet, wenn er die Kutte nimmt: ‚Unser Bruder (Name) wird in das Gewand der Heiterkeit und geistlichen Freude gekleidet und legt alle Traurigkeiten und Verirrungen ab' ... Je entfernter von Leidenschaften, desto größer die Freude im Herzen. Die Reinheit des Herzens ist untrennbar mit der Heiterkeit verbunden".[59]

Der Ritus der Mönchsweihe wird in der Kirche durch den Bischof oder den Vorsteher des Klosters vorgenommen. Zuvor werden dem Kandidaten alle Kleider abgenommen, und man kleidet ihn in ein langes, bis zu den Fersen reichendes weißes Gewand, in dem er vor dem Igumen[60] steht. Er legt die Gelübde ab und vernimmt die Unterweisung des Igumen, danach schneidet ihm der Igumen symbolisch Haare ab und bekleidet ihn mit dem schwarzen Mönchsgewand. Die ganze Mönchsbruderschaft geht zu dem neu aufgenommenen Mönch und fragt: „Wie heißt du, Bruder?" Für eine oder mehrere Nächte bleibt der Mönch in der Kirche, wo er den Psalter und das Evangelium liest.

---

58 Hymnus 27, 18-74, in: Syméon le Nouveau Théologien, Hymnes, hg. v. J. Koder (= SC 174), Paris 1971, Bd. 2, 280-284.

59 Hilarion (Troizkij), Kein Christentum ohne Kirche *[Christianstva net bez Cerkvi]*, Montreal 1986, 181-187.

60 Mönch im Rang eines Abtes; Anm. d. Übers.

Das Mönchtum ist ein innerliches und verborgenes Leben, es ist der absolute Ausdruck des Geistes des Christentums als des schmalen Weges, der in das Himmelreich führt. Die Konzentration auf das innere Leben hat nichts mit Egoismus oder dem Fehlen von Nächstenliebe zu tun. Indem er sich außerhalb der Geschäftigkeit der Welt befindet, vergisst der Mönch nicht die Menschen, sondern betet in der Stille der Zelle für die ganze Welt. „Einige sagen, dass die Mönche der Welt dienen sollten, damit sie nicht das Brot des Volkes umsonst essen. Man muss aber verstehen, worin dieser Dienst besteht und wie der Mönch der Welt dienen soll", schreibt der heilige Siluan vom Berge Athos. „Der Mönch ist ein Beter für die ganze Welt, und darin besteht seine Hauptaufgabe .... Dank der Mönche hört das Gebet auf Erden nie auf, und darin besteht der Nutzen für die Welt ... Der ehrwürdige Sergij half durch Fasten und Gebet dem russischen Volk, vom Tatarenjoch befreit zu werden. Der ehrwürdige Seraphim betete im Herzen, und der Heilige Geist kam auf Motovilov herab. Das ist die Tat der Mönche ... Du sagst vielleicht, dass es gegenwärtig keine solchen Mönche gebe, die für die ganze Welt beten, aber ich sage dir: wenn es auf der Erde keine Beter mehr gibt, wird das Ende der Welt gekommen sein ... Die Welt besteht durch die Gebete der Heiligen".[61]

Die Väter der Kirche haben verstanden, dass die Erneuerung der Welt und das Glück der Menschen nicht von den äußeren Umständen, sondern vom inneren Tun abhängen. Soziale Aktivitäten und die leidenschaftlichen Anstrengungen derer, die in den verschiedenen Epochen der Menschheit Nutzen bringen wollten, haben den Menschen nicht glücklicher gemacht. Die wirkliche Erneuerung des Lebens ist nur im Geist möglich. Die Mönche streben nicht danach, die Welt zu verbessern, sondern sich selbst zu verwandeln, damit die Welt sich von innen heraus verwandelt. „Erwirb einen versöhnten Geist, und Tausende um dich herum werden errettet", sagt der heilige Seraphim von Sarov.

* * *

---

61 Sophronij (Sacharov), Starez Siluan, Paris 1952, 169.

Was die Taufe betrifft, so tauft im lebendigen Wasser im Namen des Vaters und des Sohnes und des Heiligen Geistes. Wenn kein lebendiges Wasser vorhanden ist, dann tauft in anderem Wasser: wenn du nicht in kaltem taufen kannst, dann in warmem. Wenn das eine und das andere nicht geht, dann gieß dreimal Wasser über den Kopf im Namen des Vaters und des Sohnes und des Heiligen Geistes ... Was die Eucharistie betrifft, so dankt wie folgt: Zuerst über dem Kelch: Wir sagen Dir Dank, unser Vater, für den heiligen Weinstock Davids, Deines Sohnes, Den Du uns bekannt gemacht hast durch Jesus, Deinen Sohn; Dir sei die Ehre in Ewigkeit. Über dem gebrochenen Brot: Wir sagen Dir Dank, unser Vater, für das Leben und die Erkenntnis, die Du uns durch Jesus, Deinen Sohn, offenbart hast: Dir sei die Ehre in Ewigkeit! Wie dieses gebrochene Brot über die Hügel zerstreut war, doch gesammelt und zu einem gemacht wurde, so werde Deine Kirche von den Enden der Erde versammelt in Deinem Reich. Denn Dir gehört die Ehre und die Kraft durch Jesus Christus in Ewigkeit.

Lehre der Zwölf Apostel[62]

Priester: *Du, o Herr, hast mich von der Verdammnis befreit, denn Du bist als der gute Hirt zum Verirrten gekommen, als Vater hast Du wahrhaft mit mir, dem Gefallenen, Mitleid empfunden .... Wie ein Schaf zum Schlachten bist Du gekommen, sogar bis zum Kreuz hast Du mir Fürsorge erwiesen. Durch Dein Begräbnis hast Du meine Sünden getötet ... Du hast mir ein Versprechen Deiner Wiederkunft gegeben, wenn Du kommen willst zu richten die Lebenden und die Toten, um einem jeden nach seinen Taten zu vergelten.* Volk: *Durch Deine Gnade, Herr.* Priester: *Du hast mir anvertraut diese geheimnisvolle Teilhabe an Deinem Fleisch im Brot und im Wein.* Volk: *Wir glauben.* Priester: *In der Nacht, in der Du selbst Dich selber durch Deine Macht dahingabst ... nahmst Du das Brot in Deine heiligen, reinen und makellosen Hände, erhobst die Augen zu Deinem eigenen Vater, unserem Gott und dem Gott eines jeden, danktest, segnetest, heiligtest, brachst und gabst es Deinen heiligen Jüngern und Aposteln mit den Worten: Nehmt und esst, dies ist Mein Leib, Der für euch und für viele gebrochen und ausgeteilt wird zur Vergebung der Sünden. Und beim gleichen Abendmahl nahmst Du den Kelch und fülltest ihn mit Wein und Wasser, danktest, segnetest, heiligtest und gabst ihn Deinen heiligen Jüngern und Aposteln mit den Worten: Trinkt alle davon, dies ist Mein Blut des Neuen Bundes, Das für*

---

62 Lehre der Zwölf Apostel *[Učenie 12 apostolov]* 7-9; in: Frühe Kirchenväter *[Rannye Otcy Cerkvi]*, Brüssel 1988, 20f. Übersetzung: *Didache*, in: Die Apostolischen Väter. Griechisch-deutsche Parallelausgabe. Neu übersetzt und hg. von Andreas Lindemann / Henning Paulsen, Tübingen 1992, 13-15.

euch und für viele vergossen wird zur Vergebung der Sünden; tut dies zu Meinem Gedächtnis. Denn sooft ihr dieses Brot esst und diesen Kelch trinkt, verkündet ihr Meinen Tod und bekennt Meine Auferstehung, bis Ich komme. Volk: _Deinen Tod, Herr, verkünden wir, und Deine Auferstehung bekennen wir._ Priester: _Denn so, Herr, gedenken wir des Herabstiegs auf die Erde, des lebenschaffenden Todes, Deiner dreitägigen Grabesruhe, der Auferstehung von den Toten, der Auffahrt in den Himmel, des Sitzens zur Rechten des Vaters und Deiner zweiten, furchtbaren und herrlichen Wiederkunft, und wir bringen Dir dar das Deine von Deinen Gaben für alle und für alles und für jeden._ Volk: _Dir singen wir, Dir danken wir._ Diakon: _Fallt nieder vor Gott mit Furcht._ Priester: _Verwandle Du selbst, Herr, die vor Deinen Augen liegenden (Gaben) ... Sende Du selbst Deinen Geist, den Allheiligen, damit Er komme mit Deiner heiligen und guten und herrlichen Gegenwart und heilige und verwandele diese vorliegenden kostbaren und heiligen Gaben in den Leib und das Blut unseres Erlösers ..._

Liturgie des heiligen Gregor des Theologen[63]

Priester: _Wir bringen Dir auch diesen geistigen und unblutigen Dienst dar und bitten und beten und flehen, sende Deinen Heiligen Geist herab auf uns und auf diese vorliegenden Gaben._ Diakon: _Segne, ehrwürdiger Herr, das heilige Brot._ Priester: _Und mache dieses Brot zum kostbaren Leib Deines Christus._ Diakon: _Amen. Segne, ehrwürdiger Herr, den heiligen Kelch._ Priester: _Und was in dem Kelch ist, [mache] zum kostbaren Blut Deines Christus._ Diakon: _Amen. Segne, ehrwürdiger Herr, beides._ Priester: _Verwandle sie durch Deinen Heiligen Geist._ Diakon: _Amen, Amen, Amen._ Priester: _Auf dass sie denen, die daran teilnehmen, zur Nüchternheit der Seele, zur Vergebung der Sünden, zur Teilhabe an Deinem Heiligen Geist, zur Fülle des Himmlischen Reiches, zum Freimut auf Dich hin gereichen, nicht zum Gericht oder zur Verurteilung._

Liturgie des heiligen Johannes Chrysostomos[64]

Ihr seid gewürdigt worden der Göttlichen Geheimnisse und zu einem Leib und zu einem Blut mit Christus gemacht ... Er hat einst in Kana in Galiläa Wasser in Wein verwandelt. Was ist daran unglaublich, wenn Er Wein in Blut verwan-

---

63 _Liturgija sv. Grigorija Bogoslova = He Leitourgia tou hagiou Gregoriou tou Theologou_, 1981, 13-19. Übersetzung: Albert Gerhards, Die griechische Gregoriosanaphora. Ein Beitrag zur Geschichte des Eucharistischen Hochgebets (= LQF 65), Münster 1984, 29-37.

64 Liturgie des heiligen Johannes Chrysostomos, Gebet der Anaphora [_Liturgija sv. Ioanna Zlatousta_]. Übersetzung: Die Göttliche Liturgie unseres heiligen Vaters Johannes Chrysostomos. Hg. im Auftrag der Berliner Ordinarienkonferenz, Leipzig 1976, 69-73.

delt? ... *Deshalb werden wir dies mit Vertrauen als Leib Christi und als Blut Christi empfangen, denn unter der Gestalt des Brotes wird dir der Leib und unter der Gestalt des Weines wird dir das Blut gegeben, damit du durch den Empfang des Leibes und Blutes Christi zu einem Leib und einem Blut mit Christus gemacht wirst. So werden wir zu Christusträgern, weil der Leib und das Blut Christi unseren Gliedern mitgeteilt werden. So sind wir, nach den Worten des seligen Petrus, „teilhaftig der Göttlichen Natur" (2 Petr 1,4).*

Kyrill von Jerusalem[65]

In der Orthodoxen Kirche zählt man gewöhnlich sieben Sakramente: Taufe, Myronsalbung, Kommunion, Buße, Ehe, Weihe und Krankensalbung. Der Brauch, die Anzahl der Sakramente zu bestimmen, hat keine alte Tradition: Er wurde aus der Katholischen Kirche übernommen ... Alles, was es in der Kirche gibt und was dazugehört, ist segenspendend und geheimnisvoll. Unsere Gebete, Segnungen, guten Werke, Gedanken und Taten – alles hat teil am unvergänglichen Leben. Alles Sündige und Sterbliche aber wird geheiligt und belebt durch die Kraft Gottes des Vaters, in Christus und im Heiligen Geist. So wird durch den Herrn alles zum Sakrament, ein Teilchen vom Sakrament des Reiches Gottes, das wir schon jetzt erleben, in dieser Welt.

Thomas Hopko[66]

Wir sind berufen, so mit Christus vereinigt zu werden, dass wir wirkliche Teilchen, Glieder Seines Leibes werden – so wirklich ... wie die Rebe mit dem Rebstock verbunden ist, wie ein Teil eines Baumes eins ist mit dem Baum selbst ... das heißt nicht nur geistig, nicht nur in irgendeinem übertragenen Sinne eins mit Ihm sein, sondern mit dem ganzen Wesen, mit der ganzen Wirklichkeit unseres Seins ... Wir sind auch berufen ... ein Tempel des Heiligen Geistes zu sein, ein Ort Seiner Einwohnung ... Wir sind berufen, so mit Gott vereinigt zu werden, dass unsere ganze Stofflichkeit von Ihm durchdrungen wird, damit es nichts in uns gibt – weder im Geist, noch in der Seele noch auch in unserem Fleisch –, was

---

65 Kyrill von Jerusalem, Mystagogische Katechese *[Kirill Ierusalimskij, Slovo tajnovodstvennoe]* 4, 1-4, in: Predigten der Verkündigung und der Mystagogie *[Slova oglasitel'nye i tajnovodstvennye]*, Moskau 1855, 367f. Übersetzung: Cyrill von Jerusalem, *Mystagogicae Catecheses*. Mystagogische Katechesen. Übersetzt und eingeleitet von Georg Röwekamp (= FC 7), Freiburg u.a. 1992, 135-137.

66 Thomas Hopko, Grundlagen der Orthodoxie *[Osnovy Pravoslavija]*, New York 1989, 85. Übersetzung: Thomas Hopko, God and Gender. Articulating the Orthodox View, in: St. Vladimir's Theological Quarterly 39 (1993) Nr. 2f., 163.

nicht von dieser Gegenwart erfasst wäre ... Wir sind letztendlich berufen, zu bren-
nen wie der nicht verbrennende Dornbusch, der zwar brannte, aber nicht ver-
brannte. Wir sind berufen ... „der Göttlichen Natur teilhaftig" zu werden (2 Petr
1,4) ... Wir sind berufen, Söhne und Töchter, Kinder unseres Gottes und Vaters
zu werden ... Nichts davon kann der Mensch aus eigener Kraft erreichen. Wir
können weder aus eigenen Kräften noch aus eigenen Wünschen ein Teilchen
dieses Leibes Christi werden, wir können uns nicht aus eigenen Kräften mit dem
Heiligen Geist vereinigen, wir können nicht zu Teilhabern der Göttlichen Natur
werden ... Die Weise, in der sich dies ereignet, sind die Sakramente der Kirche ...
Die Sakramente sind Handlungen Gottes, vollzogen innerhalb der Grenzen der
Kirche, in denen uns Gott Seine Gnade schenkt ... mittels der stofflichen Welt ...
In den Sakramenten der Kirche gelangt zu uns die Gnade, die wir nicht anders
erwerben können – und sei es durch eine noch so große Leistung –, als Gabe
durch die Stofflichkeit dieser Welt: das Wasser der Taufe, Brot und Wein der
Eucharistie, das Myron der Myronsalbung ... Die alte Kirche ... sprach von drei,
von fünf, von sieben, von zweiundzwanzig Sakramenten ... Auch wenn die
stoffliche Welt durch die Sünde geknechtet ist und wenn sie, nach dem Apostel
Paulus, stöhnt und auf das Offenbarwerden der Söhne Gottes wartet (Röm 8,19-
22), so ist sie doch von sich aus rein und sündlos. Und siehe da, Gott nimmt diese
Welt, diese Stofflichkeit, vereinigt sie auf unbegreifliche Weise mit sich, und sie
bringt uns die Gnade, zu der wir uns nicht erheben können.

Metropolit Anthony (Bloom)[67]

---

67 Metropolit Anthony Bloom, Unterredungen über den Glauben und die Kirche *[Antonij*
(Blum), Surožskij, Besedy o vere i Cerkvi], Moskau 1991, 118-127.

Kapitel 9
Das Gebet

Der Gottesdienst

In den Büchern der dogmatischen Theologie wird gewöhnlich weder vom Gottesdienst noch vom Gebet gesprochen, weil sich das eine auf den Bereich der Liturgik, das andere auf den Bereich der Asketik bezieht. Es gibt jedoch eine sehr enge und direkte Verbindung zwischen den Dogmen und dem liturgischen Gebetsleben der Kirche. Nach Ansicht von Pavel Florenskij soll die orthodoxe Dogmatik in Wahrheit die dogmatischen Inhalte des Gottesdienstes systematisieren.[1] Die Dogmen gründen in der Liturgie, und alle Glaubensdefinitionen sind aus der Gebetserfahrung der Kirche erwachsen. „Das Christentum ist eine liturgische Religion", schrieb Georgij Florovskij. „Die Kirche ist vor allem eine gottesdienstliche Gemeinschaft. Der Gottesdienst ist das erste, Lehre und Disziplin sind das zweite".[2] Die Kirche ist nicht aus dogmatischen Formulierungen und auch nicht aus der Heiligen Schrift erwachsen, sondern aus der Liturgie. In den ersten Jahren nach der Auferstehung Christi, als noch kein einziges Evangelium geschrieben war, als kein Dogma und keine disziplinarische Regel formuliert war, da gab es schon die Liturgie, und gerade sie vereinigte die Jünger Christi zur Kirche, zu Seinem mystischen Leib.

Im orthodoxen Gottesdienst werden die Dogmen lebendig, nehmen sie liturgisches Fleisch an. Nehmen wir zum Beispiel das folgende Stichiron des Pfingsttages: „Kommt, ihr Menschen, lasst uns die dreihypostatische Gottheit anbeten, den Sohn im Vater mit dem Heiligen Geist: Der Vater hat den Sohn von Ewigkeit her gleichen Wesens und gleicher Herrschaft gezeugt, und der Heilige Geist war im Vater und wird mit dem Sohn verherrlicht: eine Kraft, ein Wesen, eine Gottheit. Ihn beten alle an und rufen: Heiliger Gott, Der Du alles durch den Sohn geschaffen hast, unter Mitwirkung des Heiligen Geistes, Heiliger Starker, durch Den wir den Vater erkannt haben und durch Den der Heilige Geist in die Welt gekommen ist, Heiliger Unsterblicher, Tröster-Geist,

---

1 Pavel Florenskij, Philosophie des Kultes *[Filisofija kul'ta]*, in: *Bogoslovskie Trudy*, Nr. 7 (1977) 344.

2 Georgij Florovskij, The Elements of Liturgy in the Orthodox Catholic Church, in: One Church, New York 1959, Bd. 13, Nr. 1f., 24.

Der vom Vater ausgeht und im Sohn ruht, Heilige Dreiheit, Ehre sei Dir".[3] In diesem Gesang sind die wesentlichen christlichen Dogmen in gedrängter Form enthalten: die drei Hypostasen Gottes, die Geburt des Sohnes von Ewigkeit her, die Gleichheit, Wesenseinheit und Göttlichkeit des Vaters und des Sohnes und des Heiligen Geistes, die Erschaffung der Welt vom Vater durch den Sohn unter Mitwirkung des Geistes, der Ausgang des Heiligen Geistes in die Welt durch den Sohn, der Hervorgang des Geistes aus dem Vater und Sein ‚Ruhen' im Sohn.

Ein anderes ähnliches Beispiel: die Stichira unter der Bezeichnung ‚Dogmatikon', die zu jeder feierlichen Vesper vorgetragen werden und der Gottesmutter geweiht sind. Hier folgt eines von ihnen: „Wer wird Dich nicht preisen, Allerheiligste Jungfrau, wer wird Deiner allerreinsten Geburt nicht lobsingen? Zeitlos erstrahlt der Eingeborene Sohn vom Vater, und Dieser kommt von Dir, Du Reine, unaussprechlich Fleisch geworden, der Natur nach Sohn Gottes und der Natur nach um unseretwillen Mensch, doch nicht in zwei Naturen geteilt (das heißt nicht in zwei Personen aufgeteilt), sondern in zwei Naturen unvermischt erkannt. Bitte Ihn, Du Reine, Allerheiligste, dass Er sich unserer Seelen erbarme".[4] Hier ist die ganze orthodoxe Christologie ausgedrückt: die zeitlose Geburt des Sohnes vom Vater, die Fleischwerdung Christi aus der Jungfrau, die Fülle der göttlichen und der menschlichen Natur in Christus, die Ungeteiltheit der Person Christi, die Unvermischtheit der beiden Naturen. Die Genauigkeit und Klarheit der theologischen Formulierungen in den Überlieferungen des Konzils von Chalcedon verbindet sich in diesen Gesängen mit hoher Poesie und Schönheit des Gebets.

Im orthodoxen Gottesdienst sind die Dogmen Teil unserer Gebetserfahrung, sie werden von uns wirklich und existentiell erlebt. Metropolit Benjamin (Fedschenkov), ein russischer Hierarch, der im 20. Jahrhundert lebte, erzählt, dass ihm das Nizäno-Konstantinopolitanische Glaubensbekenntnis lange Zeit nur als eine trockene Aufzählung der Dogmen erschien und er es sogar lange nicht als Gebet ansah. Doch der Dienst der Göttlichen Liturgie eröffnete ihm schrittweise die Lebensbezogenheit und Lebensnotwendigkeit des Glaubensbekenntnisses: „Die Wirklichkeit, die in diesen Dogmen formuliert ist, ist das wahre Leben der Seele. Das Leben der Seele besteht in der Teilhabe an jenem übernatürlichen Leben, von dem die Dogmen in abstrakter Weise sprechen ... Wenn die Seele diese Erfahrung macht, dann entsteht eine Beziehung des

---

3   Stichira zu „Herr, ich rufe zu Dir" in der Großen Vesper *[Stichira na „Gospodi vozzvach" Velikoj večerni].*
4   Dogmatikon, 6. Ton.

Herzens, nicht des Geistes ... das Wissen wird zu einer Beziehung. Dann wird das Symbolon des Glaubens nicht mehr nur kühl ‚anerkannt‘, sondern zu einem lebendigen ‚Bekenntnis‘, zu einem glühenden Zeugnis der inneren Beziehung oder der herzlichen Liebe zu Gott. Dann entzünden diese ... dogmatischen Wahrheiten ein inneres Feuer und erwärmen das Herz mehr als jedes andere Mittel ... Dann wandelt sich dieses Symbolon des Glaubens in ein Gebet, das überdies viel erhabener und intensiver ist als viele andere Gebete ... und das Herz wird davon ergriffen. Ich sah mehr als einen Bischof, der das Haupt unter den Aër[5] neigte, den die Konzelebranten über ihm schwangen (während das Glaubensbekenntnis in der Liturgie gesungen wird), und sich danach weinend wieder vom Altartisch aufrichtete. Klar, dass sie nicht an ‚Wahrheiten‘ ‚dachten‘, sondern am Leben teilhatten, an Gott ...“.[6]

Die Orthodoxe Kirche hat dem Gottesdienst immer eine außerordentliche Bedeutung beigemessen, weil im Gebet die Glaubenswahrheiten Fleisch werden. *Lex orandi lex est credendi* (Das Gesetz des Betens ist das Gesetz des Glaubens) – auf diesem grundlegenden Prinzip ist das Leben der Orthodoxie aufgebaut. Die Orthodoxe Kirche ist bestrebt, diejenige gottesdienstliche Ordnung unversehrt zu bewahren, die sich in Byzanz um das 12. Jahrhundert herausgebildet hat, was mit der Unveränderlichkeit und Beständigkeit der orthodoxen Glaubenslehre zusammenhängt. Das heißt nicht, dass es keinerlei Veränderungen in den Gottesdiensten geben kann. Es wurden zum Beispiel Gottesdienste für neu kanonisierte Heilige geschaffen, doch sind sie organisch eingeflochten in jenes liturgische Gewebe, welches seit der byzantinischen Epoche unverändert geblieben ist.

Der Gottesdienst ist eine tägliche geistliche Schule. Nach Ansicht des heiligen Ignatij (Brjantschaninov), kann ein Christ, der regelmäßig die Kirche besucht und aufmerksam den Lesungen und Gesängen zuhört, alles „Notwendige auf dem Gebiet des Glaubens“ erlernen.[7] Der Gottesdienst ist außerdem eine Schule des Gebetes: Er ergreift den Verstand und das Herz des Menschen und versenkt sie in jene Tiefe, in der die Begegnung mit Gott geschieht. Jeder kirchliche Gottesdienst, jedes Wort des Gebetes kann in uns zu einer Begeg-

---

5 Von griech. Luft, Wind: eines der Kelchtücher der Liturgie; der Aër wird beim Glaubensbekenntnis über Brot und Wein, beim Bischofsgottesdienst über dem Kopf des tief sich verneigenden Bischofs hin und her bewegt, um das Herabkommen des Heiligen Geistes zu symbolisieren; Anm. d. Übers.

6 Benjamin Fedtschenkov, Die Liturgie *[Veniamin Fedčenkov, Liturgija]*, in: Zeitschrift des Moskauer Patriarchats *[ŽMP – Žurnal Moskovskoj Patriarchii]* (1982) Nr. 1, 77.

7 Ignatij Brjantschaninov, Werke in 5 Bänden *[Soč. v 5 t.]*, St. Petersburg 1886, Bd. 2, 181f.

nung und Berührung mit dem Lebendigen Gott werden, wenn wir aufmerksam und gesammelt beten, wenn das Gebet der Kirche zu unserem persönlichen Gebet wird. Nicht selten geht jedoch das Wort des Gottesdienstes an uns vorbei, und wir befinden uns nur dem Leib nach im Gotteshaus, der Geist aber schweift abseits umher – in diesem Fall geschieht keine Begegnung, und wir verlieren die Frucht, die eine Teilhabe am kirchlichen Gottesdienst hervorbringt.

Die Sprache des Gottesdienstes

In der Russischen Orthodoxen Kirche sind die Menschen mit einem spezifischen Problem konfrontiert, das in vielen anderen Kirchen nicht existiert. Es ist das Problem, dass die kirchenslavische Sprache, die im Gottesdienst verwendet wird, schwer verständlich ist. Russische Polemiker haben zu ihrer Zeit (vor 100 Jahren) der Römisch-Katholischen Kirche vorgeworfen, dass sie im Gottesdienst die lateinische Sprache bewahre, die für den Großteil der Gemeindemitglieder unverständlich sei. Seither hat sich die Situation geändert: Die Katholiken feiern nach dem II. Vatikanischen Konzil den Gottesdienst in den nationalen Sprachen, wir jedoch in einer ‚unverständlichen‘ Sprache. Seit langem werden in der Russischen Kirche Stimmen laut, die dazu aufrufen, sich von der kirchenslavischen Sprache zu verabschieden und zur zeitgenössischen Sprache überzugehen: davon sprachen insbesondere viele Hierarchen in der Zeit der Vorbereitung auf das Landeskonzil von 1917. Es wurden Versuche unternommen, solche Reformen in die Praxis umzusetzen, doch sie erwiesen sich allesamt als misslungen: Der byzantinische Gottesdienst ‚klingt nicht‘ in der zeitgenössischen russischen Sprache.

Diejenigen, die zu Reformen aufrufen, ziehen nicht in Betracht, dass eine Sprache nicht einfach eine Summe von Worten ist, die man durch andere, verständlichere ersetzen kann. Die Sprache drückt eine bestimmte Wirklichkeit aus, die hinter ihr steht und an der sie teilhat. Die Sprache der Poesie zum Beispiel besitzt ein ihr allein eigenes Ganzes von Worten und Wortverbindungen, das in anderen Sprachstilen nicht verwendet wird. Wenn ein Mensch Gedichte nicht versteht oder keinen Sinn für sie hat, ist daran nicht die Sprache der Poesie schuld, sondern dem Menschen fehlt die Gabe poetischer Wahrnehmung; die Aufgabe besteht nicht darin, die Sprache den Möglichkeiten des Lesers anzupassen, die Gedichte in Prosa zu übertragen, sondern darin, den Leser zu lehren, echte Poesie zu verstehen.

Die Sprache der byzantinischen liturgischen Poesie ist schon an sich von besonderer Kraft: Selbst wenn ein byzantinischer Gesang in die russische Sprache übersetzt wird, ist für einen Menschen, der nicht zur Kirche gehört, große Anstrengung erforderlich, um ihn angemessen zu verstehen. Da ist zum Beispiel einer der Gesänge des Pfingstgottesdienstes[8]: „Langsam sprechend, während er mit geheiligter Finsternis bedeckt war, verkündete er das gottgeschriebene Gesetz; denn er sah, weil er die Unreinheit von den geistigen Augen abgestreift hatte, den Seienden". Für einen Hörer, der wenig mit der biblischen Geschichte und ihrer Symbolik vertraut ist, wird der russische Text ebenso unverständlich sein wie der kirchenslavische[9], da er weder im einen noch im anderen Fall errät, dass die Rede von Mose und seinem Aufstieg in die Göttliche Finsternis auf den Gipfel des Berges Sinai ist. Wer aber die Bibel kennt, kann auch den kirchenslavischen Text verstehen.

Die kirchenslavische Sprache wurde niemals völlig verstanden, und immer unterschied sie sich von der gesprochenen – sogar in der Zeit der heiligen Kyrill und Methodius, die von der gesprochenen Sprache ausgingen und auf ihrer Grundlage eine neue schufen, die gottesdienstliche oder liturgische Sprache. Sich von dieser Sprache loszusagen ist gleichbedeutend damit, sich von den alten Ikonen loszusagen, indem man sie durch ‚verständlichere' Gemälde ersetzt, oder auf die alten Psalmenlesungen zu verzichten, indem man sie durch Rezitationen anderer Texte ersetzt, oder sich vom Chorgesang zu trennen und stattdessen auf Musikinstrumenten zu spielen. „Die Slaven sind von der Vorsehung mit einer gesegneten Sprache beschenkt worden, die jahrhundertelang dem Gottesdienst diente, der Heiligen Schrift und dem Gebet, und niemals den niederen Alltagsbedürfnissen", schreibt Archimandrit Sophronij (Sacharov). „Nein, es besteht keinerlei Notwendigkeit, sie durch die Alltagssprache zu ersetzen, weil das geistliche Niveau unausweichlich sinken und ein unermesslicher Schaden entstehen würde ... Alle, die aufrichtig wünschen, an dieser jahrhundertealten Kultur des Geistes teilzuhaben, werden leicht eine Möglichkeit finden, sich den wertvollen Schatz der geheiligten kirchenslavischen Sprache anzueignen, die in erstaunlicher Weise den großen Geheimnissen des Gottesdienstes entspricht".[10]

Es ist nicht zu leugnen, dass das Problem der kirchlichen Sprache existiert und dass es nach ernster und allseitiger gemeinsamer Diskussion verlangt. Wir sind aber jedoch geneigt zu glauben, dass die ‚Unverständlichkeit' der kirchenslavischen Sprache nicht so sehr durch die Eigenarten dieser Sprache als viel-

---

8   Matutin, 2. Kanon, 1. Ode, Hirmos, in: Feiertagsminäen *[2-j kanon utreni, pesn' 1, irmos: Mineja prazdničnaja]*, Moskau 1970, 526.

9   Im russischen Originaltext werden beide Sprachversionen angeführt; Anm. d. Übers.

10   Archimandrit Sophronij (Sacharov), Gott schauen, wie Er ist *[Videt' Boga kak On est']*, Essex 1985, 229f.

mehr durch die fehlende Vorbereitung der Menschen zu erklären ist, die über eine lange Zeit hinweg nicht die Möglichkeit hatten, sich ernsthaft und tief auf den Gottesdienst einzulassen. Die kirchenslavische Sprache unterscheidet sich vom Russischen nur durch einige grammatische Formen, durch die Semantik einzelner Worte und Wortverbindungen, durch Besonderheiten der Syntax, die in der kirchenslavischen Sprache meistens die griechische Syntax kopiert, und durch eine kleine Anzahl von Worten (einige Dutzend), die in der zeitgenössischen russischen Sprache fehlen. Zur Aneignung dieses Materials ist nicht viel Zeit und Kraft erforderlich. Wenn Menschen bereit sind, Jahre zur Aneignung kompliziertester wissenschaftlicher Terminologien einzusetzen, im Wissen darum, dass sie sonst in diesem Bereich nichts erreichen können, warum sollen sie dann nicht einige Tage zum Erlernen einer gottesdienstlichen Sprache verwenden können, in der unsere slavischen Vorfahren zehn Jahrhunderte lang gebetet haben?

Die Kirche müsste natürlich von ihrer Seite her dafür Sorge tragen, dass Möglichkeiten zum Erlernen des Kirchenslavischen geschaffen und die liturgischen Texte mit paralleler russischer Übersetzung herausgegeben werden, damit jeder, der in die Kirche kommt, dem Gottesdienst mit einem Buch folgen kann. In einigen Pfarrgemeinden werden die Apostellesung und das Evangelium in kirchenslavischer und in russischer Sprache vorgetragen: Die Erfahrung zeigt, dass 90% der Gemeindemitglieder den Sinn der Apostellesungen der Liturgie nicht verstehen. Schließlich ist es möglich, die kirchenslavische Übersetzung des Gottesdienstes neu zu fassen und teilweise einzelne Wörter und Ausdrücke zu vereinfachen, z.B. indem *ljuby* durch *ljubov* [Liebe] ersetzt wird oder *život* durch *žizn'* [Leben]; diese Wörter werden auch in der kirchenslavischen Sprache der Bedeutung nach ähnlich gebraucht und sind austauschbar.

Über die Notwendigkeit einer Verbesserung der kirchenslavischen Übersetzung der gottesdienstlichen Texte schrieb schon im 19. Jahrhundert Theophan der Klausner: „Manche Gottesdienste sind bei uns von der Art, dass du nichts davon verstehst. Unsere Hierarchen langweilen sich bei diesem Unsinn nicht, weil sie ihn nicht hören, wenn sie im Altarraum sitzen ... weil sie nicht wissen, welche Finsternis in den Büchern herrscht – und das nur deshalb, weil die Übersetzungen ständig veraltet sind ... Eine neue Übersetzung der gottesdienstlichen Bücher ist dringend notwendig ... Bei den Griechen gibt es ja eine ständige Erneuerung der gottesdienstlichen Bücher ... Ich vergleiche die verschiedenen Ausgaben des Oktoichos ... Sehr, sehr vieles ist bei den Griechen erneuert". Die 900-Jahrfeier der Taufe der Rus', die im Jahr 1887 begangen wurde, schien dem heiligen Theophan als ein willkommener Anlass, um eine

neue „einfache und klare" Übersetzung aller gottesdienstlichen Bücher vor-
zunehmen.[11] Tatsächlich wurde in den Jahren nach 1910 eine solche Übersetzung angefertigt, und am Vorabend der Revolution von 1917 gelang es, einige
liturgische Bücher in einer kleinen Auflage herauszugeben. Die späteren
Ereignisse verhinderten jedoch, dass diese Ausgabe verbreitet wurde und die
orthodoxen Gläubigen sich mit dieser Variante der kirchenslavischen Übersetzung vertraut machen konnten.

Das Schweigen

„Wenn du betest, dann geh in deine Kammer, verschließ deine Tür und bete
zu deinem Vater, Der im Verborgenen ist, und dein Vater, Der das Verborgene
sieht, wird dich offenkundig belohnen. Wenn ihr aber betet, dann sagt nichts
Überflüssiges wie die Heiden, denn sie glauben, dass sie in ihrer Vielrederei
erhört werden; macht es nicht wie sie, denn euer Vater weiß, was ihr braucht,
noch bevor ihr Ihn bittet", sagt Christus (Mt 6,6-8).

Manchmal wird gefragt: „Wozu soll man denn beten, wenn Gott im voraus
weiß, worum wir Ihn bitten werden?" Doch das Gebet ist nicht einfach nur eine
Bitte um irgend etwas, das Gebet ist in erster Linie *Austausch*, Begegnung. „Das
Gebet ist ein Gespräch des Geistes mit Gott", nach einem Wort des Mönches
Evagrius.[12] Im Gebet begegnen wir dem Lebendigen Gott, Gott als Person, Gott,
Der uns hört und uns antwortet, Der immer bereit ist, uns auf unseren ersten
Ruf hin zu Hilfe zu kommen, und Der uns nie untreu wird, sooft wir Ihm auch
untreu sein mögen. Im Gebet kommen wir mit der höchsten Wirklichkeit in
Berührung, die das einzige wahre Sein ist. Im Vergleich dazu ist alles andere
Sein, darunter auch unser Leben, bedingt und relativ. Ein Leben ohne Gebet,
ohne Gottesgemeinschaft ist bloß ein auf Jahre ausgedehnter Weg, der zu
einem unausweichlichen Ende führt, ein langsames Dahinsterben, ein „abge-
storbenes Leben", wie sich der heilige Symeon der Neue Theologe ausdrückt.[13]
Wir leben nur dann, wenn wir an Gott teilhaben, die Teilhabe an Gott aber
vollzieht sich durch das Gebet.

---

11 Zit. nach: G. Florovskij, Wege der russischen Theologie *[Puti russkogo bogoslovija]*, Paris
    1937, 328.
12 Evagrius Ponticus, Philokalia *[Dobrotoljubie]*, Moskau 1895, Bd. 2, 148. In der griechischen
    und in der russischen Ausgabe sind die „153 Kapitel über das Gebet" mit dem Namen von
    hl. Nil vom Sinai gekennzeichnet; die Autorenschaft des Evagrius wurde von I. Hausherr
    nachgewiesen und wird heute nicht mehr bestritten. Vgl. John Meyendorff, St. Gregory
    Palamas and Orthodoxy, Crestwood NY 1974, 21.
13 Hymnus 44, 228, in: Syméon le Nouveau Théologien, Hymnes, hg. v. J. Koder (= SC 196),
    Paris 1973, Bd. 3, 86.

Warum gebietet Christus, im Gebet nicht viele Worte zu machen? Weil das Gebet nicht aus dem Wort geboren wird und weil es nicht nur die Summe der von uns vorgebrachten Bitten ist. Bevor ein Gebet ausgesprochen wird, muss man es *hören*. Alle großen Werke der Poesie und Musik wurden von den Dichtern und Komponisten nicht aus einzelnen Buchstaben und Noten zusammengesetzt, sondern vorher irgendwo in der Tiefe der Seele geboren, sie *erklangen* dort, und danach erst wurden sie Fleisch in Worten und Tönen. Auch das Gebet ist ein schöpferisches Werk. Es wird nicht im Geplapper geboren, sondern in der Tiefe der Stille, im gesammelten und ehrfurchtsvollen Schweigen. Bevor man ein Gebet beginnt, muss man innerlich verstummen, auf das gewöhnliche viele Reden und Denken verzichten, muss man *die Stille hören*:

> „Höre, Sohn, die Stille ...
> Wo das Echo verhallt.
> Die Stille, wo die Herzen verstummen,
> Wo man das Gesicht nicht zu erheben wagt".[14]

Herz, Verstand, Mund und Sinne müssen „verstummen", Worte und Töne vergehen. „Die Stille zu erlangen ist das Schwerste und Entscheidendste in der Kunst des Betens. Die Stille ist nicht nur etwas Negatives (ein Zustand), eine Pause zwischen den Worten, ein zeitweiliges Aufhören der Rede, sondern ... ein im höchsten Grade positiver Zustand, ein Zustand aufmerksamer Wachsamkeit, der Erwartung und vor allem des Hinhörens. Der Hesychast (der Schweigende) ist ein Mensch, der die Hesychia erlangt hat, die innere Ruhe oder Stille, er ist ... jemand, der lauscht. Er hört die Stimme des Gebetes in seinem Herzen, und er begreift, dass diese Stimme nicht seine eigene ist, sondern die eines Anderen, der in seinem Inneren spricht" (Bischof Kallistos Ware).[15] Wie jedes Gespräch ist das Gebet ein Dialog, und sein Ziel besteht nicht so sehr darin, sich selbst auszusprechen, sondern dem Anderen zuzuhören.

„Das Schweigen ist das Geheimnis des kommenden Äon, die Worte aber sind Werkzeuge dieser Welt", schreibt der heilige Isaak der Syrer.[16] Um Stille und Schweigen zu erlangen, sagten sich die Mönche von der Gemeinschaft mit den Menschen los, gingen in die tiefste Wüste, verbargen sich in den Bergen. Es waren einmal drei Mönchsbrüder, heißt es in einer alten Erzählung. Einer von ihnen machte es sich zur Aufgabe, Menschen, die sich zerstritten hatten,

---

14   F. García Lorca, Ausgewählte Werke in 2 Bänden *[Izbr. proisv. v 2 t.]*, Moskau 1975, Bd. 1, 106.

15   Kallistos Ware, The Power of the Name, Oxford 1991, 1.

16   Isaak der Syrer, Predigt [Slovo] 3 *[Isaak tou Syrou eurethenta asketika]*, Athen 1977, 365.

zu versöhnen, der zweite besuchte Kranke, und der dritte ging, um sich in der Wüste in Schweigen zu hüllen. Der erste Bruder, der sich immer unter Streitenden befand, konnte nicht alle versöhnen und verfiel in tiefen Gram. Als er zum zweiten Bruder kam, traf er ihn in derselben hoffnungslosen Traurigkeit an. Gemeinsam machten sie sich zum Einsiedler auf, um zu erfahren, was dieser in der Wüste erreicht hatte. Schweigend goss der Einsiedler Wasser in eine Schale und sagte: „Schaut in das Wasser". Sie schauten hin, doch das Wasser war trübe, und nichts war darin zu sehen. Nach einer Weile des Schweigens sagte der Einsiedler: „Schaut wieder hin". Sie sahen hin: Das Wasser war klar und durchsichtig geworden, so dass sie darin ihr Gesicht wie in einem Spiegel sehen konnten. Und er sagte zu ihnen: „Der Mensch, der in Leidenschaften lebt, ist immer durch Vorhaben und Pläne aufgewühlt, der Schweigende aber in seiner Stille betrachtet Gott".[17]

Die Erfahrung des Schweigens ist notwendig für den Menschen, der das Beten erlernen möchte. Dazu muss man nicht in die Wüste gehen. Aber es ist unumgänglich, im Laufe des Tages einige Minuten zur Verfügung zu haben, in denen man sich von allen Aufgaben lösen kann, um in seine Kammer zu gehen, „die Tür zu verschließen und zum Vater zu beten, Der im Verborgenen ist". Die normale Versuchung und Täuschung unseres Lebens besteht darin, dass wir immer beschäftigt und in Eile sind, um irgendetwas sehr Wichtiges fertigzubringen, und es scheint uns, dass wir gerade diese überaus wichtigen Dinge nicht schaffen, wenn wir Zeit an das Gebet verschwenden. Doch die Erfahrung bestätigt, dass die halbe oder ganze Stunde, die für das Gebet ‚verschwendet' wird, sich niemals in so katastrophaler Weise auf den Gang der alltäglichen Dinge auswirkt, wie man es sich in dem Moment vorstellt, wo wir uns vornehmen zu beten. Im Gegenteil, die Gewohnheit zu beten lehrt den Menschen, sich schnell zu sammeln, sie befreit von Zerstreuung, diszipliniert den Geist, und im Ergebnis ist letztendlich Zeit gewonnen.

„Alles Unglück der Menschen kommt allein daher, dass sie nicht ruhig in ihrem eigenen Zimmer bleiben können", sagte Blaise Pascal. Der fehlende Geschmack an Einsamkeit und Schweigen ist eine Krankheit des modernen Menschen. Viele fürchten sogar die Stille, fürchten das Alleinsein und die Freizeit, weil die Leere durch nichts zu füllen ist. Sie brauchen Worte, Eindrücke, sie müssen beschäftigt sein und immer hasten, um sich die Illusion eines stürmischen und erfüllten Lebens zu verschaffen. Das Leben mit Gott

---

17 Wir geben diese Geschichte so wieder, wie sie uns durch den Starez Archimandrit Sophronij erzählt wurde. Vgl. die ähnliche Erzählung in: *Väterbuch. Apophthegmata Patrum [Drevnij paterik]*, Moskau 1899, 27f.

aber beginnt dann, wenn Worte und Gedanken verstummen, wenn das irdische Tun in den Hintergrund tritt und in der Seele des Menschen ein Raum frei wird, den Gott erfüllen kann.

Die heiligen Väter schreiben oft davon, dass das Gebet, das aus dem Schweigen geboren wird, einfach und ohne viele Worte sein muss. Den Zustand des Beters vergleichen sie mit dem Zustand eines Kindes, das mit seinem Vater spricht: „Gebrauche in deinem Gebet keine weisen Ausdrücke, denn zuweilen war auch das ungekünstelte Stammeln der Kinder ihrem Himmlischen Vater wohlgefällig. Strebe nicht danach, viele Worte zu machen, wenn du mit Gott redest, damit dein Geist nicht daran verschwendet wird, Worte zu finden. Ein einziges Wort des Zöllners stimmte Gott gnädig, und ein einziger Ausspruch voller Glauben hat den Schächer errettet. Die vielen Worte beim Gebet zerstreuen oft den Geist und erfüllen ihn mit Träumereien, das eine Wort aber sammelt ihn gewöhnlich" (Johannes Klimakos).[18] Der kindliche Glaube muss sich mit dem Gefühl einer tiefen Demut verbinden: „Wandle vor Gott in Einfachheit und nicht im Wissen. Der Einfachheit folgt der Glaube, der übertriebenen Verfeinerung und Verdrehung der Gedanken aber folgt der Eigendünkel, dem Eigendünkel jedoch die Entfernung von Gott. Wenn du im Gebet vor Gott stehst, mach es in deinem Sinn wie eine Ameise, als würdest du auf der Erde kriechen, wie ein Käferchen, wie ein lallendes Kind. Sag vor Gott nicht irgendetwas Gelehrtes, sondern mit kindlichen Gedanken nähere dich Ihm und tritt vor Ihn hin, damit dir dieselbe väterliche Vorsehung zuteil werde, die Väter für ihre kleinen Kinder haben" (Isaak der Syrer).[19] Gebet, Schweigen, Demut und Buße sind nach Isaak untrennbar miteinander verbunden: „Wer die Unterredung mit Gott liebt, der liebt die Einsamkeit, wer es aber liebt, mit vielen zusammen zu sein, der ist ein Freund dieser Welt. Wenn du die Buße liebst, dann liebe auch das Schweigen".[20]

Die Aufmerksamkeit

Allein in einem verschlossenen Zimmer zu sein bedeutet noch nicht, die Stille zu gewinnen, und mit dem Reden aufzuhören heißt noch nicht, das Schweigen zu erlangen. Die Stille ist ein innerlicher Zustand, ist Ruhe des Verstandes und Friede der Gedanken. Wenn sich ein Mensch zum Gebet anschickt, entdeckt er manchmal in seinem Verstand einen solchen Sturm nebensächlicher Gedanken, die das Gebet stören, dass er nicht die Kraft hat, mit ihnen fertig zu wer-

---

18   Johannes Klimakos, Die Paradiesesleiter *[Lestvica]* 28,8f., Athen 1989, 357.
19   Isaak der Syrer, Predigt *[Slovo]* 19 *[Isaak tou Syrou eurethenta asketika]*, Athen 1977, 67.
20   Predigt 34, in: ebd. 152.

den. Während er die Gebete seines Buches bloß mit den Lippen betet, schweift sein Geist weit umher. Erfahrene geistliche Lehrer geben in solchen Fällen den Rat, zu den Worten des Gebetes zurückzukehren, bei denen die Aufmerksamkeit abgeschaltet hat, und alles noch einmal zu wiederholen; wenn auch das nicht hilft, das Buch zur Seite zu legen und mit eigenen Worten solange zu beten, bis das Herz sich erwärmt und die Gedanken gesammelt sind.

Das Gebet hat nur dann einen Wert, wenn es aufmerksam bleibt, wenn Verstand und Herz in jedes Wort hineingelegt werden. Ob der Mensch mit Hilfe eines Buches oder mit seinen eigenen Worten betet – jedes Wort soll erlebt und erfahren sein, muss zu *seinem* Wort werden. Der heilige Theophan der Klausner sagt: „Beten bedeutet nicht, nur Gebete zu lesen, sondern ihren Inhalt in sich neu zu erschaffen und sie so auszusprechen, als kämen sie aus unserem Geist und aus unserem Herzen". Er vergleicht den Geist mit einem Vogel, der immer fliegen möchte: Während des Gebetes muss er in einen Käfig gesetzt werden. Zur Erlangung der Aufmerksamkeit empfiehlt der heilige Theophan, die Gebete auswendig zu lernen, um beim Lesen nicht abgelenkt zu werden; das Gebet mit Verneigungen zu verbinden; nicht nur aus einem Buch, sondern auch mit eigenen Worten zu beten. Er gibt darüber hinaus den Rat, sich nicht gleich nach den Alltagssorgen und -geschäften zum Gebet zu begeben, sondern sich ein wenig vorzubereiten und seine Gedanken zu sammeln.[21] Ein unaufmerksames, zerstreutes und kaltes Gebet bringt der Seele keinen Nutzen und bleibt für den Menschen fruchtlos.

Die altkirchlichen Schriftsteller nennen die Zerstreuung des Verstandes während des Gebetes ‚Schweben' *(meteorismos* – eine Bewegung, die dem Flug eines Meteoriten ähnlich ist). Sie sprechen davon, dass die Ursache der Zerstreuung die Unfähigkeit des Menschen ist, mit ihren Gedanken zurechtzukommen – mit den abwegigen sündhaften Bildern, Phantasien und Träumen, die im Denken auftauchen. Jeder Gedanke ergreift schrittweise vom Menschen Besitz. Man unterscheidet einige Entwicklungsstadien des Gedankens im Geist des Menschen. Zuerst zeigt sich ein ‚Einfall' – ein flüchtiges Bild, das gleichsam von außen herantritt. Hinter jedem sündigen Gedanken steht eine wirkliche dämonische Macht. ‚Verbindung' nennt man das Gespräch des Geistes mit dem aufgetretenen Gedanken, dessen Untersuchung und Erforschung. Die ‚Einwilligung' ist die innerliche Übereinstimmung des Geistes mit dem Gedanken und sein Ergötzen daran. ‚Kampf' ist das Kräftemessen von Geist und Gedanken, von denen einer den Sieg davontragen muss, d.h. ent-

---

21 Die Gedanken des hl. Theophan des Klausners über das Gebet sind in dem Buch gesammelt: Über das Jesus-Gebet *[O molitve Iisusovoj],* Sortavala 1936.

weder überwindet der Geist den Gedanken und verwirft ihn, oder der Gedanke bemächtigt sich des Geistes. Die ‚Gefangennahme' ist „eine gewaltsame und unfreiwillige Zuneigung des Herzens oder eine dauernde Verbindung mit einem Gegenstand, der die gute Ordnung zerstört". ‚Leidenschaft' ist schließlich der endgültige Sieg des Gedankens über den Menschen oder ein „Laster, das seit langer Zeit in der Seele wohnt und durch die Gewohnheit gleichsam zu einer Art natürlicher Eigenschaft geworden ist, so dass die Seele selbst freiwillig zu ihr hinstrebt" (Johannes Klimakos).[22] Die Gedanken an sich sind sündlos, sie erhalten aber eine sündhafte Einfärbung je nach ihrer Entwicklung und werden dann zu einer Sünde, wenn der Geist sie aufnimmt.

Jede Leidenschaft beginnt mit dem Gedanken: „Es wird keine Wolke geboren ohne Wind, keine Leidenschaft ohne Gedanke" (Markus der Asket).[23] Der Sündenfall der ersten Menschen war bereits die Folge einer inneren Vereinigung mit dem Gedanken. Der heilige Philaret von Moskau führt als Beispiel Eva an, die „sah ... dass der Baum gut war als Speise, angenehm für die Augen und begehrenswert" (Gen 3,6), und danach kostete sie davon. „Sie sah" – das ist der Einfall, das Bild, der Gedanke; „angenehm für die Augen" meint das Gespräch mit dem Einfall, seine Untersuchung; „begehrenswert" das innere Einverständnis mit dem Gedanken, die Gefangennahme durch ihn. „Die sündige Neigung beginnt in der Seele mit der ungeordneten Ausrichtung der Erkenntniskräfte ... Mit dem Abweichen von der Einheit der Wahrheit Gottes hin zur Vielzahl eigener Gedanken ist unlöslich die Vielheit der eigenen Wünsche verbunden, die nicht auf den Willen Gottes hin gesammelt sind".[24] Die Zerstreuung des Geistes ist eine der Folgen des Sündenfalls des Menschen. Das Gespräch des Geistes mit den ankommenden Gedanken ist eine Krankheit des Geistes, eine Sünde des Geistes oder, nach einem Ausdruck des Mönchs Evagrius, ein „Ehebruch des Geistes".[25]

Die Kunst des Kampfes mit den Gedanken besteht darin, sie nicht ins Innere einzulassen, ihnen nicht zu erlauben, sich zu entwickeln und den Geist gefangen zu nehmen. Damit der Geist während des Gebetes rein bleibt, muss man unbedingt die Einfälle der Gedanken abweisen: „Der Anfang des Gebetes besteht darin, die ankommenden Gedanken gleich bei ihrem Auftreten zu verjagen" (Johannes Klimakos).[26] Man muss sorgfältig auf den Geist achtgeben:

---

22 Johannes Klimakos, Die Paradiesesleiter *[Lestvica]* 15, 73, Athen 1989, 210.

23 Philokalie *[Filokalia ton hieron neptikon]*, Athen 1957-1963, Bd. 1, 107.

24 Metropolit Philaret (Drozdov), Anmerkungen zum Buch Genesis *[Zapiski na knigu Bytija]*, Teil 1, 57f.

25 Philokalie *[Filokalia ton hieron neptikon]*, Athen 1957-1963, Bd. 1, 45.

26 Johannes Klimakos, Die Paradiesesleiter *[Lestvica]* 28,20, Athen 1989, 359.

„Die Wissenschaft der Wissenschaften und die Kunst der Künste ist die Fähigkeit, mit Gedanken fertig zu werden, die Böses schaffen. Das beste Mittel und
die beste Kunst ihnen gegenüber besteht darin, wachsam zu sein, wenn die
Einfälle erscheinen, und sein Denken immer rein zu halten, wie wir auch das
körperliche Auge schützen, indem wir aufmerksam darauf achten, was ihm
vielleicht schaden könnte, und auf alle mögliche Weise Sorge tragen, dass ihm
nicht einmal ein Grashalm zu nahe kommt" (Hesychios der Sinait).[27] Den
Gedanken muss man ‚widerstehen', mit ihnen muss man ‚kämpfen', weil das
Gebet nicht nur Gespräch mit Gott ist, sondern schwere Arbeit, ein Kampf um
die Reinheit des Geistes. Der Betende muss immer ‚über den Geist wachen':
„Bemühe dich, deinen Geist in der Zeit des Gebetes taub und stumm werden
zu lassen, dann wirst du beten können ... Gesammeltes Gebet ist allerhöchste
Aufmerksamkeit des Geistes ... Wenn du betest, dann schütze mit allen Kräften
dein Gedächtnis ... Während des Gebetes ist der Geist gewöhnlich stark durch
das Gedächtnis in Beschlag genommen. Während des Gebetes führt das Gedächtnis Dir Vergangenes oder neue Sorgen in den Geist oder das Gesicht einer
Person, die dich beleidigt hat. Der Dämon beneidet den betenden Menschen
sehr und gebraucht jede List, um dessen Absichten zu durchkreuzen. Deshalb
hört er nicht auf, mit Hilfe des Gedächtnisses die Gedanken an verschiedene
Dinge aufzureizen und mit Hilfe des Fleisches alle Leidenschaften in Bewegung
zu setzen ... Nimm dich in acht, bewahre deinen Geist vor den Gedanken
während des Gebetes" (Evagrius).[28]

Die Geistestätigkeit

In der alten „Erzählung vom Vater Philemon" wird berichtet: „Ein gewisser
Bruder Johannes ... kam zu diesem heiligen und bedeutenden Vater Philemon
und ... sagte zu ihm: ‚Was muss ich tun, Vater, um gerettet zu werden? Denn
ich sehe, dass mein Geist hierhin und dorthin getragen wird und schwebt, wo
er nicht soll'. Er jedoch schwieg ein wenig und sagte dann: ‚Das ist die Krankheit derjenigen, die oberflächlich sind, und sie bleibt in dir, weil du noch keine
vollkommene Zuneigung zu Gott hast und die Wärme Seiner Liebe und Erkenntnis dich noch nicht erreicht hat'. Der Bruder sagte: ‚Was muss ich tun,
Vater?' Der antwortete ihm: ‚Geh, und vollziehe in deinem Herzen eine ge-

---

27 Philokalie *[Filokalia ton hieron neptikon]*, Athen 1957-1963, Bd. 1, 159. In der griechischen
    wie auch in der russischen Philokalie wird dieses Wort mit dem Namen des Hesychios von
    Jerusalem gekennzeichnet, heute ist es jedoch üblich, es für ein Werk des Hesychios vom
    Sinai zu halten; vgl. Dictionnaire de spiritualité, Paris 1971, Bd. 7, 403.
28 Philokalie *[Filokalia ton hieron neptikon]*, Athen 1957-1963, Bd. 1, 178-180.

heime Übung, die vermag deinen Geist davon zu reinigen'. Der Bruder, der in das Gesagte nicht eingeweiht war, sagte zum Starzen: ,Was ist das für eine geheime Übung, Vater?' Und dieser sagte zu ihm. ,Geh, sei in deinem Herzen nüchtern und in deinem Denken enthaltsam, und mit Furcht und Zittern sag: Herr, Jesus Christus, erbarme Dich meiner!' ... Der Bruder ging weg, und mit Gottes Hilfe, nachdem er durch die Gebete des Vaters zum Schweigen gekommen war, genoss er diese Übung ein wenig. Als jedoch (das Entzücken) von ihm wich und er nicht mehr nüchtern wachen und beten konnte, ging er wieder zum Starez und erzählte, was vorgefallen war. Er aber sagte zu ihm: ,Siehe, jetzt kennst du den Weg des Schweigens und der Geistestätigkeit und hast die Süßigkeit gekostet, die davon ausgeht. Behalte dies immer in deinem Herzen. Ob du isst oder trinkst, ob du mit jemandem sprichst, in der Zelle sitzt oder dich auf dem Weg befindest, höre nicht auf, mit nüchternem Denken und gefasstem Geist dieses Gebet zu beten ... Gestatte deinem Geist nicht, müßig zu sein, sondern (nötige ihn), im Geheimen zu üben und zu beten. So kannst du zur Tiefe der Göttlichen Schrift und der darin verborgenen Kraft gelangen und dem Geist eine immerwährende Tätigkeit geben, indem du das apostolische Wort erfüllst, das gebietet: *Betet unaufhörlich* (1 Thess 5,17). Gib aber sorgfältig auf dich acht und bewahre dein Herz davor, böse oder irgendwelche eitlen und nutzlosen Gedanken aufzunehmen. Vielmehr lass dein Herz immer – wenn du schläfst und wenn du aufstehst, wenn du isst oder trinkst oder redest – innerlich Psalmen üben oder beten: ,Herr, Jesus Christus, Sohn Gottes, erbarme Dich meiner! Und ... gib acht, dass du mit dem Mund nicht das eine sagst und dich vom Denken zu anderem davontragen lässt'".[29]

In dieser Erzählung ist in gedrängter Form die gesamte altkirchliche Lehre vom immerwährenden Gebetsanruf des Namens Jesu dargelegt, die als ,geheime Übung' bezeichnet wird (in der kirchenslavischen Tradition ,geheimnisvolle Unterweisung'), als ,Geistestätigkeit', ,Geist-Herzens-Gebet' oder einfach ,Jesus-Gebet', aber auch ,Kunst des Geistes'. Die Würde dieses Gebetes liegt in seiner Einfachheit und Schönheit. Sein vollständiger Text besteht aus acht Worten: „Herr Jesus Christus, Sohn Gottes, erbarme [Dich] meiner, [des] Sünders", es gibt jedoch auch kürzere Formen aus sieben oder fünf Worten (wie bei Vater Philemon) oder auch aus fünf Worten wie im Akathistos-Hymnus: „Jesus, Sohn Gottes, erbarme [Dich] meiner", oder sogar nur aus zwei: „Herr, erbarme [Dich]", „Christus, erbarme [Dich]". Kein Tun kann daran hindern, für sich selbst dieses Gebet ständig zu wiederholen: „Die Hände

---

29   Ebd. Bd. 2, 244f.

arbeiten, Geist und Herz aber sind mit Gott", nach einem Ausdruck des heiligen Theophan des Klausners.[30]

Die besondere segenspendende Kraft des Jesus-Gebetes erwächst daraus, dass es den Namen Jesu enthält. Christus selbst hat geboten, in Seinem Namen zu beten: „Wahrlich, wahrlich, Ich sage euch: Was ihr den Vater in Meinem Namen bittet, wird Er euch geben. Bisher habt ihr noch nicht um etwas in Meinem Namen gebeten; bittet, und ihr werdet erhalten" (Joh 16,23f.). Von der wundertätigen Kraft Seines Namens sagt Er: „In Meinen Namen werden sie Dämonen austreiben, in neuen Sprachen sprechen ... Kranken die Hände auflegen, und diese werden gesund werden" (Mk 16,17f.). Als die Apostel Petrus und Johannes einen Lahmen geheilt hatten, wurde sie von den Hohenpriestern gefragt: „Mit welcher Kraft oder in welchem Namen habt ihr das getan?" Darauf antwortete Petrus: „Im Namen Jesu Christi ... steht er gesund vor euch da ... denn es ist den Menschen kein anderer Name unter dem Himmel gegeben, durch Den wir gerettet werden sollen" (Apg 4,7-12).

In der frühchristlichen Literatur wird der Name Jesu und Seine wundertätige Kraft nicht selten erwähnt, aber auch das immerwährende Gebet in diesem Namen. In dem Buch „Der Hirte des Hermas" (2. Jh.) sagt ein Engel: „Der Name des Sohnes Gottes ist groß und unermesslich, und Er erhält die ganze Welt ... Er (Christus) steht denen bei, die von ganzem Herzen Seinen Namen tragen. Er selbst dient ihnen als Fundament und erhält sie in Seiner Liebe, weil sie sich nicht schämen, Seinen Namen zu tragen".[31] In der Lebensbeschreibung des heiligen Ignatius von Antiochien (2. Jh.) heißt es, als man ihn zur Hinrichtung führte, habe er unaufhörlich den Namen Jesu angerufen. Die Soldaten fragten ihn, wozu er diesen Namen anrufe. Der heilige Ignatius antwortete, dass Er ihm ins Herz eingeschrieben sei. Als der Märtyrer von den Raubtieren zerrissen wurde, blieb sein Herz unversehrt erhalten. Einer der Soldaten schnitt es in zwei Teile und erblickte die Inschrift: „Jesus". „Es ist unwichtig", schreibt zu dieser Geschichte Erzbischof Pavel von Finnland, „ob wir diese Erzählung für ein Wunder Gottes oder für eine fromme Legende halten. In jedem Fall spricht dieser wie auch der andere Name des Ignatius – ‚Gottesträger' – für ein hohes Alter der Praxis, im Namen Christi zu beten".[32]

Diese Praxis lebte in der Orthodoxen Kirche sowohl in früheren Jahrhunderten als auch in jüngster Zeit fort; sie lebt auch heute noch, und zwar

---

30 Zit. nach: Kallistos Ware, The Power of the Name, Oxford 1991, 6.

31 Der Hirte des Hermas *[Erm. Pastyr']*, Gleichnis 9, 14, in: Frühe Kirchenväter *[Rannye Otcy Cerkvi]*, Brüssel 1988, 239f.

32 Erzbischof Pavel von Finnland, Wie wir glauben *[Kak my veruem]*, Paris 1986, 118f.

nicht nur in den Klöstern, sondern auch unter den Laien. Der heilige Johannes Klimakos im 8. Jahrhundert, der heilige Gregor Palamas und die Hesychasten im 14. Jahrhundert, der heilige Nikodim vom Heiligen Berg im 18. Jahrhundert, der heilige Seraphim von Sarov und die Starzen von Optina im 19. Jahrhundert, der heilige Siluan vom Berge Athos im 20. Jahrhundert – sie alle sprachen und schrieben über das Jesus-Gebet.

Nach der Lehre der Kirche ist im Namen Jesu die Kraft und Energie Christi anwesend. Der heilige Johannes von Kronstadt sagte: „Der Name der Herrn ... stehe für dich an der Stelle des Herrn ... Der Name der Herrn ist selbst der Herr ... der Name des allmächtigen Gottes ist selbst Gott, der allgegenwärtige und allerreinste Geist".[33] Im Zusammenhang mit diesen Worten, besonders aber im Zusammenhang mit dem Buch des kaukasischen Eremiten Hilarion „Auf den Bergen des Kaukasus", kam es zu Beginn des 20. Jahrhunderts zu Streitigkeiten über die Natur des Namens Gottes. Der Eremit Hilarion schrieb im einzelnen: „Der Sohn Gottes ... ist unveränderlich in der ganzen Fülle Seines Göttlichen Wesens in der heiligen Eucharistie, in den christlichen Kirchen und auch in Seinem heiligen Namen ganz und vollständig in all Seiner Vollkommenheit und mit der ganzen Fülle Seiner Gottheit gegenwärtig".[34] Das wurde von manchen als eine dogmatische Ungenauigkeit angesehen, weil der Name Gottes hier vollkommen mit Gott selbst identifiziert wird. Im Grunde setzt das Buch „Auf den Bergen des Kaukasus" wie auch das andere bemerkenswerte Werk „Aufrichtige Erzählungen eines Pilgers an seinen geistlichen Vater" die alt-kirchliche Tradition der Verehrung des Namens Jesu fort, die auf die ersten Jahrhunderte des Christentums zurückgeht. Der heilige Siluan, der auf dem Athos in den Jahren lebte, als dort die Auseinandersetzungen über den Namen Gottes stattfanden, hat an diesen Streitigkeiten nicht teilgenommen, obwohl das Jesus-Gebet ihn unaufhörlich jeden Tag begleitete: „Er wusste, dass durch das Jesus-Gebet die Gnade des Heiligen Geistes das Herz ergreift, weil die Anrufung des Göttlichen Namens Jesu den ganzen Menschen heiligt und die Leidenschaften in ihm verbrennt. Einer dogmatischen Interpretation der von ihm durchlebten Erfahrung enthielt er sich jedoch, weil er fürchtete, ‚einen Fehler in der gedanklichen Überlegung zu machen'. Nicht wenige solcher Fehler wurden von der einen und von der anderen Seite gemacht", sagt der Priestermönch Sophronij im Hinblick auf den Athosstreit.[35]

---

33 Zit. nach: Auf den Bergen des Kaukasus *[Na gorach Kavkaza]*, Batalpaschinsk ²1910, 16f.
34 Ebd. 16.
35 Sophronij (Sacharov), Starez Siluan, Paris 1952, 41. Vgl. Hilarion (Alfeyev), Le mystère sacré de l'Église. Introduction à l'histoire et à la problématique du débat athonites sur la vénération du nom de Dieu (= Studia Oecumenica Friburgensia 47), Fribourg 2007.

Auch wenn das Jesus-Gebet an Christus gerichtet ist, ist es ein trinitarisches Gebet, weil Christus darin als Sohn Gottes bezeichnet wird, das heißt als Sohn Gottes des Vaters, doch „niemand nennt Jesus den Herrn außer im Heiligen Geist" (1 Kor 12,3). Das Wesen, die Natur, der Wille und das Wirken aller Personen der Heiligen Dreieinigkeit sind eins, und deshalb rufen wir, wenn wir Christus anrufen, den Vater und den Geist an, und wo Christus gegenwärtig ist, da sind auch der Vater und der Geist gegenwärtig.

Der Held des Buches „Aufrichtige Erzählungen eines Pilgers", der auch der Ich-Erzähler ist – ein einfacher russischer Mensch –, hört während des Gottesdienstes in der Kirche die Worte des Apostels Paulus „Betet ohne Unterlass" (1 Thess 5,16), und in ihm entzündet sich der Wunsch, ein solches Gebet zu erlernen, doch lange Zeit kann er keinen geistlichen Führer finden. Schließlich erzählt ihm ein Starez vom Jesus-Gebet, schenkt ihm eine Gebetsschnur und befiehlt ihm, dreitausend Gebete am Tag zu verrichten. Bald verrichtet der Pilger sechs-, dann zwölftausend am Tag, danach aber „ohne Zahl", weil das Gebet von selbst in seinem Herzen gegenwärtig ist und er es sogar im Schlaf betet. Von Geburt an verkrüppelt (er hat eine verdorrte Hand), wandert der Pilger von Stadt zu Stadt: „So wandere ich und bete ständig das Jesus-Gebet, das mir kostbarer und süßer ist als alles auf der Welt. Ich gehe manchmal 70 Werst und mehr am Tag und merke nicht, dass ich gehe, sondern spüre nur, dass ich das Gebet verrichte".[36]

Die Grundregel beim Jesus-Gebet ist die Forderung, „den Geist in die Worte des Gebetes einzuschließen" (Johannes Klimakos).[37] Die Asketen des Altertums bemerkten jedoch, dass der Geist, wenn er sich im Kopf befindet, zur Zerstreuung neigt und zum „Schweben" und nicht fähig ist, sich zu sammeln. Um den Geist im Herzen zu sammeln, wurde daher eine Methode ausgearbeitet, die Geist-Herzens-Gebet genannt wurde. Ihr Wesen besteht darin, dass sich beim Beten der Geist im Bereich des Herzens befindet: „Es ist nötig, aus dem Kopf in das Herz hinabzusteigen", sagt der heilige Theophan der Klausner in einem seiner Briefe. „Ich erinnere mich, dass ihr geschrieben habt, dass der Kopf von der Aufmerksamkeit sogar schmerzt. Ja, wenn man nur mit dem Kopf arbeitet. Wenn man aber in das Herz hinabsteigt, sind die Anstrengungen verschwunden, der Kopf wird leer und die Gedanken hören auf. Sie sind alle im Kopf, einer jagt den anderen, und man kann unmöglich mit ihnen zurechtkommen. Wenn ihr das Herz findet und in ihm stehen könnt, dann müsst ihr

---

36　Aufrichtige Erzählungen eines Pilgers an seinen geistlichen Vater *[Otkrovennye rasskazy strannika duchovnomu svoemu otcu]*, Paris 1989, 25.

37　Johannes Klimakos, Die Paradiesesleiter *[Lestvica]* 28, 16, Athen 1989, 358.

nur jedes Mal, wenn die Gedanken euch zu verwirren beginnen, in das Herz
hinabsteigen, und die Gedanken laufen davon ... Im Herzen ist das Leben, dort
muss man auch leben. Denkt nicht, dass dies nur eine Sache der Vollkommenen ist. Nein. Das ist die Sache aller, die anfangen, den Herrn zu suchen".[38] Der
Name Jesu muss sich mit dem Herzen des Betenden verbinden. Wie der heilige
Johannes Chrysostomos sagt: „Der Herr nehme das Herz ganz in sich auf, und
das Herz den Herrn, und beide werden eins sein".[39]

Um das Geist-Herzens-Gebet geht es auch in dem Traktat „Die Methode
des heiligen Schweigens", der Symeon dem Neuen Theologen zugeschrieben
wird.[40] Dort wird insbesondere gesagt, dass es drei Formen der Aufmerksamkeit und des Gebetes gibt. Die erste liegt vor, wenn ein Mensch, der betet, sich
in seinem Geist die himmlische Seligkeit vorstellt, die Engel, die Heiligen und
alles, was er in der Schrift gelesen hat: Diese Form des Gebets beruht auf der
Arbeit der Phantasie. Eine zweite Form zeigt sich, wenn ein Mensch, der betet,
sich im Kopf konzentriert und mit seinen Gedanken kämpft, sie aber nicht
überwinden kann: „Die Gedanken kämpfen gegen die Gedanken", und im Geist
herrscht keine Klarheit. Die dritte Form des Gebets besteht darin, den Geist in
die Tiefe des Herzens zu führen, verbunden mit höchster Aufmerksamkeit, mit
der Abwesenheit irdischer Sorgen, mit der Reinheit des Gewissens und Leidenschaftslosigkeit: Dies ist die einzig wahre Weise des Gebetes. Der Autor des
Traktats rät daher, sich äußerer Hilfsmittel zu bedienen, um den Abstieg des
Geistes in das Herz zu erleichtern: man soll in einem dunklen Raum auf einem
niedrigen Stuhl sitzen, die Augen schließen, den Kopf leer werden lassen, das
Atmen ein wenig einschränken, danach streben, mit dem Geist den ‚Herzens-
Ort' (den oberen Teil des Herzens) ausfindig zu machen und, dort gesammelt,
das Jesus-Gebet verrichten.

All diese Verfahren sind nur Hilfsmittel, um sich mit dem Gebet vertraut
zu machen, doch keineswegs Selbstzweck. Interessanterweise war der heilige
Theophan der Klausner, einer der erfahrensten geistlichen Lehrmeister des 19.
Jahrhunderts, diesen Verfahren gegenüber äußerst zurückhaltend. Als er die
‚Methode' des heiligen Symeon in die russische Sprache übersetzte, ließ er
absichtlich alles aus, was die physischen Hilfsmittel des Gebetes betrifft. In
einer Anmerkung schreibt er dazu: „Der heilige Symeon verweist auf einige
äußere Verfahren, wodurch die einen verführt und von der Sache weggelockt

---

38 Zit. nach: Über das Jesus-Gebet *[O molitve Iisusovoj]*, Sortavala 1936, 109.

39 Zit. in: Philokalie *[Filokalia ton hieron neptikon]*, Athen 1957-1963, Bd. 4, 222.

40 Der Text des Traktates wurde veröffentlicht in: I. Hausherr, La méthode d'oraison hésy-
chaste (= Orientalia Christiana IX-2), Rom 1927.

werden, bei den anderen das Tun selbst verzerrt wird. Weil es an geistlichen Führern fehlt, können diese Methoden von unguten Folgen begleitet sein. Und insofern sie nichts anderes als äußere Hilfsmittel für eine innere Tätigkeit sind, ohne Wesentliches hinzuzufügen, lassen wir sie aus. Das Wesen der Sache besteht darin, dass man fähig wird, mit dem Geist im Herzen zu stehen ... Man muss den Geist aus dem Kopf in das Herz führen und ihm dort einen Platz geben oder, wie einer der Starzen sagte, den Geist mit dem Herzen verbinden. Wie kann man dies erreichen? Suche, und du wirst finden. Am ehesten ist dies durch einen *Wandel vor Gott* und die Mühe des Gebets zu erreichen, besonders durch beständigen Kirchenbesuch".[41]

Der heilige Theophan legt so den Akzent auf den „Wandel vor Gott". Dieser biblische Ausdruck, wird oft im Alten Testament gebraucht, wenn die Rede von den Gerechten ist (Gen 5,24; 6,9; 17,1 u.a.). Im neutestamentlichen Kontext, besonders im Kontext der christlich-asketischen Praxis, bedeutet er die Übereinstimmung des gesamten Lebens mit den Göttlichen Geboten. Vor Gott wandeln bedeutet, dass wir jede Tat und jeden Gedanken am Evangelium überprüfen, unaufhörlich an Gott zu denken, Seine Gegenwart spüren und danach streben, in nichts gegen Seine Wahrheit zu sündigen. Das Gebet bringt nur dann Frucht, wenn es mit einem wahrhaft christlichen Leben verbunden wird, andernfalls ist es nur eine äußere Nachahmung geistlichen Lebens. „Es ist nicht schwer, Leute zu erkennen, die keinen ernsthaften Bezug zum geistlichen Leben haben, sondern es nachzuahmen versuchen", schreibt der Priestermönch Seraphim (Rose). „In San Franzisko lebte ein Mensch, der sich für die Idee des Jesus-Gebetes erwärmt hatte. Er erhöhte schrittweise die Anzahl seiner Gebete, bis er nahezu 5'000 erreicht hatte. Er lebte in der Welt, mitten in einer lauten Stadt, und am Morgen, bevor er zu irgendeiner Tat schritt, betete er vor dem Essen auf dem Balkon stehend bis zu 5'000 Mal die Worte des Jesus-Gebetes und fühlte sich erstaunlich frisch und munter. Eines Morgens, als er zu den letzten Tausend überging, tauchte unter dem Balkon ein Mensch auf, der anfing, sich mit irgendetwas zu beschäftigen. Da geriet unser Beter dermaßen aus der Fassung durch diese Erscheinung, dass er ein Gefäß auf diesen Menschen schleuderte. Was soll man zu einem Menschen sagen, der sich mit dem geistlichen Leben beschäftigt und das Jesus-Gebet verrichtet und plötzlich im Laufe dieses Gebetes beginnen kann, mit Geschirr zu werfen? Das bedeutet, dass sich in ihm seine Leidenschaften auf freiem Fuß befanden ... Das geistliche

---

41 Simeon der Neue Theologe, Predigten *[Simeon Novyj Bogoslov, Slova]*, Moskau 1890, Bd. 2, 188.

Leben ist kein Aufenthalt in den Wolken und nicht die Verrichtung des Jesus-Gebetes als solchen oder der Vollzug irgendwelcher Körperbewegungen".[42]

Das Ideal des Christentums ist es, einen Zustand zu erlangen, in dem sich das ganze Leben in Gebet verwandelt und jede Tat und jeder Gedanke vom Gebet durchdrungen ist. Jeder Christ hat eine Gebets-‚Regel', d.h. eine bestimmte Anzahl von Gebeten, die er täglich liest, oder eine bestimmte Zeit, die jeden Tag dem Gebet geweiht ist. ‚Regel' oder ‚Kanon' (griech. *kanon)* nennen die Bauleute das Gerät, mit dem die Ebenmäßigkeit einer Wand geprüft wird (Senkblei – Leine mit angehängtem Gewicht). Das Gebet ist ein solcher Kanon, nach dem wir unseren geistlichen Zustand beurteilen können: Wenn wir das Gebet lieben, heißt das, wir sind auf dem Weg zu Gott, wenn nicht, dann ist in unserem geistlichen Leben nicht alles in Ordnung. Am Gebet kann man jede Tat prüfen, ob sie Gott wohlgefällig ist oder nicht. Ein Kaufmann versuchte lange, den heiligen Siluan vom Berge Athos davon zu überzeugen, dass das Rauchen keine Sünde sei. Starez Siluan riet ihm, jedes Mal zu beten, bevor er anfing zu rauchen. Der Kaufmann wandte ein: „Vor dem Rauchen zu beten, das geht irgendwie nicht". Siluan gab ihm zur Antwort: „Also soll man jede Tat, vor der man nicht ruhig beten kann, besser nicht tun".[43]

Gebet und Theologie

Die heiligen Väter bezeichnen das Gebet als die ‚wahre Theologie': „Wenn du ein Theologe bist, dann wirst du wahrhaft beten; und wenn du wahrhaft betest, dann bist du ein Theologe" (Evagrius).[44] Für die Kirchenväter war die Theologie kein abstraktes Theoretisieren über den ‚unsichtbaren Gott': Sie war die Suche nach der persönlichen Begegnung mit Ihm. Die wirkliche Theologie handelt nicht ‚über Gott', sondern sie ist ‚in Gott', sie betrachtet Gott nicht als ein unbekanntes Objekt, sondern spricht mit Gott als einem personalem Wesen. Die christliche Theologie stammt aus Gebet und Erfahrung. Sie widersetzt sich einer blanken, gnadenlosen ‚Gelehrsamkeit': „Das Philosophieren über Gott ist nicht jedem möglich, ja! nicht jedem ... Dazu sind Menschen fähig, die sich selbst geprüft und ein Leben in Beschauung geführt haben, die

---

42 Seraphim (Rose), In den Fußspuren des heiligen Patrick, des Erleuchters von Irland, und des heiligen Gregor von Tours *[Po stopam sv. Patrika, prosvetitelja Irlandii, i. sv. Grigorija Turskogo]*, Kujbyschev 1990, 8f.

43 Sophronij (Sacharov), Der heilige Siluan vom Berge Athos *[Prepodobnyj Siluan Afonskij]*, (Neuausgabe) Essex 1990, 223.

44 Philokalie *[Filokalia ton hieron neptikon]*, Athen 1957-1963, Bd. 1, 182 (unter dem Namen des hl. Nil vom Sinai; vgl. oben S. 189, Anm. 12).

vor allem geläutert wurden, die wenigstens Seele und Leib reinigen ... (Theologie treiben kann man), wenn in unserem Inneren Stille herrscht und wir nicht (mit dem Geist) um äußere Dinge kreisen", sagt der heilige Gregor der Theologe.[45]

Aber auch das Gebet ist keine spontane und willkürliche Tätigkeit des Geistes, vielmehr gründet es ebenfalls in der Theologie. Die Kirche glaubt, dass es außerhalb eines rechten dogmatischen Bewusstseins kein vollwertiges Gebet geben kann: Die Entstellung in der Dogmatik führt zu einer Entstellung in der Gebetspraxis, wie man am Beispiel vieler Sekten sehen kann, die sich von der Kirche abgespalten haben. Ein Christ ist, auch wenn er allein betet, ein Glied der Kirche: „Das persönliche Gebet ist nur im Kontext der Gemeinschaft möglich. Niemand ist für sich allein Christ, sondern immer als Glied des Leibes. Sogar in der Zurückgezogenheit, ‚in der Zelle' betet ein Christ als Glied der erlösten Gemeinschaft, der Kirche" (Georgij Florovskij).[46] Das persönliche Gebet ist nicht vom Gottesdienst zu trennen und ist dessen Fortsetzung. Das ganze Leben des Christen ist eine Liturgie, die er in seinem Herzen feiert und der Heiligen Dreieinigkeit weiht – dem Vater, dem Sohn und dem Heiligen Geist.

Jede Religion enthält bestimmte Formen des Gebetes, und wenn man möchte, kann man viel Gemeinsames in den Gebetspraktiken vieler Religionen finden. So gibt es zum Beispiel bestimmte Parallelen zwischen dem Jesus-Gebet und der Anrufung Gottes im Islam, zwischen der Praxis der geistigen Sammlung im Christentum und der Yoga-Meditation. Doch das Wichtigste am Jesus-Gebet ist nicht, dass es aus einer ununterbrochen wiederholten Formel besteht, dass es in der Stille des Geistes verrichtet wird oder dass es zur Sammlung verhilft usw. Das Wichtigste ist, *an Wen* es gerichtet ist, *Wessen* Namen wir anrufen. „Das Jesus-Gebet ist nicht nur ein Mittel, das uns hilft, uns zu sammeln oder zu entspannen. Es ist nicht einfach eine Art ‚christliches Yoga', eine Spielart der ‚transzendentalen Meditation' oder ein ‚christliches Mantra'... Im Unterschied (zum Yoga) ist es ein Anruf, die Hinwendung zu einer anderen Person – zu Gott, Der Mensch geworden ist, zu Jesus Christus, unserem persönlichen Erlöser und Erretter ... Der Kontext des Jesus-Gebetes ist vor allem der Glaube. Die Anrufung des Namens setzt voraus, dass der, der das Gebet ausspricht, an Jesus als den Sohn Gottes und Erlöser glaubt".[47] Darin besteht der Hauptunterschied des christlichen vom nichtchristlichen Gebet: Wer an

---

45 PG 36, 12f.

46 Zit. nach: Timothy [Kallistos] Ware, The Orthodox Church, London 1987, 310.

47 Kallistos Ware, The Power of the Name, Oxford 1991, 22-24.

Christus glaubt, betet zu Christus und *in Christus*. Er betet auch zur Jungfrau Maria als der Mutter Gottes und zu den Heiligen als Zeugen Christi.

Der Apostel Paulus sagt, dass in den Herzen der Christen der Heilige Geist zum Vater betet, indem Er ausruft: „Abba!, Vater!" (Gal 4,6). Das christliche Gebet ist ein Hinhören auf diese Stimme Gottes im Inneren des Herzens. Nicht der Mensch selbst betet, Gott betet in ihm: „Was soll man viel sagen?", schreibt der heilige Gregor der Sinait. „Das Gebet ist Gott, Der alles in allem vollbringt, denn es ist ein Wirken des Vaters, des Sohnes und des Heiligen Geistes, Der alles in Jesus Christus wirkt".[48]

Wenn das Gebet ein Wirken (Energie) der Dreieinigkeit „in Christus" ist, was kann dann das Gemeinsame eines solchen Gebetes mit einem nichtchristlichen Gebet sein? Die modernen Krischna-Anhänger sagen, dass „Christus und Krischna ein und derselbe sind". Das seien nur unterschiedliche Namen des einen Gottes, und daher gebe es keinen Unterschied, ob man für sich das Jesus-Gebet oder das Mantra „Hare Krischna" wiederhole. Das Christentum jedoch bekennt, dass „es keinen anderen Namen unter dem Himmel gibt ... durch den wir gerettet werden sollen", außer dem Namen Jesus Christus (Apg 4,12). Wahrer Theologe ist derjenige, der an Gott den Dreieinen glaubt und an die fleischgewordene Wahrheit, Jesus Christus, den Sohn Gottes. Der wahre Theologe betet wahrhaftig, ein unwahrer Theologe aber betet unwahrhaftig, weil er sich außerhalb der Wahrheit befindet.

Die Früchte des Gebetes

Wenn das Gebet das gemeinsame Werk von Mensch und Gott ist, dann hängt es vom Menschen ab, all seine Kräfte einzusetzen und sich unentwegt zu mühen, doch Gott ist es, Der die Früchte schenkt. Das Gebet ist eine geistliche *Arbeit*, und dazu muss man sich zwingen: Es wird „durch Anstrengung errungen" (Mt 11,12), wie das Reich Gottes. Alles, was mit dem Begriff „Früchte des Gebetes" verbunden ist, ist Geschenk des freien Willens Gottes, nicht die Folge der aufgewendeten Mühen. Wann und was dem Betenden geschenkt wird, hängt allein von Gott ab. Die heiligen Väter haben auf die Gefahr aufmerksam gemacht, die darin liegt, nach besonderen gnadenhaften Zuständen und geistlichen Gaben während des Gebetes zu streben. Der einzige Zustand, den man in sich entflammen muss, ist das reumütige Gefühl der eigenen Unwürdigkeit und Nichtigkeit vor der Größe Gottes, verbunden mit dem Verlangen nach Gottesgemeinschaft. Die Suche nach gnadenhaften Gaben bezeichnet Isaak der

---

48   PG 150, 1280A.

Syrer als geistliche Krankheit: „Wir verzichten darauf zu versuchen, von Gott Großes zu bekommen, solange Er dies nicht schickt und gewährt ... Wer sich nicht für einen Sünder hält, dessen Gebet wird vom Herrn nicht angenommen. Wenn du sagst, dass einige Väter darüber geschrieben haben, was die seelische Reinheit ist, was die Gesundheit ist, was die Leidenschaftslosigkeit ist und was die Kontemplation ist, dann haben sie es nicht deswegen geschrieben, damit wir es voller Erwartung vor der Zeit hartnäckig anstreben ... (Die Gabe) des Herrn kommt von allein, wenn das Herz rein und nicht mehr beschmutzt ist. Wenn wir etwas unbedingt zu erlangen suchen, ich denke hier an die hohen Gaben Gottes, wird das von der Kirche nicht gutgeheißen ... es ist kein Zeichen dafür, dass der Mensch Gott liebt, sondern eine geistliche Krankheit".[49] Alle Gaben der Gnade und der Weisheit Gottes kommen, wenn Gott es will: „Das Erbarmen hängt nicht von dem ab, der wünscht und tätig ist, sondern von Gott, Der sich erbarmt" (Röm 9,16).

Die ersten Früchte des Gebetes sind nach dem heiligen Ignatij (Brjantschaninov) Aufmerksamkeit und Ergriffenheit[50]: „Dies sind die ersten Früchte jedes richtig vollzogenen Gebets, hauptsächlich jedoch des Jesus-Gebets, dessen Übung das Psalmenbeten und alle übrige Gebetspraxis übertrifft. Aus der Aufmerksamkeit entsteht die Ergriffenheit, und durch die Ergriffenheit wird die Aufmerksamkeit vertieft. Sie bedingen einander, sie gebären einander ... Wie ein wahres Gebet, so sind auch Aufmerksamkeit und Ergriffenheit eine Gabe Gottes".[51] Es kann sein, dass wir Tausende von Gebetsworten lesen, bis sich endlich irgendeines in unser Herz einsenkt und darin Wärme hervorbringt, das Gefühl einer glühenden Liebe zu Gott, eine unaussprechliche Süße, Stille und Ruhe; diesen Zustand nennen wir Ergriffenheit. Es wird geraten, nicht eilig zu den nächsten Worten des Gebetes überzugehen, sondern bei diesem Wort zu bleiben und sich geistlich darin zu vertiefen: „Wenn du bei irgendeinem Wort eine besondere Süße verspürst oder eine Ergriffenheit, dann bleib dabei stehen, weil dann auch unser Schutzengel mit uns betet" (Johannes Klimakos).[52] Es wird auch empfohlen, mit eigenen Worten zu beten, wenn ein solcher Wunsch im Augenblick der Ergriffenheit auftaucht: „Lass niemals das, was sich beim Aufstieg zu Gott in deiner Seele zeigt, unaufmerksam vorübergehen, sondern jedes Mal, wenn es in deiner Seele auftaucht, halte inne und bete mit deinen eigenen Worten ... Wenn deine Seele, sei es in der Kirche

---

49 Isaak der Syrer, Brief *[Poslanie]* 4 *[Isaak tou Syrou eurethenta asketika]*, Athen 1977, 379.
50 Russ. *umilenie* = Ergriffenheit, Rührung; Anm. d. Übers.
51 Ignatij Brjantschaninov, Werke in 5 Bänden *[Soč. v 5 t.]*, St. Petersburg 1905, Bd. 1, 292.
52 Johannes Klimakos, Die Paradiesesleiter *[Lestvica]* 27, 10, Athen 1989, 357f.

oder zu Hause, mit eigenen, nicht aber mit fremden Worten beten will, gib ihr die Freiheit dazu, lass sie beten, selbst wenn sie den ganzen Gottesdienst hindurch selbst betet oder zu Hause von der Gebetsregel lässt und es ihr nicht gelingt, sie zu erfüllen" (Theophan der Klausner).[53]

Das Gefühl der Ergriffenheit kommt häufig unerwartet, obwohl es die Frucht der ständigen Mühe um das Gebet ist. Es überkommt nicht nur die aus Erfahrung weisen Asketen, sondern manchmal auch diejenigen, die gerade den Weg des geistlichen Lebens betreten haben, und zwar zur Stärkung ihres Glaubens, manchmal auch Kinder, die das Gotteshaus lieben. Ein Athosmönch des 19. Jahrhunderts erinnert sich, wie die Gnade Gottes ihn in frühester Kindheit heimsuchte: „Ob wegen meines Eifers für die Kirche oder wegen meiner Zuneigung zum Mönchsstand, die Gnade Gottes tröstete mich oft durch verschiedene Eingebungen ... Einmal, als ich etwa sieben Jahre alt und schon Messdiener war – soweit ich mich erinnere an einem Samstag zu Beginn der Vesper – stand ich mit einer Kerze wie gewohnt vor der Ikone des Erlösers und betrachtete aufmerksam Sein Gesicht. In diesem Augenblick wurde das Dogmatikon gesungen ‚Der himmlische König ist aus Menschenliebe auf die Erde gekommen und hat mit den Menschen gelebt'. Diese Worte versetzten mein Herz in großes Erstaunen und erfüllten es mit süßester Ergriffenheit. Tränen flossen aus den Augen ... Ich weinte, ich war erschrocken und voller Freude. Diese Worte wiederholten sich oft (im Geist), begleitet von neuen Gefühlen der Verwunderung und der Freude. Das dauerte _mehr als zwei Wochen_. Danach wurde es nach und nach weniger, doch die Erinnerung an diese wundervolle Erleuchtung blieb mir für mein ganzes Leben".[54]

Etwas Ähnliches erzählt Dostojevskij in dem Werk „Die Brüder Karamasov". Die Geschichte wird zwar im Namen des Starzen Sossima erzählt, aber bekanntlich ist es eine autobiographische Erzählung aus der Kindheit Dostojevskijs selbst: „Ich erinnere mich, wie mich zum ersten Mal eine Art geistliche Erschütterung heimsuchte, schon im achten Lebensjahr. Die Mutter führte mich allein ... in die Kirche des Herrn, in der Leidenswoche, am Montag, zur Morgenliturgie ... Ich erinnere mich jetzt, ich sehe es genau, wie der Rauch sich aus dem Rauchfass erhob und leise emporstieg ... Ich schaute und war ergriffen, und zum ersten Mal im Leben nahm ich damals den ersten Samen des Wortes Gottes mit Verstand in meine Seele auf". Es wird beschrieben, wie der Lektor

---

53 Zit. nach: Über das Jesus-Gebet _[O molitve Iisusovoj]_, Sortavala 1936, 55.

54 Das Leben von Vater Hieronymus, dem Beichtvater des Panteleimon-Klosters, von ihm selbst erzählt _[Žizn' o. Jeronima, duchovnika russkogo Panteleimonova monastyrja, im samim passkazanaja]_, ohne Ort und Jahr, 412f.

in der Kirche den Anfang des Buches Ijob vorlas, danach sang der Chor „Möge mein Gebet aufsteigen". „Seit dieser Zeit", so fährt der Autor fort, „– sogar gestern nahm ich es noch in die Hand (d.h. das Buch Ijob) – kann ich diese hochheilige Geschichte nicht ohne Tränen lesen".[55] Dass diese geistliche Erschütterung Dostojevskij selbst heimsuchte und nicht einen erdachten Helden, berichtet er in einem seiner Briefe an seine Frau: „Ich lese das Buch Ijob, und es löst in mir ein schmerzliches Entzücken aus: ich höre auf zu lesen und gehe etwa eine Stunde im Zimmer auf und ab, wobei ich beinahe weine ... Dieses Buch ... ist eines der ersten, das mich im Leben getroffen hat, ich war damals fast noch ein Knabe".[56] Für Dostojevskij mochte eine besondere Beziehung zum Buch Ijob damit verbunden gewesen sein, dass sein eigenes Leben Ähnlichkeit mit dem Leben des leidgeprüften biblischen Helden aufwies.

Minuten der Ergriffenheit während des Gebets erfuhren sowohl Lermontov als auch Puschkin; davon legen einige ihrer Gedichte Zeugnis ab. Lermontov spricht folgendermaßen vom Gebet und seinen Früchten:

> „In einer schweren Minute des Lebens,
> Wenn Gram das Herz zusammenschnürt,
> Wiederhole ich auswendig
> Ein wundervolles Gebet.
>
> Es ist eine segenspendende Kraft
> Im Gleichklang der lebendigen Worte,
> Und es atmet eine unbegreifliche,
> Heilige Anmut in ihnen.
>
> Von der Seele, als ob eine Last abglitte,
> Ist der Zweifel fern –
> *Und man glaubt, und man weint*
> *Und es wird so leicht, so leicht ...*".[57]

Puschkin schreibt in dem Gedicht „Wüstenväter und keusche Frauen", dass ihn kein einziges Gebet so *ergriffen* habe wie das Gebet der Großen Fastenzeit vom heiligen Ephräm dem Syrer „Herr und Herrscher meines Lebens":

> „Immer häufiger kommt es mir auf die Lippen
> Und den Gefallenen stärkt es mit *unsichtbarer Kraft*".[58]

---

55   F. Dostojevskij, Gesammelte Werke in 15 Bänden *[Sobr. soč. v 15 t.]*, Leningrad 1991, Bd. 9, 326f.

56   Ebd. 678 (Anm.).

57   Michail Lermontov, Werke in 2 Bänden *[Soč. v 2 t.]*, Moskau 1988, Bd. 1, 179.

58   Alexander Puschkin, Gesammelte Werke in 6 Bänden *[Sobr. soč. v 6 t.]*, Moskau – Leningrad 1936, Bd. 2, 107.

In seiner Antwort auf das Gedicht des heiligen Philaret (Drozdov) „Nicht
unnütz, nicht zufällig ist das Leben mir von Gott gegeben", das seinerseits eine
Antwort auf Puschkins „Eine unnütze Gabe, eine zufällige Gabe" war, schreibt
der Dichter von dem tiefen Eindruck, den die Worte des Metropoliten auf ihn
gemacht haben:

> „Ich vergoss *Ströme von unerwarteten Tränen.*
> Und die Wunden meines Gewissens
> Wurden vom reinen Öl
> Deiner duftenden Reden erfreut".[59]

In den angeführten Texten wird von verschiedenen Formen und Stufen der
Ergriffenheit gesprochen, die von Tränen begleitet ist. Die Tränen beim Gebet
sind ebenfalls eine Gnade der Göttlichen Heimsuchung. Der heilige Isaak der
Syrer sagt: „Tränen während des Gebetes sind ein Zeichen der Göttlichen Huld,
die einer Seele in ihrer Reue zuteil wird, ein Zeichen dafür, dass das Gebet
angenommen wurde und dass es durch die Tränen den Bereich der Reinheit zu
betreten begonnen hat".[60] Evagrius rät, um die Gabe der Tränen zu beten: „Vor
allem bete darum, weinen zu können, weil durch das Weinen die Grobheit, die
der Seele eignet, gelindert wird und ... man Vergebung der Sünden empfängt.
Gebrauche Tränen als Werkzeug, um alle Bitten gewährt zu bekommen, denn
überaus freut sich der Herr über dich, wenn du unter Tränen betest".[61] Tränen
erweichen und erfrischen die Seele, machen sie aufnahmefähiger zum Empfang
der Gnade Gottes.

Nach Ansicht des Archimandriten Sophronij (Sacharov) entsteht das
Weinen im Menschen aufgrund einer Berührung mit dem Göttlichen Feuer:
„Naiv ist, wer glaubt, dass der Weg der Nachfolge Christi ohne Tränen möglich
sei. Nimm eine trockene Nuss, lege sie unter eine schwere Presse, und sieh, wie
Öl aus ihr herausfließt. Etwas Ähnliches geschieht mit unserem Herzen, wenn
das unsichtbare Feuer des Wortes Gottes es von allen Seiten versengt. Unser
Herz ist in seinem niedrigen Egoismus versteinert ... doch es gibt in der Tat ein
Feuer, das in der Lage ist, sogar sehr feste Metalle und Steine zu schmelzen ...
Und nichts anderes als die heilige Liebe ist es, die Tränen aus dem Herzen des
Christen strömen lässt ... Dort wo keine Liebe ist, gibt es keine Tränen, mag
auch die asketische Disziplin noch so extreme Formen annehmen: intensive
Meditationen, langanhaltendes Fasten, strenge Lebensbedingungen ... Das

---

59 Ebd. Bd. 1, 563. [W. Kasack übersetzt: Unerwartet strömten Tränen. / Und den Wunden
    des Gewissens / Gab das reine Salbungsöl / Deiner edlen Worte Freud; Anm. d. Übers.].
60 Isaak der Syrer, Predigt *[Slovo]* 33 *[Isaak tou Syrou eurethenta asketika]*, Athen 1977, 67.
61 Philokalie *[Filokalia ton hieron neptikon]*, Athen 1957-1963, Bd. 1, 177.

Fehlen von Tränen ist nach der Lehre der Väter ein Zeichen dafür, dass unser Gebet noch nicht einmal die erste Stufe seines Aufstiegs zu Gott erlangt hat".[62] Die Wirkungen des Weinens aber, sagt Vater Sophronij, sind vielgestaltig und nicht vorherzusagen: „Es kommt vor, dass die Tränen der Liebe im Überfluss geschenkt werden und wie ein Bach fließen. Doch in der Zeit der Gottverlassenheit vertrocknet alles in uns, und es sammelt sich gerade einmal ein Tropfen in unseren Augen, der einem Tropfen heißen Blutes eines verwundeten Herzens gleicht".[63] Das Weinen hat uns der Herr aufgetragen: „Selig sind die Weinenden, denn sie werden getröstet werden" (Mt 5,5). Christus selbst hat beim Gebet geweint: „Er hat in den Tagen Seines Fleisches mit lautem Schreien und unter Tränen Gebete und Bitten Dem vorgetragen, Der Ihn vom Tod erretten konnte, und wurde Seiner Frömmigkeit wegen erhört" (Hebr 5,7).

Frucht des Gebetes und Folge der Ergriffenheit ist auch die geistliche Freude, die den Menschen heimsucht. Der heilige Johannes Klimakos spricht vom „glückseligen, freudigen Leid der Ergriffenheit".[64] Er schreibt: „Beim Nachdenken über die Eigenart der Ergriffenheit staune ich darüber, auf welche Weise das Weinen und die sogenannte Traurigkeit Freude und Heiterkeit einschließen, wie der Honig in den Waben enthalten ist ... Solche Ergriffenheit ist wahrhaft eine Gabe des Herrn ... Gott tröstet die im Herzen Betrübten auf verborgene Weise ... Im Abgrund des Weinens findet sich Trost, und die Reinheit des Herzens empfängt Erleuchtung ... Der Trost ist eine Erfrischung für die kränkelnde Seele, die wie ein Kind innerlich weint und doch gleichzeitig fröhlich lächelt".[65] Der heilige Hesychios schreibt von der Freude, die aus dem Jesus-Gebet erwächst: „Der unaufhörliche, von warmem Verlangen, Süße und Freude erfüllte Anruf Jesu bewirkt, dass der Raum des Herzens durch diese äußerste Aufmerksamkeit mit freudiger Stille erfüllt wird ... Die Seele, der Jesus Wohltaten und Erquickung erwiesen hat, ruft ... in Freude, Liebe ... und Heiterkeit ihren Friedensstifter an ... Der Geist freut sich in Heiterkeit am Licht des Herrn, wenn er ... frei von allen Gedanken vor Ihm steht".[66] Vater Philemon sagt: „Durch das unaufhörliche Beten und die Unterweisung der Göttlichen Schriften werden die geistigen Augen des Herzens geöffnet, und sie sehen den König der Mächte; es erwächst eine große Freude, und in der Seele entzündet sich ein Göttliches Verlangen, das nicht zu bändigen ist ... und ein unaus-

---

62 Sophronij (Sacharov), Gott schauen, wie Er ist *[Videt' Boga kak On est']*, Essex 1985, 46-51.

63 Ebd. 52.

64 Johannes Klimakos, Die Paradiesesleiter *[Lestvica]* 7, 11, Athen 1989, 142.

65 Ebd. 7, 50: 149f.

66 Philokalie *[Filokalia ton hieron neptikon]*, Athen 1957-1963, Bd. 1, 155.

sprechliches und leidenschaftliches Gefühl".[67] Der selige Diadochos bemerkt,
dass die geistliche Freude manchmal den Menschen, der den Weg des Gebetes
betritt, gleich zu Beginn seiner Bemühung heimsucht, ihn dann aber lange
verlässt, damit er die Frucht des Gebetes nicht seinen eigenen Kräften zu-
schreibt.[68]

Auch die Erfahrung der Gegenwart Gottes ist eine der Früchte des Gebetes.
„Wenn während des Gebetes oder der Lesung der Heiligen Schrift die Erfah-
rung der Gegenwart Gottes in uns erwacht, dann ist das eine große Gnaden-
gabe", schreibt Erzbischof Pavel. „Diese Erfahrung, die auch Gedächtnis an
Gott genannt wird, muss man in sich bewahren".[69] Man spricht von der Her-
zenswärme und dem geistlichen Frieden als Früchten des Gebetes. Der heilige
Gregor von Nyssa zählt Einfachheit, Liebe, Weisheit der Demut, Geduld und
Sanftmut zu den Früchten des Gebets.[70] Das heißt, das Gebet verwandelt den
Menschen allmählich, macht ihn Gott ähnlich.

So unvereinbar das Gebet mit Hass oder Feindschaft gegenüber dem
Nächsten ist, so eng ist es verbunden mit Liebe und Mitleid, die auch seine
Früchte sind. Nach den Worten des heiligen Isaak des Syrers entbrennt das
Herz des wahrhaft Betenden in Liebe zu allen Menschen, sogar zu den Feinden
und Häretikern, zur ganzen Schöpfung Gottes: „Und was ist ein liebendes
Herz? ... Ein Herz, das in Liebe zur gesamten Schöpfung entbrannt ist – zu den
Menschen, den Vögeln, den Tieren, den Dämonen und allen Geschöpfen. In
der Erinnerung an sie und bei ihrem Anblick vergießen die Augen des Menschen Tränen. Von großem und starkem Mitleid ... wird sein Herz bewegt, und
er kann weder hören noch sehen, wenn ein Geschöpf Schaden oder den kleinsten Kummer erleidet. Deswegen betet er unter Tränen auch für die vernunft-
losen Lebewesen, für die Feinde der Wahrheit und auch für die, die ihm stündlich Schaden zufügen, auf dass sie bewahrt bleiben und Erbarmen finden; und
selbst auch für die kleinen Tierchen betet er mit großem Erbarmen, das ohne
Maß in seinem Herzen erwacht bis hin zur Angleichung an Gott".[71]

Auf diese Weise führt das Gebet zur völligen Verwandlung des ganzen
Menschen, zu einer grundlegenden Veränderung hin zum Besseren. Das ist
dem Wesen nach die wichtigste Frucht des Gebetes. Wenn der Mensch betet,

---

67 Ebd. Bd. 2, 242.
68 Ebd. Bd. 1, 251-256.
69 Erzbischof Pavel von Finnland, *Wie wir glauben [Kak my veruem]*, Paris 1986, 115.
70 Gregor von Nyssa, *Werke in 8 Bänden [Grigorij Nisskij, Tvor. v 8 t.]*, Bd. 7, Moskau 1865,
    281.
71 Isaak der Syrer, *Predigt [Slovo] 81 [Isaak tou Syrou eurethenta asketika]*, Athen 1977, 306.

aber nicht besser wird, wenn er die Kanones und Akathistoi[72] liest, aber ein kaltes und versteinertes Herz behält, heißt das, dass sein Gebet noch nicht die entsprechende Frucht gebracht hat. Ein Christ muss deswegen immer dafür Sorge tragen, dass sein gesamtes Leben dem Gebet entspricht, das heißt dass es zu einem immerwährenden „Wandel vor Gott" wird.

* * *

Das Gebet ist seinem Wesen nach ein Zusammensein und eine Vereinigung des Menschen mit Gott, seiner Wirkung nach ist es die Grundfeste der Welt, die Versöhnung mit Gott, zugleich Mutter und Tochter der Tränen, die Verzeihung der Sünden ... ein Werk der Engel, die Speise aller körperlosen Wesen, die zukünftige Heiterkeit, grenzloses Tätigsein, die Quelle der Tugenden, die Ursache der Gaben, ein unsichtbares Fortschreiten, die Speise der Seele, die Erleuchtung des Geistes ... Das Gebet ist für den wahrhaft Betenden das Gericht, der Prüfstein wie auch der Richterstuhl des Herrn vor dem künftigen Gericht ... Wenn du lange im Gebet verharrst und trotzdem keine Frucht siehst, dann sage nicht: ich habe nichts erworben. Denn im Gebet zu verharren, ist selbst schon eine Errungenschaft, und welches Gut ist höher, als dem Herrn anzuhängen und immerfort mit Ihm vereinigt zu bleiben? ... Wer den Herrn erworben hat, der spricht im Gebet nicht mehr seine eigenen Worte, denn der Heilige Geist betet dann für ihn und in ihm „mit unaussprechlichem Seufzen" (Röm 8,26).

Johannes Klimakos[73]

Der göttliche Gregor der Sinait traf einmal den heiligen Maximos und unterhielt sich mit ihm. Unter anderem fragte er ihn: „Ich bitte dich, ehrwürdigster Vater, betest du das geistige Gebet?" Dieser neigte ein wenig den Kopf und antwortete ihm: „Ich möchte vor dir, ehrwürdiger Vater, das Wunder der Mutter Gottes nicht verheimlichen, das Sie an mir getan hat. Von Jugend an habe ich einen großen Glauben an meine Herrin, die Gottesgebärerin, und habe Sie unter Tränen angefleht, dass Sie mir diese Gnade des geistigen Gebetes schenke. Eines Tages, als ich wie gewöhnlich in die Kirche ging, bat ich Sie darum in unendlicher

---

72 ‚Kanon' meint hier einen von 20 Abschnitten, in welche die 150 Psalmen für die Vesper eingeteilt sind; ein Akathistos (griech. ohne zu sitzen) ist ein Hymnus zur Gottesmutter oder zu den Heiligen; Anm. d. Übers.

73 Johannes Klimakos, Die Himmelsleiter *[Ioann Lestvičnik, Lestvica]* 28, 1-43: *Ioannou tou Sinaitou Klimax*, Athen 1989, 191. Übersetzung: Heiliger Johannes vom Sinai, Klimax oder Die Himmelsleiter. Übersetzt von Mönch Georgios Makedos (mit 24 Miniaturen und einem Vorwort des Erbischofs des Sinai). Hg. von der Berg-Sinai-Stiftung, Athen 2000, 327-335.

Herzensinnigkeit, und als ich dann in Liebe Ihre heilige Ikone küsste, spürte ich in meiner Brust und in meinem Herzen eine besondere Wärme und eine Flamme, die von der heiligen Ikone herabkam, mich nicht verbrannte, sondern eher durchtränkte und erfrischte und meine Seele mit großer Ergriffenheit erfüllte. Seit diesem Augenblick, mein Vater, begann mein Herz von innen heraus von selbst zu beten, und mein Geist wurde durch das Gedächtnis meines Herrn Jesus Christus und meiner Allerheiligsten Herrscherin, der Gottesmutter, erquickt und verharrt immer in diesem Gedächtnis an Sie. Seither hat das Gebet in meinem Herzen nicht aufgehört" ... *Da sagte der heilige Gregor zu ihm: „Sag mir, Vater, während du das (Jesus-)Gebet verrichtetest, hattest du da irgendeine göttliche Veränderung oder Ekstase oder irgendeine andere Frucht des Heiligen Geistes?"* *Der göttliche Maximos antwortete ihm: „Ja. Deshalb, Vater, ging ich auch in die Einsamkeit und liebte immer das Schweigen, um mich in größerem Maße an den Früchten des Gebetes zu ergötzen, das heißt an der überreichen Liebe zu Gott und am Entzücken des Geistes am Herrn".* *Der heilige Gregor fragte ihn: „In jener Stunde, wenn dein Geist in Entzücken über Gott gerät, was sieht er dann mit seinen geistigen Augen? ..."* *Der heilige Maximos antwortete ihm: „...Wenn die Gnade des Heiligen Geistes im Gebet auf den Menschen herabkommt ... dann wird der ganze Geist von der Gnade des Heiligen Geistes erfasst und kann nicht mehr aus eigener Kraft wirken ... Wohin der Heilige Geist will, dorthin führt Er ihn: entweder in den nichtmateriellen Bereich des Göttlichen Lichtes oder in eine andere unaussprechliche Schau. Kurz gesagt: wie der Tröster es will, der Heilige Geist, so tröstet Er auch Seine Knechte ... So sah auch der Prophet Jesaja den Herrn auf einem hohen Thron, umgeben und hochgepriesen von Seraphim. Der Erstmärtyrer Stephanus sah den Himmel offen und den Herrn Jesus zur Rechten des Vaters usw. Auf diese Weise werden auch heute den Knechten Christi manche Gesichte zuteil ... Wenn die Gnade des Heiligen Geistes zum Menschen kommt, dann sammelt sie seinen Geist und macht ihn aufmerksam und demütig, sie erinnert ihn an den Tod und an seine Sünden, an das kommende Gericht und an die ewigen Qualen, sie erfüllt seine Seele mit bekümmerter Ergriffenheit und bewegt sie zum Weinen und zu Tränen ... Dann wird der Geist des Menschen durch dieses Göttliche Licht entzückt, das Herz wird still und sanft, und reichlich strömen die Früchte der Heiligen Geistes – Freude, Friede, Langmut, Güte, Barmherzigkeit, Liebe, Demut u.a. (Gal 5,22), und seine Seele erfährt eine unaussprechliche Freude".*

Vita des heiligen Maximos Kapsokalivita[74]

---

74 Das Leben des heiligen Maximos Kapsokalivita *[Žitie prep. Maksima Kapsokalivita]*, in: Philokalie *[Filokalia ton hieron neptikon]*, Athen 1957-1963, Bd. 5, 104-106.

*Niemand soll glauben, meine Brüder im christlichen Glauben, dass nur die
Priester und Mönche unaufhörlich und immer beten sollen, die Laien aber nicht
(müssen). Nein, nein! Wir alle sollen als Christen immer im Gebet verharren ...
Der Heilige (Gregor Palamas) hatte einen lieben Freund mit Namen Hiob, ein
sehr einfacher Mensch, aber auch sehr tugendhaft. Er unterhielt sich einmal mit
ihm, und der Heilige sprach vom Gebet, dass es jedem Christen zukomme ...
unaufhörlich zu beten, wie es der Apostel Paulus allen Christen gebietet: „Betet
ohne Unterlass" (1 Thess 5,17) ... Dem Hiob erschien diese Sache neu, er begann
zu streiten und sagte zu dem Heiligen, dass das Gebet immer nur die Angelegenheit der Mönche und der Asketen sei, die außerhalb der Welt und ihrer Geschäftigkeit leben, aber nicht der Laien, die so viel Sorgen und Geschäfte haben
... Was sagen die Laien? „Wir sind mit den Angelegenheiten und Sorgen des
Lebens beladen, wie soll es uns möglich sein, unaufhörlich zu beten?" Ich antworte ihnen: „Gott gebietet uns nichts Unmögliches ... Mit dem Leib werden wir
arbeiten, mit der Seele aber beten. Der äußere Mensch mag seine körperliche
Arbeit erfüllen, aber innerlich soll alles dem Dienst Gottes geweiht sein ... Selig,
die sich an diese himmlische Tätigkeit gewöhnen ... Dieses geistige Gebet ist ein
Licht, das die Seele des Menschen erleuchtet und sein Herz mit dem Feuer der
Liebe zu Gott entflammt. Es ist ein Kette, die Gott mit dem Menschen verbindet
und den Menschen mit Gott".*

Vita des heiligen Gregor Palamas[75]

*Das Gebet soll nicht die Beschäftigung für eine festgesetzte Zeit sein, sondern ein
immerwährender Zustand ... Die Sache dieses Gebetes ist einfach: Stelle den Geist
im Herzen vor das Angesicht des Herrn und rufe aus: „Jesus Christus, Sohn
Gottes, erbarme Dich meiner", oder nur „Herr, erbarme Dich" ... Alle Methoden,
über die geschrieben worden ist (sitzen, sich verneigen usw.), oder eine ‚künst-
lerische' Schöpfung dieses Gebetes sind nicht für alle gut und ohne Begleitung
eines Lehrers gefährlich. Es ist für alle besser, so etwas nicht anzufangen. Nur eine
Methode ist für alle verpflichtend: mit aufmerksamem Herzen zu beten. Alles
andere ist nebensächlich und eine nicht zur Sache gehörende Zugabe.*

Theophan der Klausner[76]

75　Das Leben des heiligen Gregor Palamas *[Žitie sv. Grigorija Palamy]*, in: Philokalie *[Filokalia
　　ton hieron neptikon]*, Athen 1957-1963, Bd. 5, 107f.
76　Theophan der Klausner *[Feofan Zatvornik]*, zit. nach: Über das Jesus-Gebet *[O molitve
　　Iisusovoj]*, Sortavala 1936, 30f. Übersetzung: Schule des Herzensgebetes. Die Weisheit des
　　Starez Theophan. Übersetzt von Fides Buchheim, Einführung von Josef Sudbrack, Salzburg
　　²1989, 44-58.

Wir wandten unsere Aufmerksamkeit nach unten, und erstaunt bemerkten wir in der Ferne einen Menschen, der mit einem großen Rucksack auf den Schultern daherging: Langsam und schwerfällig, mit geneigtem Haupt stieg er den Hang des Berges in einen tiefen, versengten Talkessel hinab ... Überraschend und zugleich ergreifend war es, einen Menschen in dieser Weite eines menschenleeren Landes zu erblicken ... Als wir näher kamen, bemerkten wir, dass es ein Mann war, der zu unserem Mönchsstand gehörte, und wir freuten uns sehr, weil wir hofften, von ihm viel Nützliches im Hinblick auf sein Einsiedlerleben zu erfahren. Als er nicht mehr weit von uns entfernt war, grüßten wir ihn mit dem unter Mönchen üblichen Gruss: „Gebt den Segen, Väterchen". „Gott segne euch" ... Es war ein Starez ... von hohem Alter, hochgewachsen, mit ausgezehrtem Körper ... sein Bart reichte bis zum Gürtel, die Haare auf dem Kopf waren vollkommen weiß wie der Schnee auf den Bergen, und sie fielen bis auf die Schultern herab ... Auf ihm lag sichtbar das Siegel einer geistlichen Heiligung: die Augen des Starzen verströmten eine unerklärliche Freundlichkeit und leuchteten in Güte, Aufrichtigkeit und herzlichem Wohlwollen ... Es kam zu einem bemerkenswerten Gespräch ... „Um des Herrn willen, sagt, was war das Beste, was ihr in der Wüste erlangt habt?" Das Gesicht des Starzen fing an zu leuchten, und ein geistliches Licht erglänzte in seine Augen ... Der Starez antwortete: „Den Herrn, Jesus Christus, habe ich meinem Herzen erworben und in Ihm zweifellos auch das ewige Leben, spürbar und drängend in meinem Herzen vernehmbar" ... Als wir diese unerwarteten und erstaunlichen Worte hörten, waren wir überaus verwundert, weil wir gefunden hatten, was wir suchten ... „Auf welche Weise?", fragte ich rasch. Der Starez antwortete: „Durch das unaufhörliche Gebet zu unserem Herrn Jesus Christus ... Fast fünfzig Jahre habe ich ausschließlich mündlich gebetet ... Dann, nach Ablauf dieser Jahre, ging es von selbst in ein geistiges Gebet über – das heißt, wenn der Geist sich an die Worte des Gebetes hielt ... Darauf eröffnete sich durch die Gnade Gottes auch das Herzensgebet ... (sein) Wesen ist die engste Verbindung unseres Herzens ... mit dem Herrn Jesus Christus, Der deutlich in Seinem allerheiligsten Namen gespürt wird. Dieser erhabene und übernatürliche Zustand ... stellt die letzte Stufe und die äußerste Grenze im Streben jedes vernünftigen Wesen dar, das nach dem Bilde Gottes geschaffen ist und natürlicherweise, dem Wesen nach, zu seinem höchsten Urbild strebt. Hier entsteht eine herzliche Gemeinschaft mit dem Herrn, in der der Herr unseren Geist mit Seiner Gegenwart durchdringt wie der Strahl der Sonne das Glas. Damit wird uns geschenkt, die unsagbare Seligkeit der heiligen Gottesgemeinschaft zu verkosten ... Der Mensch tritt in den Bereich *des unendlichen Lichtes ein ... und wir empfangen die Freiheit und bleiben in Gott, und Gott in uns".*

„Auf den Bergen des Kaukasus"[77]

Wer den Herrn liebt, der denkt immer an Ihn, und das Gedächtnis Gottes bringt das Gebet hervor ... Die Seele, die den Herrn liebt, kann nicht umhin zu beten, denn sie ist zu Ihm hingezogen durch die Gnade, die sie im Gebet erfährt. Für das Gebet sind uns die Gotteshäuser gegeben; in den Kirchen werden die Gottesdienste nach den Büchern gefeiert; aber die Kirche kannst du nicht herumtragen, und die Bücher hast du nicht immer bei dir, das innere Gebet aber ist immer und überall bei dir. In den Kirchen werden die Gottesdienste gefeiert, und dort wohnt der Heilige Geist. Doch die Seele ist der höchste Tempel Gottes, und wer in der Seele betet, für den wird die ganze Welt zum Tempel ... Wer Gott liebt, der kann Tag und Nacht an Ihn denken, weil keinerlei Tun daran hindert, Gott zu lieben ... Eine Seele, die die Demut verliert, verliert damit zugleich die Gnade und die Liebe zu Gott, und dann erlischt das flammende Gebet. Wenn aber die Seele von den Leidenschaften frei wird und die Demut erwirbt, dann gibt ihr der Herr die Gnade, und sie betet dann für die Feinde ... und für die ganze Welt mit heißen Tränen.

Siluan vom Berge Athos[78]

---

77 Auf den Bergen des Kaukasus *[Na gorach Kavkaza]*, Brüssel 1988, 7-10. Übersetzung: Schimonach Ilarion, Auf den Bergen des Kaukasus. Gespräch zweier Einsiedler über das Jesus-Gebet, übersetzt und mit einem Vorwort von P. Bonifaz Tittel OSB, Salzburg 1991, 50-54.

78 Sophronij (Sacharov), Starez Siluan *[Sofronij (Sacharov), Starec Siluan]*, Paris 1952, 125f. Übersetzungen: Quellen des Geistes. Erfahrungen großer russischer Beter: IV. Starez Siluan. Hg. von Eva-Maria Bachmann / Gisela Schröder, Leipzig 1975, 232-234; Starez Siluan – Mönch vom Berg Athos. Sein Leben und seine Lehre, Mystische Schriften. Eingeleitet und hg. von Manfred Baumotte (= Klassiker der Meditation 19), Zürich – Düsseldorf 1999, 43ff.

Kapitel 10
Die Vergöttlichung

Die Schau Gottes

Die orthodoxe Lehre von der Gottesschau, die dogmatisch vom heiligen Gregor Palamas und seinen Anhängern auf einigen Landeskonzilien in den Jahren von 1340 bis 1360 formuliert wurde, gründet sich auf zahlreiche Zeugnisse der Heiligen Schrift und auf die Werke der heiligen Väter. In systematischer Hinsicht wurde sie von Vladimir Losskij in seinem Buch „La vision de Dieu" (Die Schau Gottes) dargelegt.[1]

Losskij bemerkt, dass schon die Bibel zwei Reihen von sich gleichsam widersprechenden Texten enthält: die eine verneint die Möglichkeit der Gottesschau, die andere dagegen behauptet, dass in dieser Schau die höchste Bestimmung des Menschen besteht. Zur ersten Reihe gehören insbesondere die Worte Gottes an Mose: „Mein Antlitz kannst du nicht sehen, weil kein Mensch Mich sehen und am Leben bleiben kann" (Ex 33,20; vgl. Ri 6,22; Jes 6,5; Joh 1,18). Zur zweiten Reihe gehören die alttestamentlichen und neutestamentlichen Erzählungen von den Begegnungen Gottes mit den Menschen, besonders das Wort Jakobs „Ich habe Gott von Angesicht zu Angesicht gesehen, und meine Seele wurde bewahrt" (Gen 32,31); die Erzählung über Mose, der Gott „von Angesicht zu Angesicht" gesehen und mit Ihm „wie ein Freund mit einem Freund" (Ex 33,11) gesprochen hat; das Wort des Ijob, der fest an die Möglichkeit der Gottesschau glaubt: „Ich weiß, dass mein Erlöser lebt und dass Er am letzten Tag aus dem Staub meine zerfallene Haut wiederherstellt, und ich werde in meinem Fleisch Gott schauen. *Ich selbst werde Ihn schauen; meine Augen, nicht die Augen eines anderen, werden Ihn sehen*" (Ijob 19,27 Vulgata), und sein Wort am Ende des Buches: „Ich hörte von Dir mit dem Gehör des Ohres, jetzt aber *sehen meine Augen Dich*" (Ijob 42,5). Hierauf beziehen sich auch die Worte Christi: „Selig, die reinen Herzens sind, denn sie werden *Gott schauen*" (Mt 5,8; vgl. Offb 22,4). Die Apostel Johannes und Paulus schreiben von den endgültigen Früchten der Versöhnung mit Gott, wenn wir „Ihn sehen

---

1   Vladimir Losskij, La vision de Dieu, Neuchâtel 1962; englisch: The Vision of God, New York 1983; russisch: *Bogovidenie,* Moskau 1995; deutsch: Schau Gottes, Schliern 1998.

werden, wie Er ist" (1 Joh 3,2), nicht durch ein trübes Glas, sondern „von Angesicht zu Angesicht" (1 Kor 13,12).[2]

In den Werken der heiligen Väter sind ebenfalls beide Motive anzutreffen: die Unsichtbarkeit und Unnahbarkeit Gottes wird bekräftigt, und zugleich wird klar über die Möglichkeit gesprochen, Ihn zu sehen. Der heilige Symeon der Neue Theologe polemisiert zum Beispiel leidenschaftlich gegen jene, die die Worte des Apostels Johannes „Niemand hat Gott je geschaut" (Joh 1,18) als einen Hinweis auf die Unmöglichkeit der Gottesschau betrachten. Er schreibt, dass seine theologischen Gegner, wenn sie von ihm das Wort von der Gottesschau hören, „augenblicklich das Gesicht verziehen und sich abwenden, als hätten sie eine unerträgliche Gotteslästerung gehört. Dann machen sie ein demütiges Gesicht ... und antworten: ‚Und wer wagt denn schon zu sagen, dass er irgendwann (Gott) gesehen habe oder Ihn vollkommen schaute? ... Es heißt doch: Niemand hat Gott jemals geschaut'. O Finsternis! Wer hat das gesagt?, antworte mir! – ‚Der Eingeborene Sohn', antwortet er, ‚Der im Schoß des Vaters ist, Er hat es kundgetan'. Du sprichst die Wahrheit, und dein Zeugnis ist wahr, nur wendet es sich gegen deine Seele. Denn wenn ich dir zeige, dass Dieser gleiche Sohn und Gott sagt, dass dies möglich ist – was sagst du dann? Er sagt doch auch: ‚Wer Mich sieht, der sieht den Vater' (Joh 14,9). Und das hat Er nicht in Bezug auf das Sehen Seines Leibes, sondern im Hinblick auf die Offenbarung Seiner Gottheit gesagt".[3]

Die Gottesschau für unmöglich zu erklären, bezeichnet der heilige Symeon als die schlimmste Häresie, die in sich alle bestehenden Häresien vereinige.[4] Ausgehend von seiner eigenen Erfahrung war er überzeugt, dass Gott sich dem Menschen offenbart und sichtbar wird, überdies nicht erst im künftigen Leben, sondern bereits hier, auf der Erde: „Woher habe ich erkannt, dass Du Dich dem offenbarst, der zu Dir kommt und doch zugleich in der Welt bleibt? ... Woher habe ich erkannt, Herr, dass Du, Der Du unsichtbar und unfassbar bist, sichtbar unter uns weilst und Wohnung in uns nimmst? ... Als ich hörte, wie Deine Boten davon sprachen, meinte ich, dass dies im künftigen Leben und nur nach der Auferstehung geschehe, und nicht, dass sich dies auch jetzt ... ereignet".[5]

2   Vladimir Losskij, The Vision of God, New York, 1983, 25-31 [Bogovidenie, Moskau 1995, 14-18].

3   Katechese 29, 137-150, in: Syméon le Nouveau Théologien, Catéchèses (= SC 113), Paris 1965, Bd. 3, 176-178.

4   Ethik 5, 83-97, in: Syméon le Nouveau Théologien, Traités théologiques et éthiques (= SC 129), Paris 1967, Bd. 2, 86.

5   Danksagung 1, 28-70, in: Syméon le Nouveau Théologien, Catéchèses (= SC 113), Paris 1965, Bd. 3, 306-310.

Auf welche Weise kann der unsichtbare Gott sichtbar sein, und wie kann man mit dem Unnahbaren Umgang haben? Ohne die ursprüngliche Antinomie des Problems der Gottesschau zu beheben, löst sie der heilige Gregor Palamas mit Hilfe der Unterscheidung zwischen ‚Wesen' *(ousia)* und ‚Energie' *(energeia* – Wirken) Gottes: „Das Göttliche Wesen wird nicht in sich selbst mitgeteilt, sondern in Seinen Energien".[6] Er schreibt: „Das Wesen Gottes gibt keinen Anteil an sich und gibt in gewisser Weise doch Anteil. Wir werden der Göttlichen Natur teilhaftig und werden zugleich Ihrer ganz und gar nicht teilhaftig. So müssen wir uns an die eine wie an die andere Überzeugung halten".[7] Das Wesen Gottes bleibt vollkommen und unveränderlich, und die Göttliche Gnade ist keine Emanation des Wesens Gottes, sondern eine Offenbarung Seiner Energie. Und der Mensch, der Gott schaut, verschmilzt nicht mit dem Wesen des Geschauten, sondern hat teil an Seiner Energie.

In diesem Kontext versteht man die Geschichte von Mose, der das Angesicht Gottes nicht zu sehen vermochte, sondern Gott ‚von hinten' sehen konnte. Mose „sagte: ‚Zeige mir Deine Herrlichkeit'. Und (der Herr) sagte: ‚Ich breite vor dir Meine ganze Herrlichkeit aus ... Mein Angesicht kannst du nicht sehen, weil kein Mensch Mich sehen und am Leben bleiben kann ... Wenn jedoch Meine Herrlichkeit vorbeizieht, werde Ich dich in die Kluft des Felsens stellen und mit Meiner Hand verbergen, bis Ich vorübergegangen bin; und wenn ich Meine Hand entferne, dann siehst du Mich von hinten, Mein Angesicht aber wird nicht sichtbar sein" (Ex 33,18-20.22f.). Das Antlitz Gottes ist Sein Wesen, das unsichtbar und unzugänglich ist, ‚von hinten' sehen heißt jedoch, Seiner Energie teilhaftig werden. Außerdem war die Gottesschau im Alten Testament nur bruchstückhaft und unvollkommen, im Neuen Testament ist sie vollständiger und klarer: Die Menschen sehen das Antlitz Christi, des fleischgewordenen Gottes: Davon spricht der Apostel Johannes: „Niemand hat Gott je gesehen; der Eingeborene Sohn, Der im Schoß des Vaters ist, Er hat Kunde gebracht" (Joh 1,18). Das heißt, der Sohn Gottes hat den Menschen Gott geoffenbart, indem Er Ihn sichtbar gemacht hat.

In den Lebensbeschreibungen der Heiligen und in den Werken der Kirchenväter sind viele Fälle beschrieben, in denen der Geist eines Menschen während des Gebetes in eine andere Welt ‚entrückt' wurde, wo er Gott schaute, die Engel, das Himmlische Reich. Der Apostel Paulus schreibt: „Es nützt nichts, mich zu rühmen, doch ich komme zu Visionen und Offenbarungen Gottes. Ich kenne einen Menschen in Christus, der vor vierzehn Jahren, (ob im Leib, ob

---

6   PG 150, 937D.

7   PG 150, 932D.

außerhalb des Leibes, weiß ich nicht: Gott weiß es) in den dritten Himmel erhoben wurde. Und ich weiß von diesem Menschen (nur weiß ich nicht, ob im Leib oder außerhalb des Leibes: Gott weiß es), dass er ins Paradies entrückt wurde und unaussprechliche Worte hörte, die ein Mensch nicht aussprechen darf" (2 Kor 12,1-4). Der heilige Isaak der Syrer schreibt von den Schauungen und Offenbarungen, die den Heiligen während des Betens zuteil wurden: „Wenn der Priester sich vorbereitet und zu beten anhebt, wenn er Gott barmherzig stimmt, betet und seinen Geist sammelt, dann kommt der Heilige Geist auf Brot und Wein herab, die auf dem Altar liegen. Dem Zacharias erschien während des Gebets ein Engel und kündigte die Geburt des Johannes an. Und als Petrus um die sechste Stunde in der Kammer betete, hatte er eine Vision ... Und ... der Hohepriester ging ein Mal im Jahr zur schrecklichen Zeit des Gebetes in das Allerheiligste, warf sich auf sein Angesicht nieder und hörte die Göttlichen Worte in einer schrecklichen und unaussprechlichen Vision. O, wie furchtbar war dieses Geheimnis, dem der Hohepriester dabei diente! So ereignen sich alle Visionen der Heiligen während des Gebets. Denn welche andere Zeit ist so heilig und ihrer Heiligkeit nach so zum Empfang der Gaben des Geistes geeignet wie die Gebetszeit, in der der Mensch mit Gott Umgang hat? In dieser Zeit taucht der Mensch mit seinem Denken in den einen Gott ein, sein Herz ist von Gott erfüllt, und von daher begreift er das Unbegreifliche ... Der Geist wird in Erstaunen versetzt und gerät in äußerste Verwunderung ... und er weilt außerhalb dieser Welt ... Nicht mit einem Gebet betet dann der Geist, sondern er gerät in Verzückung bei der Schau des Unbegreiflichen, dessen also, was jenseits der Welt der Sterblichen ist, und er verstummt im Nichtwissen alles Irdischen. Dieses Nichtwissen wird als das bessere Wissen bezeichnet. Von diesem Nichtwissen sagt man: Selig, wer das Nichtwissen erlangt, das untrennbar zum Gebet gehört".[8]

Die Erfahrung der Gottesschau ist für den Menschen etwas so Persönliches und Verborgenes, dass selten ein Heiliger davon ausführlich gesprochen hat. Der Apostel Paulus hat sich auf einige Sätze über die unaussprechlichen Worte beschränkt, die „ein Mensch nicht aussprechen darf" (2 Kor 12,4). In diesem Sinn außergewöhnlich und einmalig in der gesamten Literatur der heiligen Väter ist der heilige Symeon der Neue Theologe, der in seinen Werken mit einer nie dagewesenen Offenheit von Begegnungen mit Gott erzählt, von den Geheimnissen der Schau und von den zahlreichen Visionen und Offenbarungen, die er hatte. Der heilige Symeon der Neue Theologe hat während des Gebetes Gott oft als Licht geschaut:

---

8   Isaak der Syrer, Predigt 32 *[Isaak tou Syrou eurethenta asketika]*, Athen 1977, 139.

„Was ist das für ein neues Wunder, das jetzt geschieht?
Gott verlangt auch jetzt danach, für die Sünder sichtbar zu sein ...
Ich fürchte mich und denke: wie kann ich das nur in Worten ausdrücken?
Wie kann die Sprache das alles beschreiben oder ein Stift es aufzeichnen?
Wie berichtet das Wort, wie erzählt meine Zunge,
Wie sprechen die Lippen alles aus, was ich heute erblicke? ...
Mitten in tiefer Nacht, mitten in lichtloser Finsternis,
Mit Staunen und Furcht habe ich Christus geschaut.
Der Himmel öffnete sich, und Er stieg von dort hernieder,
Mit dem Vater erschien Er mir und mit dem Göttlichen Geist.
Einer ist Er, doch in drei Personen: Drei in völliger Einheit,
Dreiheiliges Strahlen in drei Göttlichen Sonnen.
Er erhellt die Seele klarer als die irdische Sonne,
Erleuchtet mit seinem Licht meinen finsteren Geist ...
Zu dem, der ihn sieht, kommt Er wie ein Licht mitten im Licht,
Im lichthellen Schein sehen Ihn alle.
Denn Schauende sehen im Licht den Heiligen Geist,
Wer jedoch den Geist erblickt, der schaut auch den Sohn,
Wer aber den Sohn erblickt, der schaut den Vater,
Und der Vater wird mit dem Sohn geschaut.
All dies, was ich erzählt habe, ereignete sich mit mir,
Das unaussprechliche Wunder verstehe ich kaum,
Von Ferne schaute ich die Schönheit, die unsichtbar ist,
Dank des klaren Lichtes der blendenden Herrlichkeit ...
Zitternd und voller Entsetzen geriet ich in Verzückung,
Und ich konnte die unerträgliche Herrlichkeit nicht aushalten
In dieser Nacht unaussprechlicher und seltsamer Empfindungen ...".[9]

In seinen „Hymnen" spricht der heilige Symeon der Neue Theologe von jener
Erfahrung der Gottesschau, von der der Apostel Paulus nicht reden konnte
oder wollte:

„Wieder leuchtet mir klar das Licht, wieder sehe ich es,
Es öffnet den Himmel und vernichtet die Nacht ...
Zu mir kommt das Licht hernieder vom Himmel
Und trägt mich über alles hinauf:
Ich, der sich zwischen allem befand,
wurde plötzlich aus allem heraus versetzt.
Ich weiß nicht, ob im Leibe oder nicht – aber ich weilte dort,

---

9 Hymnus 14, 1-82, in: Syméon le Nouveau Théologien, Hymnes, hg. v. J. Koder (= SC 156),
Paris 1969, Bd. 1, 232-238.

Wo ein einfaches Licht leuchtet, und als ich es schaute,
Wurde auch ich einfach, sanft und demütig".[10]

In der Lehre des heiligen Symeon des Neuen Theologen gibt es nichts, was den heiligen Vätern früherer Jahrhunderte nicht bekannt gewesen wäre; er schuf keine ‚neue Theologie' im Sinne dogmatischer Neuerungen: Das Neue seiner Theologie besteht darin, dass er die verborgene Erfahrung der Gottesschau verkündete, offenbar machte und erklärte, von der vor ihm niemand so direkt zu sprechen gewagt hatte. Das Göttliche Licht, das er schaute, hat nichts mit dem gewöhnlichen irdischen Licht gemein: Es ist ein ungeschaffenes Licht, das – wie drei Jahrhunderte nach Symeon der heilige Gregor Palamas lehrte – die Energien der Gottheit sichtbar macht. Dieses Licht erstrahlte den Aposteln auf dem Tabor; dieses Licht war dem Mose auf dem Sinai erschienen und wurde Finsternis genannt. Wenn die Finsternis des Sinai und das Licht vom Tabor der Natur nach ein und dasselbe sind und beides die Energie Gottes ist, dann muss der Unterschied zwischen ihnen im Grad der Intensität der Gegenwart Gottes bestehen: Der alttestamentliche Gerechte wurde von der Rechten Gottes verhüllt und konnte das Angesicht Gottes nicht sehen, er sah Ihn nur ‚von hinten', die Apostel jedoch schauten das strahlende Angesicht Christi. Der heilige Symeon der Neue Theologe schreibt fast niemals von der Finsternis, sondern immer vom Licht: Er schaute Gott von Angesicht zu Angesicht und verkehrte mit Ihm ohne jegliche Hindernisse.

Die Umwandlung[11] *des Menschen*

Das lateinische Wort für ‚Religion' *(religio)* bedeutet nach Laktanz ‚Verbindung' oder ‚Wiederherstellung einer Verbindung' (von *religare* – verbinden).[12] Viele Religionen haben sich die Herstellung oder Wiederherstellung einer lebendigen Verbindung zwischen Mensch und Gott zum Ziel gesetzt, doch kennt keine der Religionen eine solche Fülle der Gottesgemeinschaft und Teilhabe an Gott, wie sie im Christentum möglich ist. Einen Gott, Der zur *Speise* der Menschen wird, Den man nicht nur suchen und nach Dem man nicht nur verlangen, sondern Den man *essen* kann – einen solchen Gott kennen nur die Christen. Christus ist das „Brot des Lebens" (Joh 6,35), das „tägliche Brot" (Mt 6,11), „das vom Himmel kommt und der ganzen Welt das Leben

---

10 Hymnus 40, 1-16, in: Syméon le Nouveau Théologien, Hymnes, hg. v. J. Koder (= SC 174), Paris 1971, Bd. 2, 484-486.

11 Russ. *preobraženije* = Verwandlung, Umgestaltung, Verklärung; Anm. d. Übers.

12 PL 6, 536; vgl. außerdem: *Enchiridion patristicum*, Barcelona – Freiburg i.Br. – Rom 1958, 224.

gibt" (Joh 6,33). Das wahre Leben, „das Leben im Überfluss" (Joh 10,10), ist nur
in Christus möglich; außerhalb von Christus ist das Leben unvollständig, vergänglich und sterblich. „Für mich ist Christus das Leben und der Tod ein
Gewinn", sagt der Apostel Paulus (Phil 1,21).

Das Ziel der christlichen Religion besteht in der Erlangung einer voll-
ständigen Gottesgemeinschaft, die uns aufs engste der Gottheit teilhaftig sein
lässt. In der Eucharistie wird der Mensch mit Leib und Seele mit Gott vereint,
im Gebet steigt er mit Geist und Herz zu Gott auf, und in der Erfahrung der
Gottesschau betrachtet er mit den inneren Augen die Gottheit. „Gott ist Feuer",
sagt die Bibel (Dtn 4,24; Hebr 1,21), ein Feuer, das alles Böse und jede Sünde
verschlingt und verzehrt, das alles Gute erstrahlen lässt und noch heller macht.
Jede Begegnung mit Gott ist eine Berührung mit dem Feuer: Für die einen ist
sie tödlich, für die anderen rettend.

In den Gebeten vor und nach der Kommunion ist diese Erfahrung des
Feuers mit besonderer Kraft ausgesagt: „Gleich dem Feuer und wie ein Licht
mögen mir Dein ehrwürdiger Leib und Dein Blut sein, mein Erlöser, auf dass
sie das Sündige versengen, die Dornen der Leidenschaften verbrennen und mich
ganz erleuchten". „Siehe, ich trete hin zur Göttlichen Kommunion. Schöpfer,
verbrenne mich nicht in der Kommunion; denn Du bist ein Feuer, Das das
Unwürdige verbrennt, Du aber reinige mich von allem Makel". Das Feuer des
Leibes und Blutes Christi erleuchtet die ganze leib-seelische Verfassung des
Menschen: „Der Du mir nach Deinem Willen Dein Fleisch zur Nahrung gabst,
Der Du ein Feuer bist und die Unwürdigen verbrennst, verbrenne mich nicht,
mein Schöpfer, vielmehr durchdringe meine Glieder, alles, was ich bin, mein
Innerstes und mein Herz. Verbrenne die Dornen all meiner Vergehen, reinige
die Seele, heilige meine Gedanken ... damit jeder Frevel und jede Leidenschaft
mich flieht wie das Feuer". Diese Erleuchtung durch das Göttliche Feuer ist eine
Teilhabe am Licht, eine Vereinigung mit Gott und eine Vergöttlichung des
Menschen: „Du reinigst und erleuchtest die, die inbrünstig bereuen, und lässt
sie verschwenderisch an Deinem Licht und an Deiner Gottheit teilhaben". „Vor
dem vergöttlichenden Blut erschrecke, Mensch, wenn du Es siehst, denn Es ist
Feuer, Das die Unwürdigen verbrennt. Der Göttliche Leib vergöttlicht und
ernährt mich: Er vergöttlicht den Geist und nährt den Verstand ganz wunderbar". Wie Brot und Wein der Eucharistie verwandelt, das heißt in Leib und Blut
Christi umgewandelt werden, so wird auch der Mensch, der an Gott Anteil
bekommt, verändert und verwandelt: „Du hast mich erquickt mit Deiner Liebe,
Christus, und hast mich verändert durch Deine Göttliche Liebe". „Zeige mir die

Einwohnung Deines einzigartigen Geistes ... und mache Deinen Diener zu einem Sohn des Lichtes".[13]

Die Umgestaltung des Menschen als Ergebnis der Teilhabe an Gott wird in der Literatur der heiligen Väter unterschiedlich ausgedrückt als ‚Annahme zur Gotteskindschaft', als ‚Verähnlichung mit Gott', ‚Verwandlung in Gott', ‚Umgestaltung in Gott' und ‚Vergöttlichung'. Die Idee der ‚Vergöttlichung' *(theosis)* war der zentrale Punkt im religiösen Leben des Ostens, um den sich alle Fragen der Dogmatik, der Ethik und der Mystik drehten.[14] Den wahren Glauben verkündigen, die Gebote befolgen, beten und die Sakramente empfangen – das alles dient allein der Erlangung der Vergöttlichung, die auch die Erlösung des Menschen einschließt.

Die Vergöttlichung ist der höchste geistliche Zustand, zu dem alle Menschen berufen sind: „Dafür hat Gott uns geschaffen, dass wir an Seiner Göttlichen Natur (2 Petr 1,4) und an Seiner Allgegenwart Anteil haben und Ihm ähnlich werden (vgl. 1 Joh 3,2) durch die gnadenhafte Vergöttlichung, um derentwillen alles geschaffen ist und weiter besteht", sagt der heilige Maximos der Bekenner.[15] Nach dem heiligen Johannes von Damaskus wird der Mensch „dadurch, dass er sich Gott zuneigt, in Gott verwandelt, allerdings im Sinne einer Teilhabe am Göttlichen Licht und nicht insofern er in das Göttliche Wesen überginge".[16] Die Erlangung der Vergöttlichung ist im irdischen Leben möglich, doch es gibt äußerst selten Menschen, die sie hier erreichen. Im künftigen Leben aber wird jeder, der in das Himmelreich eingeht, „an der Göttlichen Natur Anteil haben" (2 Petr 1,4) und mit Gott vereinigt werden.

In der zeitgenössischen theologischen Wissenschaft wurde mehrfach die Ansicht vertreten, der Neuplatonismus habe einen starken Einfluss auf die christliche Lehre von der Vergöttlichung ausgeübt. So meint z.B. der große russische Patrologe Archimandrit Cyprian (Kern) und zitiert dazu Plotin: „Das Ziel des menschlichen Lebens ist nicht die Sündlosigkeit, sondern die Vergöttlichung".[17] Genauer müsste man übrigens übersetzen: „Das Streben zielt nicht darauf, ohne Sünde, sondern Gott zu sein".[18] Doch der Ausdruck ‚Gott sein'

13 Vgl. eine beliebige Ausgabe des „Orthodoxen Gebetbuches" *[Pravoslavnyj molitvoslov]:* Abfolge zur heiligen Kommunion und Gebete zur heiligen Kommunion.

14 I. Popov, Die Idee der Vergöttlichung in der frühen Kirche des Ostens *[Ideja oboženija v drevnevostočnoj Cerkvi: Voprosy filosofii i psichologii],* 1906, Buch 97, 213.

15 Philokalie *[Filokalia ton hieron neptikon],* Athen 1957-1963, Bd. 2, 98.

16 PG 94, 924.

17 Cyprian (Kern), Die Anthropologie des hl. Gregor Palamas *[Antropologija sv. Grigorija Palamy],* Paris 1950, 143.

18 Plotin, Enneaden 1, 2, 6; zitierte Ausgabe: Ennéades, Paris 1954, Bd. 1, 57.

wurde in der polytheistischen Tradition sehr weit verstanden, weil *theos* (Gott) auch ein Synonym für das Wort *daimon* (Dämon, Gottheit, Gott) sein konnte[19]; ,Gott sein' bedeutete die Geistigkeit zu erlangen, die Vollkommenheit und Sündlosigkeit, die den körperlosen Geistern zukommt.

Richtig, Plotin spricht von etwas Großem – eben von der Schau des Höchsten Prinzips (das das Eine, das All-Eine, das Gute, das Seiende, das Alles genannt wird) und von der Vereinigung mit Ihm in der Ekstase glückseliger Liebe. Doch die Ekstase und Vergöttlichung Plotins dürfen nicht vollständig mit den entsprechenden Begriffen der patristischen Tradition gleichgesetzt werden. Die Ekstase Plotins ist das Ergebnis einer Verstandestätigkeit, des Nachdenkens über Gott. Der Philosoph spricht nicht über das Gebet als Weg zur Gottesschau, wohingegen bei den christlichen Autoren die Schau Gottes eine Frucht ihrer Mühe des Gebetes ist. Die Vergöttlichung Plotins ist eine Auflösung in das Eine, ein Verschmelzen mit Ihm bis zum völligen Verlust der eigenen Individualität, ein Verschwinden in der Gottheit. Dagegen bedeutet die christliche Vergöttlichung höchste Teilnahme am Göttlichen Licht und Anteilhabe an der göttlichen Energie ohne Verlust der eigenen Personalität, gegenseitige Kommunikation und gegenseitiges Durchdringen von Gott und Mensch als von zwei Personalitäten, die einander ,ähnlich' werden. Vor allem kennt der Neuplatonismus Christus nicht als die einzige Personalität, die dem Menschen die Göttliche Wirklichkeit als unmittelbare Erfahrung offenbart, er kennt keinen Gott, Der zu Brot wird, zu Speise und Trank für Seele und Leib. Außerdem ist die neuplatonische Ekstase ein zuhöchst intellektueller Prozess, der keinerlei Teilnahme des Leibes an der Vergöttlichung einschließt: Der Leib ist nur die Hülle, das Gefängnis oder das Grab, aus dem man herausfinden muss, um mit dem allerreinsten Absoluten Geist in Austausch zu treten. Für einen Christen wird dagegen die Vergöttlichung nur möglich dank der Fleischwerdung des Wortes, Das unsere Menschheit angenommen und uns Seine Gottheit geschenkt hat, wobei der Leib gleichberechtigt am Prozess der Vergöttlichung teilnimmt und auch an der Göttlichen Energie Anteil hat, Die „in seine ganze Verfassung, in das Innere und in das Herz" eingeht.[20]

Was eine solche Vergöttlichung ist, können am besten diejenigen sagen, die sie erlangt haben. Wenden wir uns erneut den Schriften des heiligen Symeon des Neuen Theologen zu, der betont, dass die Vereinigung mit Gott eine Befreiung aus der Vergänglichkeit ist und ein Hinaustreten in andere Welten,

---

19 A Greek-English Lexicon, hg. v. H.G. Liddel und R. Scott, Oxford 1989, 365f.
20 Gebete zur heiligen Kommunion *[Molitvy po sv. Pričaščenij]*.

jenseits der Grenze des Sichtbaren, jenseits der Grenze der intellektuellen Erkenntnis.

> „O Gott und Herr, Allherrscher!
> Deine Schönheit ist unsichtbar
> Wer kann sich daran sättigen?
> Deine Unermesslichkeit, Gott,
> Wer kann damit erfüllt werden?
> Kann etwa jemand sehen, Gott,
> Den Glanz Deines Angesichtes,
> Wenngleich er würdig lebte
> Nach all Deinen Befehlen?
> Ein großes, schreckliches Wunder,
> Völlig unmöglich ist es –
> Solange wir in dieser mühevollen Welt leben,
> In dieser schlimmen und finsteren Welt,
> Dabei zugleich mit dem Leib dieser Welt zu enteilen.
> O wunderbares, entsetzliches Geheimnis!
> Wer hat seinen eigenen Leib überstiegen?
> Wer überstieg die Finsternis der Verwesung,
> Verließ die ganze Welt und verbarg sich?
> O, wie leichtsinnig ist die Erkenntnis!
> Wie dürftig sind alle irdischen Worte!
> Denn wo hat sich jener Mensch verborgen,
> Der diese Welt durchschritten hat, und enteilte
> Über die Grenzen hinaus von allem, was wir sehen? ...
> So wie das Brot reiner und frischer ist,
> Besser und süßer als Unrat,
> So unvergleichlich hoch überlegen
> Ist alles Himmlische dem Irdischen
> Für denjenigen, der es gekostet hat.
> Schäme dich, Weisheit aller Weisen,
> Der die wirkliche Erkenntnis fehlt!
> Die Einfachheit unserer Worte enthält
> In der Tat die wirkliche Weisheit,
> Die dem lebendigen Gott nahekommt ...
> Ich aber werde durch diese Weisheit
> Wiedergeboren und wandle als ein Gott,
> Indem ich Gott in Ewigkeit schaue“.[21]

---

21 Hymnus 9, 1-51, in: Syméon le Nouveau Théologien, Hymnes, hg. v. J. Koder (= SC 156), Paris 1969, Bd. 1, 224-228.

Der heilige Symeon der Neue Theologe spricht ausführlich von der Teilhabe des Leibes an der Vergöttlichung. Gott ‚umfängt' und ‚küsst' den Menschen und dessen Leib, so wie auch die Seele gänzlich umgestaltet und erneuert wird:

> „Doch wer wohl kann sich
> Noch mehr Ihm nähern?
> Und kann er sich denn dorthin erheben,
> Zu Seiner grenzenlosen Höhe?
> Wenn ich so nachsinne,
> Zeigt Er sich selbst im Inneren,
> Erglänzt im kranken Herzen,
> Erleuchtet mich aufs Neue,
> Mit unsterblichem Glanz,
> Alle Organe des Leibes
> Erhellt Er mir mit Strahlen.
> Ganz umfängt Er mich,
> Ganz küsst Er mich,
> Er gibt sich ganz und gar,
> Mir, dem großen Sünder.
> Seine Liebe sättigt mich,
> Seine grenzenlose Schönheit,
> Mit Göttlichster Süße,
> Mit Seligkeit werde ich erfüllt.
> Und Licht empfange ich,
> Und werde der Herrlichkeit teilhaftig,
> Es strahlt mein ganzes Antlitz ...
> Alle Organe des Leibes
> Werden zu Lichtträgern".[22]

Die Gottheit wird mit Feuer verglichen, die menschliche Natur jedoch mit Heu; das Feuer schließt das Heu in sich ein, verbrennt es aber nicht:

> „Als ich mich außerhalb aller sichtbaren Dinge befand,
> Erschrak ich sehr, denn ich sah, woraus ich verstoßen war.
> Als ich in der Ferne das Künftige erblickte,
> Sehnte ich mich danach, es zu erlangen,
> Und ich entbrannte mit dem Feuer der Liebe, und nach und nach
> Wandelte sich dieses Feuer in unbegreiflicher Weise in eine Flamme,
> Zuerst nur in meinem Verstand, dann aber auch im Herzen,

---

22   Hymnus 16, 21-33, in: Syméon le Nouveau Théologien, Hymnes, hg. v. J. Koder (= SC 174), Paris 1971, Bd. 2, 12.

Und die Flamme der Liebe ließ in mir Tränen fließen.
Mit ihnen wurde mir zugleich eine unsagbare Freude geschenkt ...
Obwohl sie im Inneren sehr stark brannte,
Verbrannte sie mir nicht die Stofflichkeit, die dem Heu ähnelt,
Die sich in der Tiefe der Seele befindet, sondern – o Wunder! –
Die ganze Stofflichkeit wurde zu einer Flamme gewandelt,
Und das Heu in Berührung mit dem Feuer verbrannte nicht,
Doch rasch wurde das Feuer, das das Heu in sich umschloss,
Mit diesem vereinigt und bewahrte es unversehrt ...
Und Du, Der Du unveränderlich bleibst und gänzlich unzugänglich,
Wie bewahrst Du den Stoff des Heus unverbrannt,
Und wie, *indem Du es unverändert erhältst, veränderst Du es ganz,*
So dass dieses Heu Licht ist, wenngleich das Licht kein Heu ist?
Und mit dem Heu *verbindest* Du, das Licht, *Dich unvermischt,*
Das Heu aber bleibt, wie das Licht, *unverändert und doch verwandelt*".[23]

Gott bleibt Gott, und der Mensch bleibt Mensch, das Heu vermischt sich nicht mit dem Feuer, und das Feuer verbrennt das Heu nicht, die Gottheit vermischt sich nicht mit der Menschheit, und die Menschheit löst sich nicht in der Gottheit auf. Zugleich ist die Vereinigung mit Gott so eng und die Teilhabe so vollkommen, dass der ganze Mensch völlig verändert und umgestaltet wird, er wird zu Gott durch die Gnade. Der heilige Symeon der Neue Theologe nennt die Vergöttlichung ein ‚wunderbares und schreckliches Geheimnis', von dem man nicht viel weiß. Doch er hebt hervor, dass die ganze Heiligen Schrift von der Vergöttlichung spricht, und demjenigen, der die höchste Gottesschau erlangt, offenbart sich in eigener Erfahrung all das, was in den biblischen Bildern und Symbolen verborgen ist:

„Wer diesen dunklen Bereich durchschritten hat,
Der als Wand bezeichnet wurde
Von König David, und von den Vätern
‚Meer des Lebens' genannt wurde,
Wer in den ruhigen Hafen eintritt,
Der findet ewige Seligkeit,
Denn dort ist das Paradies, dort der Baum des Lebens,
Dort ist süßes Brot, lebendiges Wasser ...
Dort brennt der Dornbusch lichterloh,
Der immer brennt, aber nicht verbrennt.
Dort fallen die Sandalen sogleich von den Füßen.

---

23 Hymnus 28, 136-166, in: ebd. 304-308.

Dort tut sich ein Meeresabgrund auf,
Und ich allein schreite trockenen Fußes hindurch ...
Dort habe ich einen steilen Felsen gefunden,
Aus dem mir ewig Honig fließt ...
Dort ass ich das Manna – Himmelsbrot ...
Dort sah ich den Stab Aarons,
Der dürr war und doch Knospen trieb ...
Die eigene unfruchtbare Seele
Sah ich dort wieder Frucht bringen
Gleich dem trockenen Baum,
Der herrlichste Frucht trägt ...
Dort hörte ich: ‚Freue dich in Ewigkeit,
Denn der Herr ist immer mit dir‘.
Dort hörte ich: ‚Geh, wasche dich,
Reinige dich im Taufbecken der Tränen!
Als ich das getan hatte,
Öffneten sich mir plötzlich die Augen.
Dort habe ich in vollkommener Demut
Mich ins Grab gelegt.
Christus selbst aber kam mit Liebe,
Schob den schweren Stein meiner Sünden
Von der Tür des Grabes hinweg
Und sagte zu mir: ‚Komm heraus! ...‘
Dort sah ich ein anderes Leben –
Unverweslich und nicht irdisch,
Das Christus, der Erlöser,
Jedem schenkt, der Gott sucht.
Dort fand ich das Reich Gottes
In meinem Inneren – den Vater und den Sohn
Und den Geist – die heilige Gottheit,
Ungeteilt in drei Personen“.[24]

Auf diese Weise hat der Mensch, der schon im irdischen Leben die Heiligkeit erlangt hat, am Reich Gottes teil, er wird mit dem Licht der Heiligen Dreieinigkeit vereinigt und mit der Gottheit erfüllt. Doch nach der allgemeinen Auferstehung und dem Jüngsten Gericht der Heiligen erwartet er eine noch viel vollkommenere Seligkeit und die vollständige Verähnlichung mit Gott. Der menschliche Geist hat nicht die Kraft, sich das vorzustellen: „Jetzt sind wir Kinder Gottes; aber es ist noch nicht offenbar, was wir sein werden. Wir wissen

---

24 Hymnus 19, 107-147, in: ebd. 104-106.

nur, dass wir, wenn es offenbar wird, Ihm ähnlich sein werden, denn wir werden Ihn *sehen, wie Er ist*" (1 Joh 3,2).

* * *

Wenn ein Mensch zur Vollkommenheit des Geistes gelangt, wenn er sich von allen Leidenschaften gereinigt hat und wenn die Seele durch die unsagbare Gemeinschaft vollständig in die Einigung mit dem Tröster-Geist eingetreten ist, gleichsam im Geist aufgelöst, wenn sie selbst gewürdigt wird, Geist zu werden, dann wird alles in ihr Licht, alles Freude, alles Ruhe, alles Heiterkeit, alles Liebe, alles Barmherzigkeit, alles Wohltat, alles Güte, und sie wird gleichsam eingetaucht in die Tugenden der Kraft des guten Geistes wie ein Stein, der auf dem Grund des Meeres von allen Seiten mit Wasser umgeben ist. Solche Menschen, die so aufs höchste mit Gottes Geist vereinigt sind, werden Christus selbst ähnlich, indem sie in sich die offenkundigen Tugenden des Geistes besitzen und entsprechende Früchte tragen. Der Geist hat sie im Inneren makellos und rein gemacht, weil ... immer und in allem die Früchte des Geistes in ihnen erglänzen ... Manchmal geht ein Mensch hin, um die Knie zu beugen, und sein Herz ist von göttlicher Energie erfüllt, die Seele freut sich am Herrn, wie eine Braut sich über ihren Bräutigam freut ... Es kommt auch vor, dass jemand tagelang beschäftigt ist, sich aber für eine Stunde dem Gebet zuwendet, und plötzlich gerät der innere Mensch im Gebet in Entzücken und wird von der grenzenlosen Tiefe des (künftigen) Äon umfangen. Er fühlt eine solche unaussprechliche Freude, dass er in Begeisterung gerät und sein Geist vor Entzücken gleichsam fliegt. Sein Denken vergisst alle irdische Klugheit, weil seine Gedanken ... wie Gefangene zum Göttlichen und Unbegreiflichen hingeführt werden. Deshalb kann es sein, dass in dieser Stunde durch das Gebet und mit dem Gebet auch die Seele aus ihm heraustritt. Doch auf die Frage, „ob der Mensch immer die Kraft hat, in einem solchen Zustand zu verharren", muss man folgendes antworten: Es gibt keine Zeit, in der die Gnade im Menschen nicht anwesend und nicht eingewurzelt wäre. In wem sie bleibt, in dem wird sie zu etwas Natürlichem und Unveräußerlichem ... Manchmal etwas stärker und manchmal etwas schwächer entzündet sie ein Feuer in ihm, und manchmal erstrahlt das Licht für ihn sehr intensiv, manchmal aber entfernt es sich auch und wird trüber ... auch wenn die Lampe unauslöschlich brennt. Manchmal aber wird das Licht heller, und dann feiert der Mensch gleichsam in großem Entzücken die Liebe Gottes. Und manchmal öffnet dasselbe Licht, das sich im Herzen des Menschen zeigt, die Tür zu einem noch innerlicheren und tieferen Licht, so dass der Mensch ganz versunken in dieser Süße und Schau außer sich ist ... Zu dieser Stunde kann man nicht sofort und nicht leicht kommen; nur nach vielen vorausgehenden Mühen und Kämpfen, durch langjährigen Eifer, nach Prüfungen und verschiedenen Versuchungen kann man das Maß der vollkommenen Leidenschaftslosigkeit erreichen. Allein auf diese Weise, wahrhaftig in jeder Mühe und Selbstverleugnung, gelassen im Ertragen aller Versuchungen ... wird der Mensch schließlich großer Ehren gewürdigt, geistlicher Gaben und der göttlichen Gnade, und er wird zum Erben des Himmlischen Reichs.

Makarios der Ägypter[25]

Brüder und Väter! Groß ist die Güte und Liebe Gottes zu den Menschen. Wenn ich daher über die unaussprechliche Gnade Gottes in Staunen und Zittern gerate, rufe ich aus: „O staunenswertes Wunder und Kraft der Gebote Gottes! O, was machen sie aus dem, der sie erfüllt und beachtet!" Denn einst habe ich in ihnen den Grundstein gelegt, als ich ein wenig aus der Tiefe des Bösen und der Finsternis herauslangte ... Alles, was ich tat, war (zunächst) nur ein Abrücken vom Bösen, doch es bewegte mich auf das Gute zu ... Denn wie beim Aufgang der Sonne die Dunkelheit allmählich vertrieben wird und verschwindet, so wird beim Aufstrahlen der Tugenden die Sünde vertrieben wie die Finsternis und hört auf zu bestehen, und wir werden in dem Maße gut, in dem wir vorher schlecht waren. So werden wir ... durch die Hilfe des Lebendigen Gottes neu geschaffen und erneuert, nachdem wir an Seele, Leib und Geist gereinigt worden sind ... Auch ich, der Letzte und Schlechteste von allen, erhielt von all dem (ein wenig) ... Durch die Gnade erhielt ich Gnade, durch Wohltat eine Wohltat, durch Feuer das Feuer und durch die Flamme eine Flamme, und zum Aufstieg wurde mir der Aufstieg gegeben, am Ende des Aufstiegs aber das Licht, und zum Licht noch helleres Licht. Mittendrin erstrahlte erneut die helle Sonne, und aus ihr kam ein Strahlen, das alles erfüllte ... In dieser Zeit verharrte ich in süßesten Tränen und unsagbarem Erstaunen. Der Göttliche Geist redete jedoch mit meinem Geist und lehrte (mich), indem er sprach: „Hast du denn verstanden, wohin Meine Kraft in menschenfreundlicher Weise dich geführt hat durch Glauben und ein wenig Geduld, die deine Liebe gestärkt haben? Siehe, als Sterblicher bist du unsterblich geworden, und als Verweslicher erwirbst du Höheres als die Verweslichen. Du lebst in der Welt und bist doch bei Mir, du hast zwar einen Leib, doch wirst du von keiner einzigen leiblichen Leidenschaft gequält". Darauf antwortete ich in

---

25 Makarios von Ägypten, Unterredungen, Botschaft und Predigten *[Makarij Egipetskij, esedy, poslanie i slova]*, Sergiev Posad 1904, 423-436 (Predigt 6, 7-27). Übersetzung: Pseudo-Makarius, Reden und Briefe. Eingeleitet, übersetzt und mit Anmerkungen versehen von Klaus Fritschen (= BGL 54), Stuttgart 2000, 186f. (Rede 13, 2,4-2,6).

Furcht und Freude und sagte: „Wer bin ich, Herr, ich Sünder und Unreiner, dass Du auf mich schaust und mich eines Gesprächs (mit Dir) würdigst? O Du, Der Du makellos, unsichtbar und unzugänglich für alle bist, wie nah erscheinst Du mir und süß, wie herrlich bist Du anzuschauen in der Gnade und Herrlichkeit, die Dich umstrahlen?" Das alles hörte ich auf geheimnisvolle Weise und antwortete auch in ungewöhnlicher Weise, die übernatürliche (Schau) versetzte mich in Staunen ... Die unaussprechliche Schönheit der Erscheinung traf mein Herz und öffnete mich für eine grenzenlose Liebe ... Mir wurde die Sicherheit geschenkt, dass alle meine Sünden vergeben sind, ich sah jedoch, dass ich sündiger war als alle anderen Menschen. Es war mir nicht möglich, dem Sprechenden nicht zu glauben, doch ich fürchtete mich auch zu glauben, um nicht in Überheblichkeit zu verfallen. Seit dieser Zeit steige ich oft ohne meinen Willen zur Höhe der Schau auf, und freiwillig steige ich wieder hinab, um nicht das Maß des Menschseins (zu vergessen) und eine unerschütterliche Demut zu bewahren. Ich weiß vieles, was andere nicht wissen, und doch bin ich unwissender als alle anderen Menschen. Ich freue mich, dass Christus, an Den ich fest glaube, mir das ewige und unerschütterliche Reich geschenkt hat. Weil ich aber dieser Wohltaten unwürdig bin, weine ich unablässig und höre nicht auf zu weinen ... Wenn ich niedriger als alle bin, dann werde ich über alle Himmel erhoben und in Liebe mit Christus vereinigt, mit meinem Gott. Auf Ihn hoffe ich auch, damit ich, wenn ich von dieser Erde und der Last des Fleisches befreit bin, (Ihm) noch näher sein werde, und nicht nur das, sondern auch klarer die ewige Freude erkenne und den Jubel der dortigen Liebe. Ich wollte euch dies also schreiben, meine Brüder, nicht um Ruhm zu erlangen – denn das wäre unverständig und der empfangenen Herrlichkeit fremd –, sondern damit ihr erkennt, wie maßlos die Menschenliebe Gottes ist und wie leicht die Last der Gebote des Erlösers selbst und unseres Gottes, und welcher Art der Lohn Seiner Gabe ist. Dies sage ich, damit ihr, wenn ihr dies erfahren habt, entweder Seine Liebe zu erlangen wünscht oder euch vor dem ewigen Tod entsetzt und euch fürchtet, sie nicht zu erlangen ... Und weiter: damit ihr seht, wie die, die im Finstern sind, auf unergründliche Weise zu Licht werden, wenn sie sich dem großen Licht nähern – die, die zwar aus dem Niedrigen wiederhergestellt sind wie einst Mose, jedoch mit dem Höheren vereinigt und zu Göttern werdet.

Symeon der Neue Theologe[26]

---

26 Symeon der Neue Theologe *[Simeon Novyj Bogoslov]*, Katechesen 17, 1-108. [Vom Verfasser verwendete] Übersetzung: Syméon le Nouveau Théologien, Catéchèses. Introduction, texte critique et notes par Basile Krivochéine, traduction par Joseph Paramelle (= SC 104), Paris 1964, 254-262.

Kapitel 11
Das Leben des kommenden Äon

Das Ende der menschlichen Geschichte

Das Evangelium enthält klare Hinweise, dass für die materielle Welt einst das Ende kommen wird. Christus spricht von Seiner Wiederkunft und von den Zeichen für den Anbruch der letzten Zeit: „Nehmt euch in acht, dass ihr nicht verführt werdet, denn viele werden in meinem Namen kommen und werden sagen: ‚Ich bin Christus', und sie werden viele irreführen. Auch werdet ihr von Kriegen hören und von Kriegsgerüchten. Seht zu, dass ihr nicht erschreckt, denn all das muss so kommen. Aber das ist noch nicht das Ende: Denn Volk wird gegen Volk aufstehen und Reich gegen Reich; und an verschiedenen Orten werden Hungersnöte, Seuchen und Erdbeben sein; all das ist der Anfang der Leiden ... Dann werden viele in Versuchung geraten, und man wird einander verraten und einander hassen. Viele Lügenpropheten werden aufstehen, und sie werden viele verführen; und weil die Missachtung von Gottes Gesetz überhandnimmt, wird in vielen die Liebe erkalten; wer aber aushält bis zum Ende, der wird gerettet. Und dieses Evangelium vom Reich wird auf dem ganzen Erdkreis verkündigt werden, zum Zeugnis für alle Völker; und dann kommt das Ende ... Wenn jene Tage nicht verkürzt würden, dann würde kein Fleisch gerettet werden, doch wegen der Auserwählten werden jene Tage verkürzt. Wenn dann jemand sagt: ‚Sieh, hier ist Christus' oder ‚dort' – glaubt es nicht. Denn so mancher Lügenchristus und Lügenprophet wird auftreten, und sie werden große Zeichen und Wunder tun, um nach Möglichkeit auch die Auserwählten zu verführen ... Und plötzlich, nach der Drangsal jener Tage, wird sich die Sonne verfinstern, und der Mond wird sein Licht nicht mehr geben, die Sterne werden vom Himmel fallen, und die himmlischen Kräfte werden erschüttert werden. Danach wird das Zeichen des Menschensohnes erscheinen; dann werden alle Geschlechter der Erde jammern, und sie werden den Menschensohn auf den Wolken des Himmels kommen sehen mit Kraft und großer Herrlichkeit ... Jenen Tag aber und die Stunde kennt niemand, nicht einmal die Engel des Himmels, sondern Mein Vater allein ... Seid wachsam, weil ihr nicht wisst, zu welcher Stunde euer Herr kommt" (Mt 24,4-8.10-14.22-24.29f.36.42)

Nicht weniger deutlich sprechen die Apostel vom zweiten Kommen Christi. Der Glaube an die Nähe dieses Kommens war in der frühchristlichen Epoche sehr stark. „Die Ankunft des Herrn rückt heran" (Jak 5,8). „Nahe ist für alle das

Ende", sagt der Apostel Petrus (1 Petr 4,7). Er schreibt jedoch von der Plötzlichkeit des letzten Tages: „Der Tag des Herrn aber kommt wie ein Dieb in der Nacht, und dann werden die Himmel mit Getöse vergehen, die Elemente aber werden verbrennen und zerstört, und die Erde und alle Dinge auf ihr werden in Flammen aufgehen ... Und doch erwarten wir Seiner Verheißung gemäß einen neuen Himmel und eine neue Erde, in denen die Gerechtigkeit wohnt" (2 Petr 3,10.13). Der Apostel Paulus sagt dazu: „Über Zeiten und Fristen muss ich euch nicht schreiben, Brüder, denn ihr wisst ganz sicher, dass der Tag des Herrn kommt wie ein Dieb in der Nacht. Denn wenn sie sagen werden ‚Friede und Sicherheit', dann überfällt sie plötzlich Verderben ... Lasst uns also nicht schlafen wie die übrigen, sondern wach und nüchtern sein" (1 Thess 5,1-3.6).

Offensichtlich nahm der Apostel Paulus an, dass sich die Wiederkunft Christi noch zu seinen Lebzeiten ereignet: „Wir werden nicht alle sterben, aber alle verwandelt" (1 Kor 15,51). Im ersten Brief an die Thessalonicher sagt er: „Wir, die Lebenden, die bis zur Ankunft des Herrn zurückbleiben, werden den Toten nicht voraus sein ... Die in Christus Entschlafenen werden zuerst auferstehen; danach werden wir, die wir unter den Lebenden geblieben sind, zusammen mit ihnen auf Wolken in die Luft entrückt dem Herrn entgegen" (1 Thess 4,15-17). Er unterstreicht jedoch im zweiten Brief, dass man die Worte aus dem ersten Brief nicht wörtlich verstehen darf, „als bräche der Tag Christi *schon* an". Der Apostel Paulus weist darauf hin, dass ein Zeichen der Nähe des jüngsten Tages neben Leiden und Unheil das Kommen des Antichrist sein wird: „Lasst euch von niemandem und nichts verführen, denn (jener Tag kommt nicht), bevor nicht der Abfall kommt und der Mensch der Sünde nicht sichtbar wird, der Sohn des Verderbens, der Widersacher, der sich so über alles erhebt, was Gott oder Heiligtum heißt, dass er sich in den Tempel setzt wie ein Gott und sich für Gott ausgibt ... Sichtbar werden wird der Gesetzlose, den der Herr Jesus mit dem Hauch Seines Mundes töten wird ... Er wird durch das Wirken Satans mit großer Kraft und mit trügerischen Zeichen und Wundern auftreten" (2 Thess 2,2-4.8f.).

Im Verlauf der zwanzig Jahrhunderte christlicher Geschichte ist viel über den Antichrist gesagt und geschrieben worden. In Russland hat sich das „Wort über Christus und den Antichrist", das dem heiligen Märtyrer Hippolyt von Rom zugeschrieben wird, besonderer Beliebtheit erfreut. In diesem Werk wird folgendes über den Antichrist gesagt: „Christus war ein Lamm, und der Antichrist erscheint als Lamm, das im Inneren ein Wolf ist ... Christus sandte die Apostel zu allen Völkern, und jener wird Lügenapostel aussenden".[1]

---

1   Hippolyt von Rom, Werke *[Ippolit Rimskij, Tvorenija],* Kazan [2]1899, 13f.

In verschiedenen Epochen versuchte man, das Datum des Weltendes vorherzusagen, wobei die apokalyptischen Vorahnungen dort stärker wurden, wo sich soziales und anderes Unheil verschärfte. Wie soll man sich gegenüber solchen Vorhersagen verhalten? Jedem, der übermäßig zu ihnen hingezogen ist, muss man offensichtlich das Wort Christi in Erinnerung rufen: „Es ist nicht eure Sache, Zeiten oder Stunden zu wissen, die der Vater in Seiner Macht festgesetzt hat" (Apg 1,7). Auf die Frage der Jünger „Wann wird das geschehen?" antwortete Christus: „Seht zu, dass ihr nicht in Versuchung geführt werdet, denn viele werden unter Meinem Namen kommen und sagen: Ich bin es, und *diese Zeit ist nahe"* (Lk 21,7f.). Im Neuen Testament wird betont, dass der Tag des Herrn plötzlich kommt – nicht wie man ihn errechnet, sondern wenn niemand ihn erwartet. Alle Versuche, das genaue Datum des Kommens Christi vorherzusagen, stehen in bewusstem oder unbewusstem Widerspruch zum Evangelium, das dieses Geheimnis vor uns verborgen hat.

Wenn die Apostel in ihren Schreiben von der Nähe des zweiten Kommens sprachen, dann war die Rede nicht von einer chronologischen Nähe, sondern eher von der beständigen Erfahrung der Gegenwart Christi in der frühen Kirche (das oft gebrauchte Wort *parousia* bedeutet sowohl ‚Ankunft' als auch ‚Gegenwart'), von der Bereitschaft, Ihm zu jedem Tag und jeder Stunde zu begegnen. Die frühe Kirche lebte nicht in Furcht vor dem Kommen des Antichrist, sondern in der freudigen, jubelnden Erwartung der Begegnung mit Christus, die die menschliche Geschichte vollenden soll. Die eschatologische letzte Zeit begann genau im Moment der Fleischwerdung des Sohnes Gottes und wird bis zu Seinem zweiten Kommen andauern. Das Geheimnis der Gesetzlosigkeit, von dem der Apostel Paulus spricht (2 Thess 2,7), wird in der Geschichte immer klarer offenbar werden. Doch parallel zu diesem Prozess der Enthüllung des Bösen wird sich die innere Vorbereitung der Menschheit auf die Begegnung mit ihrem Erlöser vollziehen. Der Kampf Christi mit dem Antichrist wird mit dem Sieg Christi enden. Jesus, der Herr, wird „den Gesetzlosen" mit dem Hauch Seines Mundes töten (1 Thess 2,8). Auf diesen Sieg sind die Blicke der Christen gerichtet und nicht auf die ihm vorangehende Zeit der Not, eine Zeit, die in der Tat schon längst begonnen hat und noch lange andauern kann.

Das Ende der Welt, das manche Christen so fürchten, wird keine ökologische Weltkatastrophe sein (obwohl eine solche ihm vorangehen kann), sondern eine *Erlösung* der Menschheit vom Bösen, von Leiden und Tod. Davon schreibt auch der Apostel Paulus: „Ich sage euch ein Geheimnis: Wir werden nicht alle sterben, aber alle verwandelt, plötzlich, in einem Augenblick, bei der letzten Posaune. Wenn sie ertönt, werden die Toten als Unverwesliche auferstehen ...

Denn dieses Verwesliche muss in Unverweslichkeit gekleidet werden, und dieses Sterbliche muss in Unsterblichkeit gekleidet werden. Wenn dieses Verwesliche aber in Unverweslichkeit gekleidet sein wird und dieses Sterbliche in Unsterblichkeit, dann erfüllt sich das Wort, das geschrieben ist: Verschlungen ist der Tod durch den Sieg" (1 Kor 15,51-54; vgl. Jes 25,8).

Die Seele nach dem Tod

Bevor man von dem spricht, was unmittelbar nach dem Ende der Welt kommt – vom Jüngsten Gericht, muss man erst einmal die Lehre der Kirche vom Tod und vom Schicksal des Menschen nach dem Tod betrachten. „Der Tod ist ein großes Geheimnis. Er ist die Geburt des Menschen aus dem zeitlichen Leben in die Ewigkeit", sagt der heilige Ignatij (Brjantschaninov).[2] Das Christentum versteht den Tod nicht als Ende, sondern eher umgekehrt: Der Tod ist der Anfang eines neuen Lebens, und das irdische Leben war nur die Vorbereitung darauf. Der Mensch ist für die Ewigkeit geschaffen; im Paradies ernährte er sich vom ‚Baum des Lebens' und war unsterblich. Doch nach dem Sündenfall war der Weg zum Baum des Lebens versperrt, und der Mensch wurde sterblich und vergänglich. „Der Tod ist die Strafe für den unsterblichen Menschen, mit der er für seinen Ungehorsam Gott gegenüber geschlagen wurde. Durch den Tod wird der Mensch schmerzlich gespalten und in zwei Teile zerrissen ... gesondert existiert seine Seele, und gesondert existiert sein Leib".[3]

Was geschieht nach dem Tod mit der Seele? Nach der Lehre der Kirche, die auf den Worten Christi gründet, werden die Seelen der Gerechten von Engeln in den Vorhof des Paradieses getragen, wo sie bis zum Jüngsten Gericht bleiben und die ewige Seligkeit erwarten: „Der Arme (Lazarus) starb, und er wurde von Engeln in den Schoß Abrahams getragen" (Lk 16,22). Die Seelen der Sünder fallen in die Hände der Dämonen und befinden sich „in der Hölle, in Qualen" (Lk 16,23). Die endgültige Trennung in Gerechte und Verurteilte geschieht im Jüngsten Gericht, wenn „viele von denen, die im Staub der Erde schlafen, wach werden, die einen zum ewigen Leben, die anderen zu ewiger Schmach und Schande" (Dan 12,2). Christus spricht im Gleichnis vom Jüngsten Gericht ausführlich davon, dass die Sünder, die keine Taten der Barmherzigkeit vollbracht haben, verurteilt und von Gott verworfen werden, die Gerechten aber, die solche Taten vollbracht haben, werden gerechtfertigt: „Die Sünder „gehen ein in die ewigen Qualen, die Gerechten aber in das ewige Leben" (Mt 25,46).

---

2 Ignatij Brjantschaninov, Werke in 5 Bänden *[Sočinenija v 5 t.]*, St. Petersburg 1905, Bd. 3, 69.
3 Ebd. 70.

Die christliche Lehre vom Schicksal der Seele nach dem Tod wird nicht nur durch zahlreiche Zeugnisse der Tradition bestätigt, sondern auch durch die zeitgenössischen Erfahrungen der Menschen, die den klinischen Tod erlebt haben: Ein orthodoxer Kommentar zu dieser Erfahrung ist das Buch des Priestermönchs Seraphim (Rose) „Die Seele nach dem Tod". Der Autor kommt zu dem Schluss, dass die zeitgenössische Erfahrung in vielem dem entspricht, was wir in der patristischen Literatur und in den Heiligenviten finden. Doch alle, die den klinischen Tod erlebt haben, bemerkt der Priestermönch Seraphim, blieben nur ganz kurz in dieser anderen Welt. In der Regel ist die Erfahrung dieser Menschen auf die ersten Eindrücke nach dem Tod beschränkt: Es gelingt ihnen nicht, das Paradies oder die Hölle zu ‚besuchen', und sie haben keine wirkliche Vorstellung von der jenseitigen Welt. Deshalb haben alle derartigen Zeugnisse für den orthodoxen Menschen nur einen relativen Wert. Sehr viel wichtiger ist für uns die Erfahrung einer unverhüllten Berührung mit der anderen Welt, die von der Kirche gesammelt und aufbewahrt wird und sich in den Lebensbeschreibungen der Heiligen, den Werken der Väter und in der gesamten vielgestaltigen heiligen Überlieferung findet.[4]

„Durch viele Erscheinungen von Toten wissen wir teilweise, was mit der Seele geschieht, wenn sie den Leib verlässt", schreibt Erzbischof Johannes (Maksimovitsch). „Wenn das Sehen mit den leiblichen Augen aufhört, beginnt das geistliche Sehen ... Nachdem die Seele den Körper verlassen hat, gerät sie zwischen andere Geister, gute und böse. Normalerweise wird sie zu denen hingezogen, die ihr dem Geiste nach nahe sind; und wenn sie, als sie sich noch im Leib befand, unter dem Einfluss einiger dieser Geister stand, dann bleibt sie auch beim Austritt aus dem Leib von ihnen abhängig, ganz gleich wie abscheulich diese sich bei der Begegnung zeigen. Im Verlauf der ersten zwei Tage genießt die Seele eine relative Freiheit und kann auf der Erde jene Orte besuchen, die ihr lieb sind, am dritten Tag aber wechselt sie in andere Sphären hinüber".[5] Nach der Überzeugung der Kirche hält sich die Seele eines Verstorbenen an den ersten zwei Tagen auf der Erde auf, nimmt am Gebet teil, das für sie in der Kirche verrichtet wird, und an der Totenmesse, die gewöhnlich am dritten Tag stattfindet. Darüber schrieb der heilige Makarios von Alexandrien: „Während am dritten Tag in der Kirche die Darbringung (Liturgie für die Seelenruhe des Verstorbenen) stattfindet, empfängt ... die Seele eine Erleichterung für ihren Kummer, den sie bei der Trennung vom Leib verspürt ... Denn es ist der Seele für die Dauer von zwei Tagen erlaubt, zusammen mit den Engeln, die bei ihr

---

4   Seraphim (Rose), Die Seele nach dem Tod *[Duša posle smerti]*, Moskau 1991, 16-19.
5   Ebd. 153-156.

sind, über die Erde zu gehen, wohin sie will. Deshalb wandert die Seele, die den Leib liebt, manchmal durch das Haus, in dem sie vom Leib getrennt wurde, manchmal um das Grab herum, in das der Leib gelegt worden ist, und auf diese Weise verbringt sie zwei Tage wie ein Vogel, der sich ein Nest sucht".[6]

Wenn die Seele in den ersten Tagen sich gleichsam wie in Gefangenschaft von Raum und Zeit befindet, obwohl sie außerhalb davon ist, dann überschreitet sie am dritten Tag die Grenzen der sichtbaren Welt. Hier erwarten sie jedoch Prüfungen, die in einigen Quellen ‚Übergangsstationen' [mytarstvo] genannt werden, wenn die Seele für alle Sünden Rechenschaft geben muss, die der Mensch im Leben begangen hat. Danach erfährt die Seele das Urteil über ihr weiteres Geschick. Dieses Urteil ist nicht endgültig, weil die endgültige Entscheidung beim Jüngsten Gericht gefällt wird. Die Seele befindet sich aber von diesem Moment an im Vorgeschmack der Glückseligkeit oder in Furcht vor den Qualen. Bis zum Jüngsten Gericht sind Veränderungen ihres Schicksals möglich: „Wir behaupten", schreibt der heilige Markus von Ephesus, „dass weder die Gerechten schon die Fülle ihres Schicksals erfahren ... noch die Sünder nach dem Tod zur ewigen Strafe geführt werden ... Beides wird unausweichlich wahrscheinlich erst nach dem Tag des Jüngsten Gerichts und der Auferstehung aller erfolgen. Jetzt aber befinden sich diese wie jene an den Orten, die ihnen zukommen: Die Gerechten befinden sich als Freie in der vollkommenen Ruhe im Himmel mit den Engeln und vor Gott selbst und sind gleichsam schon wie im Paradies ... die anderen jedoch befinden sich in großer Enge und untröstlichem Leiden, wie solche, die schon gerichtet sind und noch auf das Urteil der Gerichts warten ... die Freude, die nun die Seelen der Heiligen empfinden, ist ein Teil des Genusses, wie auch der Kummer, den die Sünder haben, ein Teil der Strafe ist". Der heilige Markus erinnert an die Dämonen, die zu Christus sagen: „Bist Du gekommen, um uns vor der Zeit zu quälen?" (Mt 8,29), und schließt daraus, dass die Qualen des Teufels und der Dämonen noch nicht begonnen haben, sondern ihnen nur „bereitet" sind (vgl. Mt 25,41).[7]

Das Gebet für die Verstorbenen

Im Ritus der Beerdigung gibt es Worte, die sozusagen von der Person des Verstorbenen selbst gesprochen werden: „Ihr, die ihr mich stumm und leblos vor euch liegen seht, weint über mich, Brüder, Freunde, Verwandte und Bekannte: noch gestern haben wir miteinander gesprochen, und plötzlich brach

---

6 Ebd. 156.
7 Zit. nach: Amvrosij Pogodin, Der heilige Markus von Ephesus und die Union von Florenz [Sv. Mark Efesskij i Florentijskaja unija], Jordanville 1963, 118-121.

die schreckliche Stunde des Todes für mich an. Doch kommt zu mir, alle, die
ihr mich liebt, und küsst mich ein letztes Mal, denn ich werde nun nicht mehr
unter euch weilen und nicht mehr mit euch sprechen; ich trete nun vor das
Gericht, vor dem wir alle gleich sind; denn beide, Herr und Knecht, König und
Krieger, Reicher und Ärmster stehen hier nebeneinander in gleicher Würde,
denn jeder wird nach seinen Taten gerichtet, verherrlicht oder getadelt. Doch
ich bitte euch alle und flehe euch an, betet unaufhörlich für mich bei Christus,
unserem Gott, auf dass ich nicht meiner Sünden wegen am Ort der Qualen
gepeinigt werde, sondern man mich dorthin bringt, wo das Licht des Lebens
wohnt".[8]

Über das Gebet für die Verstorbenen spricht auch Dostojevskij in wunder-
barer Weise durch den Mund seines Helden, des Starez Sossima: „An jedem
Tag und wann du kannst, wiederhole für dich: ‚Herr, erbarme Dich aller, die
heute vor Dich hintreten'. Denn zu jeder Stunde und in jedem Augenblick
verlassen Tausende von Menschen ihr Leben auf dieser Erde, und ihre Seelen
treten vor den Herrn hin – und so viele von ihnen haben die Erde einsam verlassen, ohne dass jemand davon weiß, in Kummer und Gram, und niemand
trauert um sie ... Da kann es sein, dass vom anderen Ende der Erde her dein
Gebet für seine Ruhe zum Herrn aufsteigt, obwohl du ihn überhaupt nicht
gekannt hast und er dich nicht. Wie gerührt wird seine Seele sein, wenn er in
Furcht vor dem Herrn steht und in diesem Augenblick fühlt, dass es auch für
ihn einen Fürsprecher gibt, dass auf der Erde ein menschliches Wesen zurück-
blieb, das auch ihn liebt. Ja, und auch Gott schaut gnädiger auf euch beide,
denn wenn du schon Mitleid mit ihm hast, um wieviel mehr wird Er ihn
bemitleiden, der unendlich mitleidsvoller ist ... Und Er wird ihm um deinet-
willen verzeihen!"[9]

Das Gebet für die Verstorbenen ist eine alte Tradition der Kirche, die durch
die Jahrhunderte geheiligt ist. Wenn der Mensch den Leib verlässt, tritt er aus
der sichtbaren Welt hinaus, er verlässt jedoch nicht die Kirche, sondern bleibt
ihr Glied, und es ist eine Schuldigkeit derer, die auf der Erde bleiben, für ihn zu
beten. Die Kirche glaubt, dass das Gebet das Los des Menschen nach seinem
Tod erleichtert und dass der Herr nicht nur das Gebet für die verstorbenen
Gerechten annimmt, sondern auch für die Sünder in ihren Qualen. Eine

---

8   Ritus des Begräbnisses von Laien *[Posledovanie pogrebenija mirskich čelovek];* vgl. das
    „Orthodoxe Rituale" *[Trebnik],* Moskau 1991, 202.

9   F. Dostojevskij, Gesammelte Werke in 15 Bänden *[Sobranie sočinenij v 15 t.],* Leningrad
    1991, Bd. 9, 357f.; dt.: Sämtliche Werke und Novellen, Bd. 9, Insel Verlag: Frankfurt a.M.
    1986, 549f.

besondere Kraft haben die Gebete in der Liturgie: „Die heilige Opferung Christi, unseres erlösenden Opfers, gewährt den Seelen nach dem Tod einen großen Nutzen unter der Bedingung, dass ihre Sünden im künftigen Leben getilgt werden können", sagt der heilige Gregor der Große. „Deswegen bitten die Seelen der Verstorbenen manchmal, dass für sie die Liturgie gefeiert werde".[10]

Es sind Fälle bekannt, dass Verstorbene den Lebenden erschienen – im Schlaf oder im Wachen – und um ein eucharistisches Gedenken gebeten haben. Einem Priestermönch erschien Ende des 19. Jahrhunderts der heilige Feodosij Tschernigovskij (der Priestermönch sass neben dessen Reliquien) und bat, in der Liturgie an das Seelenheil seiner Eltern – des Priesters Nikita und der Maria – zu denken. „Wie kannst du, o Heiliger, mein Gebet erbitten, wenn du selbst vor dem Himmlischen Thron stehst?", fragte der Priestermönch. „Ja, das ist richtig", antwortete der heilige Feodosij, „aber das Opfer der Liturgie ist stärker als meine Gebete". (Die Namen der Eltern des heiligen Feodosij waren bis zu dieser Erscheinung unbekannt, doch einige Jahre später wurde ein Erinnerungsbuch des heiligen Feodosij gefunden, in dem von seiner Hand die Namen des Priesters Nikita und der Maria niedergeschrieben waren.)[11]

Die Liturgie ist ein Opfer, das ‚für das Leben der Welt' dargebracht wird, das heißt für die Lebenden und die Verstorbenen. Vor der Liturgie liest der Priester ein Gebet, das dem heiligen Ambrosius von Mailand zugeschrieben wird und ein Fragment einer alten lateinischen Anaphora darstellt; darin heißt es: „Wir bitten Dich, heiliger Vater, für die Seelen der verstorbenen Gläubigen, auf dass ihnen dieses große Geheimnis der Frömmigkeit zur Errettung, zur Erlösung, zur Labsal und zur ewigen Freude werde. Herr, mein Gott, es werde ihnen heute ganz und gar Dein Trost zuteil von Dir, dem wahren, lebendigen Brot, das vom Himmel kommt und der Welt das Leben gibt, von Deinem heiligen Fleisch, des makellosen Lammes, Das die Sünde der Welt hinwegnimmt. Tränke sie mit dem Strom Deiner Güte, Der aus Deiner durchbohrten (durchstochenen) Seite am Kreuz hervorströmt ...".[12] In den kniend vorzutragenden Gebeten am Pfingstfesttag gibt es eine Bitte „für die in der Hölle Festgehaltenen" (d.h. für die, die sich in der Hölle befinden), dass der Herr ihnen „am Ort der Lichtes, am goldenen Ort, am Ort der Frische" Ruhe gewähre.[13] Die Kirche glaubt, dass durch die Gebete der Lebenden Gott das jenseitige Los

---

10 Seraphim (Rose), Die Seele nach dem Tod *[Duša posle smerti]*, Moskau 1991, 162f.
11 Ebd. 162.
12 Kanon-[Anaphora-]Sammlung *[Kanonik]*, Moskau 1986, 520f.
13 Feiertagsminäen *[Mineja prazdničnaja]*, Moskau 1970, 541.

der Verstorbenen erleichtern, sie aus den Qualen erretten und der Erlösung mit allen Heiligen würdig machen kann.

Eine mittelalterliche Erzählung aus dem Westen berichtet von einem Priester, der die Seelenliturgie zelebrierte und im Moment der Erhebung der heiligen Gaben die unzählige Menge von Seelen sah, die aus dem Ort der Qualen herausstieg, „ähnlich wie unzählige Funken eines Feuers, die von einem brennenden Schmelztiegel aufsteigen, und er sah, wie sie wegen der Verdienste der Leiden Christi zum Himmel emporstiegen, weil Christus jeden Tag im Opfer für die Lebenden und Toten dargebracht wird".[14] Diese Erzählung zeigt, was sich während des liturgischen Gebetes für die Entschlafenen ereignet: die Seelen werden von den Qualen befreit und mit Christus vereinigt.

Die Auferstehung der Toten

Obwohl die Seele im Augenblick des Todes nicht stirbt, sondern weiterlebt und sich an ihr das Gericht vollzieht, glaubt die Kirche, dass am Ende der Weltgeschichte die allgemeine Auferstehung der Toten und das allgemeine Gericht stattfinden werden, das für alle Menschen endgültig sein wird.

Der Glaube an die Auferstehung der Toten ist klar im Alten Testament ausgedrückt: „Ich weiß, dass mein Erlöser lebt und dass Er am letzten Tag aus dem Staub meine zerfallene Haut wiederherstellt, und ich werde in meinem Fleisch Gott schauen", sagt Ijob (Ijob 19,26f. [Vulgata]). „Aufleben werden Deine Toten, aufstehen die toten Leiber", sagt der Prophet Jesaja (Jes 26,19). Im Buch Ezechiel ist eine Weissagung über die allgemeine Auferstehung enthalten: „Die Hand des Herrn lag auf mir, und der Herr ... stellte mich mitten auf eine Ebene, und sie war voll von Gebeinen ... sehr viele von ihnen waren auf der Oberfläche der Ebene verstreut, und sie waren ganz verdorrt. Er sagte zu mir: Menschensohn! Können diese Gebeine wieder lebendig werden? Ich sagte: Herr, Gott! Das weißt nur Du. Da sagte Er zu mir: Sprich eine Verheißung über diese Gebeine und sag ihnen: ‚Ihr dürren Gebeine! Hört das Wort des Herrn ... Siehe, Ich lege den Geist in euch, und ihr werdet leben. Und Ich umgebe euch mit Sehnen und überziehe euch mit Fleisch, überdecke euch mit Haut und lege den Geist in euch ... und ihr werdet erkennen, dass Ich der Herr bin'. Ich sprach die Verheißung aus, wie mir befohlen worden war; und während ich prophetisch redete, entstand ein Lärm und auf einmal Bewegung, und es näherte sich Bein zu Gebein. Und ich sah: Da waren Sehnen auf ihnen, Fleisch wuchs und Haut überdeckte sie von oben ... und der Geist trat in sie ein, sie wurden

---

14 Die Blümlein des Franz von Assisi *[Cvetočki Franciska Assizkogo]*, Moskau 1990, 157f.

lebendig und standen auf ihren Beinen – ein ganz, ganz großes Heer. Er sagte zu mir: Menschensohn! Diese Gebeine sind das ganze Haus Israel" (Jes 37,1-8.10f.).

Ein erschütterndes Zeugnis des Glaubens an die Auferstehung der Toten ist das im zweiten Makkabäerbuch beschriebene Martyrium der sieben Brüder und ihrer Mutter, die sich weigerten, dem Befehl des heidnischen Königs zu gehorchen und die väterlichen Gesetze zu brechen. „Du, Verbrecher, du nimmst uns dieses Leben, aber der König der Welt wird uns auferwecken zum ewigen Leben, weil wir für Seine Gesetze gestorben sind", sagt sterbend einer der Brüder. Als von einem anderen gefordert wurde, die Hände zum Abhacken herzugeben, streckte er sie hin und sagte: „Vom Himmel habe ich sie erhalten, und um seiner Gesetze willen schone ich sie nicht, weil ich hoffe, sie wiederzuerlangen". Wieder ein anderer der Brüder sagte: „Wer von Menschenhand stirbt, darf die Hoffnung auf Gott setzen, dass Er ihn wieder lebendig macht". Die Mutter stärkte ihre Kinder und sagte: „Ich weiß nicht, wie ihr in meinem Schoß entstanden seid; nicht ich habe euch den Atem und das Leben gegeben; nicht durch mich wurden die Bestandteile eines jeden gebildet. Der Schöpfer der Welt, Der die Menschennatur gebildet und die Entstehung aller Dinge bewirkt hat, Er wird euch voll Erbarmen wieder Atem und Leben geben, weil ihr jetzt euer Leben um Seiner Gesetze willen nicht schont". Alle sieben wurden grausamen Qualen unterworfen und dann hingerichtet. „Nach den Söhnen starb auch die Mutter", beendet der Autor die Erzählung (2 Makk 7,1-41). Im Neuen Testament ist die Lehre von der Auferstehung der Toten noch klarer ausgedrückt. Der Apostel Paulus sagt, dass das Fleisch der auferstandenen Menschen nicht sein wird wie jetzt – es wird ein ‚geistlicher Leib' sein: „Es könnte aber jemand fragen: Wie werden die Toten auferstehen? ... Bei der Auferstehung der Toten ist es so: Gesät wird in Verweslichkeit, auferweckt in Unverweslichkeit; gesät wird in Niedrigkeit, auferweckt in Herrlichkeit; gesät wird in Schwachheit, auferweckt in Kraft; gesät wird ein seelischer Leib, auferweckt ein geistlicher Leib ... Wie wir das Abbild des Irdischen tragen, so werden wir auch das Abbild des Himmlischen tragen ... Die Toten werden als Unverwesliche auferweckt werden, und wir werden verwandelt werden. Denn dieses Verwesliche muss in die Unverweslichkeit gekleidet werden, und dieses Sterbliche in die Unsterblichkeit" (1 Kor 15,35.42-44.49.52f.). Der neue ‚verherrlichte' Leib des Menschen wird dem Leib Christi nach Seiner Auferstehung ähnlich sein, als Er den Jüngern erschien und durch verschlossene Türen ging (Joh 20,19.26). Er wird, wie manche Väter denken, nicht-materiell sein, lichtgestaltig und leicht.[15] Er bewahrt jedoch die ‚Gestalt' des irdisch-materiellen Leibes, wobei er keinerlei Unvollkommenheiten des materiellen Leibes – zum Beispiel verschiedene Verletzungen, Anzeichen des Alterns und sonstiges – an sich haben wird.

Die Auferstehung der Toten wird nach der Lehre Christi universal sein, aber sie wird für die einen eine „Auferstehung zum Leben", für die anderen eine „Auferstehung zum Gericht" sein (Joh 5,29). Der heilige Gregor Palamas sagt über die allgemeine Auferstehung: „Auch wenn in der künftigen jenseitigen Welt zusammen mit den Leibern der Gerechten auch die Leiber der Gesetzlosen und Sünder auferweckt werden, so nur deshalb, um dem zweiten Tod unterworfen zu werden ... Der Tod besteht eigentlich darin, dass die Seele von der göttlichen Gnade ausgeschlossen und mit der Sünde verbunden wird. Das ist für die Vernunftwesen der Tod, dem man aus dem Weg gehen soll, das ist der wirkliche und schreckliche Tod. Für die Verständigen ist er schlimmer als das furchtbare Feuer der Hölle ... Wenn (diejenigen, die Gott wohlgefällig gelebt haben) vom Leib getrennt werden, werden sie nicht von Gott getrennt; bei der Auferstehung werden sie auch mit dem Leib zu Gott emporgetragen ... Dessen werden diejenigen nicht gewürdigt, die hier dem Fleisch nach gelebt haben und in der Stunde ihres Endes in keinerlei Gemeinschaft mit Gott eingetreten sind. Zwar werden alle auferweckt, doch jeder, so sagt die Schrift, gemäß seinem Rang" (1 Kor 15,23).[16]

Das Jüngste Gericht[17]

Im Augenblick des Todes verlässt die Seele den Leib und tritt in eine neue Form der Existenz ein. Dabei verliert sie jedoch weder ihr Gedächtnis noch ihre Fähigkeit zu denken und zu fühlen. Mehr noch, die Seele betritt eine andere Welt, beladen mit der Last der Verantwortung für das durchlebte Leben, dessen Gedächtnis sie in sich trägt.

Die christliche Lehre vom Jüngsten Gericht, das jeden Menschen nach seinem Tod erwartet, beruht darauf, dass alle guten und bösen Taten, die der Mensch vollbracht hat, in der Seele Spuren hinterlassen. Für alles wird dann Rechenschaft verlangt werden vor dem Absoluten Guten, neben Dem nichts Böses und keinerlei Sünde Bestand haben kann. Das Reich Gottes ist unver-

---

15 Barsanufius und Johannes, Anleitung zum geistlichen Leben *[Barsanufij i Ioann, Rukovodstvo k duchovnoj žizni]*, Antwort 613, St. Petersburg 1905, 391-395.

16 Zit. nach: Ignatij Brjantschaninov, Werke in 5 Bänden *[Soč. v 5 t.]*, St. Petersburg 1905, Bd. 3, 118-121.

17 Die russische Bezeichnung lautet wörtlich: „Das Schreckliche Gericht"; Anm. d. Übers.

einbar mit der Sünde: „Nichts Unreines wird hineinkommen, und niemand, der dem Abscheulichen und der Lüge ergeben ist, sondern nur diejenigen, die im Lebensbuch des Lammes eingeschrieben sind" (Offb 21,27). Alles Böse, das ein Mensch nicht aufrichtig in der Beichte bekannt hat, alle verborgenen Sünden, jede Unreinheit der Seele – dies alles wird im Jüngsten Gericht offenbar werden: „Nichts ist verborgen, was nicht offenbar würde; und nichts bleibt geheim, was nicht ans Tageslicht käme", sagt Christus (Mk 4,22).

Vom Jüngsten Gericht wusste man schon im Alten Testament. Kohelet sagt: „Freue dich, junger Mann, an deiner Jugend, und dein Herz koste die Freude in den Tagen deiner Jugend. Geh auf den Wegen deines Herzens ... wisse aber, dass Gott dich für alles vor Gericht ziehen wird" (Koh 11,9). Doch mit besonderer Klarheit spricht Christus selbst vom Gericht: „Wenn der Menschensohn in Seiner Herrlichkeit kommen wird und alle heiligen Engel mit Ihm, dann wird Er sich auf den Thron Seiner Herrlichkeit setzen, und alle Völker werden sich vor Ihm versammeln. Er wird die einen von den anderen scheiden, wie der Hirt die Schafe von den Böcken scheidet; die Schafe wird Er zu Seiner rechten Seite stellen, die Böcke aber zur Linken. Dann wird der König denen, die auf Seiner rechten Seite sind, sagen: Kommt, ihr Gesegneten Meines Vaters, und nehmt das Reich in Besitz, das euch seit der Erschaffung der Welt bereitet ist: Denn Ich war hungrig, und ihr habt Mir zu essen gegeben; Ich war durstig, und ihr habt Mir zu trinken gegeben; Ich war fremd, und ihr habt Mich aufgenommen; Ich war nackt, und ihr habt Mich bekleidet; Ich war im Gefängnis, und ihr seid zu Mir gekommen. Dann werden die Gerechten ihm zur Antwort sagen: Herr, wann haben wir Dich hungrig gesehen und haben Dich gespeist? oder durstig und Dir zu trinken gegeben? ... Und der König wird ihnen zur Antwort geben: Wahrlich, Ich sage euch: Was ihr für einen der geringsten Meiner Brüder getan habt, das habt ihr Mir getan. Dann wird Er denen auf der linken Seite sagen: Geht von Mir, Verfluchte, in das ewige Feuer, das dem Teufel und seinen Engeln bereitet ist, denn Ich war hungrig, und ihr habt Mir nicht zu essen gegeben; Ich war durstig, und ihr habt Mir nicht zu trinken gegeben ... Und diese werden in die ewigen Qualen gehen, die Gerechten aber in das ewige Leben" (Mt 25,31-37.40-42.46).

Die Worte Christi zeigen, dass das Jüngste Gericht für viele ein Moment der Einsicht sein wird: Jene, die sich ihrer Erlösung sicher waren, sind plötzlich verurteilt, und jene, die vielleicht Christus im irdischen Leben nicht begegnet sind („Wann haben wir Dich gesehen?"), aber barmherzig ihrem Nächsten gegenüber waren, sind gerettet. Im Gleichnis vom Jüngsten Gericht fragt der König die Menschen nicht, ob sie in die Kirche gegangen sind, ob sie das Fasten beachtet, ob sie die Gebetsregel erfüllt, die Verbeugungen ausgeführt haben, sondern Er fragt, wie sie sich ihren Nächsten, Seinen ‚geringsten Brüdern' gegenüber verhalten haben. Die Werke der Barmherzigkeit, die im Leben getan oder nicht getan worden sind, erweisen sich als Hauptkriterium im Gericht. Das Jüngste Gericht wird über alle abgehalten, über die Glaubenden wie über die Nichtglaubenden, über die Christen wie über die Heiden. Wenn aber die Christen nach dem Evangelium gerichtet werden, dann die Heiden nach dem „Gesetz des Gewissens, das ihnen ins Herz geschrieben ist" (Röm 2,15).

Übrigens gibt es im Neuen Testament Hinweise darauf, dass alle Menschen vor dem Gericht stehen und die Frohbotschaft Christi hören – sogar jene, die Christus im irdischen Leben nicht gekannt haben. Der Apostel Petrus spricht davon, dass Christus nach Seiner Auferstehung in die Hölle hinabgestiegen ist und dort den Sündern gepredigt hat, die in den Tagen des Noach in den Wassern der Sintflut umgekommen waren: „Um uns zu Gott zu führen, hat Christus einmal für unsere Sünden gelitten, der Gerechte für die Ungerechten. Dem Fleisch nach wurde Er getötet, dem Geist nach aber lebendig gemacht. So ist Er auch zu den Ungerechten gegangen, die im Gefängnis waren, und hat ihnen gepredigt, denen, die einst ungehorsam waren, als Gott auf sie mit Langmut wartete, in den Tagen des Noach, während die Arche gebaut wurde, in der einige, das heißt acht Menschen, errettet wurden vom Wasser (wörtl. durch das Wasser, mittels des Wassers). So rettet auch uns nun, ähnlich diesem Bild, die Taufe ... durch die Auferstehung Jesu Christi" (1 Petr 3,18-21).

Wenn Christus in der Hölle gepredigt hat, war dann diese Predigt an alle gerichtet, die sich dort befanden, oder nur an die Auserwählten? Nach der Meinung einiger Kommentatoren hat Christus nur den frommen alttestamentlichen Gerechten gepredigt, die in der Hölle in der Erwartung ihrer Errettung schmachteten. Einer anderen Meinung zufolge erstreckte sich die Predigt Christi überhaupt auf alle, darunter auch auf diejenigen, die in der heidnischen Welt ohne den wahren Glauben gelebt hatten. Diese Meinung ist von Klemens von Alexandrien ausgedrückt worden: „Sagt nicht die Schrift gleichsam ohne Umschweife und geradeheraus, dass der Herr das Evangelium auch den in der Sintflut Umgekommenen gepredigt hat, oder besser denjenigen, die gebunden waren und sich in den Banden der Gefangenschaft befanden? Ich hoffe, dass man dem Erlöser nicht die Möglichkeit verweigert, auch die Heiden zu erlösen, denn das Ziel Seines Kommens auf die Erde war die Erlösung ... Wenn der Herr in die Hölle hinabstieg – dass Er aber hinabstieg, ist zweifelsfrei –, dann zu keinem anderen Zweck, als hier das Evangelium zu predigen, und damit bekehrte Er ... alle Verstorbenen. Daraus folgt, dass alle, die zum Glauben gekommen sind, gerettet werden, auch wenn sie Heiden waren ... Verschlungen von der Hölle und darin in Gefangenschaft gehalten, konnten auch sie sich hier unverzüglich bekehren und den Glauben an Christus annehmen, sobald Er erschien und sobald sie hier Sein Göttliches Wort und das Wort der Apostel hörten".[18]

Insofern in den Worten des Apostels Petrus von den Menschen gesprochen wird, die in den Tagen des Noach lebten, von denen im Alten Testament erzählt wird, dass ihre Verdorbenheit groß war und dass „alle ihre Gedanken und Absichten die ganze Zeit schlecht gewesen" seien (Gen 6,5), ist klar, dass Christus nicht nur den Gerechten gepredigt hat, sondern auch den Sündern, die sich in der Hölle befanden. Der Apostel kommt ein paar Verse weiter zu diesem Thema zurück: „Sie (die Sünder) werden Rechenschaft geben Dem, Der bald die Lebenden und die Toten zu richten haben wird. Deswegen wurde auch den Toten die Frohbotschaft verkündet, damit sie zwar als Menschen dem Gericht unterworfen sind, im Geist aber Gott gemäß leben" (1 Petr 4,5f.). Diese Worte des Apostels kommentierend schreibt ein russischer orthodoxer Bischof: „Unter den Toten *(nekroi)* muss man alle Verstorbenen bis zum letzten Gericht Christi verstehen, das heißt, ob sie das Evangeliumswort in der Zeit ihres irdischen Lebens gehört haben oder ob sie es nicht gehört haben ... Wenn das Evangelium Christi nicht die Ohren aller Verstorbenen berührt hätte, dann könnten auch nicht alle dem Gericht Christi unterworfen werden. So gründet in diesem Vers der Gedanke, dass ebenso wie vor Christi Kommen auf die Erde die Verstorbenen mit der Predigt des Evangeliums in der Hölle bekannt gemacht wurden durch Christus, Der gestorben und in die Hölle hinabgestiegen war, so auch die nach dem Kommen Christi Verstorbenen, die die Predigt des Evangeliums auf der Erde noch nicht gehört und Christus nicht gekannt haben, mit dieser Predigt in der Hölle bekannt gemacht werden. Ob sich das mehrmals ereignen wird oder einmal vor dem letzten Gericht Christi ... macht der Apostel nicht kund. Ohne Zweifel folgt aus den Worten des Apostels lediglich, dass alle Toten, also auch die, die auf Erden das Evangelium Christi nicht gehört haben, vor dem letzten Gericht des Herrn stehen werden, genauso wie diejenigen, die es gehört haben. Nichts gibt uns das Recht, den Begriff *nekroi* (Tote) auf eine bestimmte Klasse von Verstorbenen zu beschränken".[19]

Ist nicht in diesen Worten eine Antwort auf die Frage enthalten, ob die Erlösung auch für die Nichtgetauften und Nichtglaubenden möglich ist? Die Kirche glaubt fest, dass *außerhalb Christi, außerhalb der Taufe und außerhalb*

---

18 Klemens von Alexandrien, *Stromateis [Kliment Aleksandrijskij, Stromaty]*, Jaroslavl 1892, 6, 6.

19 Bischof Gregorij, Erklärung der schwierigsten Stellen des ersten Petrusbriefs *[Iz"jasnenie trudnejšich mest 1-go Poslanija sv. ap. Petra]*, Simferopol' 1902, 10.

der Kirche Erlösung unmöglich ist. Doch nicht alle, die auf der Erde Christus nicht kennen, sind jeder Möglichkeit der Rettung vor der Hölle beraubt, da auch in der Hölle die Predigt des Evangeliums gehört werden kann. Indem Er den Menschen frei erschaffen hat, hat Gott die Verantwortung für seine Erlösung auf sich genommen, und diese Erlösung ist bereits in Christus geschehen. Wer bewusst Christus und Seine Predigt ablehnt, trifft eine Wahl zugunsten des Teufels und trägt selbst Schuld an seiner eigenen Verurteilung: „Wer nicht glaubt, ist schon gerichtet, weil er nicht fest an den Namen des Eingeborenen Sohnes Gottes glaubt" (Joh 3,18). Wie aber kann jemand verurteilt werden, der überhaupt nichts vom Evangelium gehört hat? „Stellt euch vor", sagt Klemens von Alexandrien, „dass den vor dem Kommen des Herrn Verstorbenen das Evangelium nicht verkündet worden ist: Dann geht daraus hervor, dass sowohl ihre Erlösung wie auch ihre Verurteilung eine himmelschreiende Ungerechtigkeit sind".[20] Genauso kann den nach dem Kommen Christi Verstorbenen, denen das Evangelium nicht verkündet worden ist, weder der Glaube angerechnet werden, noch können sie des Unglaubens bezichtigt werden. Deswegen hat Christus die Frohbotschaft in der Hölle verkündigt, damit jeder durch Ihn geschaffene Mensch eine Wahl zugunsten des Guten oder des Bösen treffen kann und entsprechend dieser Wahl erlöst oder verurteilt wird.

Die Hölle

„Ihr Väter und Lehrer, wenn ich überlege: ‚Was ist die Hölle?', dann beurteile ich das so: ‚Das Leiden daran, dass man nicht mehr lieben kann'", sagt der Held Dostojevskijs, der Starez Sossima.[21]

Oft fragt man: Wie ist im Bewusstsein des Menschen das Bild von einem Gott der Liebe vereinbar mit dem Bild eines Gottes der Strafe, Der die von Ihm geschaffenen Menschen zu ewigen Qualen verurteilt? Auf diese Frage antwortet Isaak der Syrer in folgender Weise: Es gibt keinen Menschen, dem die Liebe Gottes entzogen wäre, und es gibt keinen Ort, an dem diese Liebe nicht anwesend wäre. Doch jeder, der eine Wahl zugunsten des Bösen trifft, entzieht sich selbst die Barmherzigkeit Gottes. Die Liebe, die im Paradies für die Gerechten eine Quelle der Seligkeit und des Trostes ist, wird für die Sünder in der Hölle zu einer Quelle der Qualen, da sie sehen, dass sie nicht daran teilhaben. „Die in der Hölle gepeinigt werden, werden mit der Geißel der Liebe geschlagen", sagt der heilige Isaak. „Wie bitter und grausam ist diese Qual der

---

20 Klemens von Alexandrien, *Stromateis [Kliment Aleksandrijskij, Stromaty]*, Jaroslavl 1892, 6, 6.

21 F. Dostojevskij, Gesammelte Werke in 15 Bänden *[Sobr. soč. v 15 t.]*, Bd. 9, 362.

Liebe! Denn diejenigen, die erfahren, dass sie gegen die Liebe gesündigt haben, erleiden eine Qual, die stärker ist als jede andere schreckliche Qual; die Trauer, die das Herz wegen seiner Sünden gegen die Liebe trifft, ist schmerzhafter als jede andere mögliche Strafe. Für den Menschen ist es ungehörig zu denken, dass die Sünder in der Hölle der Liebe Gottes beraubt seien. Die Liebe ... ist ganz allgemein allen gegeben. Doch die Liebe wirkt in ihrer eigenen Kraft auf zweifache Weise: Sie quält die Sünder, wie es auch hier vorkommt, dass ein Freund an seinem Freund leidet, und sie erfreut durch sich den, der seine Schuldigkeit (vor Gott) erfüllt hat. Meiner Überlegung nach ist eine solche Pein der Hölle – die Reue".[22]

Nach der Lehre des heiligen Symeon des Neuen Theologen ist das schneidende Gefühl, von Gott verstoßen zu sein, die Hauptquelle der Höllenqualen: „Niemand von den Menschen, die an Dich glauben, Herr", schreibt er, „niemand von denen, die auf Deinen Namen getauft sind, kann diese große und schreckliche Bürde aushalten, von Dir verstoßen zu sein, Barmherziger, weil dies ein schreckliches Leid, eine unerträgliche, entsetzliche und ewige Trauer ist. Was kann denn schlimmer sein, als von Dir, Erlöser, verstoßen zu werden? Was ist quälender, als vom Leben getrennt zu sein und gleich einem Toten, der des Lebens beraubt ist, zu leben und damit zugleich aller Güter beraubt zu sein, weil man alle Güter verliert, wenn man sich von Dir entfernt?"[23] Wenn auf der Erde, sagt der heilige Symeon, diejenigen, die an Gott keinen Anteil haben, körperliche Vergnügungen empfinden, dann werden sie dort, außerhalb des Leibes, eine andauernde Qual erdulden.[24] Alle Formen der Höllenqualen, die es in der Weltliteratur gibt – Feuer, Kälte, Durst, glühende Öfen, brennende Seen usw. – sind nur symbolische Leiden, die dadurch entstehen, dass der Mensch wahrnimmt, Gottes nicht teilhaftig zu sein.

Man muss sagen, dass die Vorstellung der ewigen Qualen in der Wahrnehmung vieler Menschen durch derbe materielle Bilder entstellt sind, die aus der mittelalterlichen Literatur stammen. In der „Göttlichen Komödie" Dantes sind zum Beispiel die Qualen der Sünder in so drastisch sinnenhaften Einzelheiten beschrieben, dass sie Puschkin zu folgender Parodie veranlassten:

---

22 Isaak der Syrer, Predigt 84 *[Isaak tou Syrou eurethenta asketika]*, Athen 1977, 326.

23 Hymnus 1, 93-97, in: Syméon le Nouveau Théologien, Hymnes, hg. v. J. Koder (= SC 156), Paris 1969, Bd. 1, 164.

24 Hymnus 1, 98-103: ebd.

„Wir gingen weiter – und Angst umfing mich.
Ein Teufelchen, mit untergeschlagenem Huf,
Drehte im Höllenfeuer einen Wucherer am Spieß.
Siedendes Fett tropfte in den Räuchertrog,
Und er frass am Feuer den gebackenen Wucherer ..."[25]

Auf Michelangelos Fresko „Das Jüngste Gericht" aus der Sixtinischen Kapelle
ist Christus dargestellt, Der mit der Geste des Siegers die Sünder in den Abgrund der Hölle wirft. Wenn eine solche Deutung auch der scholastischen
Lehre vom Zorn Gottes und Seiner Rechtsprechung, von der Beleidigung und
der Genugtuung entsprechen mag, dann hat sie doch wenig mit dem orthodoxen Verständnis gemeinsam. Darauf lenkte Archimandrit Sophronij (Sacharov)
die Aufmerksamkeit: „Michelangelo besass eine große Genialität, aber nicht bei
liturgischen Themen ... Natürlich muss Christus im Zentrum stehen, aber ein
anderer Christus, der mehr der Offenbarung entspricht, die wir über Ihn
haben".[26] Die Offenbarung aber sagt von Gott, dass Er die Liebe ist (vgl. 1 Joh
4,8). Sogar im Jüngsten Gericht bleibt Er ein Gott, Der den Menschen liebt.

Für einen orthodoxen Christen ist der Gedanke an die Hölle und die
ewigen Qualen unlöslich mit dem Geheimnis verbunden, das in den Gottesdiensten der Leidenswoche und des Osterfestes offenbart wird, mit dem Geheimnis des Abstiegs Christi in die Hölle und der Befreiung derer, die sich dort
befinden, von der Herrschaft des Bösen und des Todes. Die Kirche glaubt, dass
Christus nach Seinem Tod in den Abgrund der Hölle hinabgestiegen ist, um
Hölle und Tod aufzuheben und die schreckliche Herrschaft des Teufels zu
zerstören. Wie Christus in dem Augenblick, als Er bei Seiner Taufe in den
Jordan hinabstieg, diese Wasser geheiligt hat, die von der menschlichen Sünde
angefüllt waren, so hat Er auch die Hölle bei Seinem Abstieg bis zur letzten
Tiefe und äußersten Grenze mit Seinem Licht erhellt, so dass die Hölle die
Göttlichen Kräfte nicht mehr ertragen konnte und unterging: „Heute schreit
die Hölle stöhnend: Besser wäre es für mich gewesen, wenn ich Den von Maria
Geborenen nicht aufgenommen hätte, denn als Er in mich hinabstieg, zerstörte
Er meine Macht, zerschlug meine kupfernen Tore, und die Seelen, die ich zuvor
beherrschte, hat Er, Der Gott ist, auferweckt".[27] Der heilige Johannes Chrysos-
tomos sagt in einer Osterkatechese: „Die Hölle ist betrübt, weil sie Dich in der

---

25 Alexander Puschkin, Gesammelte Werke in 6 Bänden *[Sobr. soč. v 6 t.]*, Moskau – Lenin-
    grad 1936, Bd. 2, 54.
26 Archimandrite Sophrony, His life is Mine, New York 1977, 32.
27 Stichiron zur Vesper am Karsamstag *[Stichira na večerne Velikoj subboty]*, in: Fasten-
    Triodion *[Triod postnaja]*, Moskau 1974, Teil 2, Blatt 487.

Tiefe angetraf; sie ist betrübt, weil sie beseitigt wurde; sie ist betrübt, weil sie verspottet wurde; sie ist betrübt, weil sie umgebracht wurde; sie ist betrübt, weil sie entthront wurde".[28] Das heißt nicht, dass es die Hölle nach der Auferstehung Christi überhaupt nicht mehr gibt: sie existiert, aber das Todesurteil ist ihr schon gesprochen.

Die liturgischen Texte tun noch ein anderes Geheimnis kund: wer genau von Christus nach Seiner Auferstehung aus der Hölle herausgeführt worden ist. Einige nehmen an, dass aus der Hölle die alttestamentlichen Gerechten herausgeführt worden sind, die auf das Kommen Christi gewartet haben, während die Sünder dort in den ewigen Qualen zurückblieben. Der orthodoxe Gottesdienst spricht jedoch von der Befreiung aller, die sich in der Hölle befanden: „Heute stöhnt die Hölle und schreit: Zerstört wurde meine Macht, weil ich Den Toten wie einen der Verstorbenen aufgenommen habe, denn Ihn konnte ich nicht festhalten, ich verliere aber mit Ihm diejenigen, die ich beherrscht habe; ich hatte die Toten seit ewigen Zeiten, aber Er lässt *alle* auferstehen".[29] „Diejenigen, die ich beherrscht habe, wurden mir geraubt, und diejenigen, die ich zuvor verschlungen hatte, wurden *alle* befreit".[30] An jedem Sonntag hören die Christen den Gesang, der dem Sieg Christi über den Tod gewidmet ist: „Der Engelchor sieht Dich unter den Toten und staunt, Du aber, Erlöser, hast des Todes Macht zerstört ... und aus der Hölle *alle* befreit".[31] Die Befreiung aus der Hölle darf man jedoch nicht als eine magische Tat verstehen, die Christus gegen den Willen des Menschen vollbringt: Für denjenigen, der bewusst Christus und das ewige Lebens ablehnt, gibt es die Hölle auch weiterhin als das Leiden und die Qualen der Gottverlassenheit.

In den liturgischen Texten, besonders im Kanon des Karsamstag, begegnen wir Hinweisen darauf, dass die Macht der Hölle über die, die sich in ihr befinden, nicht ewig ist: „Es herrscht die Hölle, aber sie herrscht nicht ewig über das Menschengeschlecht: Denn Du wurdest in das Grab gelegt ... hast des Todes Schlüssel zerbrochen und denen gepredigt, die dort seit Ewigkeit schlafen – Du, Der Du die untrügliche Erlösung bist, Erlöser, Du Erstgeborener der Toten".[32]

---

28 Feiertagsminäen *[Mineja prazdničnanja]*, Moskau 1970, 459.

29 Stichiron zur Vesper am Karsamstag *[Stichira na večerne Velikoj subboty]*, in: Fasten-Triodion *[Triod postnaja]*, Moskau 1974, Teil 2, Blatt 487, Rückseite.

30 Ebd.

31 Troparion zur Matutin am Karsamstag *[Tropari na utreni Velikoj subboty]*, in: Fasten-Triodion *[Triod postnaja]*, Moskau 1974, Teil 2, Blatt 480, Rückseite.

32 Kanon am Karsamstag, 6. Ode *[Kanon Velikoj subboty, pesn' 6]*, in: Fasten-Triodion *[Triod postnaja]*, Moskau 1974, Teil 2, Blatt 483, Rückseite.

Diese Worte klingen wie die Lehre des heiligen Gregor von Nyssa, dass am Ende der Weltgeschichte nach langen, ewigen Zeiten die Hölle und der Tod endgültig durch Christus aufgehoben werden und „nichts außerhalb des Guten bleibt".[33] Der heilige Isaak der Syrer wiederholt Gregor von Nyssa und schreibt, dass „die Mehrzahl der Menschen ohne die Erfahrung der Hölle in das Himmlische Reich eingehen wird"; und was diejenigen betrifft, die in der Hölle sein werden, so wird auch ihre Qual dort nicht ewig währen.[34]

Zugleich betont der heilige Isaak, dass das Ende der Hölle uns unbekannt bleibt, obwohl Tod und Sünde eines Tages für immer aufgehoben sein werden: „Sünde, Hölle und Tod existieren bei Gott überhaupt nicht, weil sie zwar Wirkungen sind, aber keine Wesenheiten. Die Sünde ist eine Frucht des freien Willens. Es gab eine Zeit, da die Sünde nicht existiert hat, und es wird eine Zeit kommen, da sie aufhört zu existieren. Die Hölle ist ein Frucht der Sünde. In einem bestimmten Moment hat sie begonnen zu existieren, ihr Ende aber ist unbekannt ... Der Tod wird nur eine kurze Zeit über die Natur herrschen; danach wird er völlig aufgehoben".[35]

Das ‚Ende der Hölle' bleibt ein Geheimnis, unzugänglich für den menschlichen Verstand. Nicht zufällig hat die Kirche im 6. Jahrhundert die Lehre des Origenes von der Apokatastasis verurteilt, die Lehre von der allgemeinen Wiederherstellung, verstanden als Rückkehr aller Seelen in ihren ursprünglichen Zustand – nach der Beendigung der Qualen der Sünder in der Hölle und der Vereinigung aller unter ihrem Haupt Christus. Die Eschatologie des Origenes wurde auch deshalb verurteilt, weil einige ihrer Elemente dem Platonismus entlehnt waren und der Heiligen Schrift eindeutig widersprachen: dazu gehört insbesondere die Lehre von der Seelenwanderung.

Obwohl die Kirche die Lehre des Origenes abgelehnt hat, hat sie damit aber nicht die *Hoffnung* auf die Rettung aller Menschen und den *Glauben an die Möglichkeit* einer allgemeinen Errettung abgelehnt, wie sie aus der liturgischen und mystischen Erfahrung der Kirche erwachsen. Diese Hoffnung findet in den Schriften einiger Väter Ausdruck, zu denen – neben Gregor von Nyssa und

---

33 Gregor von Nyssa, Über die Seele und die Auferstehung *[Grigorij Nisskij, O duše i o voskresenii]*, in: Werke in 8 Bänden *[Grigorij Nisskij, Tvor. v 8 t.]*, Bd. 4, Moskau 1862, 250.

34 Isaak der Syrer, Von den Göttlichen Geheimnisse und vom geistlichen Leben. Neuentdeckte Texte, übersetzt aus dem Syrischen von Priestermönch Hilarion (Alfeyev) *[O Božestvennych tajnach i o duchovnoj žizni. Novootkrytye teksty. Perevod s sirijskogo ieromonacha Ilariona (Alfeeva)]*, Moskau 1998, 213.

35 The Ascetical Homilies of the Saint Isaac the Syrian, Boston (Massachusetts) 1984, 133 [übersetzt aus dem Syrischen].

Isaak dem Syrer, die bereits genannt wurden – auch der heilige Johannes Klimakos gehört; er meinte, dass „zwar nicht alle leidenschaftslos sein können, es aber trotzdem *nicht unmöglich* ist, dass *alle* mit Gott versöhnt und *gerettet werden*".[36]

Es ist angebracht, hier an den heiligen Siluan vom Berge Athos zu erinnern, einen der großen Heiligen unserer Zeit. Er meint, dass man für die ganze Welt beten muss und für jede menschliche Seele: „Wir müssen nur den einen Gedanken haben – *dass alle gerettet werden*".[37] Eines Tages kam zum heiligen Siluan ein Wüstenmönch und sagte: „Gott straft alle Gottlosen. Sie werden im ewigen Feuer brennen". Dem Wüstenmönch bereitete dieser Gedanke ein unverhohlenes Vergnügen. Starez Siluan aber antwortete in geistlicher Erregung: „Nun, sag mir bitte, wenn man dich ins Paradies versetzt, und du siehst von dort aus, wie jemand im Höllenfeuer brennt, wirst du dann ruhig sein?" „Was soll man denn machen, sie sind selbst schuld", antwortete der Wüstenmönch. Da sagte der Starez voll Trauer: „Die Liebe kann das nicht ertragen ... Man muss für alle beten".[38] Der heilige Siluan stand der Lehre des Origenes ganz fern, aber der Gedanke an die Qualen der Sünder in der Hölle war ihm unerträglich. Gerade deshalb hielt er es für unerlässlich, an die Möglichkeit der Errettung aller Menschen zu glauben und dafür zu beten. „Und er betete wirklich für alle", schreibt sein Biograph. „Seine Seele wurde von dem Bewusstsein gequält, dass Menschen leben, die Gott und Seine Liebe nicht kennen, und er betete mit allen Kräften ... für die Lebenden und die Toten, für Freund und Feind, für alle".[39]

Die Kirche hat zwar die Lehre von den Höllenqualen als eines der wichtigen Dogmen des Glaubens anerkannt, doch sagt sie nichts von deren Unvermeidbarkeit für alle Sünder. Im Gegenteil, die Kirche betet für alle, „die in der Hölle festgehalten werden", weil sie glaubt, dass es eine Begnadigung gibt, zwar nicht aus menschlichem Willen, sondern „vom sich erbarmenden Gott" (Röm 9,16). Gott „will, dass alle Menschen gerettet werden" (1 Tim 2,4), „damit alle zur Umkehr kommen" (2 Petr 3,9), und für Ihn ist nichts unmöglich: Durch das Gebet der Kirche und durch Sein Erbarmen kann Er sogar jene aus der Hölle führen, die Ihn zu Lebzeiten abgelehnt und sich Ihm widersetzt haben.

In der westlichen Tradition gibt es eine Lehre, die auf Aussprüchen einiger lateinischer Kirchenväter gründet und besagt, dass die jenseitigen Qualen für

---

36 Predigt 26 im syrischen Original; vgl. Mar Isaacus Ninevita, *De perfectione religiosa*, hg. v. P. Bedjan, Leipzig 1909, 189.

37 Sophronij (Sacharov), Starez Siluan *[Starec Siluan]*, Paris 1952, 99.

38 Ebd. 23.

39 Ebd.

die Sünder reinigend und erlösend sein können. „Derjenige, der im vergangenen Leben (d.h. im irdischen Leben) die Früchte der Umkehr nicht gebracht hat, muss erst durch ein läuterndes Feuer gereinigt werden, und obwohl dieses Feuer nicht ewig ist, so bin ich doch erstaunt, wie schwerwiegend es sein wird", schrieb der heilige Augustinus.[40] Der heilige Ambrosius von Mailand meinte, dass der verstorbene Sünder erlöst werden kann, „aber er geht durch das Leiden des Feuers, damit er, durch das Feuer gereinigt, erlöst wird und nicht auf ewig Qualen erleidet".[41] Der heilige Gregor der Große sah in den Worten Christi „Wer gegen den Heiligen Geist spricht, dem wird in diesem Äon nicht vergeben, auch nicht im künftigen" [Mt 12,32] einen Hinweis darauf, dass einige Sünden im künftigen Äon nachgelassen werden können.[42] Die Lehre der westlichen Väter vom reinigenden Feuer nach dem Tod wurde zur Grundlage für das katholische Dogma vom Fegefeuer, einem Zwischenzustand zwischen Hölle und Paradies, wo der Mensch Qualen erleidet, allerdings zeitliche und nicht ewige.

Die östliche Tradition lehnt die Lehre vom Fegefeuer ab, und die orthodoxe Dogmatik macht im Unterschied zur katholischen Tradition keine strenge Trennung zwischen den zeitlichen Qualen eines Fegefeuers, aus dem eine Erlösung möglich ist, und den ewigen Qualen der Hölle, von denen man unmöglich erlöst werden kann. Die Orthodoxe Kirche betet „für die in der Hölle Festgehaltenen", und darin scheint uns ein Hinweis darauf zu liegen, dass die Orthodoxie die Dinge viel optimistischer sieht, weil sie an die Möglichkeit einer Erlösung von den Höllenqualen glaubt. Auch bei einigen östlichen Vätern trifft man auf die Idee eines reinigenden Feuers: „Wie das reinigende Feuer die untaugliche Materie vernichtet", sagt der heilige Gregor von Nyssa, „genau so ist es unerlässlich, dass die Seele, die sich mit dem Schlechten verbunden hat, im Feuer ist bis zu der Zeit, wo durch das Feuer alle eingedrungene Schlechtigkeit, Unreinheit und Verdorbenheit vernichtet ist".[43] Hier ist jedoch nicht die Rede vom Fegefeuer, sondern vom Höllenfeuer, von welchem eine Befreiung möglich ist, da ja die Seele in den Höllenqualen vom Bösen gereinigt wird.

Erstens das Gebet der Kirche „für die in der Hölle Festgehaltenen", zweitens die Hoffnung auf die Möglichkeit einer Beendigung der Höllenqualen und drittens die Kunde von der Erlösung aller dort Gefangenen aus der Hölle durch die Auferstehung Christi sind also jene drei Elemente, die einem orthodoxen

---

40 PL 40, 1127.
41 PL 17, 200.
42 PL 77, 396.
43 PG 46, 97C-100A.

Christen nicht erlauben, beim Gedanken an die jenseitige Vergeltung zu verzweifeln; vielmehr darf er darauf hoffen, dass die Rettung nicht nur für die Gerechten, sondern auch für die Sünder möglich ist, die nach ihrem Tod nicht des Himmelreichs würdig waren. Solange die Kirche lebt – und sie wird ewig leben – hört das Gebet der Christen für alle, die sich außerhalb des Himmlischen Reichs befinden, nicht auf. Das Herz des Christen brennt in Liebe zur ganzen Menschheit, zu jedem Geschöpf Gottes. Kann es wirklich einen Christen geben, der nicht zu Gott für seine sündigen Brüder und Schwestern betet – wie der heilige Gregor, der für Trajan gebetet hat, wie der heilige Siluan und viele Heilige, die für die ganze Welt gebetet haben? Wird nicht die ganze Kirche laut zu Gott rufen in der festen Hoffnung, dass der Herr ihr Gebet früher oder später hört? Die Kirche bringt täglich das unblutige Opfer für alle Lebenden und Verstorbenen dar, betet für die Rettung der ganzen Welt zu Christus, dem makellosen Lamm, Das die Sünden der Welt auf sich genommen hat. Und sie wird für alle, die zugrundegehen oder zugrundegegangen sind, sogar dann beten, wenn die Zeit in die Ewigkeit hinüberfließt und ‚wir alle verwandelt werden‘, sie wird zum Herrn um die Rettung aller von Ihm geschaffenen Menschen beten.

Das Paradies. Das Himmlische Reich

Das Paradies ist nicht so sehr ein Ort als vielmehr ein Zustand der Seele. Wie die Hölle das Leiden ist, das aus der Unfähigkeit zu lieben und der fehlenden Teilhabe an Gott hervorgeht, so ist das Paradies die Glückseligkeit der Seele durch die Überfülle an Liebe und Licht, an denen derjenige ganz und gar teilhat, der mit Christus verbunden ist. Dem widerspricht nicht, dass das Paradies oft als ein Ort mit verschiedenen ‚Wohnungen‘ und ‚Brautgemächern‘ beschrieben wird; alle Beschreibungen des Paradieses sind nur Versuche, in menschlicher Sprache zu beschreiben, was unsagbar ist und den Verstand übersteigt.

In der Bibel wird als ‚Paradies‘ *(paradeisos)* der Garten bezeichnet, in den Gott den Menschen gesetzt hat; mit demselben Wort wurde in der alten kirchlichen Tradition die künftige Seligkeit der Menschen bezeichnet, die durch Christus erlöst und errettet sind. Es wird auch ‚Himmlisches Reich‘ genannt, ‚Leben des künftigen Äon‘, ‚Achter Tag‘, ‚neuer Himmel‘, ‚Himmlisches Jerusalem‘. Der heilige Johannes der Theologe sagt in der Offenbarung: „Ich sah einen neuen Himmel und eine neue Erde, denn der frühere Himmel und die frühere Erde sind vergangen, auch das Meer ist nicht mehr. Und ich, Johannes, sah die heilige Stadt, das neue Jerusalem, aus dem Himmel von Gott herniedersteigen, bereitet wie eine Braut, die für ihren Bräutigam geschmückt ist. Und ich hörte eine gewaltige Stimme vom Himmel, die sagte: Siehe, das Zelt Gottes mit den Menschen, und Er wird mit ihnen wohnen, sie werden Sein Volk sein, und Gott selbst wird mit ihnen und ihr Gott sein. Und Gott wird jede Träne von ihren Augen abwischen, und der Tod wird nicht mehr sein: kein Weinen, kein Jammern, keine Krankheit wird es mehr geben, denn das Frühere ist vergangen. Er, Der auf dem Thron sass, sprach: Siehe, Ich mache alles neu ... Ich bin das Alpha und das Omega, der Anfang und das Ende; den Dürstenden werde ich umsonst aus der Quelle des Lebens trinken lassen... Und (der Engel) führte mich im Geist auf einen großen und hohen Berg und zeigte mir die große und heilige Stadt Jerusalem, die aus dem Himmel von Gott herniederstieg. Sie hatte die Herrlichkeit Gottes ... Einen Tempel jedoch sah ich nicht darin, denn Gott, der Herr, der Allmächtige, ist ihr Tempel, und das Lamm. Und die Stadt braucht weder Sonne noch Mond, um sie zu beleuchten; denn die Herrlichkeit Gottes erleuchtet sie, und ihre Leuchte ist das Lamm. Die erlösten Völker werden in ihrem Licht gehen ... Und nichts Unreines wird in sie hineingehen und niemand, der dem Greuel und der Lüge ergeben ist, sondern nur jene, die beim Lamm in das Buch des Lebens eingeschrieben sind" (Offb 21,1-6.10.22-24.27). Das ist die früheste Beschreibung des Paradieses in der christlichen Literatur.

Wenn man die Beschreibungen des Paradieses liest, die in der hagiographischen oder theologischen Literatur begegnen, dann muss man unbedingt im Blick haben, dass der Großteil der Schriftsteller der Östlichen Kirche von einem Paradies spricht, das sie gesehen haben, in das sie durch die Kraft des Heiligen Geist erhoben worden sind. Auch unter unseren Zeitgenossen, die den klinischen Tod erlebt haben, trifft man Menschen, die im Paradies gewesen sind und von ihrer Erfahrung erzählen. In den Viten der Heiligen finden wir zahlreiche Beschreibungen des Paradieses. Die heilige Theodora, die heilige Euphrosinija von Susdal, der heilige Simeon vom Wunderberg, der heilige Andreas der Narr in Christus und einige andere Heilige waren wie der Apostel Paulus „bis in den dritten Himmel erhoben" (2 Kor 12,2) und sahen die Glückseligkeit des Paradieses. Der heilige Andreas (10. Jh.) spricht folgendermaßen über das Paradies: „Ich sah mich in dem herrlichen und wunderbaren Paradies, und im Geiste verzückt dachte ich: ‚Was ist das? ... Wie bin ich hierher geraten?' ... Ich sah mich in ein ganz lichtes Gewand gekleidet, wie aus einem Blitz gewebt; ein Kranz war auf meinem Haupt, geflochten aus großen Blumen, und ich war gegürtet mit einem königlichen Gürtel. Ich freute mich an dieser Schönheit, ich bestaunte im Geist und im Herzen die unaussprechliche Schönheit des Göttlichen Paradieses, und ich schritt hindurch und erfreute mich daran. Dort waren viele Gärten mit hohen Bäumen: Sie bewegten ihre Wipfel und erheiterten den Blick, von ihren Ästen ging ein starker Wohlgeruch aus ... Diese Bäume lassen sich unmöglich mit auch nur einem einzigen irdischen Baum vergleichen: Die Hand Gottes, nicht eine menschliche Hand, hatte sie hierher gepflanzt. In diesen Gärten gab es eine unzählige Menge von Vögeln ... Ich sah einen großen Fluss, der durch (die Gärten) hindurchfloss und sie bewässerte. Am anderen Ufer des Flusses war ein Weinberg ... Dort wehten von vier Seiten her leise und wohlduftende Winde; von ihrem Wehen wogten die Gärten und brachten ein wundervolles Geräusch mit ihren Blättern hervor ... Danach gingen wir durch wunderbare Flammen, die uns nicht versengten, sondern nur erleuchteten. Ich begann mich zu entsetzen, und wieder wandte sich der (Engel), der mich führte, mir zu und gab mir die Hand; er sagte: ,Wir müssen auch noch höher hinaufsteigen'. Mit diesen Worten wurden wir über den dritten Himmel versetzt, wo ich eine Vielzahl von himmlischen Kräften sah und hörte, die sangen und Gott lobpriesen ... (Als ich noch höher hinaufstieg) sah ich meinen Herrn, wie einst der Prophet Jesaja, Der auf einem hohen und erhabenen Thron sass, umgeben von Seraphim. Er war in ein purpurrotes Gewand gekleidet, Sein Gesicht strahlte in unaussprechlichem Licht, und Er richtete liebevoll Seine Augen auf mich. Als ich Ihn sah, fiel ich vor Ihm nieder auf mein Gesicht ... Welche Freude mich dann aber beim Anblick Seines Antlitzes erfasste, das kann ich unmöglich ausdrücken, so dass ich noch heute, wenn ich an diese Schau denke, mit einer unaussprechlichen Süßigkeit erfüllt werde".[44] Die heilige Theodora sah im Paradies „herrliche Siedlungen und vielzählige Wohnungen, die bereitet waren für die, die Gott lieben", und sie hörte „eine Stimme der Freude und der geistlichen Heiterkeit".[45]

In allen Beschreibungen des Paradieses wird betont, dass irdische Worte nur in geringem Maß die himmlische Schönheit ausdrücken können, weil sie ,unaussprechlich' ist und menschliches Begreifen übersteigt. Es wird auch von den ,vielen Wohnungen' des Paradieses gesprochen (vgl. Joh 14,2), das heißt von verschieden Stufen der Seligkeit. „Die einen ehrt (Gott) mit großen Ehren, die anderen mit geringeren", sagt der heilige Basilius der Große, „weil ,Stern von Stern verschieden ist an Herrlichkeit' (1 Kor 15,41). Und weil es ,viele Wohnungen' gibt beim Vater, lässt Er die einen in einem übergeordneten, hohen Zustand Ruhe finden, die anderen in einem niedrigen".[46] Doch jedem

---

44 Zit. nach: Ignatij Brjantschaninov, Werke in 5 Bänden *[Soč. v 5 t.]*, St. Petersburg 1905, Bd. 3, 83-87.

45 Ebd. 84.

46 Basilius der Große, Werke in 3 Bänden *[Vasilij Velikij, Tvorenija v 3 t.]*, St. Petersburg 1911 (Verlag Sojkina), Bd. 1, 405.

wird seine ‚Wohnung' in der höchsten für ihn erreichbaren Fülle der Seligkeit zugeteilt, je nachdem wie weit er sich im irdischen Leben Gott genähert hat. Alle Heiligen, die sich im Paradies befinden, werden einander sehen und kennen, Christus aber wird alle sehen und erfüllen, sagt der heilige Symeon der Neue Theologe. Im Himmlischen Reich „leuchten die Gerechten wie die Sonne" (Mt 13,43), werden Gott ähnlich (1 Joh 3,2) und erkennen Ihn (1 Kor 13,12). Verglichen mit der Schönheit und dem Lichtglanz des Paradieses ist unsere Erde ein „dunkles Gefängnis", und das Licht der Sonne gleicht im Verhältnis zu dem Dreihypostatischen Licht einer kleinen Kerze.[47] Sogar die Höhe der Gottesschau, zu der der heilige Symeon zu Lebzeiten emporstieg ist, ist verglichen mit der künftigen Seligkeit der Menschen im Paradies nur wie ein mit Bleistift auf Papier gezeichneter Himmel im Vergleich zum wirklichen Himmel.[48] Nach der Lehre des heiligen Symeon sind alle Bilder des Paradieses, die in den Heiligenviten anzutreffen sind – Felder, Wälder, Flüsse, Paläste, Vögel, Blumen usw. – nur Symbole jener Seligkeit, die in der unaufhörlichen Schau Christi enthalten sind:

> „Du bist das Himmlische Reich,
> Du – das Land aller Sanftmütigen, Christus,
> Du – mein grünendes Paradies.
> Du – mein göttliches Brautgemach ...
> Du – die Speise aller und das Brot des Lebens.
> Du – der erneuernde Trank,
> Du – die lebentragende Schale,
> Die Quelle lebendigen Wassers bist Du,
> Du – das Licht für all Deine Heiligen ...
> Und die ‚vielen Wohnungen'
> Zeigen uns, wie ich denke,
> Dass es viele Stufen gibt
> Der Liebe und der Erleuchtung,
> Dass jeder im Maß seiner Kräfte
> Die Schau erlangt,
> Und dieses Maß für jeden
> Wird Größe sein und Herrlichkeit,
> Ruhe und Genuss –
> Wenn auch auf verschiedener Stufe.

---

47 Ethik 1, 264-396, in: Syméon le Nouveau Théologien, Traités théologiques et éthiques, hg. v. Jean Darrouzès (= SC 122), Paris 1966, Bd. 1, 292-300.
48 Danksagung 2, 250-252, in: Syméon le Nouveau Théologien, Catéchèses (= SC 113), Paris 1965, Bd. 3, 350.

So gibt es viele Kammern,
Verschiedene Wohnungen,
Kostbare Kleider ...
Verschiedene Kronen,
Und Steine, und Perlen,
Wohlduftende Blumen ...
In all dem aber
Wird nur eines geschaut:
Du, Herrscher, Herr!"[49]

Davon hat auch der heilige Gregor von Nyssa gesprochen: „So verschieden und
vielfältig wir unser Leben in diesem Äon führen, so vielfältig ist auch das,
woran wir Anteil haben, z.B. Zeit, Luft, Ort, Speise, Trank, Kleidung, Sonne,
Lampe und vieles andere, was den Bedürfnissen des Lebens dient, und nichts
von all dem ist Gott. Die erwartete Seligkeit braucht nichts davon: Das Wesen
Gottes wird uns dies alles ersetzen und jedes Bedürfnis jenes Lebens erfüllen ...
Gott ist für die Würdigen sowohl Ort als auch Wohnung, Kleidung, Speise,
Trank, Licht und Reichtum sowie das Reich ... Der alles ist, Der ist auch in
allem (vgl. Kol 3,11)".[50]

Nach der allgemeinen Auferstehung erfüllt Christus jede menschliche Seele
und jedes Geschöpf mit sich selbst, und nichts bleibt mehr außerhalb von
Christus, sondern alles wird umgestaltet und erleuchtet, verwandelt und
umgeschmolzen. Das ist auch der nie endende „abendlose Tag" des Reiches
Gottes, die „ewige Freude, die ewige Liturgie bei Gott und in Gott".[51] Alles
Überflüssige, Zeitliche, alle unnötigen Einzelheiten des Alltags und des Daseins
verschwinden, und Christus wird in den Seelen der von Ihm erlösten Menschen
und im verklärten Kosmos herrschen. Das wird der endgültige Sieg des Guten
über das Böse, des Lichtes über die Finsternis, des Paradieses über die Hölle,
Christi über den Antichrist sein. Dann wird der Tod endgültig aufgehoben sein.
„Dann wird sich das Wort der Schrift erfüllen: „Verschlungen ist der Tod
durch den Sieg. Tod, wo ist dein Stachel? Hölle, wo ist dein Sieg? ... Dank sei
Gott, Der uns den Sieg geschenkt hat durch unseren Herrn, Jesus Christus!"
(1 Kor 15,54-57).

* * *

---

49 Hymnus 1, 132-159, in: Syméon le Nouveau Théologien, Hymnes, hg. v. J. Koder (= SC
    156), Paris 1969, Bd. 1, 168-170.
50 Gregor von Nyssa, Werke [Gregoriou Nyssis erga], Bd. 1, 316.
51 Cyprian (Kern), Über das Gebet für die Verstorbenen. Von der Sterbestunde [O molitve za
    usopšich. O čase smertnom], Moskau 1990, 13.

Betrachten wir, Geliebte, wie der Herr uns schrittweise die künftige Auferstehung zeigt, deren Anfang der Herr Jesus Christus wurde, indem Er von den Toten erstand. Schauen wir, Geliebte, auf die Auferstehung, die zu aller Zeit geschieht. Tag und Nacht veranschaulichen uns die Auferstehung: Die Nacht geht zur Ruhe – der Tag erhebt sich; der Tag vergeht – die Nacht bricht an. Schauen wir auf die Früchte der Erde, und wie die Samen ausgesät werden. Der Sämann ging hin, warf sie in die Erde, und die ausgestreuten Samen, die trocken und nackt auf die Erde fielen, verfaulen; dann aber erweckt sie die große Kraft der Vorsehung des Herrn, aus einem Samen entstehen viele und bringen Frucht.

Klemens von Rom[52]

Man muss damit rechnen, dass die Schöpfung leiden wird, gleichsam zum Tode verurteilt in der Zeit des Brennens, doch mit dem Ziel, dass sie neu geschaffen wird und nicht zugrundegeht, damit wir als Erneuerte in einer erneuerten Welt leben ... Lenkt eure Aufmerksamkeit auf das Beispiel von Schlafen und Wachen. Denn wenn auf das Wachsein der Schlaf folgt, auf den Schlaf aber das Aufwachen, dann ist darin die Lehre von Tod und Auferstehung enthalten: Wie nämlich „Schlaf und Tod Zwillinge sind" (Homer), so ist die Auferweckung von den Toten ebenso notwendig wie das Aufstehen vom Schlaf ... Die verstorbenen Leiber werden wieder lebendig werden. Das siehst du, wenn du willst, nicht nur am Beispiel von Schlafen und Wachen, sondern auch an Samen und Pflanzen, weil sie alle von einer Auferstehung künden. Schau auf die Samen, wie sie nackt und dürr in die Erde geworfen werden, dort aber wieder hervorkommen und Früchte tragen.

Methodios von Patara[53]

Wenn es keine Auferstehung gibt, dann gibt es auch weder Gott noch Vorsehung, und alles wird zufällig geleitet und bewegt ... Doch jemand sagt: „Wie werden die Toten auferweckt?" O Unglaube! O Unvernunft! Derjenige, Der allein durch

---

52   Klemens von Rom, Brief an die Korinther *[Kliment Rimskij, 1-e Poslanie k Korinfjanam]* 24, in: Frühe Kirchenväter *[Rannye Otcy Cerkvi]*, Brüssel 1988, 58f. Übersetzung: Clemens von Rom, *Epistola ad Corinthios. Brief an die Korinther.* Übersetzt und eingeleitet von Gerhard Schneider (= FC 15), Freiburg u.a. 1994, 125-127.

53   Methodios von Patara, Über die Auferstehung der Toten (gegen Origenes) *[Mefodij Patarskij, O voskresenii mertvych (protiv Origena)]*, in: Vollständige Sammlung der Werke *[Poln. sobr. tvor.]*, St. Petersburg 1877, 205. Übersetzung: Methodius vom Olympos (von Patara), *De resurrectione (Contra Origenem)*, in: Methodius (= GCS 27). Hg. von G. Nathanael Bonwetsch, Leipzig 1917, 205-424.

Seinen Wunsch Staub in einen Leib verwandelte, Der einem kleinen Samen be-
fahl, im Mutterleib zu wachsen und diesen vielfältigen und verschiedengestaltigen
körperlichen Organismus zu vollenden, kann Der nicht erst recht, wenn Er nur
will, erwecken, was verging und verschwand? ... Der Herr verkündete die Aufer-
stehung des Leibes nicht nur im Wort, sondern auch in der Tat, vor allem als Er
Lazarus erweckte, der schon vier Tage tot war, zu verwesen begann und schon
übel roch. Denn Er erweckte nicht nur die Seele ohne den Leib, sondern den Leib
mit der Seele – und nicht einen anderen Leib, sondern denselben, welcher der
Verwesung übergeben worden war ... Schau die Samen an, die in Furchen wie in
Gräber eingegraben werden. Wer ist es, Der ihnen Wurzeln gibt, einen Stengel,
Blätter und Ähren und feine, spitze Nadeln an der Ähre? Ist das nicht der Schöp-
fer von allem? Ist das nicht der Befehl Dessen, Der alles geordnet hat? ... Also
werden wir auferstehen, denn die Seelen werden wieder mit den Leibern vereinigt
werden, die unsterblich sein und die Verweslichkeit von sich abstreifen werden ...

Johannes von Damaskus[54]

Einmal als ich früh aufgestanden war, ging ich mit zwei Brüdern außerhalb ...
der Stadt spazieren. Ich hob meine Augen zum Himmel empor, der wie ein klarer
Spiegel in Herrlichkeit die Erde durch seine Sterne beleuchtete, und staunend
sagte ich: Wenn die Sterne in solcher Herrlichkeit leuchten, um wieviel mehr
werden dann die Gerechten und die Heiligen, die den Willen des heiligen Gottes
erfüllt haben, zu der Stunde, wenn der Herr kommt, in dem unaussprechlichen
Licht der rettenden Herrlichkeit erstrahlen!" Doch plötzlich erbebten meine
Knochen beim Gedenken an dieses schreckliche Kommen Christi, und als ich das
Beben in Leib und Seele spürte, begann ich in großem Schmerz zu weinen und
seufzte: „Wie wird es mir Sünder in jener schrecklichen Stunde ergehen? Wie
werde ich vor dem Thron des schrecklichen Richters stehen? ... Wie wird es mir,
dem Unfruchtbaren, bei den Heiligen ergehen? ... Oder was muss ich tun, wenn die
Heiligen einander erkennen im Palast des Himmels? Wer wird mich erkennen?
Die Gerechten werden im Palast des Himmels sein, die Gottlosen aber im Feuer".

Ephräm der Syrer[55]

---

54   Johannes von Damaskus, Genaue Auslegung des Orthodoxen Glaubens *[Ioann Damaskin,*
     Točnoe izloženie pravoslavoj very] 3,14f., Thessalonike 1976. Übersetzung: Des heiligen
     Johannes von Damaskus genaue Darlegung des orthodoxen Glaubens. Übersetzt, mit
     Einleitung und Erläuterungen versehen von Dionys Stiefenhofer (= BKV2 44), Kempten –
     München 1923, 261-267 (3, 4-27).

55   Ephräm der Syrer, Ergreifende Predigt *[Efrem Sirin, Slovo umilitel'noe]*, in: Werke *[Efraim*
     tou Syrou erga], Thessalonike 1988, Bd. 1, 392f.

Schließlich, nach langer Zeit, wird das Böse verschwinden, und außerhalb des Guten wird nichts bleiben. Im Gegenteil, auch (denjenigen, die) in der Hölle sind, wird einstimmig die Herrschaft Christi verkündet ... Der alles ist, Der ist auch in allem. Damit, so scheint mir, lehrt die Schrift die vollständige Vernichtung des Lasters. Denn wenn in allen Wesen Gott sein wird, dann wird Er zweifellos nicht in lasterhaften Wesen sein ... Gott hat nur ein Ziel ... – allen die Teilhabe an den Gütern zukommen zu lassen, die in Ihm sind ... Nach der Reinigung und der Vertilgung der Leidenschaften durch das heilende Feuer tritt an die Stelle jeder (schlechten) Eigenschaft das (entgegengesetzte) Gute: Unverweslichkeit, Leben, Ehre, Gnade, Herrlichkeit, Kraft und alles erdenklich andere, was wir uns in geistlicher Betrachtung sowohl in Gott als auch in Seinem Abbild, das heißt in der menschlichen Natur, vorstellen können.

Gregor von Nyssa[56]

„Und ich sah einen neuen Himmel und eine neue Erde, denn der frühere Himmel und die frühere Erde sind vergangen, und das Meer ist nicht mehr" (Offb 21,1). Hier wird nicht von der Vernichtung der Schöpfung gesprochen, sondern von einer Veränderung zum Besseren, nach dem Zeugnis des Apostels: „Die Schöpfung wird von der Sklaverei der Vergänglichkeit befreit zur Freiheit der Herrlichkeit der Kinder Gottes" (Röm 8,21) ... Die Erneuerung des Alten bedeutet nicht Vernichtung, sondern Beseitigung des Alters und der Falten. So sagt man auch von Menschen, die aus irgendeinem Grund besser oder schlechter geworden sind: „Er ist es, und er ist es nicht", das heißt – er hat sich verändert. Die Schau der heiligen Stadt Jerusalem durch den heiligen (Johannes) zeigt den Übergang zur Lichthaftigkeit, die das himmlische Jerusalem erhalten wird ... Diese Stadt, deren Fundament Christus ist, besteht aus den Heiligen ... (Dort) wird es kein Weinen geben und keine Tränen, weil der Geber der ewigen Freude allen Heiligen immerwährende Heiterkeit schenkt.

Andreas von Caesarea[57]

---

56 Gregor von Nyssa, Über die Seele und die Auferstehung *[Grigorij Nisskij, O duše i voskresenii]*, in: Werke in 8 Bänden *[Grigorij Nisskij, Tvor. v 8 t.]*, Bd. 4, Moskau 1862, 250, 278, 318, 326. Übersetzungen: Gespräch mit Makrina über Seele und Auferstehung. Des heiligen Bischofs Gregor von Nyssa Schriften. Übersetzt von Karl Weiß (= BKV2 56), München 1927, 241-334; Grégoire de Nysse, Sur l'âme et la résurrection. Présentation et traduction du grec par Jean Terrieux (= SaC), Paris 1995.

57 Andreas von Cäsarea, Auslegung zur Apokalypse *[Andrej Kesarijskij, Tolkovanie na Apokalipsis]*, 65: Literaturstudium *[Literaturnaja učeba]*, 1991, Nr. 2, 125. Übersetzung: vgl. Josef Schmid, Studien zur Geschichte des Griechischen Apokalypse-Textes. Der Apokalypse-Kommentar des Andreas von Kaisereia I (= MThS, 1. Erg.-Bd.), München 1955, 232-234.

Am Kreuz (Christi) wurde der Tod vom Leben verschlungen. In Christus tritt der Tod in die Gottheit ein und wird darin in Schutt und Asche gelegt, denn ‚er findet in Ihm keinen Raum'. Daher ist die Erlösung der Kampf des Lebens mit dem Tod und der Sieg des Lebens. Die Menschheit Christi ist der Beginn einer neuen Schöpfung: Durch Sein Menschsein bricht die Kraft des Lebens in den Kosmos ein, um ihn aufzuerwecken und ihn durch den endgültigen Sieg über den Tod zu verklären. Nach der Fleischwerdung und der Auferstehung ist der Tod aus der Fassung: er ist nicht mehr absolut. Alles strebt jetzt zur ... ‚Wiederherstellung von allem', das heißt zur Wiederherstellung von allem, was vom Tod zerstört wurde, zur Erleuchtung des ganzen Kosmos mit der Herrlichkeit Gottes, Die ‚alles in allem sein wird' ... Christus ist das Haupt der Kirche, das heißt jener neuen Menschheit, in deren Schoß es keine Sünde gibt, und keine feindliche Macht kann den Menschen noch endgültig von der Gnade trennen ... Die Tat Christi erstreckt sich auf die gesamte Menschheit über die Grenzen der Kirche hinaus. Jeder Glaube an einen Triumph des Lebens über den Tod, jedes Vorgefühl der Auferstehung ist indirekt Glaube an Christus, denn allein die Kraft Christi erweckt die Toten und wird sie erwecken. Nach dem Sieg Christi über den Tod ist die Auferstehung allgemeines Gesetz der Schöpfung geworden – nicht nur für die Menschheit, sondern auch für Tiere, Pflanzen, Steine, für den gesamten Kosmos ...

Vladimir Losskij[58]

Niemand soll mehr den Tod fürchten, denn der Tod des Erlösers hat uns befreit! Er hat den vernichtet, der Ihn festhielt. Der in die Hölle hinabstieg, hat sie gefangengenommen. Er brachte Betrübnis über sie, die Sein Fleisch gekostet hatte. Jesaja sah dies voraus und schrie laut: „Die Hölle war betrübt, als sie Dich unten traf" (Jes 14,9); sie war betrübt, weil sie abgeschafft wurde; sie war betrübt, weil sie verspottet wurde; sie war betrübt, weil sie vernichtet wurde; sie war betrübt, weil sie entthront wurde; sie war betrübt, weil sie gebunden wurde. Sie nahm einen Leib auf – und berührte Gott; sie nahm die Erde auf – und traf auf den Himmel; sie nahm, was sie sah, und geriet in das, was sie nicht sah. „Tod, wo ist dein Stachel? Hölle, wo ist dein Sieg?" (Hos 13,14). Auferstanden ist Christus – und du bist zu Fall gekommen! Auferstanden ist Christus – und es fielen die Dämonen! Auferstanden ist Christus – und kein einziger Toter im Grab! Christus

---

58 Vladimir Losskij, Dogmatische Theologie; Abriss der mystischen Theologie der Ostkirche *[Dogmatičeskoe bogoslovie; Očerk mističeskogo bogoslovija Vostočnoj Cerkvi]*, Moskau 1991, 286-288. Übersetzung: Vladimir Lossky, Théologie dogmatique, in : La vie spirituelle, nov.-déc. 1987, Nr. 677, 617-619.

ist auferstanden von den Toten – und wurde zum Erstgeborenen der Entschlafe-
nen. Ihm sei die Herrlichkeit und die Macht von Ewigkeit zu Ewigkeit. Amen.

Johannes Chrysostomos[59]

59 Johannes Chrysostomos, Verkündigung zum Heiligen Pascha *[Ioann Zlatoust, Slovo oglasitel'noe na Svatuju Paschu (spuria)]*: PG 59, 723f. Übersetzung: Wolfgang Dietrich, Russische Osterlichter, Gütersloh 1994, 22f.

STUDIA OECUMENICA FRIBURGENSIA

(= Neue Folge der ÖKUMENISCHEN BEIHEFTE)

(= Nouvelle Série des CAHIERS OECUMÉNIQUES)

mit den Unterreihen

GLAUBE UND GESELLSCHAFT (G&G)

hg. von Walter Dürr und Stefan Wenger

und

SEMAINES D'ÉTUDES LITURGIQUES SAINT-SERGE (SÉtL)

hg. von André Lossky und Goran Sekulovski

71   André Lossky / Goran Sekulovski (Hg.): 60 Semaines liturgiques à Saint-Serge: bilans et perspectives nouvelles (=SÉtL 60), 323 S., 2016.

70   Stefan Wenger: Wanderung zwischen den Welten. Elin und Jakobus über Gott und das Leid (Glaube und Gesellschaft 2), 227 S., 2015.

69   André Lossky / Goran Sekulovski (Hg.): Liturges et liturgistes : fructification de leurs apports dans l'aujourd'hui des églises. 59e Semaine d'études liturgiques. Paris, Institut Saint-Serge, 25-28 juin 2012, 372 S., 2015.

68   Michael Quisinsky: Katholizität der Inkarnation – Catholicité de l'Incarnation. Christliches Leben und Denken zwischen Universalität und Konkretion „nach" dem II. Vaticanum. Vie et pensée chrétiennes entre universalité et concrétion (d')après Vatican II, 474 S., 2016.

67   Will Cohen: The Concept of "Sister Churches" in Catholic-Orthodox Relations since Vatican II. Prefaces by Metropolitan Kallistos (Ware) and Cardinal Kurt Koch. 303 S., 2015.

66   Daniel Eichhorn: Katholisches Schriftprinzip? Josef Rupert Geiselmanns These der materialen Schriftsuffizienz. 316 S., 2015.

65   Walter Dürr / Stefan Wenger (Hg.), Theologische Bildung und Spiritualität. Wie akademische Theologie kirchliche Praxis inspirieren kann (G&G 1), 176 S. Münster 2015.

64   André Lossky / Goran Sekulovski (Hg.): Jeûne et pratiques de repentance : dimensions communautaires et liturgiques (SÉtL 58), 322 S., 2015.

63   Nicolas Thomas Wright: Rechtfertigung. Gottes Plan und die Sicht des Paulus, hg von Barbara Hallensleben und Simon Dürr. Übersetzt von Rainer Behrens, 274 S., 2015.

62   Viorel Ionita: Towards the Holy and Great Synod of the Orthodox Church. The Decisions of the Pan-Orthodox Meetings since 1923 until 2009, 211 S., 2014.

61   Uwe Wolff: Iserloh. Der Thesenanschlag fand nicht statt, hg. von Barbara Hallensleben. Mit einem Geleitwort von Landesbischof Friedrich Weber und einem Forschungsbeitrag von Volker Leppin. 267 S., 2013.

60   Nikolaus Wyrwoll: Ostkirchliches Institut Regensburg. Studierende und Gäste 1963–2013. 283 S., 2013.

59   Jürg H. Buchegger: Das Wort vom Kreuz in der christlich-muslimischen begegnung. Leben und Werk von Johan Bouman. 322 S., 2013.

58   Christof Betschart: „Unwiederholbares Gottessiegel". Zum Verständnis der personalen Individualität in Edith Steins philosophisch-theologischem Horizont. 378 S., 2013.

57   Ernst Christoph Suttner: Einheit im Glaube – geistgewirkte Vielfalt in Leben und Lehre der Kirche. 151 S., 2013.

56   Christoph Schwyter: Das sozialpolitische Denken der Russischen Orthodoxen Kirche. Eine theologische Grundlegung auf der Basis offizieller Beiträge seit 1988. VIII + 375 S., 2013.

55   Franck Lemaître : Anglicans et Luthériens en Europe. Enjeux théologiques d'un rapprochement ecclésial. IV + 356 p., 2011.

54   Ernst Christoph Suttner: Quellen zur Geschichte der Kirchenunionen des 16. bis 18. Jahrhunderts. Deutsche Übersetzung der lateinischen Quellentexte von Klaus und

Michaela Zelzer mit Erläuterungen von Ernst Christoph Suttner. IV + 292 S., 2010; 2. überarbeitete Auflage 2017.

53 Marie Louise GUBLER: Befreiung verkündigen. Eine Auslegung der Sonntagsevangelien. 466 S., 2010.

52 Ernst Christoph SUTTNER: Kirche und Theologie bei den Rumänen von der Christianisierung bis zum 20. Jahrhundert. 258 S., 2009.

51 Augustin SOKOLOVSKI: *Matrix omnium conclusionum*. Den *Augustinus* des Jansenius lesen. VIII + 322 S., 2013.

50 Cyril PASQUIER osb : Aux portes de la gloire. Analyse théologique du millénarisme de Saint Irénée de Lyon. 176 p., 2008.

49 Ernst Christoph SUTTNER: Staaten und Kirchen in der Völkerwelt des östlichen Europa. Entwicklungen der Neuzeit. 484 S., 2007.

48 Barbara HALLENSLEBEN und Guido VERGAUWEN (Hg.): Letzte Haltungen. Hans Urs von Balthasars „Apokalypse der deutschen Seele" – neu gelesen. 360 S., 2006.

47 Hilarion ALFEYEV : Le mystère sacré de l'Église. Introduction à l'histoire et à la problématique des débats athonites sur la vénération du nom de Dieu. 448 p., 2007.

46 Urs CORRADINI: Pastorale Dienste im Bistum Basel. Entwicklungen und Konzeptionen nach dem Zweiten Vatikanischen Konzil. 560 S., 2008.

45 Gottfried Wilhelm LOCHER: Sign of the Advent. A Study in Protestant Ecclesiology. 244 S., 2004.

44 Mariano DELGADO und Guido VERGAUWEN (Hg.): Glaube und Vernunft – Theologie und Philosophie. Aspekte ihrer Wechselwirkung in Geschichte und Gegenwart. 248 S., 2003.

43 Hilarion ALFEYEV: Geheimnis des Glaubens. Einführung in die orthodoxe dogmatische Theologie. 280 S., 2003; 2. Auflage 2005; 3. Auflage 2019.

42 Jorge A. SCAMPINI o.p. : „La conversión de las Iglesias, una necesidad y una urgencia de la fe". La experiencia del *Groupe des Dombes* como desarrollo de un método ecuménico eclesial (1937–1997). 672 p., 2003.

41 Iso BAUMER: Von der Unio zur Communio. 75 Jahre Catholica Unio Internationalis. 536 S., 2002.

40 Adrian LÜCHINGER: Päpstliche Unfehlbarkeit bei Henry Edward Manning und John Henry Newman. 368 S., 2001.

39 Klauspeter BLASER : Signe et instrument. Approche protestante de l'Eglise. Avec la collaboration de Christian Badet. 216 p., 2000.

38 Kurt STALDER: Sprache und Erkenntnis der Wirklichkeit Gottes. Texte zu einigen wissenschaftstheoretischen und systematischen Voraussetzungen für die exegetische und homiletische Arbeit. Mit einem Geleitwort von Heinrich Stirnimann o.p., hg. von Urs von Arx, unter Mitarbeit von Kurt Schori und Rudolf Engler. 486 S., 2000.

37 Marie-Louise GUBLER: Im Haus der Pilgerschaft. Zugänge zu biblischen Texten. 300 S., 1999.

36 Iso BAUMER: Begegnungen. Gesammelte Aufsätze 1949–1999. 356 S., 1999.

35 Barbara HALLENSLEBEN und Guido VERGAUWEN o.p. (éd.) : *Praedicando et docendo*. Mélanges offerts à Liam Walsh o.p. 345 p., 1998.

34 Son-Tae KIM: Christliche Denkform: Theozentrik oder Anthropozentrik? Die Frage nach dem Subjekt der Geschichte bei Hans Urs von Balthasar und Johann Baptist Metz. 626 S., 1999.

33 Guido VERGAUWEN o.p. (éd.) : Le christianisme : Nuée de témoins – beauté du témoignage. 152 p., 1998.

32 Marcelo Horacio LABÈQUE : Liberación y modernidad. Una relectura de Gustavo Gutiérrez. 444 p., 1997.

31 Bernd RUHE: Dialektik der Erbsünde. Das Problem von Freiheit und Natur in der neueren Diskussion um die katholische Erbsündenlehre. 296 S., 1997.

30 Marek CHOJNACKI: Die Nähe des Unbegreifbaren. Der moderne philosophische Kontext der Theologie Karl Rahners und seine Konsequenzen in dieser Theologie. 448 S., 1996.

29 Carlos MENDOZA-ÁLVAREZ o.p.: Deus liberans. La revelación cristiana en diálogo con la modernidad: los elementos fundacionales de la estética teológica. XVI + 478 p., 1996.

28 Iso BAUMER und Guido VERGAUWEN o.p. (Hg.): Ökumene: das eine Ziel – die vielen Wege. Œcuménisme : un seul but – plusieurs chemins. Festschrift zum 30jährigen Bestehen des Institutum Studiorum Oecumenicorum der Universität Freiburg (Schweiz). 340 S., 1995.

27 Odilo Noti: Kant – Publikum und Gelehrter. Theologische Erinnerung an einen abgebrochenen Diskurs zum Theorie-Praxis-Problem, 256 S., 1994.

26 Charles MOREROD: Cajetan et Luther en 1518. Edition, traduction et commentaire des opuscules d'Augsbourg de Cajetan. 2 tomes, 708 p., 1994.

25 Gheorghe SAVA-POPA: Le Baptême dans la tradition orthodoxe et ses implications œcuméniques, 312 p., 1994.

24 Guy BEDOUELLE / Olivier FATIO (éd.): Liberté chrétienne et libre arbitre. Textes de l'enseignement de troisième cycle des facultés romandes de théologie, 212 p., 1994.

23 Wolfgang BIALAS: Von der Theologie der Befreiung zur Philosophie der Freiheit. Hegel und die Religion, 172 S., 1993.

22 Philip KENNEDY OP: Deus Humanissimus. The Knowability of God in the Theology of Edward Schillebeeckx, 460 p., 1993.

21 Martin HAUSER: Prophet und Bischof. Huldrych Zwinglis Amtsverständnis im Rahmen der Zürcher Reformation, 292 S., 1994.

20 Martin HAUSER (Hg.): Unsichtbare oder sichtbare Kirche? Beiträge zur Ekklesiologie. In Zusammenarbeit mit Ulrich Luz, Hans Friedrich Geißer, Jean-Louis Leuba und Anastasios Kallis, 104 S., 1992.

19 Felix SENN: Orthopraktische Ekklesiologie? Karl Rahners Offenbarungsverständnis und seine ekklesiologischen Konsequenzen im Kontext der neueren katholischen Theologiegeschichte, 820 S., 1989.

18 Maria BRUN: Orthodoxe Stimmen zum II. Vatikanum. Ein Beitrag zur Überwindung der Trennung. Mit einem Vorwort von Metropolit Damaskinos Papandreou, 272 S., 1988.

17 Bruno Bürki: Cène du Seigneur - eucharistie de l'Eglise. Le cheminement des Eglises réformées romandes et françaises depuis le XVIIIᵉ siècle, d'après leurs textes liturgiques. Volume A: Textes, 176 p. Volume B: Commentaires. 224 p., 1985.

16 Paul Patrick O'Leary O.P.: The Triune Church. A Study in the Ecclesiology of A.S. Chomjakov, 257 p., 1982.

15 Joseph Ritz: Empirie im Kirchenbegriff bei karl Barth und Hans Küng, 285 S., 1981.

14 Richard Friedli: Frieden wagen. Der Beitrag der Religionen zur Gewaltanalyse und zur Friedensarbeit, 252 S., 1981.

13 Johannes Flury: Um die Redlichkeit des Glaubens. Studien zur deutschen katholischen Fundamentaltheologie, 325 S., 1979.

12 Jean-Jacques von Allmen: Pastorale du baptême, 197 S., 1978.

11 Pietro Selvatico: Glaubensgewissheit. Eine Untersuchung zur Theologie von Gerhard Ebeling, 183 S., 1977.

10 Jean-Jacques von Allmen: La primauté de l'Église de Pierre et de Paul. Remarques d'un protestant, 125 S., 1977.

9 Johannes Baptist Brantschen: Zeit zu verstehen. Wege und Umwege heutiger Theologie. Zu einer Ortsbestimmung der Theologie von Ernst Fuchs, 292 S., 1974.

8 Richard Friedli: Fremdheit als Heimat. Auf der Suche nach einem Kriterium für den Dialog zwischen den Religionen, 214 S., 1974.

7 Zukunft der Ökumene. Drei Vorträge von Heinrich Stirnimann, Willem Adolf Visser't Hooft, Hans Jochen Margull, 42 S., 1974.

6 Hildegar Höfliger: Die Erneuerung der evangelischen Einzelbeichte. Pastoraltheologische Dokumentation zur evangelischen Beichtbewegung seit Beginn des 20. Jahrhunderts, 224 S., 1971.

5 Heinrich Stirnimann (Hg.): Interkommunion. Hoffnungen – zu bedenken. Mit Beiträgen von H. Helbling, O.K. Kaufmann, J.-L. Leuba, P. Vogelsanger, H. Vorgrimler, D. Wiederkehr. Internationale Bibliographie, zusammengestellt von J.B. Brantschen und P. Selvatico, 150 S., 1971.

4 Heinrich Stirnimann (Hg.): Ökumenische Erneuerung in der Mission. Studien von I. Auf der Maur, P. Beyerhaus, H. Rickenbach, E. Wildbolz, Fribourg 1970, 102 S.

3 Heinrich Stirnimann (Hg.): Kirche im Umbruch der Gesellschaft. Studien zur Pastoralkonstitution „Kirche in der Welt von heute" und zur Weltkonferenz „Kirche und Gesellschaft". Mit Beiträgen von F. Böckle, E.-J. Kaelin, H. Ruh, K. Stalder. Internationale Bibliographie, zusammengestellt von Ph. Reymond, 132 S., 1970.

2 Einheit und Erneuerung der Kirche. Zwei Vorträge von Karl Barth und Hans Urs von Balthasar, 37 S., 1968.

1 Heinrich Stirnimann (Hg.): Christliche Ehe und getrennte Kirchen. Dokumente. Studien von J.-J. von Allmen, G. Bavaud, A. Sustar. Internationale Bibliographie, zusammengestellt von J.B. Brantschen, 124 S., 1968.